Símbolos de segur

Estos símbolos aparecen en las actividades de laboratorio. Te advierten de posibles peligros en el laboratorio y te recuerdan que trabajes con cuidado.

Gafas de protección Usa estas gafas para protegerte los ojos en actividades con sustancias químicas, fuego o calor, u objetos de cristal.

Delantal de laboratorio Usa un delantal de laboratorio para proteger tu piel y tu ropa de cualquier daño.

Rotura de objetos Maneja con cuidado los materiales que pueden romperse, como termómetros y objetos de cristal. No toques cristales rotos.

Guantes resistentes al calor Usa un guante para hornos u otra protección al manejar materiales calientes, como hornillos u objetos de cristal calientes.

Guantes de hule Usa guantes de hule desechables para protegerte del contacto con sustancias químicas u organismos que pudieran ser dañinos. Mantén las manos alejadas de tu rostro, y desecha los guantes según las indicaciones de tu maestro.

Calor Usa pinzas o tenazas para sujetar objetos calientes. No toques los objetos calientes con las manos descubiertas.

Fuego Sujétate el cabello y la ropa que te quede floja antes de trabajar con fuego. Sigue las instrucciones de tu maestro sobre cómo encender y apagar fuego.

Trabajar sin fuego Cuando uses materiales inflamables, asegúrate que no haya llamas, chispas o fuentes de calor expuestas.

Sustancia química corrosiva Evita el contacto del ácido u otras sustancias químicas corrosivas con tu piel, tu ropa o tus ojos. No inhales los vapores. Lávate las manos al terminar la actividad.

Veneno No permitas que ninguna sustancia química te caiga en la piel ni inhales su vapor. Lávate las manos al terminar la actividad.

Vapores Al trabajar con vapores venenosos hazlo en un área ventilada. Evita inhalar el vapor directamente. Huélelo sólo cuando tu maestro te lo indique, abanicando el vapor hacia tu nariz.

Objetos afilados Tijeras, bisturís, navajas, agujas, alfileres y tachuelas pueden cortar tu piel. Dirige los bordes afilados en dirección contraria de donde estás tú o los demás.

Seguridad de los animales Trata a los animales vivos o conservados o a las partes de animales cuidadosamente para no lastimarlos o lastimarte. Lávate las manos al terminar la actividad.

Seguridad de las plantas Maneja las plantas sólo como tu maestro te indique. Avísale si eres alérgico a ciertas plantas; no realices una actividad donde se usen esas plantas. No toques las plantas nocivas, como la hiedra. Lávate las manos al terminar la actividad.

Descarga eléctrica Para evitar descargas eléctricas, nunca uses un equipo eléctrico cerca del agua ni cuando tus manos estén húmedas. Asegúrate de que los cables no estorben el paso. Desconecta el equipo cuando no lo uses.

Seguridad física Cuando un experimento requiera actividad física, evita lastimarte o lesionar a los demás. Avisa a tu maestro si algo te impide participar en la actividad.

Desechos Las sustancias químicas y otros materiales utilizados en la actividad deben eliminarse de manera segura. Sigue las instrucciones de tu maestro.

Lavarse las manos Lávate bien las manos al terminar la actividad. Usa jabón antibacteriano y agua caliente. Enjuágate bien.

Advertencia de seguridad general Sigue las instrucciones indicadas cuando veas este símbolo. Cuando se te pida que diseñes tu propio experimento de laboratorio, pide a tu maestro que apruebe tu plan antes de proseguir.

Needham, Massachusetts
Upper Saddle River, New Jersey

El interior de la Tierra

Recursos específicos del libro

Student Edition
Interactive Textbook
Teacher's Edition
All-in-One Teaching Resources
Color Transparencies
Guided Reading and Study Workbook
Student Edition on Audio CD
Discovery Channel Video
Lab Activity Video
Consumable and Nonconsumable Materials Kits

Recursos del programa impreso

Integrated Science Laboratory Manual
Computer Microscope Lab Manual
Inquiry Skills Activity Books
Progress Monitoring Assessments
Test Preparation Workbook
Test-Taking Tips With Transparencies
Teacher's ELL Handbook
Reading in the Content Area

Recursos de tecnología del programa

TeacherExpress™ CD-ROM
Interactive Textbook
Presentation Pro CD-ROM
ExamView®, Computer Test Bank CD-ROM
Lab zone™ Easy Planner CD-ROM
Probeware Lab Manual With CD-ROM
Computer Microscope and Lab Manual
Materials Ordering CD-ROM
Discovery Channel DVD Library
Lab Activity DVD Library
Web Site at PHSchool.com

Recursos de la impresión en español

Libro del estudiante
Cuaderno de orientación al estudio y a la lectura
Chapter Tests with Answer Key, versión en español

Acknowledgments appear on p. 212, which constitutes an extension of this copyright page.

Portada
La lava fluye por el monte Etna en la isla de Sicilia.

ISBN 0-13-190044-7
1 2 3 4 5 6 7 8 9 10 09 08 07 06 05

Autores del programa

Dr. Michael J. Padilla
Profesor de Educación en Ciencias
Universidad de Georgia
Athens, Georgia

Michael Padilla se ha destacado en el campo de la educación media en ciencias. Ha escrito libros y ha sido electo funcionario de la Asociación Nacional de Profesores de Ciencias, además de participar en la redacción de las Normas Nacionales de Instrucción en Ciencias. Como uno de los principales autores del Explorador de Ciencias, Mike ha inspirado al grupo para desarrollar un programa que satisface las necesidades de los estudiantes de educación media, promueve la indagación científica y se ajusta a las Normas Nacionales de Instrucción en Ciencias.

Dr. Ioannis Miaoulis
Presidente del Museo de Ciencias
Boston, Massachusetts

Ioannis Miaoulis, que originalmente estudió ingeniería mecánica, encabeza el movimiento nacional para incrementar el alfabetismo tecnológico. Como rector de la Facultad de Ingeniería de la Universidad Tufts, el doctor Miaoulis estuvo en la vanguardia de la introducción de la ingeniería en los planes de estudio de Massachusetts. Actualmente colabora con sistemas escolares de todo el país para interesar a los estudiantes en actividades de ingeniería y promover el análisis del efecto de la ciencia y la tecnología sobre la sociedad.

Dra. Martha Cyr
Directora de Extensión K-12
del Instituto Politécnico de Worcester
Worcester, Massachusetts

Martha Cyr es una destacada experta en extensión de ingeniería. Cuenta con más de nueve años de experiencia en programas y actividades que hacen hincapié en el uso de los principios de ingeniería, a través de proyectos prácticos, para interesar y motivar a estudiantes y profesores de matemáticas y ciencias en los grados K-12. Su meta es suscitar un interés permanente en las ciencias y las matemáticas a través de la ingeniería.

Autores del libro

Carole Garbuny Vogel
Escritora de textos de Ciencias
Lexington, Massachusetts

Dr. Michael Wysession
Profesor adjunto de Ciencias de la Tierra y del planeta
Universidad de Washington
St. Louis, Missouri

Colaboradores

Sharon M. Stroud
Instructor de Ciencias
Preparatoria Widefield
Colorado Springs, Colorado

Thomas R. Wellnitz
Instructor de Ciencias
Escuela Paideia
Atlanta, Georgia

Asesores

Asesora de Lectura

Dra. Nancy Romance
Profesora de Educación en Ciencias
Universidad de Florida Atlantic
Fort Lauderdale, Florida

Asesor de Matemáticas

Dr. William Tate
Profesor de Educación, estadísticas aplicadas y computación
Universidad de Washington
St. Louis, Missouri

Revisores

Revisores del contenido de la Universidad Tufts

La facultad de la Universidad Tufts desarrolló los proyectos de capítulo y revisó los libros del estudiante del *Explorador de Ciencias.*

Dr. Astier M. Almedom
Departamento de Biología

Dr. Wayne Chudyk
Departamento de Ingeniería civil y ambiental

Dr. John L. Durant
Departamento de Ingeniería civil y ambiental

Dr. George S. Ellmore
Departamento de Biología

Dr. David Kaplan
Departamento de Ingeniería biomédica

Dr. Samuel Kounaves
Departamento de Química

Dr. David H. Lee
Departamento de Química

Dr. Douglas Matson
Departamento de Ingeniería mecánica

Dra. Karen Panetta
Departamento de Ingeniería eléctrica y ciencias de la computación

Dr. Jan A. Pechenik
Departamento de Biología

Dr. John C. Ridge
Departamento de Geología

Dr. William Waller
Departamento de Astronomía

Revisores del contenido

Dr. Paul Beale
Departamento de Física
Universidad de Colorado
Boulder, Colorado

Dr. Jeff Bodart
Escuela Semisuperior Chipola
Marianna, Florida

Dr. Michael Castellani
Departamento de Química
Universidad Marshall
Huntington, Virginia del Oeste

Dr. Eugene Chiang
Departamento de Astronomía
Universidad de California, Berkeley
Berkeley, California

Dr. Charles C. Curtis
Departamento de Física
Universidad de Arizona
Tucson, Arizona

Dr. Daniel Kirk-Davidoff
Departamento de Meteorología
Universidad de Maryland
College Park, Maryland

Dra. Diane T. Doser
Departamento de Ciencias geológicas
Universida de Texas en El Paso
El Paso, Texas

Dr. R. E. Duhrkopf
Departamento de Biología
Universidad Baylor
Waco, Texas

Dr. Michael Hacker
Director adjunto del Centro para la alfabetización tecnológica
Universidad Hofstra
Hempstead, New York

Dr. Michael W. Hamburger
Departamento de Ciencias geológicas
Universidad de Indiana
Bloomington, Indiana

Dra. Alice K. Hankla
Escuela Galloway
Atlanta, Georgia

Dr. Donald C. Jackson
Departamento de Farmacología molecular, fisiología y biotecnología
Universidad Brown
Providence, Rhode Island

Dr. Jeremiah N. Jarrett
Departamento de Ciencias biológicas
Universidad Estatal de Connecticut Central
New Britain, Connecticut

Dr. David Lederman
Departamento de Física
Universidad de Virginia del Oeste
Morgantown, West Virginia

Dra. Becky Mansfield
Departamento de Geografía
Universidad Estatal de Ohio
Columbus, Ohio

Mtra. Elizabeth M. Martin
Departamento de Química y bioquímica
Universidad de Charleston
Charleston, Carolina del Sur

Dr. Joe McCullough
Departamento de Ciencias naturales y aplicadas
Universidad Cabrillo
Aptos, California

Dr. Robert J. Mellors
Departamento de Ciencias geológicas
Universidad Estatal de San Diego
San Diego, California

Dr. Joseph M. Moran
Sociedad Americana Meteorológica
Washington, D.C.

Dr. David J. Morrissey
Departamento de Química
Universidad Estatal de Michigan
East Lansing, Michigan

Dr. Philip A. Reed
Departamento de Estudios ocupacionales y técnicos
Universidad Old Dominion
Norfolk, Virginia

Dr. Scott M. Rochette
Departamento de Ciencias de la Tierra
Universidad Estatal de Nueva York, Universidad en Brockport
Brockport, New York

Dr. Laurence D. Rosenhein
Departamento de Química
Universidad Estatal de Indiana
Terre Haute, Indiana

Dr. Ronald Sass
Departamento de Biología y química
Universidad Rice
Houston, Texas

Dr. George Schatz
Departamento de Química
Universidad Northwestern
Evanston, Illinois

Dra. Sara Seager
Institución Carnegie de Washington
Washington, D.C.

Dr. Robert M. Thornton
División de Biología de las plantas
Universidad de California
Davis, California

Dr. John R. Villarreal
Universidad de Ciencias e ingeniería
Universidad de Texas, Pan American
Edinburg, Texas

Dr. Kenneth Welty
Escuela de Educación
Universidad de Wisconsin, Stout
Stout, Wisconsin

Dr. Edward J. Zalisko
Departamento de Biología
Universidad Blackburn
Carlinville, Illinois

Revisores de pedagogía

David R. Blakely
Preparatoria Arlington
Arlington, Massachusetts

Jane E. Callery
Secundaria Two Rivers Magnet
East Hartford, Connecticut

Melissa Lynn Cook
Preparatoria Oakland Mills
Columbia, Maryland

James Fattic
Secundaria Southside
Anderson, Indiana

Dan Gabel
Secundaria Hoover
Rockville, Maryland

Wayne Goates
Secundaria Eisenhower
Goddard, Kansas

Katherine Bobay Graser
Secundaria Mint Hill
Charlotte, Carolina del Norte

Darcy Hampton
Preparatoria Deal Junior
Washington, D.C.

Karen Kelly
Secundaria Pierce
Waterford, Michigan

David Kelso
Preparatoria Central Manchester
Manchester, New Hampshire

Benigno Lopez, Jr.
Secundaria Sleepy Hill
Lakeland, Florida

Dra. Angie L. Matamoros
ALM Consulting, INC.
Weston, Florida

Tim McCollum
Secundaria Charleston
Charleston, Illinois

Bruce A. Mellin
Escuela Brooks
North Andover, Massachusetts

Ella Jay Parfitt
Secundaria Southeast
Baltimore, Maryland

Evelyn A. Pizzarello
Secundaria Louis M. Klein
Harrison, New York

Kathleen M. Poe
Secundaria Fletcher
Jacksonville, Florida

Shirley Rose
Secundaria Lewis and Clark
Tulsa, Oklahoma

Linda Sandersen
Secundaria Greenfield
Greenfield, Wisconsin

Mary E. Solan
Secundaria Southwest
Charlotte, Carolina del Norte

Mary Stewart
Universidad de Tulsa
Tulsa, Oklahoma

Paul Swenson
Preparatoria Billings West
Billings, Montana

Thomas Vaughn
Preparatoria Arlington
Arlington, Massachusetts

Susan C. Zibell
Primaria Central
Simsbury, Connecticut

Revisores de seguridad

Dr. W. H. Breazeale
Departamento de Química
Universidad de Charleston
Charleston, Carolina del Sur

Dra. Ruth Hathaway
Hathaway Consulting
Cape Girardeau, Missouri

Mtro. Douglas Mandt
Consultor en Educación de Ciencias
Edgewood, Washington

Revisores de actividades de campo

Nicki Bibbo
Escuela Witchcraft Heights
Salem, Massachusetts

Rose-Marie Botting
Escuelas del Condado de Broward
Fort Lauderdale, Florida

Colleen Campos
Secundaria Laredo
Aurora, Colorado

Elizabeth Chait
Secundaria W. L. Chenery
Belmont, Massachusetts

Holly Estes
Secundaria Hale
Stow, Massachusetts

Laura Hapgood
Escuela Intermedia de la Comunidad Plymouth
Plymouth, Massachusetts

Mary F. Lavin
Escuela Intermedia de la Comunidad Plymouth
Plymouth, Massachusetts

Dr. James MacNeil
Cambridge, Massachusetts

Lauren Magruder
Escuela St. Michael's Country
Newport, Rhode Island

Jeanne Maurand
Escuela Preparatoria Austin
Reading, Massachusetts

Joanne Jackson-Pelletier
Escuela Secundaria Inferior Winman
Warwick, Rhode Island

Warren Phillips
Escuelas Públicas de Plymouth
Plymouth, Massachusetts

Carol Pirtle
Secundaria Hale
Stow, Massachusetts

Kathleen M. Poe
Secundaria Fletcher
Jacksonville, Florida

Cynthia B. Pope
Escuelas Públicas de Norfolk
Norfolk, Virginia

Anne Scammell
Secundaria Geneva
Geneva, New York

Karen Riley Sievers
Secundaria Callanan
Des Moines, Iowa

David M. Smith
Secundaria Eyer
Allentown, Pennsylvania

Gene Vitale
Escuela Parkland
McHenry, Illinois

Contenido

El interior de la Tierra

Sección de referencia

VIDEO

Mejora tu comprensión con un video dinámico, disponible en inglés.

Preview Motívate con esta introducción al contenido del capítulo.

Field Trip Explora un relato de la vida real relacionado con el contenido del capítulo.

Assessment Repasa el contenido y responde a la evaluación.

Conéctate con interesantes recursos Web para cada lección, disponible en inglés.

SCI LINKS™ NSTA Busca vínculos Web sobre temas relacionados con cada sección.

Active Art Interactúa en línea con ayudas visuales seleccionadas de cada capítulo.

Planet Diary® Explora noticias y fenómenos naturales con reportajes semanales.

Science News® Ponte al día con los descubrimientos científicos más recientes.

Experimenta todo el libro de texto en línea y en CD-ROM, disponible en inglés.

Actividades Practica destrezas y aprende los contenidos.

Videos Explora el contenido y aprende importantes destrezas de laboratorio.

Apoyo de audio Escucha la pronunciación y definición de los términos clave.

Autoevaluación Usa la retroalimentación inmediata para conocer tus adelantos.

Actividades

Lab zone™ Proyecto del capítulo — Oportunidades para una investigación a largo plazo

Lab zone Actividad Descubre — Exploración e investigación antes de la lectura

Lab zone Actividad Inténtalo — Refuerzo de conceptos clave

Lab zone Actividad Destrezas — Destrezas de investigación científica

Laboratorios — Práctica en profundidad de destrezas de investigación y conceptos científicos

Actividad En casa — Actividades rápidas y atractivas para realizar en casa y en familia

• Tecnología y diseño • — Diseñar, construir, probar y comunicar

Matemáticas — Práctica matemática relacionada

active art — Ilustraciones animadas en línea, en inglés

Profesiones en **Ciencias**

Bailar con volcanes

Un helicóptero avanza hacia la cima de un volcán en erupción. Con cuidado y rapidez, un equipo de científicos desciende para hacer su trabajo.

"He estado allá afuera cuando la lava sale disparada de la tierra hasta 100 metros de altura", dice la vulcanóloga Margaret Mangan. "Lo primero que te impresiona es el sonido. Es como el rugido de muchos motores de avión. Luego está el olor del azufre, el cual es asfixiante. El viento puede hacer volar partículas de la fuente de lava sobre ti, pequeños trozos de lava petrificada. Se siente como una tormenta de arena caliente."

Otras veces la erupción es más suave y la lava fluye en un solo canal. "Puedes caminar hasta el canal, como si lo hicieras por la orilla de un río. Usamos algo parecido a una máscara para esquiar para evitar quemarnos por el calor radiante. Usamos ropa resistente al fuego y zapatos y guantes gruesos. Es calurosa y te hace sudar, pero estás demasiado emocionado por lo que estás haciendo para pensar en ello."

Mientras un helicóptero permanece cerca en el aire, la lava fluye por la ladera del monte Kilauea, un volcán en la isla Hawai.

Perfil Profesional

Margaret Mangan creció en Washington, D.C., y recibió un doctorado de la Universidad Johns Hopkins en Baltimore, Maryland. Es geóloga en el equipo de riesgos por volcanes de la U.S. Geological Survey (Agrimensura Geológica de EE. UU.) en Menlo Park, California. Antes fue la científica a cargo del Observatorio Hawaiano de Volcanes. Maggie tiene dos hijas. Disfruta dar ponencias y talleres prácticos para estudiantes de ciencias de educación media.

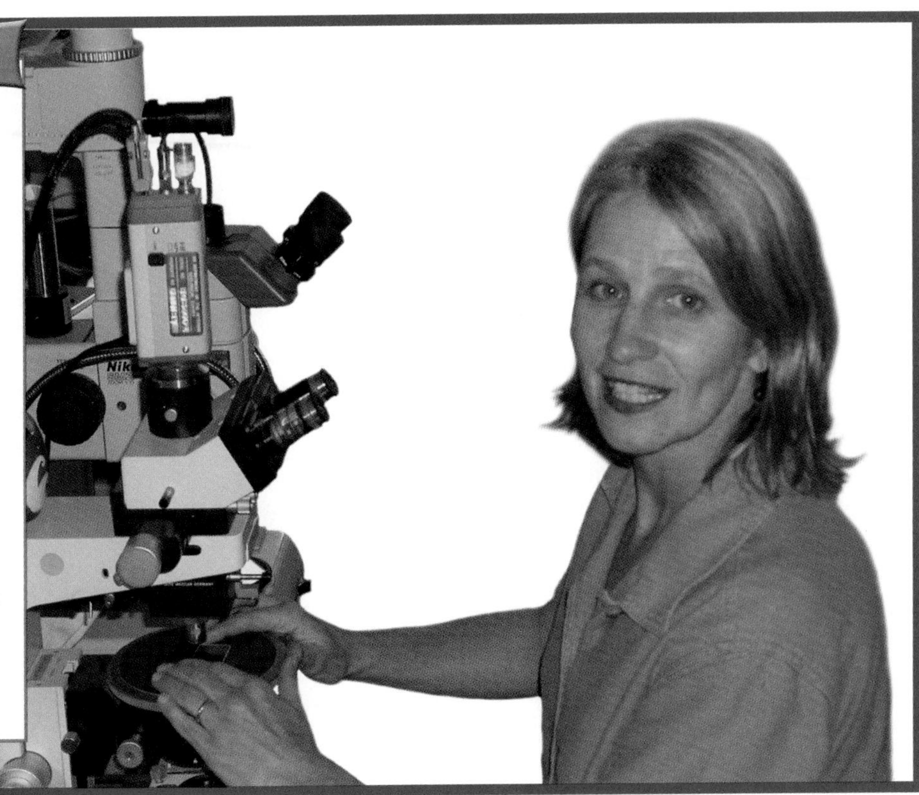

La Dra. Margaret Mangan estudia muestras de lava.

Entrevista con Dra. Margaret Mangan

¿Cómo te interesaste en las ciencias?

Cuando era pequeña, no me interesaban las ciencias. Deseaba ser bailarina. Pero tuve un buen maestro en la secundaria que me enseñó ciencias de la Tierra. Era sorprendentemente interesante y divertido. En un rincón de mi mente, se me quedó grabado. Después de la secundaria, trabajé y estudié danza. Luego decidí ir a la universidad. Debido a ese curso de ciencias de la Tierra, tomé geología y en realidad me gustó. Pero tenía que ponerme al día. Nunca había tomado química, física o precálculo en la secundaria. Así que hice algunos trabajos de "estudio rápido" y me apresuré a ponerme al día.

¿Cómo elegiste la vulcanología?

Cuando me gradué en geología, estudié ciencias de cristales y minerales. Atraía a la artista que hay en mí debido a que el estudio de los cristales tiene mucho que ver con la simetría y la estructura, la forma en que se acoplan las cosas. Cuando necesité sostenerme sola, obtuve un empleo con la U.S. Geological Survey. Trabajé como asistente de un vulcanólogo en un área de Oregón y Washington llamada torrentes de basalto del río Columbia.

¿Qué son los torrentes de basalto?

Debajo de la corteza de la Tierra, la roca fundida, o magma, se junta en bolsas llamadas cámaras magmáticas. Arriba de las cámaras magmáticas pueden abrirse grietas en el suelo. Las llamamos fisuras. El magma subterráneo está tan caliente y tan líquido que corre como un torrente de lava, formando al final un torrente de basalto. Hace millones de años en la parte de Washington donde estaba trabajando, se abrieron fisuras y la lava comenzó a fluir hacia el oeste. Investigábamos qué tan grandes eran las coladas de lava y qué tan lejos habían llegado.

Escalamos hermosos cañones, los cuales parecían pasteles de cumpleaños con capas de lava basáltica apiladas una sobre otra, a cientos de metros de profundidad. Me encantaba estar ahí afuera en medio de cañones y colinas onduladas. En medio de esa sorprendente profusión de vulcanismo, me di cuenta que deseaba hacer ciencias al aire libre y estudiar volcanes.

Seguí trabajando para la U.S. Geological Survey, pero también empecé la investigación para mi tesis doctoral sobre las cámaras magmáticas. Después de obtener mi título, salté a un avión con mi esposo y mis hijas para vivir y trabajar en Hawai.

Capas de lava formaron estos torrentes de basalto en el cañón Columbia, Washington.

¿Cuál fue tu trabajo en Hawai?

Tuve dos trabajos principales. Uno era dar seguimiento a la erupción que está en proceso desde 1983 en el volcán Kilauea. Deseaba asegurarme que las personas que iban al volcán y que vivían cerca del volcán estaban a salvo. Observábamos el volcán atentamente y luego pasábamos la información al gobierno local y al Servicio de Parques Nacionales.

También inicié un proyecto de investigación relacionado con la erupción del Kilauea. Deseaba saber por qué algunas explosiones eran mayores que otras. Comienzas con el mismo volcán, el mismo tipo de magma subterránea. Pero a veces sale rezumando de la tierra y otras veces hace erupción en una gran explosión. Mi investigación, la cual aún estoy haciendo aquí en California, me lleva de un lado a otro entre los volcanes reales y el laboratorio. Trato de simular o hacer un modelo de una erupción volcánica haciendo una cámara magmática muy pequeña en el laboratorio.

En el laboratorio, pongo una pequeña pieza de lava y algo de agua dentro de una cápsula tan grande como mi dedo índice. Luego la someto a la temperatura y presiones que habría dentro de un volcán. Después de unos cuantos días, disminuyo la temperatura y la presión. Esto simula la forma en que la presión disminuye y el magma empieza a enfriarse conforme asciende a la superficie de un volcán. Por último, pongo la cápsula en hielo. Esto detiene el proceso en seco y simula la forma en que el magma se enfría de repente cuando sale de una boca hacia la atmósfera.

¿Qué has aprendido de tu investigación?

Estoy buscando lo que afecta lo explosiva que es una erupción. Justo ahora, la investigación está muy enfocada en el "modelo de la lata de refresco". Tomas una lata de refresco, la agitas un poco, la abres y el refresco se escurre sobre tu mano. Pero si la agitas mucho y luego la abres vuela hasta el techo. No hay diferencia en la carbonatación. El porcentaje de gas CO_2 es el mismo en ambas latas. Lo que es diferente es la rapidez de desgasificación, la rapidez a la que se forman las burbujas de gas. Esto es lo que hace que la "erupción" sea fuerte o suave.

¿No es peligroso estudiar los volcanes?

Bueno, el peligro es un inconveniente. Siempre hay una preocupación por la seguridad, aun en el trabajo de laboratorio. Cuando hago trabajo de campo, me pregunto: ¿cuáles son las condiciones a las que me estoy aproximando? Hay un nivel de peligro, pero soy muy cuidadosa de mi seguridad. Una vez que tomas la decisión de hacer algo, avanzas, lo haces. No puedes dejar que el miedo afecte tus acciones, porque entonces te vuelves incapaz. Tienes que ser controlado y organizado.

Escribir en ciencias

Enlace con profesiones Maggie dice que su formación como bailarina le dio un sentido de disciplina. Aprender sobre la práctica, el autocontrol y la organización le han ayudado a ser una mejor científica. ¿Qué intereses, experiencias o partes de tu personalidad podrían hacer de ti un buen científico? ¿Por qué?

Maggie recolecta muestras de lava del monte Kilauea.

Go Online
PHSchool.com
Para: Más información sobre esta profesión, disponible en inglés.
Visita: PHSchool.com
Código Web: cfb-1000

Capítulo 1

Tectónica de placas

Avance del capítulo

1. **El interior de la Tierra**
   Descubre *¿Cómo averiguan los científicos lo que hay dentro de la Tierra?*
   Actividad de destrezas *Crear tablas de datos*
   Analizar datos *La temperatura dentro de la Tierra*

2. **La convección y el manto**
   Descubre *¿Cómo puede el calor causar movimiento en un líquido?*

3. **La deriva continental**
   Descubre *¿Cómo estaban unidos los continentes de la Tierra?*

4. **Expansión del suelo oceánico**
   Descubre *¿Cuál es el efecto de un cambio en la densidad?*
   Inténtalo *Invertir los polos*
   Laboratorio de destrezas *Modelar la expansión del suelo oceánico*

5. **La teoría de la tectónica de placas**
   Descubre *¿Qué tan bien corresponden los continentes?*
   Actividad de destrezas *Predecir*
   Destrezas de matemáticas *Calcular una velocidad*
   Arte activo *Deriva continental*
   Laboratorio de destrezas *Modelar corrientes de convección en el manto*

La enorme hendidura en la tierra es un valle de fisura formado donde la dorsal atlántica cruza Islandia. ▶

Plate Tectonics

- ▶ Video Preview
- Video Field Trip
- Video Assessment

Lab zone™ **Proyecto** del capítulo

Hacer un modelo de la Tierra

En este capítulo, aprenderás cómo los movimientos en las profundidades de la Tierra ayudan a crear montañas y otros accidentes geográficos de la superficie. Mientras lees este capítulo, harás un modelo que muestre el interior de la Tierra.

Tu objetivo Construir un modelo tridimensional que muestre accidentes geográficos de la superficie de la Tierra, al igual que una vista seccionada del interior de la Tierra

Tu modelo debe

- estar hecho a escala para mostrar las capas del interior de la Tierra
- incluir al menos tres de las placas que forman la superficie de la Tierra, al igual que dos masas continentales o continentes
- mostrar cómo las placas chocan, se separan o se deslizan una bajo la otra e indicar la dirección de su movimiento
- seguir las reglas de seguridad del Apéndice A

Haz un plan Piensa en los materiales que podrías usar para hacer un modelo tridimensional. ¿Cómo mostrarías lo que sucede debajo de la corteza? Mientras aprendes acerca de la expansión del suelo oceánico y la tectónica de placas, agrega los accidentes geográficos apropiados a tu modelo.

Sección 1

El interior de la Tierra

Avance de la lectura

Conceptos clave

- ¿Cómo han aprendido los geólogos acerca de la estructura interna de la Tierra?
- ¿Cuáles son las características de la corteza, el manto y el núcleo de la Tierra?

Términos clave

- ondas sísmicas • presión
- corteza • basalto • granito
- manto • litosfera • astenosfera
- núcleo externo • núcleo interno

Destreza clave de lectura

Usar el conocimiento previo

Antes de leer, observa los encabezados y las ayudas visuales para conocer el tema de la sección. Luego, escribe lo que sabes sobre el interior de la Tierra en un organizador gráfico como éste. Mientras lees, escribe lo que aprendas.

Lo que sabes
1. La corteza de la Tierra está hecha de roca 2.

Lo que aprendiste
1. 2.

Lab zone Actividad Descubre

¿Cómo averiguan los científicos lo que hay dentro de la Tierra?

1. Tu maestro te proporcionará tres latas de película cerradas. Cada lata contiene un material diferente. Tu objetivo es determinar lo que hay dentro de cada lata, aun cuando no puedas observar en forma directa lo que contiene.
2. Pega una etiqueta de papel en cada lata.
3. Para reunir evidencias acerca de lo que hay en las latas, puedes darles golpecitos, hacerlas rodar, sacudirlas o pesarlas. Registra tus observaciones.
4. ¿Qué diferencias adviertes entre las latas? Aparte de su apariencia exterior, ¿las latas son parecidas de alguna manera? ¿Cómo obtuviste esta evidencia?

Reflexiona

Inferir A partir de tus observaciones, ¿qué puedes inferir acerca del contenido de las latas? ¿En qué se parece una lata a la Tierra?

¡Imagina que ves crecer una isla! Eso es exactamente lo que puedes hacer en la isla de Hawai. En el lado sur de la isla, material fundido sale a raudales de las grietas en el monte Kilauea y fluye hacia el océano. Al fluir sobre el suelo, la lava se enfría y se endurece como roca.

Las erupciones más recientes del monte Kilauea comenzaron en 1983. Se abrió un área de grietas de 7 kilómetros de longitud en la superficie de la Tierra. Por las grietas salían a chorros "cortinas de fuego", fuentes de roca líquida caliente de las profundidades de la Tierra. Desde ese momento, la lava ha cubierto más de 100 kilómetros cuadrados de la superficie con una capa de roca. Cuando la lava llega al mar, extiende las márgenes de la isla hacia el océano Pacífico.

FIGURA 1
Fluye lava en Hawai
Estas personas observan la lava fluir de las bocas del Kilauea hacia el océano Pacífico.

FIGURA 2
Búsqueda debajo de la superficie
Los geólogos (izquierda) examinan rocas en busca de pistas de lo que hay en el interior de la Tierra. Aun cuando cavernas, como ésta en Georgia (abajo), pueden parecer profundas, sólo alcanzan una distancia relativamente corta debajo de la superficie.

Explorar el interior de la Tierra

La superficie de la Tierra está cambiando en forma constante. Durante la larga historia de nuestro planeta, su superficie se ha elevado, ha descendido, se ha plegado y se ha roto. Por tanto, la Tierra se ve diferente hoy de como se veía hace millones de años.

Las erupciones volcánicas como las del monte Kilauea hacen que la gente se pregunte: ¿Qué hay dentro de la Tierra? Pero esta pregunta es muy difícil de responder. Por mucho que lo desearan los geólogos, no pueden cavar un agujero hasta el centro de la Tierra. Las condiciones extremas presentes en el interior de la Tierra impiden la exploración muy debajo de la superficie.

La mina más profunda en el mundo, una mina de oro en Sudáfrica, tiene una profundidad de 3.8 kilómetros. Pero esa mina sólo rasguña la superficie. Tendrías que viajar más de 1,600 veces esa distancia, más de 6,000 kilómetros, para llegar al centro de la Tierra. **Los geólogos han usado dos tipos de evidencia principal para aprender sobre el interior de la Tierra: la evidencia directa de muestras de rocas y la evidencia indirecta de las ondas sísmicas.** Los geólogos en la Figura 2 observan una roca en la superficie de la Tierra.

Para: Vínculos sobre la estructura de la Tierra, disponible en inglés.
Visita: www.SciLinks.org
Código Web: scn-1011

Evidencia de muestras de rocas Las rocas del interior de la Tierra dan a los geólogos pistas sobre la estructura de la Tierra. Los geólogos han cavado agujeros de hasta 12 kilómetros en la Tierra. Las perforaciones les proporcionan muestras de roca. Con estas muestras, los geólogos pueden hacer inferencias acerca de las condiciones en las profundidades de la Tierra, donde se formaron estas rocas. Además, las fuerzas dentro de la Tierra en ocasiones lanzan rocas hacia la superficie desde profundidades de más de 100 kilómetros. Estas rocas proporcionan más información sobre el interior.

Evidencia de las ondas sísmicas Los geólogos no pueden mirar dentro de la Tierra. En cambio, tienen que depender de métodos de observación indirectos. ¿Alguna vez has colgado un cuadro pesado en una pared? Si lo has hecho, sabes que puedes golpear en la pared para localizar la viga de madera debajo del yeso que sostendrá el cuadro. Cuando golpeas la pared, escuchas con cuidado en busca de un cambio en el sonido.

Para estudiar el interior de la Tierra, los geólogos también usan un método indirecto. Pero en lugar de golpear las paredes, recurren a las ondas sísmicas. Cuando ocurren terremotos, éstos producen **ondas sísmicas.** Los geólogos registran las ondas sísmicas y estudian cómo viajan a través de la Tierra. La velocidad de las ondas sísmicas y las rutas que siguen revelan la estructura del planeta.

Gracias a los datos de las ondas sísmicas, los geólogos han aprendido que el interior de la Tierra está hecho de varias capas. Cada capa rodea a las capas que están debajo de ella, en forma parecida a las capas de una cebolla. En la Figura 3 puedes ver cómo viajan las ondas sísmicas a través de las capas que forman la Tierra.

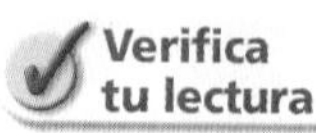

¿Qué causa las ondas sísmicas?

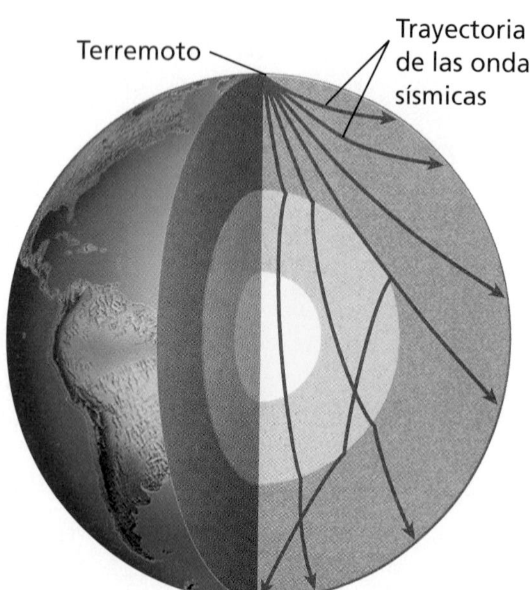

FIGURA 3
Ondas sísmicas
Los científicos infieren la estructura interna de la Tierra al registrar y estudiar la forma en que las ondas sísmicas viajan a través de la Tierra.

FIGURA 4
Presión y profundidad
Entre más profundo va este nadador, es mayor la presión del agua circundante.
Comparar y contrastar *¿En qué se parece el agua de la piscina al interior de la Tierra? ¿En qué es diferente?*

Un viaje al centro de la Tierra

Las tres capas principales de la Tierra son la corteza, el manto y el núcleo. Estas capas varían mucho en tamaño, composición, temperatura y presión. Si pudieras viajar a través de estas capas hasta el centro de la Tierra, ¿cómo sería tu viaje? Para empezar, necesitarías un vehículo que pueda viajar a través de roca sólida. El vehículo llevaría instrumentos científicos para registrar los cambios de temperatura y presión conforme desciendes.

Temperatura Conforme empiezas a perforar un túnel bajo la superficie, la roca circundante está fría. Luego, como a 20 metros, tus instrumentos indican que la roca se está calentando. Por cada 40 metros que desciendas a partir de ese punto, la temperatura aumenta un grado Celsius. Este aumento rápido en la temperatura continúa por varias decenas de kilómetros. Después de esto, la temperatura aumenta más despacio, pero en forma constante. Las altas temperaturas dentro de la Tierra son el resultado del calor que quedó de la formación del planeta. Además, sustancias radiactivas dentro de la Tierra liberan energía. Esto calienta más el interior.

Presión Durante tu viaje al centro de la Tierra, tus instrumentos registran un aumento de presión en la roca circundante. La **presión** resulta de una fuerza que comprime un área. Debido al peso de la roca de encima, la presión dentro de la Tierra aumenta conforme vas más profundo. A mayor profundidad, mayor presión. La presión dentro de la Tierra aumenta en forma muy parecida a como aumenta en la piscina de la Figura 4.

La corteza

Tu viaje al centro de la Tierra comienza en la corteza. La **corteza** es la capa de roca que forma la cubierta exterior de la Tierra. **La corteza es una capa de roca sólida que incluye tanto la tierra firme como el suelo oceánico.** En la corteza encuentras rocas y montañas. La corteza también incluye el suelo y el agua que cubren grandes partes de la superficie de la Tierra.

Esta corteza exterior de roca es mucho más delgada que la capa que se encuentra debajo de ella. De hecho, puedes pensar en la corteza de la Tierra como semejante a la cáscara delgada, como papel, de una cebolla. La corteza es más gruesa bajo las montañas altas y más delgada bajo el océano. En la mayoría de los lugares, la corteza tiene entre 5 y 40 kilómetros de espesor. Pero puede tener un espesor de hasta 70 kilómetros debajo de las montañas.

La corteza debajo del océano se llama corteza oceánica. La corteza oceánica consiste sobre todo de rocas como el basalto. El **basalto** es una roca oscura con una textura fina. La corteza continental, la corteza que forma los continentes, consiste sobre todo de rocas como el granito. El **granito** es una roca que por lo general es de un color claro y tiene una textura áspera.

Verifica tu lectura **¿Cuál es el tipo principal de roca en la corteza oceánica?**

FIGURA 5
El interior de la Tierra
El interior de la Tierra se divide en capas: la corteza, el manto, el núcleo externo y el núcleo interno.
Interpretar diagramas *¿Cuál de las capas de la Tierra es la más gruesa?*

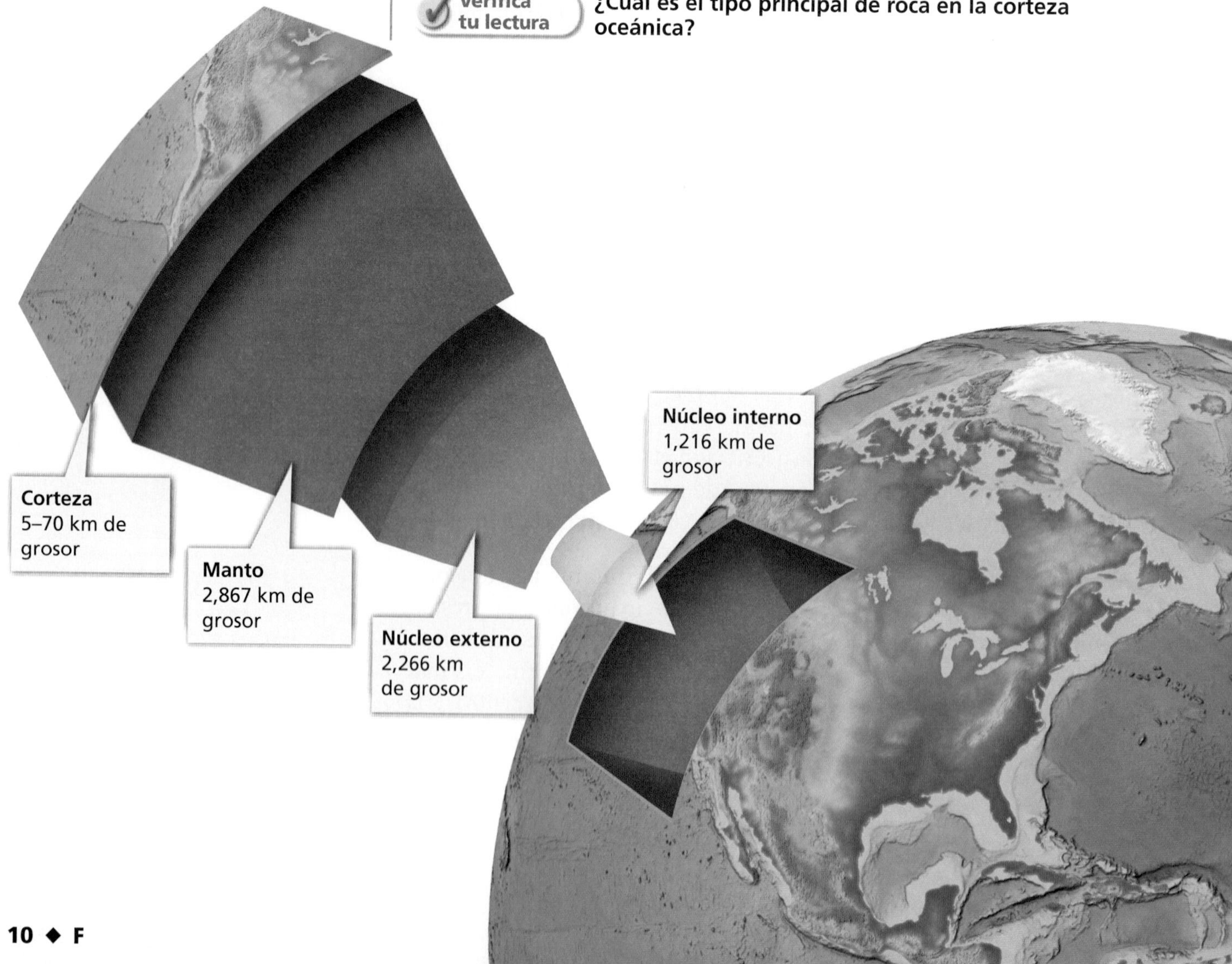

El manto

Tu viaje hacia abajo continúa. Unos 40 kilómetros debajo de la superficie, cruzas un borde. Debajo del borde está el material sólido del **manto,** una capa de roca caliente. **El manto de la Tierra está formado por roca que está muy caliente, pero es sólida. Los científicos dividen el manto en capas basándose en las características físicas de esas capas. En general, el manto tiene alrededor de 3,000 kilómetros de grosor.**

La litosfera La parte superior del manto es muy parecida a la corteza. La parte superior del manto y la corteza forman una capa rígida llamada **litosfera.** En griego, *lithos* significa "piedra". Como puedes ver en la Figura 6, la litosfera tiene un promedio de unos 100 kilómetros de grosor.

La astenosfera Debajo de la litosfera, tu vehículo encuentra material que está más caliente y bajo una presión creciente. Como resultado, la parte del manto justo debajo de la litosfera es menos rígida que la roca de encima. Como el asfalto de las carreteras suavizado por el calor del sol, esta parte del manto es un tanto suave; puede doblarse como plástico. Esta capa suave se llama **astenosfera.** En griego, *asthenéia* significa "debilidad". Aunque la astenosfera es más suave que el resto del manto, aún es sólida. Si la pateas, te golpearías el dedo del pie.

El manto inferior Debajo de la astenosfera, el manto es sólido. Este material sólido se extiende hasta el núcleo de la Tierra.

¿Qué es la astenosfera?

Lab zone Actividad Destrezas

Crear tablas de datos

Imagina que estás dentro de un vehículo muy potente que está perforando un túnel profundo hacia el interior de la Tierra. Te detienes varias veces en tu viaje para recolectar datos. Copia la tabla de datos siguiente. Para cada profundidad, identifica la capa y de qué está hecha. Luego, completa la tabla.

Tabla de datos

Profundidad	Nombre de la capa	De qué está hecha la capa
20 km		
150 km		
2,000 km		
4,000 km		
6,000 km		

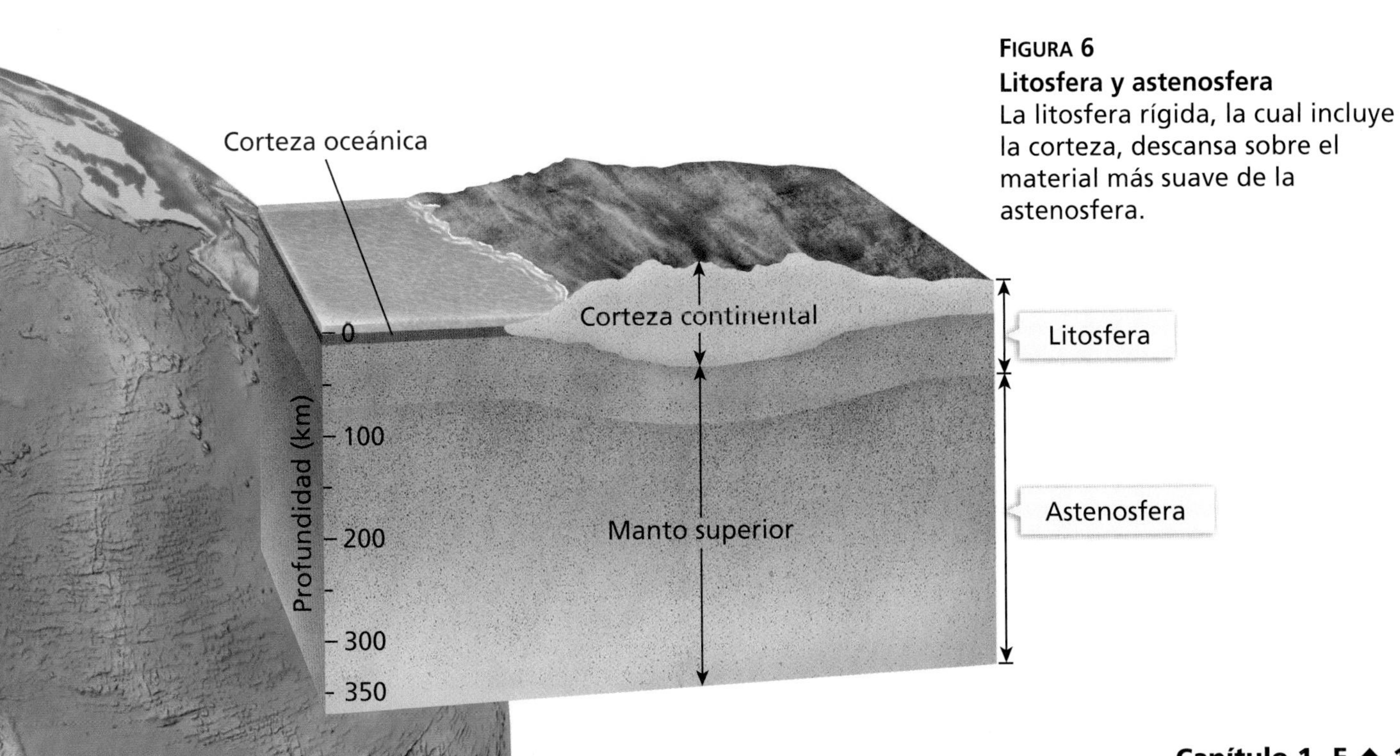

FIGURA 6
Litosfera y astenosfera
La litosfera rígida, la cual incluye la corteza, descansa sobre el material más suave de la astenosfera.

Matemáticas

Analizar datos

La temperatura dentro de la Tierra

La gráfica muestra cómo cambian las temperaturas entre la superficie de la Tierra y la parte inferior del manto. En esta gráfica, la temperatura en la superficie de la Tierra es 0 °C. Estudia la gráfica con cuidado y luego responde las preguntas.

1. **Leer gráficas** Al moverte de izquierda a derecha en el eje *x*, ¿cuánto cambia la profundidad dentro de la Tierra?
2. **Estimar** ¿Cuál es la temperatura en el borde entre la litosfera y la astenosfera?
3. **Estimar** ¿Cuál es la temperatura en el borde entre el manto inferior y el núcleo?
4. **Interpretar datos** ¿Cómo cambia la temperatura con la profundidad en el interior de la Tierra?

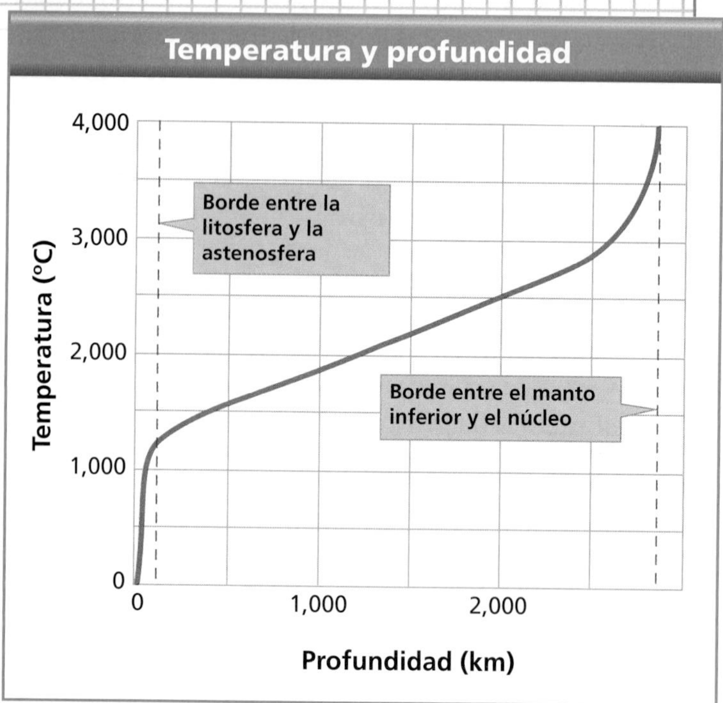

El núcleo

Después de viajar a través del manto, llegas al núcleo de la Tierra. **El núcleo está formado sobre todo de los metales hierro y níquel. Consiste de dos partes: un núcleo externo líquido y un núcleo interno sólido.** Juntos, el núcleo interno y el núcleo externo tienen 3,486 kilómetros de espesor.

Núcleo externo y núcleo interno El **núcleo externo** es una capa de metal fundido que rodea al núcleo interno. A pesar de la enorme presión, el núcleo externo es líquido. El **núcleo interno** es una bola densa de metal sólido. En el núcleo interno la presión extrema comprime tanto los átomos de hierro y níquel, que no pueden extenderse y volverse líquidos.

La mayor parte de la evidencia actual sugiere que ambas partes del núcleo están formadas de hierro y níquel. Pero los científicos han encontrado datos que sugieren que el núcleo contiene también sustancias, como oxígeno, azufre y silicio. Los científicos deben buscar más datos antes de decidir cuál de estas otras sustancias es más importante.

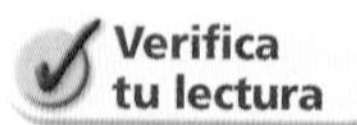

¿Cuál es la diferencia principal entre el núcleo externo y el núcleo interno?

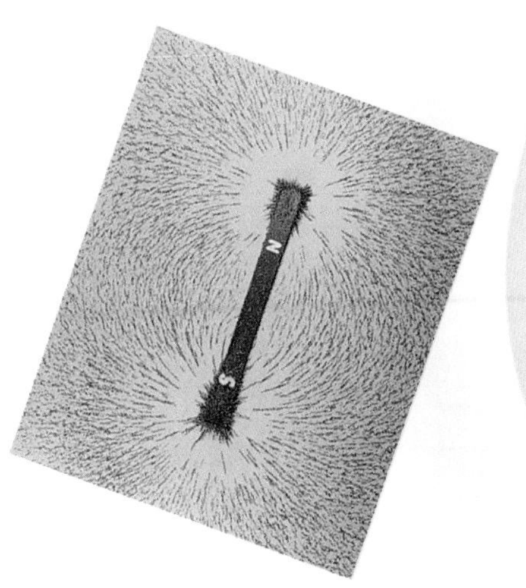

Campo magnético del imán
El patrón de las limaduras de hierro se hizo esparciéndolas en un papel colocado debajo de un imán.

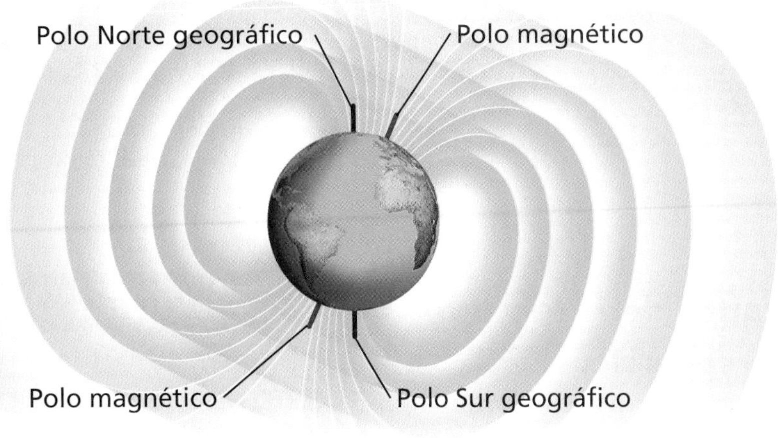

Campo magnético de la Tierra
Como un imán, el campo magnético de la Tierra tiene polos Norte y Sur.

FIGURA 7
Del mismo modo que un imán está rodeado por su propio campo magnético, el campo magnético de la Tierra rodea al planeta.
Relacionar causa y efecto *Si cambiaras el imán debajo del papel, ¿qué les pasaría a las limaduras de hierro?*

El núcleo y el campo magnético de la Tierra Los científicos piensan que los movimientos en el núcleo externo líquido crean el campo magnético de la Tierra. Debido a que la Tierra tiene un campo magnético, el planeta actúa como un imán gigante. Como puedes ver en la figura 7, el campo magnético afecta a toda la Tierra.

Considera un imán ordinario. Si lo pones en un pedazo de papel y esparces limaduras de hierro sobre el papel, las limaduras de hierro se alinean con el campo magnético del imán. Si pudieras cubrir el planeta entero con limaduras de hierro, formarían un patrón similar. Cuando usas una brújula, la aguja de la brújula se alinea con las líneas de fuerza en el campo magnético de la Tierra.

Sección 1 Evaluación

Destreza clave de lectura **Usar el conocimiento previo** Revisa tu organizador gráfico basándote en lo que acabas de aprender en esta sección.

Repasar los conceptos clave

1. a. **Explicar** ¿Por qué es difícil determinar la estructura interna de la Tierra?
   b. **Inferir** ¿Cómo se usan las ondas sísmicas para proporcionar evidencia sobre el interior de la Tierra?
2. a. **Hacer una lista** Haz una lista de las tres capas principales de la Tierra.
   b. **Comparar y contrastar** ¿Cuál es la diferencia entre la litosfera y la astenosfera? ¿En qué capa se localiza cada una?
   c. **Clasificar** Clasifica cada una de las siguientes capas como líquida, sólida o sólida pero capaz de fluir despacio: litosfera, astenosfera, manto inferior, núcleo externo, núcleo interno.

Escribir en ciencias

Narración Escribe una narración de tu propio viaje imaginario al centro de la Tierra. Tu narración deberá describir las capas de la Tierra a través de las cuales viajaste y cómo cambian la temperatura y la presión debajo de la superficie.

Sección 2

Integración con la física

La convección y el manto

Avance de la lectura

Conceptos clave

- ¿Cómo se transfiere el calor?
- ¿Qué causa las corrientes de convección?
- ¿Qué causa las corrientes de convección en el manto de la Tierra?

Términos clave

- radiación • conducción
- convección • densidad
- corriente de convección

Destreza clave de lectura

Hacer un esquema Un esquema muestra la relación entre las ideas principales y las ideas de apoyo. Mientras lees, haz un esquema sobre la transferencia de calor. Usa los encabezados en rojo para los temas principales y los encabezados en azul para los subtemas.

La convección y el manto

I. Tipos de transferencia de calor
   A. Radiación
   B.
   C.
II. Corrientes de convección

Lab zone Actividad Descubre

¿Cómo puede el calor causar movimiento en un líquido?

1. Vierte con cuidado algo de agua caliente en un molde pequeño y poco profundo. Llena un vaso de plástico transparente más o menos hasta la mitad con agua fría. Coloca el vaso en el molde.
2. Permite que el agua repose por dos minutos hasta que pare de moverse.
3. Llena un gotero de plástico con un poco de color vegetal. Luego, sosteniendo el gotero bajo la superficie del agua y ligeramente alejado del borde del vaso, vierte con suavidad una gota pequeña del color vegetal en el agua.
4. Observa el agua por un minuto.
5. Agrega otra gota en la superficie del agua en medio del vaso y observa de nuevo.

Reflexiona

Inferir ¿Cómo explicas lo que sucedió con las gotas de color vegetal? ¿Por qué crees que la segunda gota se movió en una forma diferente a la forma en que se movió la primera gota?

El núcleo externo fundido de la Tierra es casi tan caliente como la superficie del Sol. ¿Qué hace que un objeto esté caliente? Ya sea que el objeto sea el núcleo de la Tierra o una olla para cocinar, la causa es la misma. Cuando un objeto se calienta, las partículas que lo forman se mueven más rápido. Las partículas que se mueven más rápido tienen más energía.

Si alguna vez has tocado una olla caliente por accidente, habrás descubierto por ti mismo (en una forma dolorosa) que el calor se traspasa. En este caso, pasó de la olla caliente a tu mano. El paso de la energía de un objeto más caliente a un objeto más frío se llama transferencia de calor. Para explicar cómo pasa el calor del núcleo de la Tierra a través del manto, necesitas saber cómo se transfiere el calor.

Tipos de transferencia de calor

El calor siempre pasa de una sustancia más caliente a una más fría. Por ejemplo, sostener un cubo de hielo hará que tu mano comience a sentir frío en pocos segundos. ¿Pero el frío del cubo de hielo pasa a tu mano? ¡No! En vista de que el frío es la ausencia de calor, es el calor en tu mano el que pasa al cubo de hielo. Ésta es una de las formas en que se transfiere el calor. **Hay tres tipos de transferencia de calor: radiación, conducción y convección.**

Radiación La transferencia de energía a través del espacio se llama **radiación.** La transferencia de calor por radiación tiene lugar sin contacto directo entre una fuente de calor y un objeto. La luz solar es radiación que calienta la superficie de la Tierra. Otras formas familiares de radiación incluyen el calor que sientes alrededor de una llama o fogata.

Conducción La transferencia de calor dentro de un material o entre materiales que se están tocando se llama **conducción.** Por ejemplo, una cuchara en una olla de sopa se calienta por conducción, como se muestra en la Figura 8. El calor pasa de la sopa y la olla calientes a las partículas que forman la cuchara. Las partículas cercanas a la parte inferior de la cuchara vibran más rápido conforme se calientan, así que chocan con otras partículas y las calientan también. En forma gradual se calienta la cuchara entera. Cuando tu mano toca la cuchara, la conducción transfiere calor de la cuchara en forma directa a tu piel. Es entonces cuando sientes el calor. La conducción es responsable de algo de la transferencia de calor dentro de la Tierra.

Verifica tu lectura **¿Qué es la conducción?**

FIGURA 8
Conducción
En la conducción, las partículas calentadas de una sustancia transfieren calor a través del contacto con otras partículas en la sustancia. La conducción calienta la cuchara y la olla misma. Es por esto que necesitas un guante para proteger tu mano del mango caliente.

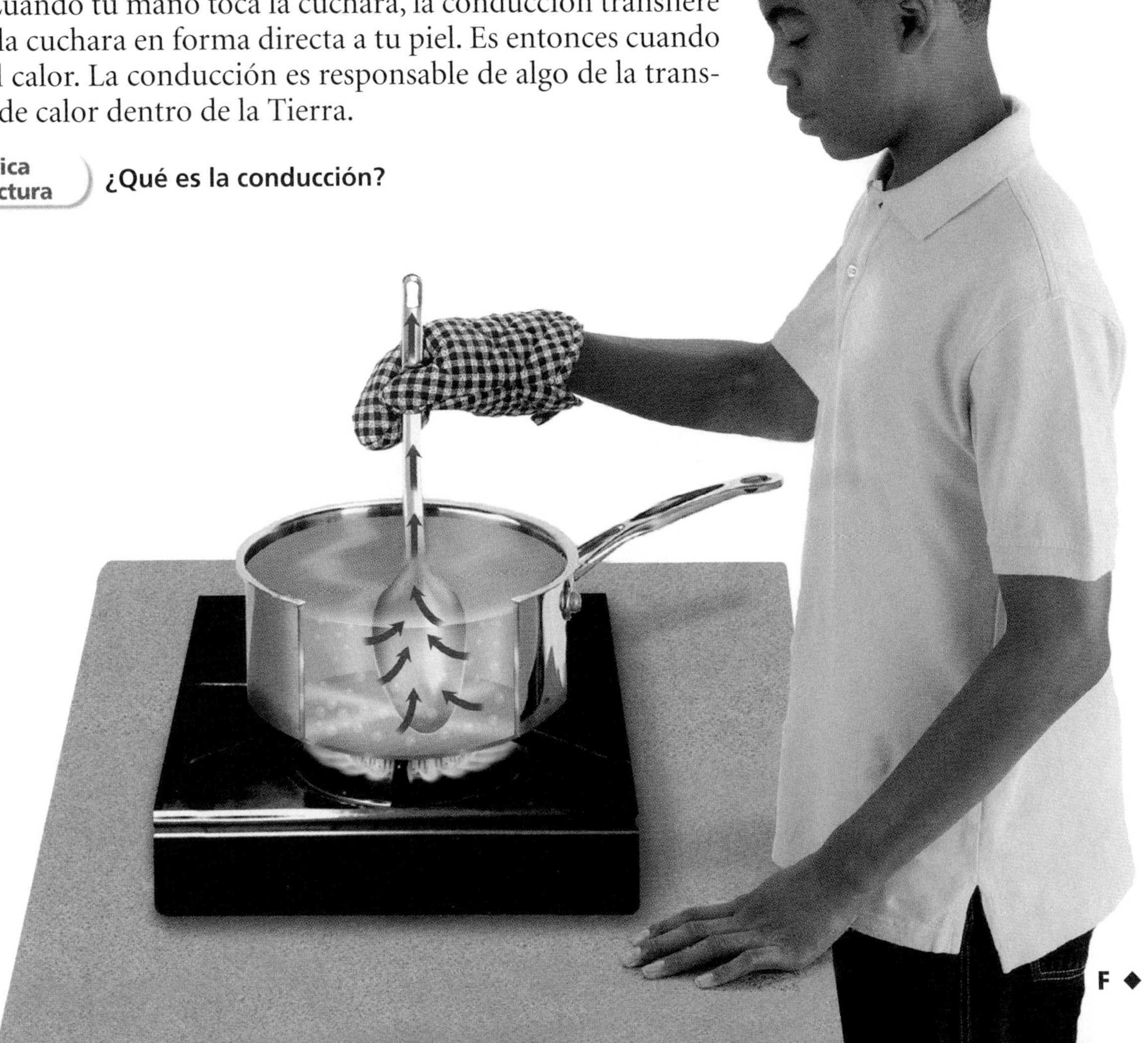

Para: Más información sobre corrientes de convección en el manto, disponible en inglés.
Visita: PHSchool.com
Código Web: cfd-1012

Convección El calor también puede transferirse por el movimiento de fluidos: líquidos y gases. La **convección** es la transferencia de calor por el movimiento de corrientes dentro de un fluido. Durante la convección, las partículas de fluido calentadas comienzan a fluir. Este flujo transfiere calor de una parte del fluido a otra.

La transferencia de calor por convección es causada por diferencias de temperatura y densidad dentro de un fluido. La **densidad** es una medida de cuánta masa hay en un volumen de una sustancia. Por ejemplo, la roca es más densa que el agua debido a que un volumen dado de roca tiene más masa que el mismo volumen de agua.

Cuando un líquido o gas se calienta, las partículas se mueven más rápido y se separan. Como resultado, las partículas del fluido calentado ocupan más espacio. La densidad del fluido disminuye. Pero cuando un fluido se enfría, sus partículas se mueven más despacio y se acercan más. Conforme se enfría más el fluido, su densidad aumenta.

Corrientes de convección

Cuando calientas sopa en una estufa, ocurre convección en la sopa, como se muestra en la Figura 9. Conforme se calienta la sopa en el fondo de la olla, se expande y por tanto se vuelve menos densa. La sopa caliente menos densa se mueve hacia arriba y flota sobre la sopa más fría y más densa. En la superficie, la sopa caliente se enfría, volviéndose más densa. Luego, la gravedad empuja esta sopa más fría y más densa de vuelta hacia el fondo de la olla, donde se calienta de nuevo.

Un flujo constante comienza cuando la sopa más fría y más densa se hunde al fondo de la olla y la sopa más caliente y menos densa se eleva. Una **corriente de convección** es el flujo que transfiere calor dentro de un fluido. **El calentamiento y enfriamiento del fluido, los cambios en la densidad del fluido y la fuerza de gravedad se combinan y ponen en movimiento las corrientes de convección.** Las corrientes de convección continúan en tanto se agregue calor. Sin calor, éstas terminan por detenerse.

Verifica tu lectura **¿Cuál es la función de la gravedad en la creación de las corrientes de convección?**

FIGURA 9
Corrientes de convección
Las diferencias en temperatura y densidad causan las corrientes de convección. En la olla, las corrientes de convección surgen debido a que la sopa cercana a la fuente de calor está más caliente y es menos densa que la sopa cercana a la superficie.

Corrientes de convección en la Tierra

En el manto de la Tierra, grandes cantidades de calor son transferidas por corrientes de convección, como se muestra en la Figura 10. **El calor del núcleo y del manto mismo causa corrientes de convección en el manto.**

¿Cómo es posible que fluya la roca del manto? A lo largo de millones de años, el gran calor y presión en el manto causó que la roca sólida del manto fluya muy despacio. Muchos geólogos piensan que se elevan despacio columnas de roca desde la parte inferior hacia la parte superior del manto. La roca caliente con el tiempo se enfría y se hunde de nuevo a través del manto. El ciclo de elevarse y hundirse tiene lugar una y otra vez. Corrientes de convección como éstas se han estado moviendo dentro de la Tierra ¡por más de cuatro mil millones de años!

También hay corrientes de convección en el núcleo externo. Estas corrientes de convección causan el campo magnético de la Tierra.

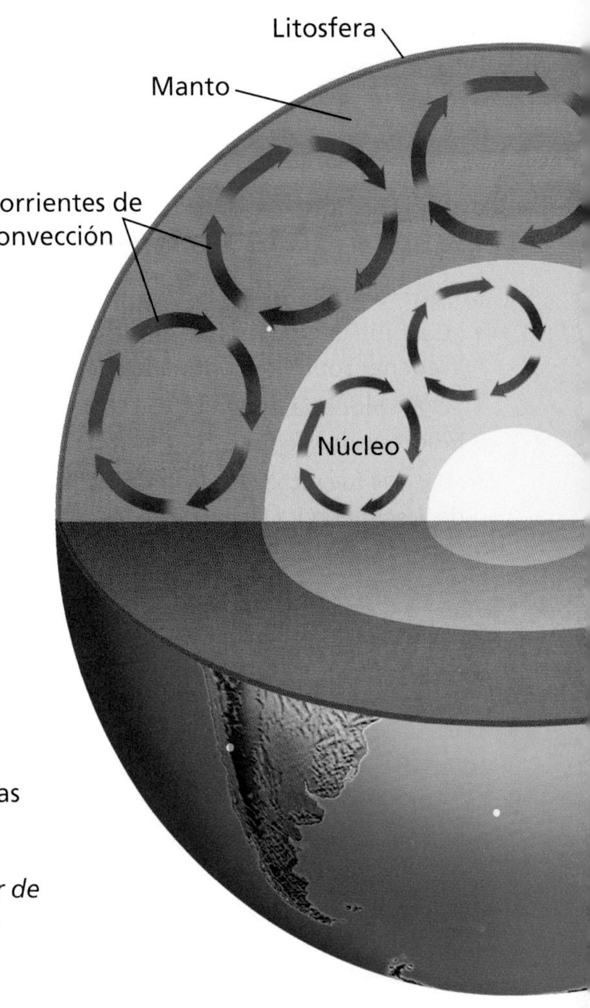

FIGURA 10
Convección en el manto
La mayoría de los geólogos piensan que las corrientes de convección se elevan y se hunden a través del manto.
Aplicar conceptos *¿Qué parte del interior de la Tierra es como la sopa en la olla? ¿Qué parte es como el quemador en la estufa?*

Sección 2 Evaluación

Destreza clave de lectura **Hacer un esquema** Usa la información en tu esquema acerca de la transferencia de calor para ayudarte a responder las siguientes preguntas.

Repasar los conceptos clave

1. a. **Hacer una lista** ¿Cuáles son los tres tipos de transferencia de calor?
   b. **Explicar** ¿Cómo se transfiere el calor por el espacio?
2. a. **Definir** ¿Qué es una corriente de convección?
   b. **Relacionar causa y efecto** En general, ¿qué sucede con la densidad de un fluido conforme se calienta más?
   c. **Resumir** ¿Cómo se forman las corrientes de convección?
3. a. **Identificar** Nombra dos capas de la Tierra en las que tienen lugar las corrientes de convección.
   b. **Relacionar causa y efecto** ¿Qué causa las corrientes de convección en el manto?
   c. **Predecir** ¿Qué les sucederá a las corrientes de convección en el manto si el interior de la Tierra se enfría con el tiempo? Explica.

Lab zone Actividad En casa

Localizar el flujo de calor Las corrientes de convección pueden mantener el aire dentro de tu casa a una temperatura cómoda. El aire está formado por gases, así que es un fluido. Sin considerar el tipo de calefacción doméstico, el aire calentado circula por la habitación por convección. Tal vez hayas intentado ajustar el flujo de aire en una habitación mal ventilada abriendo una ventana: usaste las corrientes de convección. Con un familiar adulto, estudia cómo se calienta tu hogar. Busca evidencia de corrientes de convección.

Sección 3

La deriva continental

Avance de la lectura

Conceptos clave

- ¿Cuál fue la hipótesis de Alfred Wegener sobre los continentes?
- ¿Qué evidencia apoyó la hipótesis de Wegener?
- ¿Por qué fue rechazada la hipótesis de Wegener por la mayoría de los científicos de su época?

Términos clave

- deriva continental • Pangea
- fósil

Destreza clave de lectura

Identificar evidencia de apoyo
Mientras lees, identifica la evidencia que apoya la hipótesis de la deriva continental. Escribe la evidencia en un organizador gráfico como el que sigue.

Evidencia

Hipótesis

Los continentes de la Tierra se han movido. ← Forma de los continentes

Lab zone Actividad Descubre

¿Cómo estaban unidos los continentes de la Tierra?

1. Halla los océanos y los siete continentes en un globo terráqueo que muestre el relieve de la Tierra.
2. ¿Cuánto del globo está ocupado por el océano Pacífico? ¿La mayor parte de la tierra firme de la Tierra se encuentra en el hemisferio norte o en el hemisferio sur?
3. Halla los puntos o áreas donde se unen la mayor parte de los continentes. Halla los puntos en los que varios continentes casi se tocan, pero no están unidos.
4. Examina el globo con más detenimiento. Halla el gran cinturón de montañas que corren de norte a sur a lo largo del lado occidental de América del Norte y América del Sur. ¿Puedes hallar otro gran cinturón de montañas en el globo terráqueo?

Reflexiona

Plantear preguntas ¿Qué preguntas puedes plantear acerca de la forma en que están distribuidos los océanos, los continentes y las montañas en la superficie de la Tierra?

Hace quinientos años, los viajes por mar de Colón y otros exploradores cambiaron el mapa del mundo. Los continentes de Europa, Asia y África ya eran conocidos para los cartógrafos. Pronto, los cartógrafos estaban mostrando también los contornos de los continentes de América del Norte y del Sur. Al observar estos mapas del mundo, muchas personas se preguntaron por qué las costas de varios continentes correspondían con tanta precisión. Por ejemplo, las costas de África y América del Sur se ven como si pudieran encajar como piezas de rompecabezas. En el siglo XVIII, los geólogos pensaban que los continentes siempre habían permanecido en el mismo lugar. Pero a principios del siglo XX, un científico comenzó a pensar que los continentes podían haber estado unidos alguna vez en una sola masa continental.

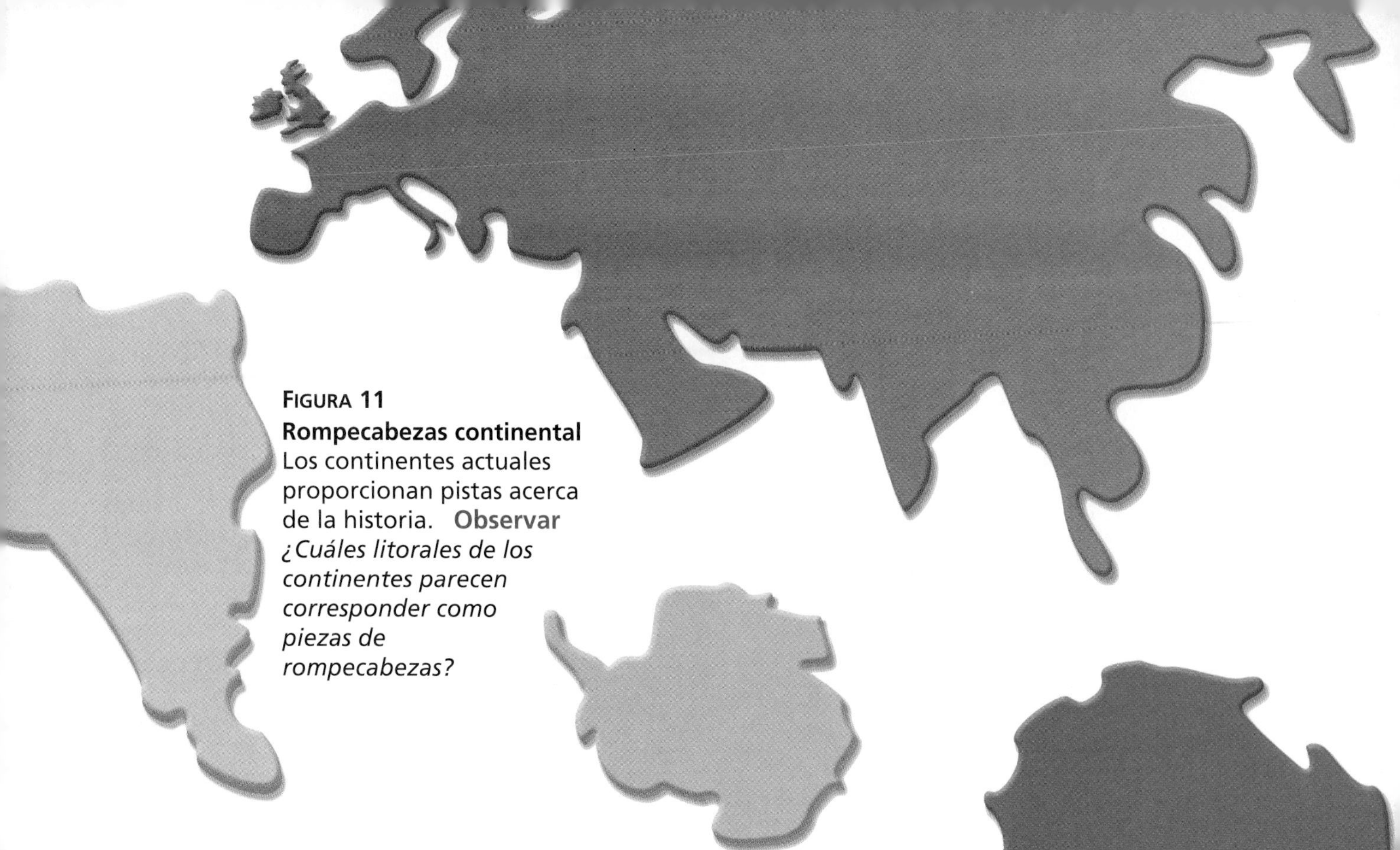

FIGURA 11
Rompecabezas continental
Los continentes actuales proporcionan pistas acerca de la historia. **Observar** *¿Cuáles litorales de los continentes parecen corresponder como piezas de rompecabezas?*

Deriva continental

En 1910, un joven científico alemán llamado Alfred Wegener sintió curiosidad sobre la relación de los continentes. ¡Planteó la hipótesis de que los continentes de la Tierra se habían movido! **La hipótesis de Wegener era que todos los continentes habían estado unidos alguna vez en una sola masa continental y desde entonces se habían separado.** La idea de Wegener de que los continentes se movían muy lentamente sobre la superficie de la Tierra se conoció como **deriva continental.**

De acuerdo con Wegener, los continentes se habían desplazado hasta formar el supercontinente **Pangea.** *Pangea* significa "todas las tierras". Según Wegener, Pangea existió hace unos 300 millones de años. Ésa fue la época en que los reptiles y los insectos alados aparecieron por primera vez. Los bosques tropicales, los cuales más tarde formaron depósitos de carbón, cubrían grandes partes de la superficie de la Tierra.

A lo largo de decenas de millones de años, Pangea comenzó a separarse. Los pedazos de Pangea se movieron en forma muy lenta hacia sus ubicaciones actuales. Estos pedazos se convirtieron en los continentes que hay en la actualidad.

Wegener recopiló evidencia de diferentes campos científicos para apoyar sus ideas acerca de la deriva continental. Estudió el relieve, fósiles y evidencia del cambio climático. En 1915, Wegener publicó esta evidencia de la deriva continental en el libro *The Origin of Continents and Oceans* (El origen de los continentes y los océanos.)

Para: Vínculos sobre deriva continental, disponible en inglés.
Visita: www.SciLinks.org
Código Web: scn-1013

Evidencia de la deriva continental

Pangea

AMÉRICA DEL NORTE
EURASIA
Ecuador
Mar de Tetis
AMÉRICA DEL SUR
ÁFRICA
INDIA
AUSTRALIA
ANTÁRTIDA

AMÉRICA DEL NORTE
Océano Atlántico
Ecuador
AMÉRICA DEL SUR
Océano Pacífico

Clave

- Montañas plegadas
- Lechos de carbón
- Depósitos glaciares
- Fósiles de *glossopteris*
- Fósiles de listrosaurios
- Fósiles de mesosaurios

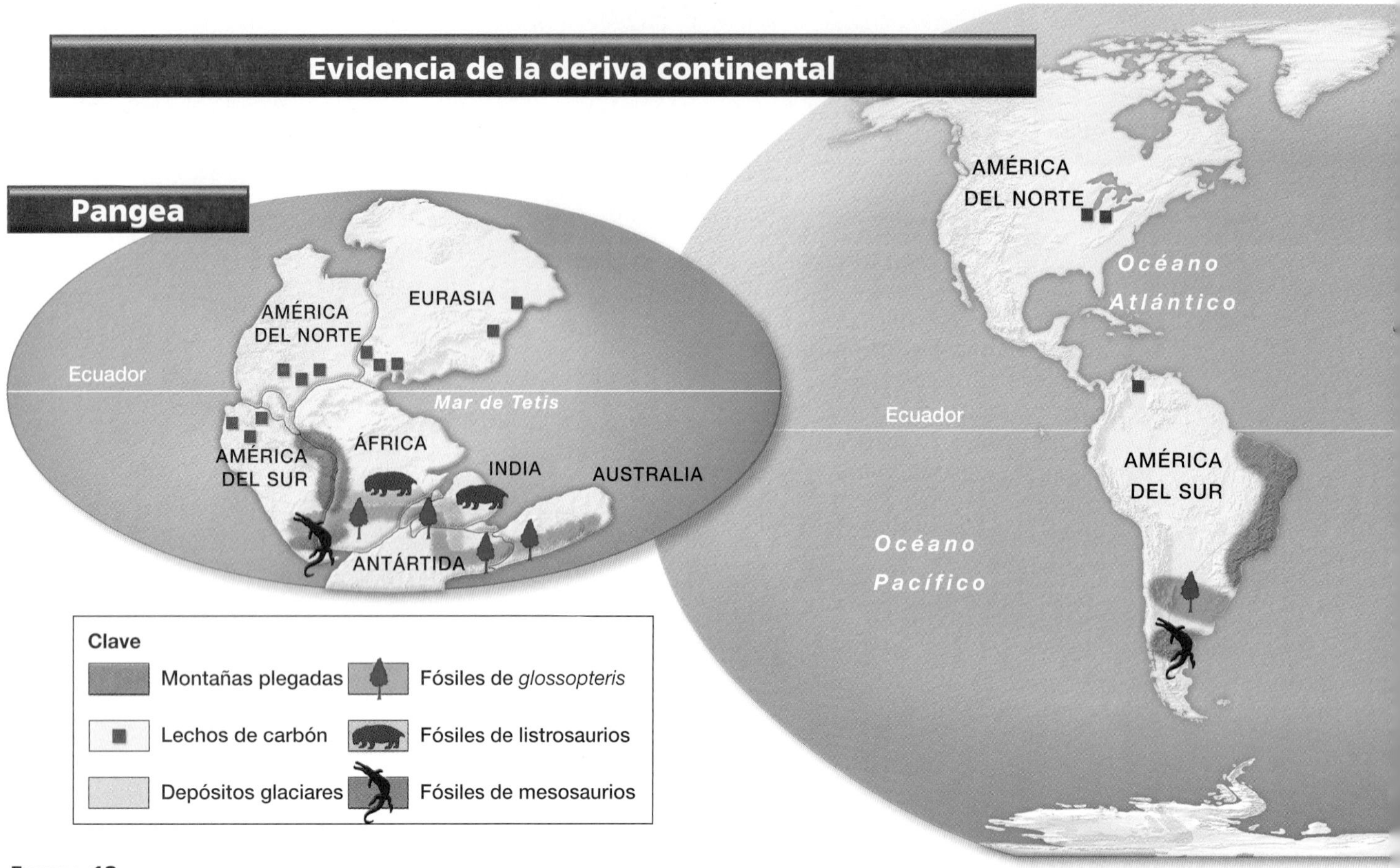

FIGURA 12
Los fósiles y rocas encontrados en diferentes continentes proporcionan evidencia de que las masas continentales de la Tierra estuvieron unidas alguna vez en el supercontinente Pangea. **Inferir** *¿Qué muestran las cordilleras que concuerdan en África y América del Sur, de acuerdo con la hipótesis de Wegener?*

Evidencia del relieve Como se muestra en la Figura 12, las montañas y otros accidentes geográficos en los continentes proporcionaron evidencias de la deriva continental. Por ejemplo, cuando Wegener unió mapas de África y América del Sur, advirtió que las cordilleras en ambos continentes se alineaban. Observó que los campos de carbón europeos correspondían con los campos de carbón en América del Norte.

Evidencia de los fósiles Wegener también usó fósiles para apoyar su argumento de la deriva continental. Un **fósil** es cualquier resto de un organismo de la antigüedad que se ha preservado en la roca. Por ejemplo, la *glossopteris* era una planta parecida al helecho que vivió hace 250 millones de años. Se han encontrado fósiles de *glossopteris* en rocas de África, América del Sur, Australia, la India y Antártida. La presencia de *glossopteris* en estas masas continentales tan separadas unas de otras convenció a Wegener de que Pangea había existido.

Otros ejemplos incluyen fósiles de los reptiles de agua dulce mesosaurio y listrosaurio, que también se han hallado en lugares ahora separados por océanos. Ningún reptil podría haber nadado grandes distancias por agua salada. Wegener infirió que estos reptiles vivieron en una sola masa continental que se ha separado desde entonces.

Listrosaurio

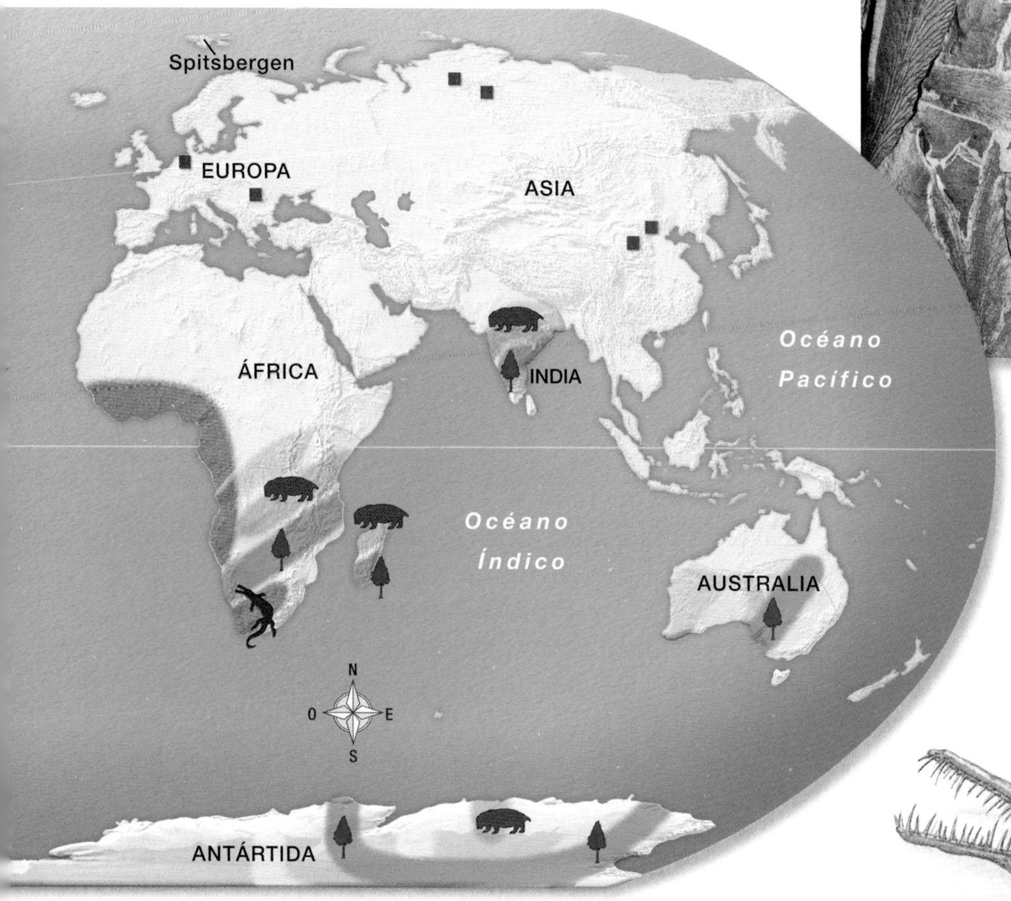

Spitsbergen
EUROPA
ASIA
ÁFRICA
INDIA
Océano Pacífico
Océano Índico
AUSTRALIA
N
O
E
S
ANTÁRTIDA

Glossopteris

Mesosaurio

Evidencia del clima Wegener usó evidencia del cambio climático para apoyar su hipótesis. Conforme un continente se mueve hacia el ecuador, su clima se vuelve más cálido. Conforme un continente se mueve hacia los polos, su clima se vuelve más frío. Pero el continente lleva con él los fósiles y rocas que se formaron en sus ubicaciones previas. Por ejemplo, se han hallado fósiles de plantas tropicales en Spitsbergen, una isla en el océano Ártico. Cuando estas plantas vivieron hace unos 300 millones de años, la isla debe haber tenido un clima cálido y templado. De acuerdo con Wegener, Spitsbergen debe haberse localizado más cerca del ecuador.

Los geólogos encontraron evidencia de que cuando hacía calor en Spitsbergen, el clima era mucho más frío en Sudáfrica. Surcos profundos en las rocas mostraron que glaciares continentales cubrieron alguna vez Sudáfrica. Los glaciares continentales son capas gruesas de hielo que cubren cientos de miles de kilómetros cuadrados. Pero el clima de Sudáfrica es demasiado templado en la actualidad para que se formen glaciares continentales. Wegener concluyó que cuando existió Pangea, Sudáfrica estaba mucho más cerca del Polo Sur. De acuerdo con Wegener, los climas de Spitsbergen y Sudáfrica cambiaron debido a que estas masas continentales se habían movido.

¿Cómo afectaría la deriva continental al clima de un continente?

FIGURA 13
Alfred Wegener
Aunque los científicos rechazaron su teoría, Wegener continuó recopilando evidencias sobre la deriva continental y para actualizar su libro. Murió en 1930 en una expedición para explorar el glaciar continental de Groenlandia.

Rechazo de la hipótesis de Wegener

Wegener intentó explicar cómo tuvo lugar la deriva continental. Sugirió que los continentes se deslizaban a lo largo del suelo de los océanos. **Por desgracia, Wegener no pudo proporcionar una explicación satisfactoria para la fuerza que empuja o jala a los continentes.** Dado que Wegener no pudo identificar la causa de la deriva continental, la mayoría de los geólogos rechazó su idea.

Para que los geólogos aceptaran la deriva continental, también habrían tenido que cambiar sus ideas acerca de cómo se forman las montañas. A principios del siglo XX, muchos geólogos pensaban que las montañas se formaban debido a que la Tierra se estaba enfriando y encogiendo muy lentamente. De acuerdo con esta hipótesis, las montañas se formaron cuando la corteza se arrugó como la cáscara de una manzana seca.

Wegener dijo que si los geólogos estaban en lo correcto, entonces deberían encontrarse montañas en toda la superficie terrestre. Pero las montañas por lo general ocurren en bandas estrechas a lo largo de los bordes de los continentes. Wegener planteó una hipótesis que explicaba mejor dónde ocurren las montañas y cómo se forman. Propuso que cuando chocan los continentes sus bordes se arrugan y se pliegan. Este plegamiento levanta enormes montañas.

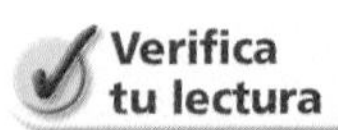

Según Wegener, ¿cómo se forman las montañas?

Sección 3 Evaluación

Destreza clave de lectura

Identificar evidencia de apoyo Consulta tu organizador gráfico sobre la deriva continental para responder la pregunta 2 a continuación.

Repasar los conceptos clave

1. a. **Identificar** ¿Quién propuso el concepto de deriva continental?
   b. **Resumir** Según la hipótesis de la deriva continental, ¿cómo habría cambiado el mapa del mundo en los últimos 250 millones de años?
2. a. **Repasar** ¿Qué evidencia apoyó la hipótesis de la deriva continental?
   b. **Explicar** ¿Cómo proporcionaron los fósiles evidencia de la deriva continental?
   c. **Desarrollar hipótesis** Se hallaron depósitos de carbón bajo el hielo de la Antártida. El carbón sólo se forma en pantanos de zonas cálidas. Usa la hipótesis de Wegener para explicar cómo pudo hallarse carbón tan cerca del Polo Sur.
3. a. **Explicar** ¿Por qué la mayoría de los científicos rechazó la hipótesis de Wegener de la deriva continental?
   b. **Emitir un juicio** ¿Piensas que los científicos de la época de Wegener deberían haber aceptado su hipótesis? ¿Por qué ?

Lab zone Actividad En casa

Mover los continentes Usa un mapa del mundo y traza en papel para calcar los contornos de los continentes que bordean el océano Atlántico. Rotula los continentes. Luego, con unas tijeras corta tu mapa a lo largo de los bordes de los continentes. Desecha el océano Atlántico. Coloca las dos piezas restantes sobre una superficie oscura y pide a un familiar que trate de hacer coincidir las dos mitades. Explícale acerca de la deriva continental y Pangea.

Sección 4

Expansión del suelo oceánico

Avance de la lectura

Conceptos clave

- ¿Cuál es el proceso de la expansión del suelo oceánico?
- ¿Cuál es la evidencia de la expansión del suelo oceánico?
- ¿Qué les sucede a las fosas oceánicas profundas?

Términos clave

- dorsal oceánica • sonar
- expansión del suelo oceánico
- fosa oceánica profunda
- subducción

Destreza clave de lectura

Ordenar en serie Haz un diagrama de flujo para mostrar el proceso de expansión del suelo oceánico.

El magma hace erupción a lo largo de la dorsal oceánica
↓
[ ]
↓
[ ]

Lab zone Actividad Descubre

¿Cuál es el efecto de un cambio en la densidad?

1. Llena en forma parcial un fregadero o palangana con agua.
2. Extiende una toalla para manos seca en tu mano. ¿La toalla se siente ligera o pesada?
3. Humedece un borde de la toalla en el agua. Luego, coloca la toalla con suavidad de modo que flote en la superficie del agua. Observa a la toalla con cuidado (en especial en sus bordes) mientras empieza a hundirse.
4. Saca la toalla del agua y extiéndela en tu mano. ¿La masa de la toalla es la misma, es menor o es mayor que cuando estaba seca?

Reflexiona

Observar ¿Cómo cambió la densidad de la toalla? ¿Qué efecto tuvo este cambio en la densidad en la toalla?

En lo profundo del océano, la temperatura es casi helada. No hay luz y los seres vivos por lo general son escasos. Pero algunas áreas del suelo oceánico profundo bullen con vida. Una de ellas es la Pendiente del Pacífico Oriental. Forma parte del suelo del océano Pacífico frente a las costas de México y América del Sur. Ahí, el agua del océano se hunde a través de grietas, o bocas, en la corteza. El agua se calienta por contacto con material caliente del manto. Luego, el agua caliente sale a chorros de vuelta al océano.

Alrededor de estas bocas de agua caliente viven algunas de las criaturas más extrañas que se han descubierto. Gusanos tubulares gigantes con puntas rojas se agitan en el agua. Cerca se encuentran almejas gigantes de casi un metro de diámetro. Cangrejos extraños parecidos a arañas corretean por ahí. De manera sorprendente, las características geológicas de este ambiente extraño proporcionaron algunas de las mejores evidencias para la hipótesis de Wegener de la deriva continental.

FIGURA 14
Suelo oceánico profundo
Camarones, cangrejos y otros organismos se apiñan cerca de las bocas de agua caliente en el suelo oceánico.

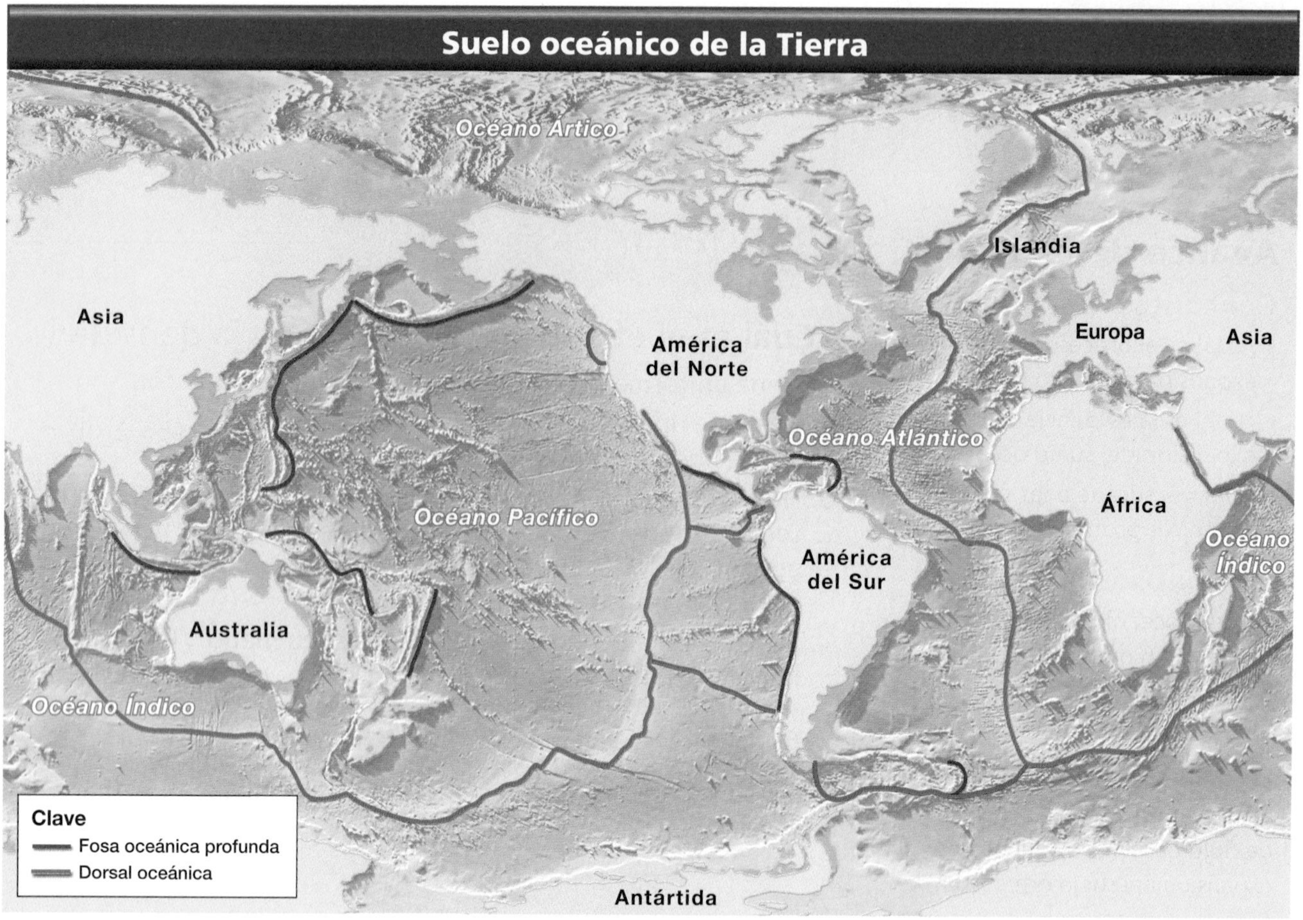

Suelo oceánico de la Tierra

Océano Ártico
Islandia
Asia
América del Norte
Europa
Asia
Océano Atlántico
África
Océano Pacífico
Océano Índico
América del Sur
Australia
Océano Índico
Antártida

Clave
Fosa oceánica profunda
Dorsal oceánica

FIGURA 15
El sistema de la dorsal oceánica tiene más de 50,000 kilómetros de longitud. **Interpretar mapas** *¿Qué es lo inusual respecto a Islandia?*

Dorsales oceánicas

La Pendiente del Pacífico Oriental es sólo una de muchas **dorsales oceánicas** que serpentean bajo los océanos de la Tierra. A mediados del siglo XX, los científicos trazaron mapas de las dorsales oceánicas usando el sonar. El **sonar** es un dispositivo que hace rebotar ondas sonoras en objetos submarinos y luego registra los ecos de esas ondas sonoras. El tiempo que le toma regresar al eco indica la distancia al objeto.

Las dorsales oceánicas forman curvas como las costuras de una pelota de béisbol a lo largo del suelo oceánico. Se extienden por todos los océanos de la Tierra. La Figura 15 muestra la ubicación de estas dorsales. La mayoría de las montañas en el sistema de dorsales oceánicas están ocultas bajo cientos de metros de agua. Pero en unos cuantos lugares la dorsal asoma sobre la superficie. Por ejemplo, la isla de Islandia es una parte de la dorsal oceánica que sale por encima de la superficie en el océano Atlántico Norte. Un valle de laderas abruptas divide la parte superior de algunas dorsales oceánicas.

El trazo de los mapas de las dorsales oceánicas hizo que los científicos quisieran saber más sobre ellas. ¿Qué son las dorsales? ¿Cómo se forman?

¿Qué dispositivo se usó para trazar un mapa del suelo oceánico?

¿Qué es la expansión del suelo oceánico?

Harry Hess, un geólogo estadounidense, fue un científico que estudió las dorsales oceánicas. Examinó en forma minuciosa mapas del sistema de dorsales oceánicas. Luego comenzó a pensar en el suelo océanico con relación al problema de la deriva continental. Por último, llegó a una conclusión extraordinaria: ¡tal vez Wegener tenía razón! Quizá los continentes se mueven.

En 1960, Hess propuso una idea radical. Sugirió que un proceso que llamó **expansión del suelo oceánico** añadía en forma continua material nuevo al suelo del océano. **En la expansión del suelo oceánico, éste se extiende a lo largo de ambos lados de una dorsal oceánica conforme se agrega corteza nueva. Como resultado, el suelo de los océanos se mueve como una cinta transportadora, llevando a los continentes junto con ellos.** Ve en la Figura 16 el proceso de expansión del suelo oceánico.

La expansión del suelo oceánico comienza en una dorsal oceánica, la cual se forma a lo largo de una grieta en la corteza oceánica. A lo largo de la dorsal, material fundido que se forma varios kilómetros bajo la superficie asciende y brota. Al mismo tiempo, la roca más antigua se mueve hacia el exterior a ambos lados de la dorsal. Al enfriarse el material fundido, forma una franja de roca sólida en el centro de la dorsal. Cuando más material fundido fluye en la grieta, forma una nueva franja de roca.

¿Cómo se forma la nueva corteza oceánica?

Para: Más sobre expansión del suelo oceánico, disponible en inglés.
Visita: PHSchool.com
Código Web: cfd-1014

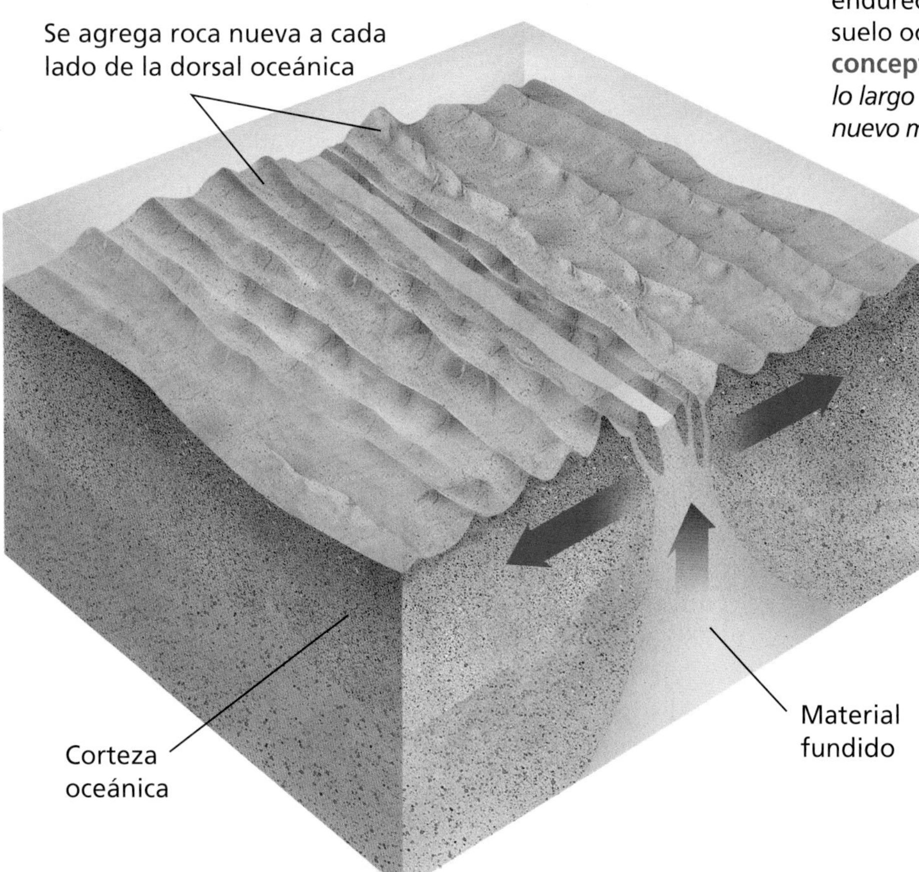

FIGURA 16
Expansión del suelo oceánico
El material fundido brota a través del valle que corre a lo largo del centro de algunas dorsales oceánicas. Este material se endurece para formar la roca del suelo oceánico. **Aplicar conceptos** *¿Qué le sucede a la roca a lo largo de la dorsal cuando brota nuevo material fundido?*

Roca formada cuando era normal el campo magnético de la Tierra

Roca formada cuando se invirtió el campo magnético de la Tierra

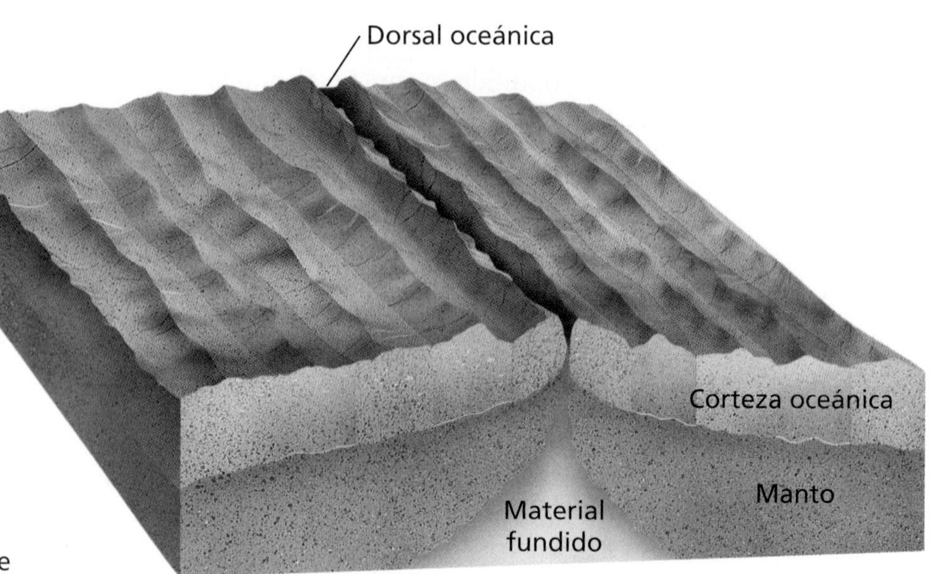

FIGURA 17
Franjas magnéticas
Las franjas magnéticas en la roca del suelo oceánico muestran la dirección del campo magnético de la Tierra en el momento en que se endureció la roca.
Interpretar diagramas *¿Cómo es que estas franjas que se corresponden son evidencia de la expansión del suelo oceánico?*

Evidencia de la expansión del suelo oceánico

Varios tipos de evidencia apoyaron la teoría de Hess de la expansión del suelo oceánico: erupciones de material fundido, franjas magnéticas en la roca del suelo oceánico y la edad de las rocas. Esta evidencia llevó a los científicos a revisar la hipótesis de Wegener de la deriva continental.

Evidencia del material fundido En la década de 1960, los científicos hallaron evidencia de que material nuevo estaba brotando a lo largo de las dorsales oceánicas. Los científicos se sumergieron en el suelo oceánico en *Alvin*, un pequeño submarino que resistía las presiones aplastantes a una profundidad de cuatro kilómetros en el océano. En el valle central de una dorsal, hallaron rocas extrañas con forma parecida a almohadas o pasta dental exprimida de un tubo. Tales rocas se forman sólo cuando el material fundido se endurece rápidamente después de brotar bajo el agua. Estas rocas mostraron que el material fundido había brotado una y otra vez a lo largo de la dorsal oceánica.

Evidencia de las franjas magnéticas Cuando los científicos estudiaron los patrones en las rocas del suelo oceánico, encontraron más apoyo para la expansión del suelo oceánico. En la Sección 1 leíste que la Tierra se comporta como un imán gigante, con un polo norte y un polo sur. De manera sorprendente, los polos magnéticos de la Tierra se han invertido muchas veces durante la historia de la Tierra. La última inversión sucedió hace 780,000 años. Si los polos magnéticos se invirtieran de pronto en la actualidad, hallarías que la aguja de tu brújula apunta al sur.

Los científicos descubrieron que la roca que forma el suelo del océano presenta un patrón de "franjas" magnetizadas. Estas franjas contienen un registro de las inversiones en el campo magnético de la Tierra. La roca del suelo oceánico contiene hierro. La roca comenzó como material fundido que se enfrió y endureció. Conforme se enfrió la roca, los trozos de hierro en su interior se alinearon en la dirección de los polos magnéticos de la Tierra. Esto colocó los trozos de hierro en un lugar fijo, dándole a las rocas una "memoria magnética" permanente.

Con instrumentos sensibles, los científicos registraron la memoria magnética de las rocas a ambos lados de una dorsal oceánica. Hallaron que las franjas de roca que se formaron cuando el campo magnético de la Tierra apuntaba hacia el norte alternaban con franjas de roca que se formaron cuando el campo magnético apuntaba hacia el sur. Como se muestra en la Figura 17, el patrón es el mismo en ambos lados de la dorsal.

Evidencia de muestras de perforaciones La prueba final de la expansión del suelo oceánico provino de muestras de rocas obtenidas al perforar el suelo oceánico. El *Glomar Challenger*, un barco perforador construido en 1968, reunió las muestras. El *Glomar Challenger* envió tubos perforadores a través de seis kilómetros de profundidad en el agua para perforar agujeros en el suelo oceánico. Esta hazaña se ha comparado con usar un alambre con un extremo afilado para cavar un agujero en una acera desde arriba del edificio Empire State.

Se sacaron las muestras del suelo oceánico a través de los tubos. Después, los científicos determinaron la edad de las rocas en las muestras recolectadas. Hallaron que entre más lejos de la dorsal se tomaban las muestras, las rocas eran más antiguas. Las rocas más jóvenes siempre estaban en el centro de las dorsales. Esto mostró que la expansión del suelo oceánico en realidad había sucedido.

¿Por qué la roca en el suelo oceánico tiene un patrón de franjas magnéticas?

Lab zone Actividad Inténtalo

Invertir los polos

1. Corta seis piezas pequeñas, cada una de unos 2.5 cm de largo, de un tramo de cinta de audio.
2. Pega con cinta adhesiva un extremo de cada pieza de cinta de audio en una superficie plana. Las piezas deberán tener 1 cm de separación y alineadas a lo largo en una sola hilera.
3. Toca con el polo norte de un imán la primera pieza de cinta de audio. Luego, invierte el imán y toca con su polo sur la siguiente pieza.
4. Repite el paso 3 para aplicar el imán a cada cinta de audio.
5. Desliza un extremo del imán más o menos 1 cm arriba de la hilera de piezas de cinta de audio. Observa lo que sucede.

Hacer modelos ¿Qué característica del suelo oceánico observaste cuando deslizaste el imán a lo largo de la hilera de piezas de cinta de audio?

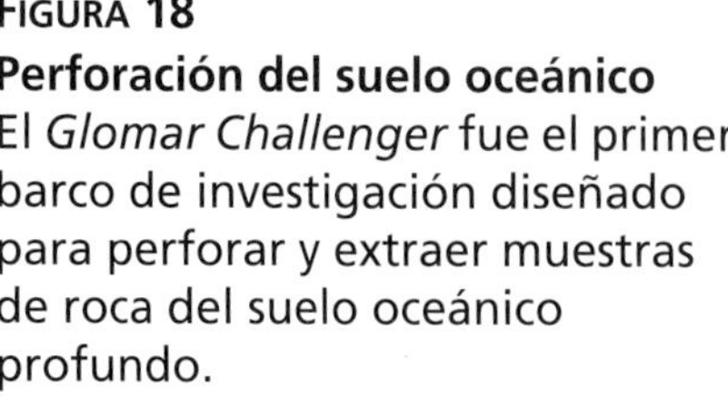

FIGURA 18
Perforación del suelo oceánico
El *Glomar Challenger* fue el primer barco de investigación diseñado para perforar y extraer muestras de roca del suelo oceánico profundo.

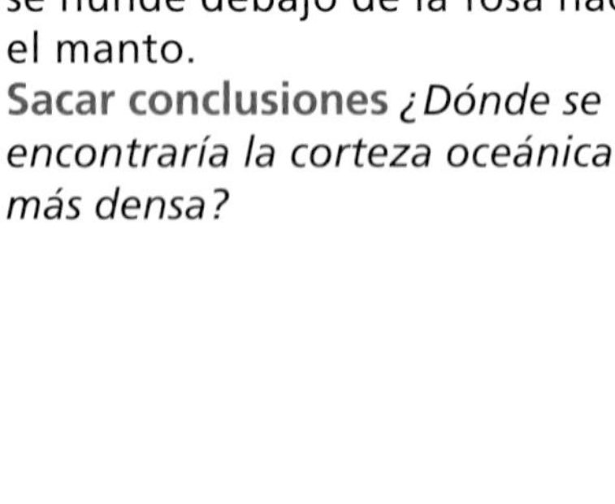

FIGURA 19
Subducción
La corteza oceánica creada a lo largo de la dorsal oceánica se destruye en una fosa oceánica profunda. En el proceso de subducción, la corteza oceánica se hunde debajo de la fosa hacia el manto.
Sacar conclusiones *¿Dónde se encontraría la corteza oceánica más densa?*

Subducción en las fosas

¿Cómo puede evitar el suelo oceánico hacerse cada vez más ancho? La respuesta es que el suelo oceánico por lo general no sólo se expande. Más bien, el suelo oceánico se sumerge en cañones submarinos profundos llamados **fosas oceánicas profundas.** En una fosa oceánica profunda, la corteza oceánica se dobla hacia abajo. ¿Qué ocurre en las fosas? **En un proceso que toma decenas de millones de años, parte del suelo oceánico se hunde hacia el manto en las fosas oceánicas profundas.**

El proceso de subducción El proceso por el cual el suelo oceánico se hunde bajo una fosa oceánica profunda y regresa al manto se llama **subducción.** Cuando ocurre la subducción, la corteza cercana a una dorsal oceánica se aleja de la dorsal y se dirige hacia una fosa oceánica profunda. La expansión del suelo oceánico y la subducción trabajan juntas. Mueven el suelo oceánico como si estuviera en una cinta transportadora gigante.

La corteza oceánica nueva está caliente. Pero conforme se aleja de la dorsal oceánica, se enfría y se vuelve más densa. Con el tiempo, como se muestra en la Figura 19, la gravedad empuja esta corteza oceánica más densa y más antigua debajo de la fosa. La corteza que se hunde es como la toalla de manos en la actividad Descubrir al comienzo de esta sección. Conforme la toalla de manos seca que flota en el agua se moja, aumenta su densidad y comienza a hundirse.

La subducción y los océanos de la Tierra Los procesos de subducción y expansión del suelo oceánico pueden cambiar el tamaño y forma de los océanos. Debido a estos procesos, el suelo oceánico se renueva más o menos cada 200 millones de años. Este es el tiempo que le toma a la roca nueva formarse en la dorsal oceánica, moverse a través del océano y hundirse en una fosa.

El vasto océano Pacífico cubre casi un tercio del planeta. Y sin embargo se está encogiendo. ¿Cómo puede ser esto? En ocasiones, una fosa oceánica profunda se traga más corteza oceánica de la que puede producir una dorsal oceánica. Entonces, si la dorsal no agrega corteza nueva con suficiente rapidez, la anchura del océano se reduce. En el océano Pacífico, la subducción a través de muchas fosas que bordean el océano está ocurriendo más rápido de lo que puede agregarse corteza nueva.

Por otra parte, el océano Atlántico se está expandiendo. A diferencia del océano Pacífico, el océano Atlántico sólo tiene unas cuantas fosas cortas. Como resultado, el suelo oceánico en expansión no tiene prácticamente a donde ir. En la mayoría de los lugares, la corteza oceánica del suelo del océano Atlántico se agrega a la corteza continental de los continentes alrededor del océano. Así que conforme se expande el suelo del océano Atlántico, los continentes a lo largo de sus bordes también se mueven. Con el tiempo, el océano entero se hace más ancho.

FIGURA 20
Crecimiento de un océano
Debido a la expansión del suelo oceánico, la distancia entre Europa y América del Norte aumenta unos cuantos centímetros por año.

¿Por qué se está encogiendo el océano Pacífico?

Sección 4 Evaluación

Destreza clave de lectura Ordenar en serie
Consulta tu diagrama de flujo sobre la expansión del suelo oceánico mientras respondes las siguientes preguntas.

Repasar los conceptos clave

1. a. **Nombrar** ¿Qué científico ayudó a descubrir la expansión del suelo oceánico?
   b. **Identificar** ¿A lo largo de qué característica del suelo oceánico inicia la expansión del suelo oceánico?
   c. **Ordenar en serie** ¿Cuáles son los pasos en la expansión del suelo oceánico?
2. a. **Repasar** ¿Cuáles son tres tipos de evidencia que apoyaron la teoría de la expansión del suelo oceánico?
   b. **Aplicar conceptos** ¿Cómo dan evidencia de la expansión del suelo oceánico las rocas en el valle central de la dorsal oceánica?
   c. **Predecir** ¿Dónde esperarías hallar las rocas más antiguas en el suelo oceánico?
3. a. **Definir** ¿Qué es una fosa oceánica profunda?
   b. **Relacionar causa y efecto** ¿Qué le sucede a la corteza oceánica en una fosa oceánica profunda?

Escribir en ciencias

Descripción Escribe una descripción de lo que podrías ver si pudieras explorar una dorsal oceánica en una nave como el *Alvin.* En tu descripción, asegúrate de incluir las características principales del suelo oceánico a lo largo y cerca de la dorsal.

Modelar la expansión del suelo oceánico

Problema

¿Cómo la expansión del suelo oceánico agrega material al suelo oceánico?

Destrezas aplicadas

hacer modelos

Materiales

- tijeras
- marcador de color
- regla métrica
- 2 hojas de papel sin rayas

Procedimiento  

1. Traza franjas a través de una hoja de papel, paralelas a los lados cortos del papel. Las franjas deben variar en espaciado y grosor.
2. Dobla el papel a la mitad en forma longitudinal y escribe la palabra "Inicio" en la parte superior de ambas mitades del papel. Con las tijeras, corta con cuidado el papel a la mitad a lo largo del doblez para formar dos franjas.

3. Dobla ligeramente la segunda hoja de papel en octavos. Luego, desdóblala, dejando pliegues en el papel. Dobla esta hoja a la mitad en sentido longitudinal.
4. Inicia en el doblez; traza líneas de 5.5 cm de largo en el pliegue central y en los dos pliegues cercanos a los extremos del papel.

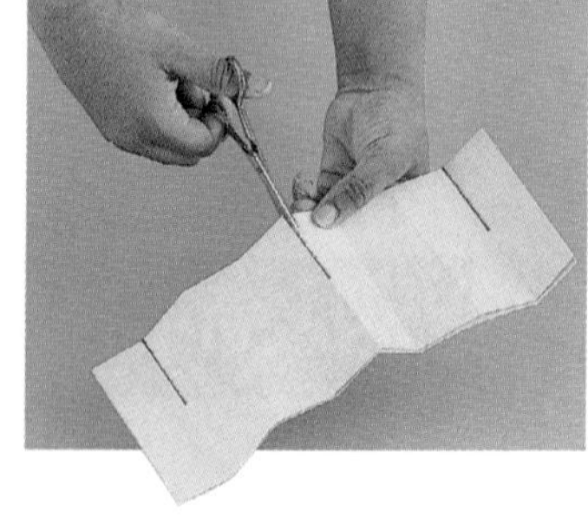

5. Corta con cuidado a lo largo de las líneas que trazaste. Desdobla el papel. Debe haber tres cortes en el centro del papel.
6. Coloca las dos franjas de papel rayadas juntas de modo que los rótulos Inicio se toquen. Inserta los extremos Inicio en las franjas por el corte central y luego jálalos hacia los cortes laterales.

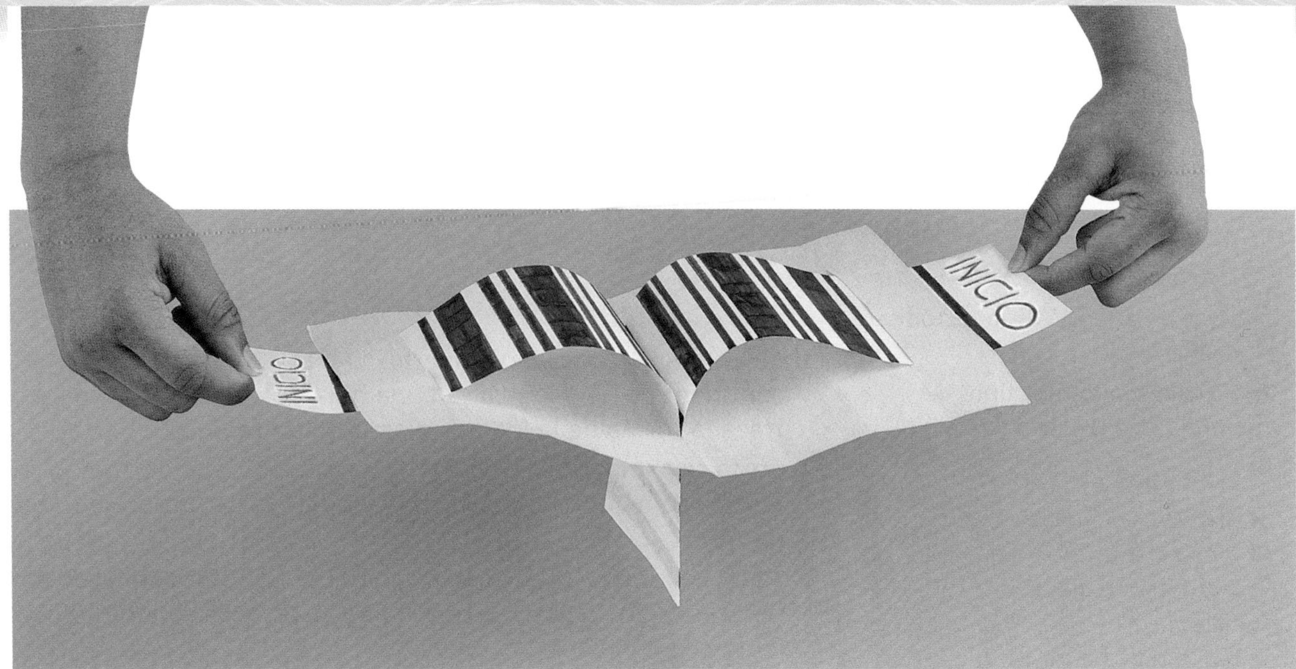

7. Inserta los extremos de las franjas en los cortes laterales. Jala los extremos de las franjas y observa lo que sucede en el corte central.
8. Practica jalando las franjas hasta que puedas hacer que las dos franjas salgan por el centro y bajen por los lados al mismo tiempo.

Analiza y concluye

1. **Hacer modelos** ¿Qué característica del suelo oceánico representa el corte central? ¿Qué característica prominente del suelo oceánico falta en el modelo en este punto?
2. **Hacer modelos** ¿Qué representan los cortes laterales? ¿Qué representa el espacio bajo el papel?
3. **Comparar y contrastar** Como lo muestra tu modelo, ¿en qué difiere el suelo oceánico cerca del corte central del suelo oceánico cerca de un corte lateral? ¿Cómo afecta esta diferencia a la profundidad del océano?
4. **Hacer modelos** ¿Qué representan las rayas en las franjas? ¿Por qué es importante que tu modelo tenga un patrón idéntico de franjas en ambos lados del corte central?
5. **Aplicar conceptos** Explica cómo las diferencias en densidad y temperatura proporcionan algo de la fuerza necesaria para causar la expansión del suelo oceánico y la subducción.
6. **Comunicar** Usa tus propias palabras para describir el proceso de expansión del suelo oceánico. ¿Qué partes del proceso no se mostraron en tu modelo?

Explora más

¿Cómo podrías modificar tu modelo para mostrar una isla que se formó donde brotó una gran cantidad de roca fundida de la dorsal oceánica? ¿Cómo podrías mostrar lo que le sucedería a la isla durante un período largo de tiempo?

Sección

5 La teoría de la tectónica de placas

Avance de la lectura

Conceptos clave

- ¿Qué es la teoría de la tectónica de placas?
- ¿Cuáles son los tres tipos de bordes de las placas?

Términos clave

- placa
- teoría científica
- tectónica de placas
- falla
- borde divergente
- valle de fisura
- borde convergente
- borde de transformación

Destreza clave de lectura

Desarrollar el vocabulario Una definición señala el significado de una palabra o frase al indicar su característica o función más importante. Después de leer la sección, vuelve a leer los párrafos que contienen definiciones de términos clave. Usa toda la información que has aprendido para redactar una definición de cada término clave con tus propias palabras.

Lab zone Actividad Descubre

¿Qué tan bien corresponden los continentes?

1. En un mapa mundial de un atlas, traza la forma de cada continente y Madagascar en una hoja de papel. También traza la forma de la India y la península Arábiga.
2. Corta con cuidado las masas continentales, dejando Asia y Europa como una pieza. Separa la India y la península Arábiga de Asia.
3. Junta los continentes como pueden haberse visto antes de la separación de Pangea. Luego, pega tu reconstrucción de Pangea en una hoja de papel.

Reflexiona

Sacar conclusiones ¿Qué tan bien corresponden las piezas de tus continentes? ¿Tus observaciones apoyan la idea de que las masas continentales actuales alguna vez estuvieron juntas? Explica.

¿Alguna vez has tirado un huevo duro? Si lo has hecho, quizá observaste que el cascarón se agrietó en un patrón irregular de piezas. La litosfera de la Tierra, su cáscara externa sólida, no es una capa intacta. Es más como ese cascarón agrietado. Está dividida en piezas separadas por grietas dentadas.

Un científico canadiense, J. Tuzo Wilson, observó que en los continentes hay grietas similares a las del suelo oceánico. En 1965, Wilson propuso una nueva forma de ver estas grietas. De acuerdo con Wilson, la litosfera está dividida en secciones separadas llamadas **placas.** Las placas se unen a lo largo de las grietas en la litosfera. Como se muestra en la Figura 22, las placas llevan a los continentes o partes del suelo oceánico, o ambos. Wilson combinó lo que sabían los geólogos acerca de la expansión del suelo oceánico, las placas de la Tierra y la deriva continental en una sola teoría. Una **teoría científica** es un concepto bien probado que explica una amplia gama de observaciones.

FIGURA 21
Un cascarón agrietado
La litosfera de la Tierra está dividida en placas como el cascarón agrietado de un huevo duro.

Cómo se mueven las placas

La teoría de la **tectónica de placas** establece que las piezas de la litosfera de la Tierra están en movimiento lento, constante, impulsadas por corrientes de convección en el manto. **La teoría de la tectónica de placas explica la formación, movimiento y subducción de las placas de la Tierra.**

¿Cómo pueden moverse las placas de la Tierra? ¿Qué fuerza es lo bastante grande para mover los pesados continentes? Los geólogos piensan que el movimiento de las corrientes de convección en el manto es la fuerza principal que causa el movimiento de las placas. Durante la subducción, la gravedad empuja un extremo de una placa hacia el manto. El resto de la placa también se mueve. Este movimiento lento es parecido a lo que sucede en una olla de sopa cuando la gravedad causa que se hunda la sopa más fría y más densa que está cerca de la superficie.

Conforme se mueven las placas, chocan, se separan o se pulverizan entre sí, produciendo cambios espectaculares en la superficie de la Tierra. Estos cambios incluyen volcanes, cordilleras y fosas oceánicas profundas.

Lab zone **Actividad** Destrezas

Predecir

Estudia el mapa de las placas de la Tierra de la Figura 22. Observa las flechas que muestran la dirección del movimiento de las placas. Ahora, halla la placa de Nazca en el mapa. ¿En qué dirección se está moviendo? Halla la placa Sudamericana y describe su movimiento. ¿Qué piensas que sucederá conforme estas placas continúen moviéndose?

FIGURA 22
Los bordes de las placas dividen la litosfera en placas grandes.
Interpretar mapas *¿Cuáles placas incluyen sólo suelo oceánico? ¿Cuáles placas incluyen tanto continentes como suelo oceánico?*

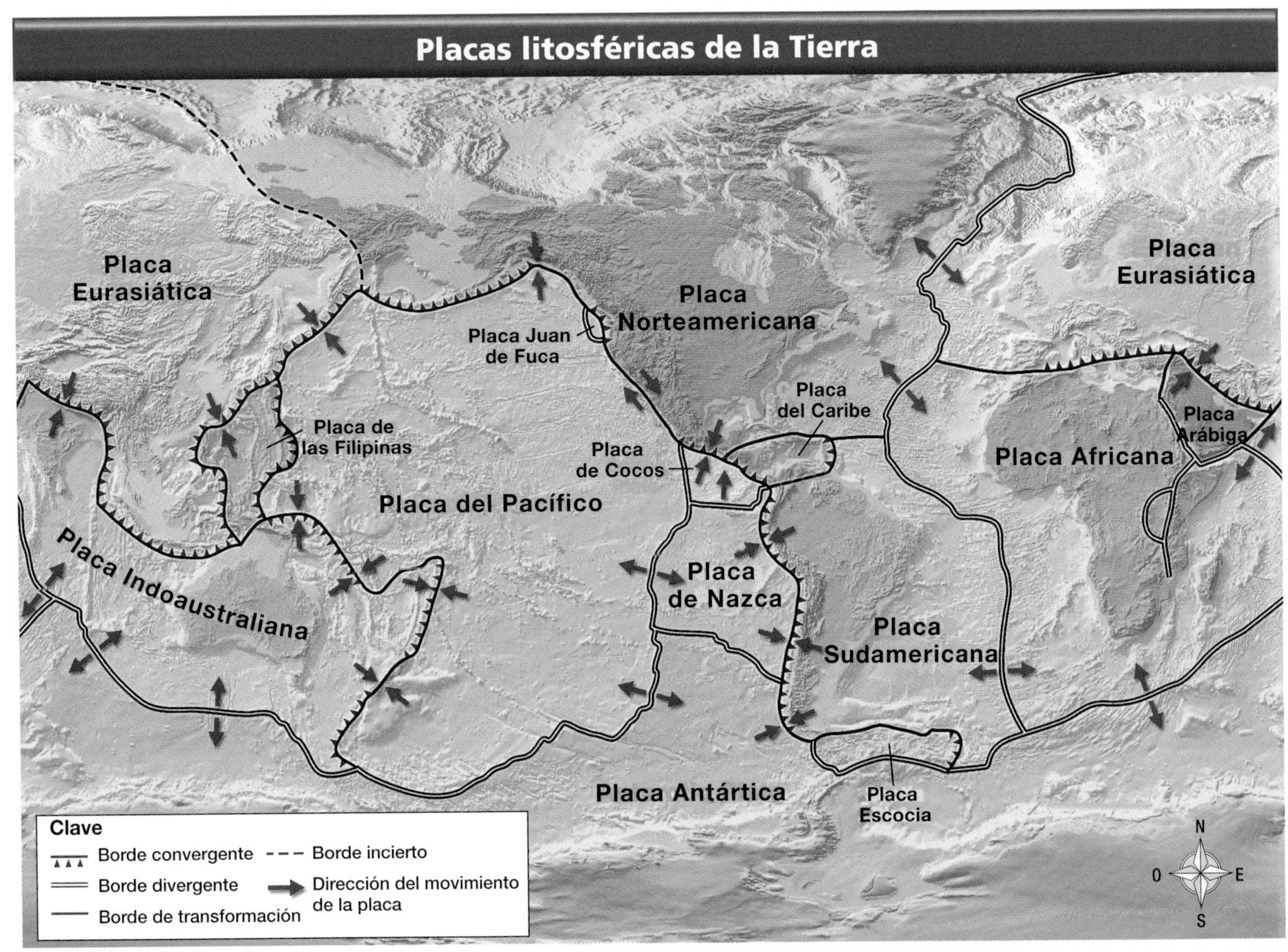

Bordes de las placas

Los extremos de las placas de la Tierra se unen en los bordes de las placas. Los bordes de las placas se extienden en lo profundo de la litosfera. Las **fallas,** grietas en la corteza terrestre donde las rocas se han deslizado una bajo la otra, se forman a lo largo de estos bordes. **Como se muestra en la Figura 23, hay tres clases de bordes de placas: bordes divergentes, bordes convergentes y bordes de transformación. Un tipo diferente de movimiento de placa ocurre a lo largo de cada tipo de borde.**

Los científicos han usado instrumentos en satélites para medir el movimiento de las placas con mucha precisión. Las placas se mueven a velocidades sorprendentemente lentas: de 1 a 24 centímetros por año. Las placas Norteamericana y Eurasiática se están separando a una velocidad de 2.5 centímetros por año. Esto es más o menos tan rápido como el crecimiento de tus uñas. Esto puede no parecer mucho, pero estas placas se han estado separando por decenas de millones de años.

Bordes divergentes El lugar donde dos placas se separan, o divergen, se llama **borde divergente.** La mayor parte de los bordes divergentes ocurren a lo largo de las dorsales oceánicas donde ocurre la expansión del suelo oceánico.

Los bordes divergentes también ocurren en la tierra. Cuando se desarrolla un borde divergente en la tierra, dos de las placas de la Tierra se separan. Se forma un valle profundo llamado **valle de fisura** a lo largo del borde divergente. Por ejemplo, el Gran Valle del Rift en África oriental marca una grieta profunda en el continente africano.

FIGURA 23
Tectónica de placas
Los movimientos de las placas han formado muchas de las formas del relieve de las superficies terrestres y suelos oceánicos de la Tierra.
Predecir *¿Qué sucederá con el tiempo si un valle de fisura continúa separándose?*

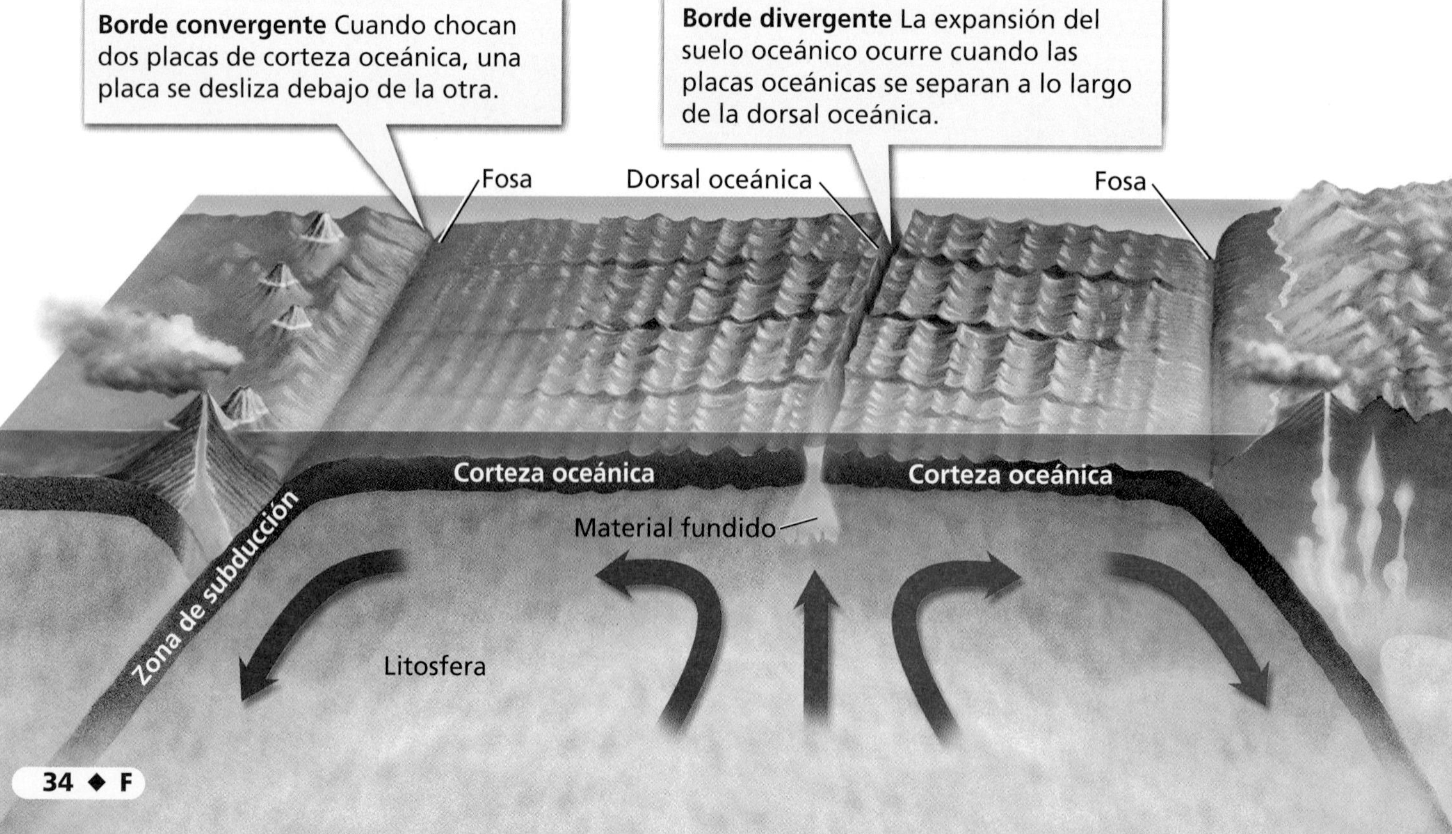

Bordes convergentes El lugar donde se encuentran dos placas, o convergen, se llama **borde convergente**. Cuando dos placas convergen, el resultado se llama colisión. Cuando dos placas colisionan, o chocan, la densidad de las placas determina cuál queda encima.

La corteza oceánica se vuelve más fría y más densa conforme se extiende lejos de la dorsal oceánica. Cuando dos placas que llevan corteza oceánica se encuentran en una fosa, la placa que es más densa se hunde bajo la otra placa.

En ocasiones, una placa que lleva corteza oceánica choca con una placa que lleva corteza continental. La corteza oceánica es más densa que la corteza continental. La corteza continental menos densa no puede hundirse bajo la corteza oceánica más densa. Más bien, ocurre la subducción cuando la placa oceánica se hunde debajo de la placa continental.

Cuando chocan dos placas que llevan corteza continental, no tiene lugar la subducción. Ninguna pieza de corteza es lo bastante densa para hundirse mucho en el manto. Más bien, la colisión comprime la corteza para formar poderosas cordilleras.

Bordes de transformación Un **borde de transformación** es un lugar donde dos placas se deslizan entre sí, moviéndose en direcciones opuestas. Con frecuencia los terremotos ocurren a lo largo de los bordes de transformación, pero la corteza no se crea ni se destruye.

¿Qué características se forman donde se unen dos placas continentales?

Matemáticas — Destrezas

Calcular una velocidad

Para calcular la velocidad del movimiento de la placa, divide la distancia que se mueve la placa entre el tiempo que le tomó moverse esa distancia.

$$\text{Velocidad} = \frac{\text{Distancia}}{\text{Tiempo}}$$

Por ejemplo, a una placa le toma 2 millones de años moverse 156 km. Calcula su velocidad de movimiento.

$$\frac{156 \text{ km}}{2{,}000{,}000 \text{ años}} = 7.8 \text{ cm por año}$$

Problema de práctica La placa del Pacífico se desliza a lo largo de la placa Norteamericana. Le ha tomado 10 millones de años a la placa moverse 600 km. ¿Cuál es la velocidad de movimiento de la placa del Pacífico?

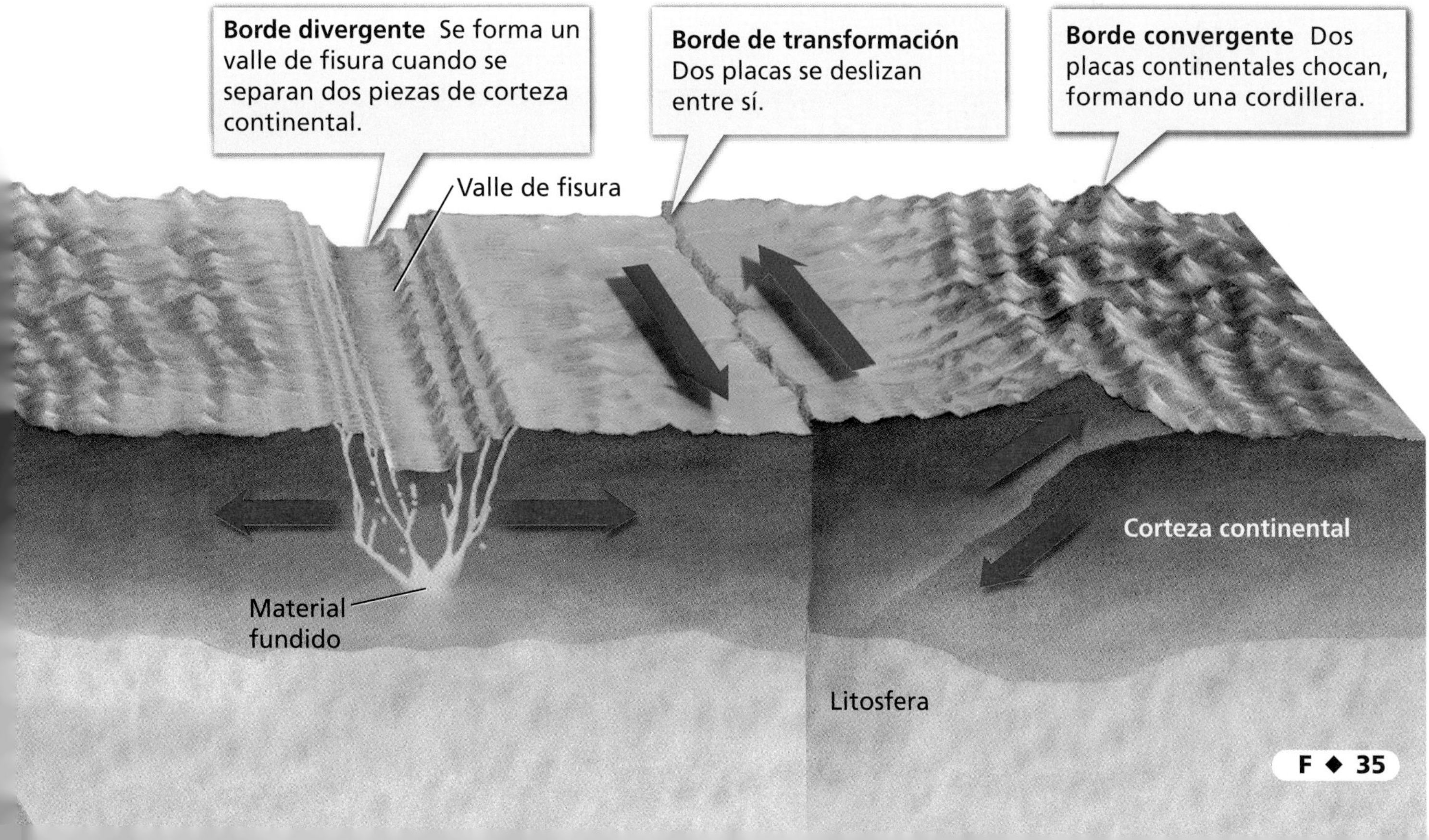

Borde divergente Se forma un valle de fisura cuando se separan dos piezas de corteza continental.

Borde de transformación Dos placas se deslizan entre sí.

Borde convergente Dos placas continentales chocan, formando una cordillera.

Valle de fisura

Material fundido

Corteza continental

Litosfera

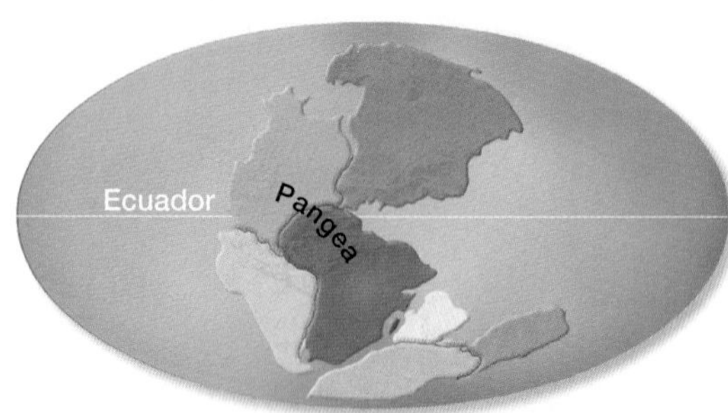

Hace 225 millones de años

Movimientos de las placas en el tiempo El movimiento de las placas de la Tierra ha cambiado mucho la superficie terrestre. Los geólogos tienen evidencia de que, antes de Pangea, se formaron y se separaron otros supercontinentes por miles de millones de años. Pangea se formó cuando las masas continentales de la Tierra se unieron hace 260 millones de años. Luego, hace 225 millones de años, Pangea comenzó a separarse. La Figura 24 muestra cómo se han movido las masas continentales principales desde la separación de Pangea.

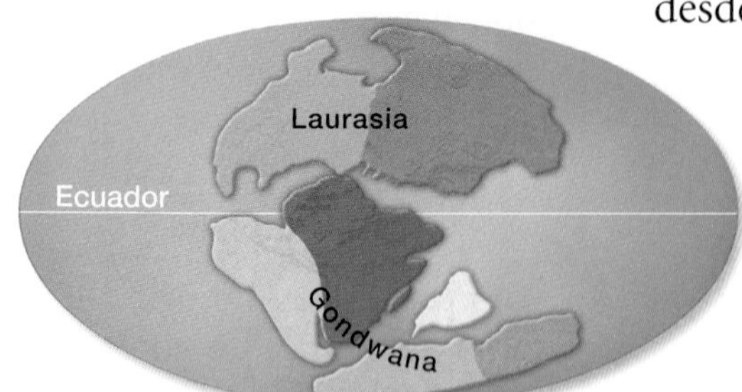

Hace 180 a 200 millones de años

FIGURA 24
Deriva continental
Les ha tomado a los continentes unos 225 millones de años desde la separación de Pangea moverse hasta sus ubicaciones actuales. **Plantear preguntas** *¿Qué preguntas necesitarías responder para predecir dónde estarán los continentes en 50 millones de años?*

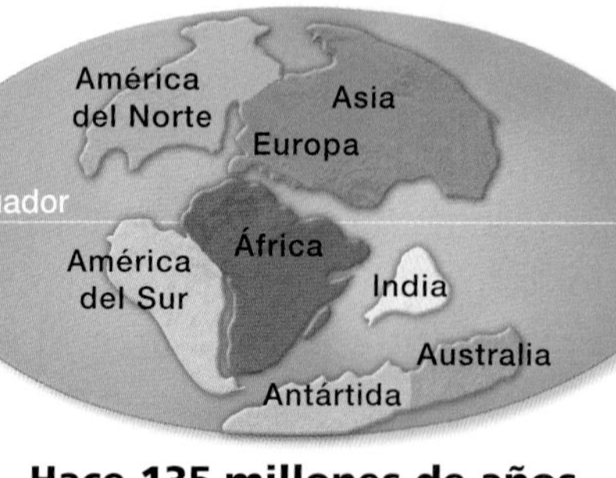

Hace 135 millones de años

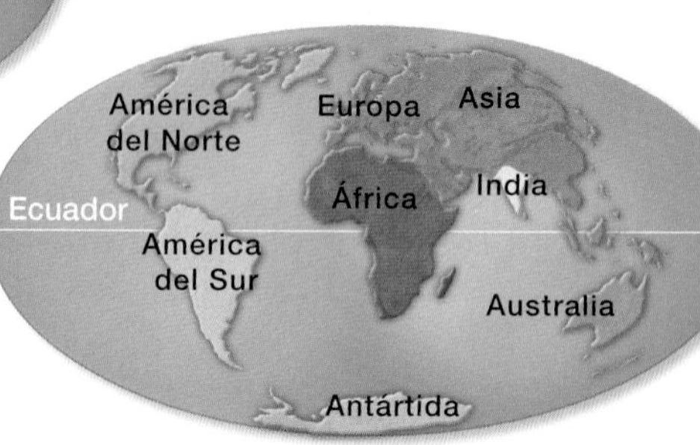

La Tierra hoy

Para: Actividad sobre la deriva continental, disponible en inglés.
Visita: PHSchool.com
Código Web: cfp-1015

Sección 5 Evaluación

Destreza clave de lectura Desarrollar el vocabulario
Usa tus definiciones para responder las preguntas.

Repasar los conceptos clave

1. a. **Definir** ¿Qué son las placas?
   b. **Resumir** En tus propias palabras, ¿qué es la teoría de la tectónica de placas?
   c. **Relacionar causa y efecto** ¿Qué piensan los científicos que causa el movimiento de las placas de la Tierra?
2. a. **Hacer una lista** Indica los tres tipos de bordes de placas.
   b. **Describir** Describe el tipo de movimiento que ocurre en cada tipo de borde de placa.
   c. **Predecir** ¿Qué es probable que ocurra en un borde de placa donde la corteza oceánica choca con la corteza continental?

Matemáticas Práctica

3. **Calcular una velocidad** Hay dos islas en lados opuestos de una dorsal oceánica en el océano Atlántico. Durante los últimos 8 millones de años, la distancia entre las islas ha aumentado 200 kilómetros. Calcula la velocidad a la que están divergiendo las dos placas.

Modelar corrientes de convección en el manto

Problema  

¿Cómo podría afectar la convección en el manto de la Tierra a la tectónica de placas?

Destrezas aplicadas

hacer modelos, observar

Materiales

- frasco de plástico grande
- color vegetal
- tarro de vidrio chico
- papel aluminio o plástico para envolver
- liga de hule
- varios trozos de confeti o de papel pequeños
- agua de la llave

Procedimiento

1. Llena el frasco grande más o menos a la mitad con agua fría de la llave.
2. Llena parcialmente el tarro chico con agua caliente de la llave y ponle 6 gotas de color vegetal. Agrega con cuidado suficiente agua caliente para llenar el tarro hasta el borde.
3. Cubre la parte superior del tarro con papel aluminio o plástico para envolver y asegúralo con una liga de hule.
4. Mete con cuidado el tarro dentro del frasco con agua de la llave.
5. Coloca los trozos de papel en la superficie del agua.
6. Sin agitar el agua, usa la punta del lápiz para hacer dos agujeros pequeños de 2 a 4 mm de diámetro en el material que cubre el tarro.
7. Predice lo que le sucederá al agua coloreada y a los trozos de papel que flotan en la superficie.
8. Observa el contenido del tarro, al igual que los trozos de papel en la superficie del agua.

Analiza y concluye

1. **Observar** Describe lo que le sucedió al agua coloreada y a los trozos de papel después de que se le hicieron agujeros al material que cubría el tarro.
2. **Sacar conclusiones** ¿Cómo se compara tu predicción con lo que le sucedió en realidad al agua coloreada y a los trozos de papel?
3. **Inferir** ¿Qué tipo de transferencia de calor tuvo lugar en el frasco? Describe cómo ocurrió la transferencia.
4. **Hacer modelos** ¿Qué parte de tu modelo representa una placa tectónica? ¿Qué parte representa el manto de la Tierra?
5. **Comunicar** ¿Qué tan bien piensas que este modelo de laboratorio representa el movimiento de las placas de la Tierra? ¿Qué semejanzas existen entre este modelo y el movimiento real de las placas? ¿Qué factores no pudiste representar en este modelo?

Diseña otro experimento

Repite esta actividad, pero elabora un plan para medir la temperatura del agua dentro del frasco grande. ¿Hay una diferencia en la temperatura entre el agua de la superficie y el agua que está cerca de la parte superior del tarro chico? ¿Observaste algún cambio en las corrientes de convección conforme cambia la temperatura del agua? Con la aprobación de tu maestro, lleva a cabo tu plan.

Capítulo 1 Guía de estudio

1 El interior de la Tierra

Conceptos clave

- Los geólogos han usado dos tipos de evidencia principal para aprender sobre el interior de la Tierra: la evidencia directa de muestras de rocas y la evidencia indirecta de las ondas sísmicas.
- Las tres capas principales de la Tierra son la corteza, el manto y el núcleo. Estas capas varían mucho en tamaño, composición, temperatura y presión.
- La corteza es una capa de roca sólida que incluye tanto la tierra firme como el suelo oceánico.
- El manto de la Tierra está formado por roca que está muy caliente, pero es sólida. Los científicos dividen el manto en capas basándose en sus características físicas.
- El núcleo está formado sobre todo de los metales hierro y níquel. Consiste de dos partes: un núcleo externo líquido y un núcleo interno sólido.

Términos clave

• ondas sísmicas • presión • corteza • basalto
• granito • manto • litosfera • astenosfera
• núcleo externo • núcleo interno

2 La convección y el manto

Conceptos clave

- Hay tres tipos de transferencia de calor: radiación, conducción y convección.
- El calentamiento y enfriamiento del fluido, los cambios en la densidad del fluido y la fuerza de gravedad se combinan y ponen en movimiento las corrientes de convección.
- El calor del núcleo y del manto mismo causa corrientes de convección en el manto.

Términos clave

• radiación • conducción • convección • densidad
• corriente de convección

3 La deriva continental

Conceptos clave

- La hipótesis de Wegener era que todos los continentes habían estado unidos alguna vez en una sola masa continental y desde entonces se habían separado.
- Wegener recopiló evidencia de diferentes campos científicos para apoyar sus ideas acerca de la deriva continental. Estudió el relieve, fósiles y evidencia del cambio climático.

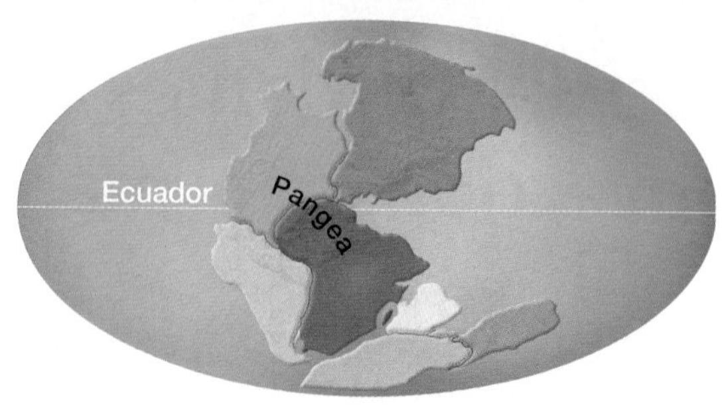

- Wegener no pudo proporcionar una explicación satisfactoria para la fuerza que empuja o jala a los continentes.

Términos clave

• deriva continental • Pangea • fósil

4 Expansión del suelo oceánico

Conceptos clave

- En la expansión del suelo oceánico, éste se extiende a lo largo de ambos lados de una dorsal oceánica conforme se agrega corteza nueva. Como resultado, el suelo de los océanos se mueve como una cinta transportadora, llevando a los continentes junto con ellos.
- Varios tipos de evidencia apoyaron la teoría de Hess de la expansión del suelo oceánico: erupciones de material fundido, franjas magnéticas en la roca del suelo oceánico y la edad de las rocas.
- En un proceso que toma decenas de millones de años, parte del suelo oceánico se hunde hacia el manto en las fosas oceánicas profundas.

Términos clave

• dorsal oceánica • sonar • expansión del suelo oceánico • fosa oceánica profunda • subducción

5 La teoría de la tectónica de placas

Conceptos clave

- La teoría de la tectónica de placas explica la formación, movimiento y subducción de las placas de la Tierra.
- Hay tres clases de bordes de placas: bordes divergentes, bordes convergentes y bordes de transformación. Un tipo diferente de movimiento de placa ocurre a lo largo de cada una.

Términos clave

• placa • teoría científica • tectónica de placas
• falla • borde divergente • valle de fisura
• borde convergente • borde de transformación

Repaso y evaluación

Para: Una autoevaluación, disponible en inglés.
Visita: PHSchool.com
Código Web: cfa-1010

Organizar la información

Comparar y contrastar Completa la tabla de comparar y contrastar para comparar las características de los diferentes tipos de bordes de placas.

Tipo de borde de placa	Tipo de movimiento	Efecto en la corteza	Relieve formado
borde a. ___?___	Las placas se deslizan entre ellas.	b. ___?___	c. ___?___
borde d. ___?___	e. ___?___	Subducción o formación de montañas	f. ___?___
borde g. ___?___	h. ___?___	i. ___?___	Dorsal oceánica, suelo oceánico

Repasar los términos clave

Elige la letra de la mejor respuesta.

1. La capa relativamente suave del manto superior es
   a. la astenosfera.
   b. la litosfera.
   c. el núcleo interno.
   d. la corteza continental.
2. La transferencia de calor por contacto directo de las partículas de materia es
   a. presión.
   b. radiación.
   c. conducción.
   d. convección.
3. La subducción del suelo oceánico tiene lugar en
   a. el manto inferior.
   b. las dorsales oceánicas.
   c. los valles de fisura.
   d. las fosas.
4. El proceso que hace funcionar la tectónica de placas es
   a. la radiación.
   b. la convección.
   c. la conducción.
   d. la subducción.
5. Dos placas chocan entre sí en
   a. un borde divergente.
   b. un borde convergente.
   c. el borde entre el manto y la corteza.
   d. un borde de transformación.

Si la oración es verdadera, escribe *verdadera*. Si es falsa, cambia la palabra o palabras subrayadas para hacer verdadera la oración.

6. La corteza continental está formada por rocas como el granito.
7. Los movimientos lentos de la roca del manto llamados radiación transfieren calor en el manto.
8. La masa continental única que se separó hace 250 millones de años era Pangea.
9. Las dorsales oceánicas son lugares donde la corteza oceánica se hunde de nuevo en el manto.
10. Cuando dos placas continentales divergen, se forma un borde de transformación.

Escribir en ciencias

Predicción Ahora que has aprendido sobre la teoría de la tectónica de placas, escribe un párrafo prediciendo cuáles serán la forma y las posiciones de los continentes de la Tierra dentro de 50 millones de años. Incluye lo que le sucedería a los océanos si las masas continentales se conectaran en formas nuevas o se alejaran de sus ubicaciones presentes.

Plate Tectonics

Video Preview
Video Field Trip
▶ Video Assessment

Repaso y evaluación

Verificar los conceptos

11. ¿Qué evidencias indirectas usan los geólogos para estudiar la estructura de la Tierra?
12. ¿Cómo cambian la temperatura y la presión al llegar a mayor profundidad en la Tierra?
13. ¿Qué sucede en el interior de la Tierra para producir el campo magnético de la Tierra? Describe la capa donde se produce el campo magnético.
14. ¿Por qué hay corrientes de convección en el manto?
15. ¿Por qué las partes más antiguas del suelo oceánico no son más antiguas que hace 200 millones de años?
16. ¿Cómo se forman las franjas magnéticas en el suelo oceánico? ¿Por qué son significativas?

Pensamiento crítico

17. **Comparar y contrastar** ¿En qué se parecen la corteza oceánica y la continental? ¿En qué difieren?
18. **Ordenar en serie** Ordena estos términos iniciando en la superficie de la Tierra hasta el centro: núcleo interno, astenosfera, manto inferior, litosfera, núcleo externo.
19. **Predecir** En el diagrama, una placa de corteza oceánica choca con una placa de corteza continental. ¿Qué sucederá? ¿Por qué?

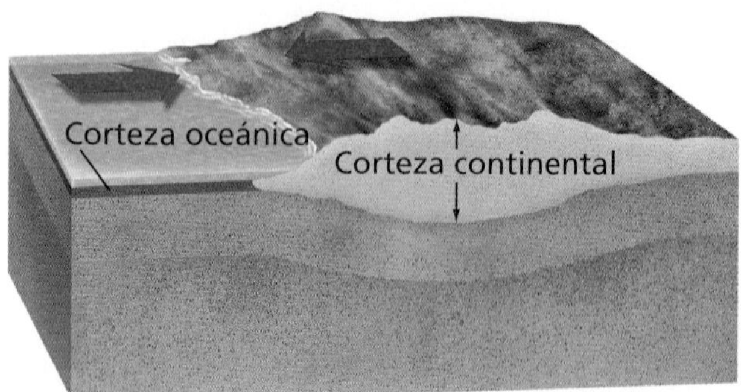

20. **Relacionar causa y efecto** ¿Cuál piensan muchos geólogos que es la fuerza impulsora de la tectónica de placas? Explica.
21. **Emitir un juicio** Los científicos se refieren a la tectónica de placas como una *teoría.* ¿Qué es una teoría? ¿Cómo es una teoría la tectónica de placas? ¿Por qué no se considera una teoría la deriva continental? (*Pista:* Consulta el Manual de destrezas para más datos sobre teorías.)

Practicar matemáticas

22. **Calcular una velocidad** Le toma 100,000 años a una placa moverse alrededor de 14 kilómetros. Calcula la velocidad del movimiento de la placa.

Aplicar destrezas

Usa el mapa para responder a las preguntas 23 a 25.
Los geólogos piensan que un nuevo borde de placa se está formando en el océano Índico. La parte de la placa que lleva a Australia está girando y alejándose de la parte de la placa que lleva a la India.

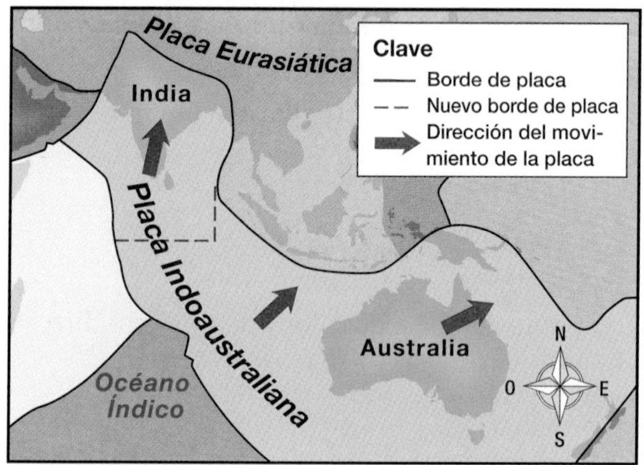

23. **Interpretar mapas** ¿En qué dirección se está moviendo la parte de la placa que lleva a Australia? ¿En qué dirección se está moviendo la parte que lleva a la India?
24. **Predecir** Conforme la India y Australia se mueven en direcciones diferentes, ¿qué tipo de borde de placa se formará entre ellas?
25. **Inferir** ¿Qué características podrían ocurrir donde la parte norte de la placa Indoaustraliana está chocando con la placa Eurasiática?

Lab zone Proyecto del capítulo

Evaluación del desempeño Presenta tu modelo a la clase. Señala los tipos de bordes de placas en tu modelo. Comenta los movimientos de las placas y los accidentes geográficos que resultan en estas áreas.

Preparación para la prueba estandarizada

Sugerencia para hacer la prueba

Usar fórmulas

Algunas preguntas de prueba te piden usar una fórmula para responder una pregunta. Por ejemplo, en la pregunta que sigue deberías recordar que la velocidad puede hallarse con esta fórmula.

$$\text{velocidad} = \frac{\text{distancia}}{\text{tiempo}}$$

Para hallar una cantidad en una fórmula, sustituye las variables, incluyendo las unidades, por los valores conocidos. Asegúrate de incluir las unidades en tu respuesta final.

Pregunta de ejemplo

Una isla en la placa del Pacífico se mueve una distancia de 550 cm en 50 años. ¿Cuál es la velocidad de la placa?

A 44 cm por año
B 110 cm por año
C 2,750 cm por año
D 11 cm por año

Respuesta

La respuesta es **D**.

$$\frac{550 \text{ cm}}{50 \text{ años}} = 11 \text{ cm por año}$$

Elige la letra que mejor responda a la pregunta o mejor complete la oración.

1. ¿Cuál de los siguientes es evidencia de la expansión del suelo oceánico?
A patrones correspondientes de franjas magnéticas en el suelo oceánico
B erupciones volcánicas en dorsales oceánicas
C rocas más antiguas encontradas más lejos de las dorsales oceánicas
D todas las anteriores

2. Wegener pensó que los continentes se movían porque fósiles de los mismos organismos se hallaron en continentes muy separados. El uso de evidencia fósil por Wegener es un ejemplo de
F una predicción.
G una observación.
H una inferencia.
I un experimento controlado.

3. La tabla siguiente muestra el movimiento de rocas alejándose de una dorsal oceánica, y el tiempo en años que le toma a la expansión del suelo oceánico mover la roca esa distancia.

Distancia (metros)	Tiempo (años)
50	4,000
100	8,000
150	12,000

¿Cuál es la velocidad de la roca?

A 0.0125 m por año
B 12.5 m por año
C 80 m por año
D 200,000 m por año

4. ¿Cuál de estas oraciones describe mejor el proceso en el diagrama siguiente?
F Las placas convergentes forman un borde de transformación.
G Las placas convergentes forman volcanes.
H Las placas divergentes forman una dorsal oceánica.
I Las placas divergentes forman un valle de fisura.

Respuesta estructurada

5. Hoy en día, el mar Mediterráneo está entre Europa y África. La placa Africana se está moviendo hacia la placa Eurasiática unos cuantos centímetros por año. Predice cómo cambiará esta área en 100 millones de años. En tu respuesta, explica primero cómo cambiará el mar Mediterráneo. Luego, explica lo que sucederá en tierra firme.

Capítulo

2 Terremotos

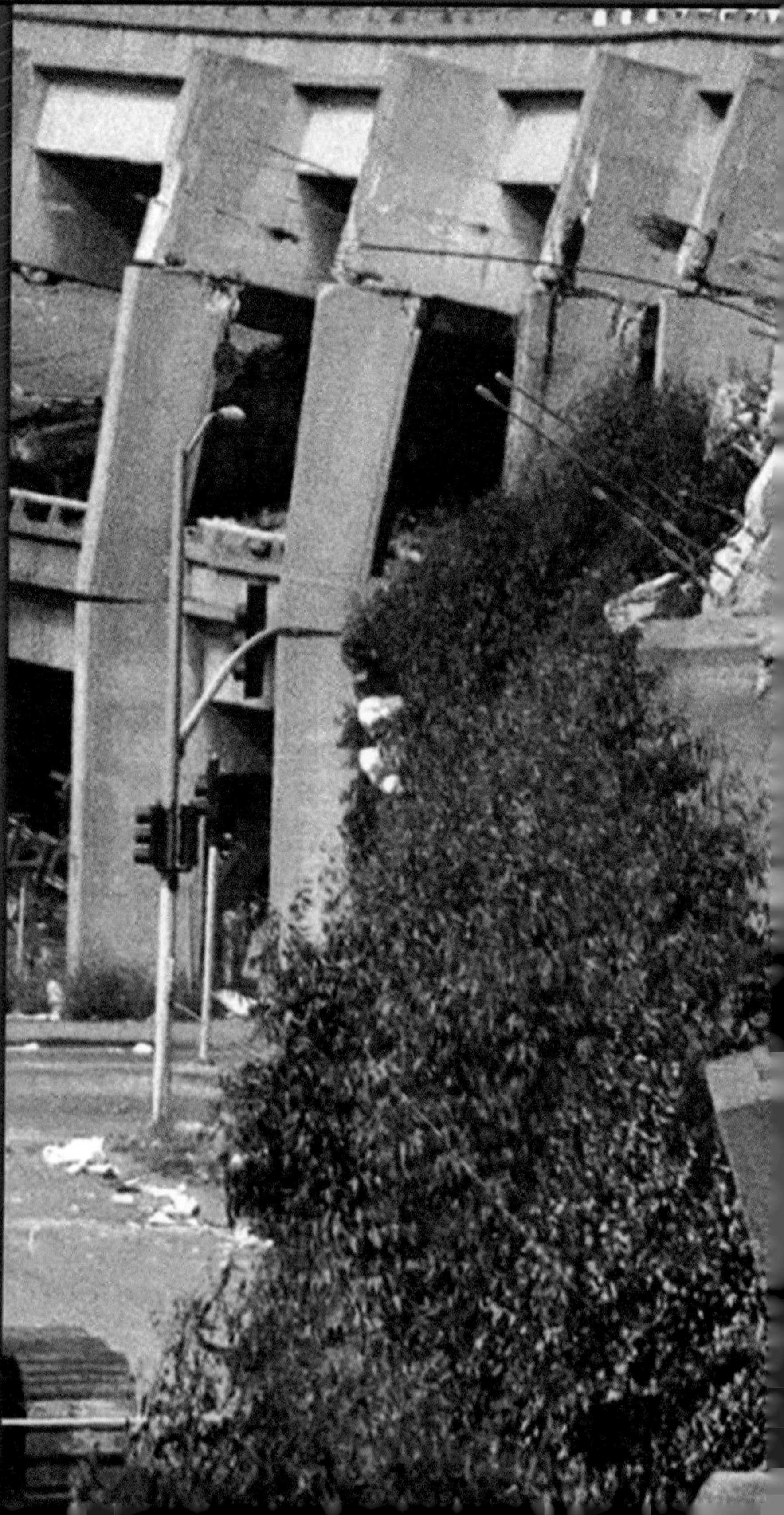

Avance del capítulo

1. **Fuerzas en la corteza de la Tierra**
   Descubre *¿Cómo afecta el esfuerzo a la corteza de la Tierra?*
   Inténtalo *Modelo del esfuerzo*
   Actividad en casa *Modelar fallas*

2. **Terremotos y ondas sísmicas**
   Descubre *¿Cómo viajan las ondas sísmicas a través de la Tierra?*
   Arte activo *Ondas sísmicas*
   Actividad de destrezas *Clasificar*
   Analizar datos *Velocidades de las ondas sísmicas*
   Laboratorio de destrezas *Localizar el epicentro*

3. **Monitoreo de los terremotos**
   Descubre *¿Cómo pueden detectarse las ondas sísmicas?*
   Actividad de destrezas *Medir la fricción*
   Laboratorio de tecnología *Diseñar un sismógrafo*

4. **Precauciones en los terremotos**
   Descubre *¿El apuntalamiento puede impedir que los edificios se derrumben?*
   Inténtalo *¿Estable o inestable?*

Interactive Textbook

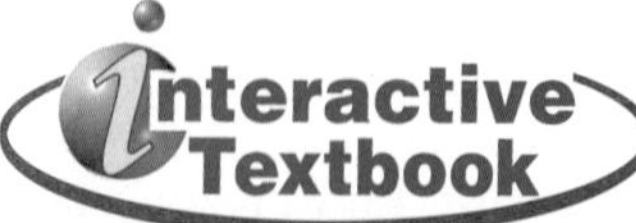

Un terremoto destruyó esta autopista en Oakland, California, en 1989. ▶

Earthquakes

▶ Video Preview
Video Field Trip
Video Assessment

Lab zone™ **Proyecto** del capítulo

Diseñar y construir una casa a prueba de terremotos

Los terremotos como los que causaron el daño que se ve en esta imagen son prueba de que nuestro planeta está sujeto a grandes fuerzas desde su interior. Los terremotos nos recuerdan que vivimos sobre las piezas móviles de la corteza de la Tierra. En este Proyecto del capítulo diseñarás una estructura que pueda resistir los terremotos.

Tu objetivo Diseñar, construir y probar un modelo de estructura resistente a los terremotos.

Tu estructura debe

- estar hecha con materiales aprobados por tu maestro
- seguir las especificaciones acordadas por tu clase
- resistir varios "terremotos" de intensidad creciente
- seguir las reglas de seguridad del Apéndice A

Haz un plan Antes de diseñar tu modelo, averigua cómo los terremotos dañan estructuras, como casas, edificios de oficinas y carreteras. Examina el capítulo para enterarte cómo los ingenieros diseñan estructuras que resisten terremotos. Luego, elige los materiales para tu estructura y bosqueja tu diseño. Cuando tu maestro haya aprobado tu diseño, construye y prueba tu estructura.

Sección 1

Fuerzas en la corteza de la Tierra

Avance de la lectura

Conceptos clave

- ¿Cómo el esfuerzo en la corteza cambia la superficie de la Tierra?
- ¿Dónde se encuentran por lo general las fallas y por qué se forman?
- ¿Qué accidentes geográficos se producen por las fuerzas del movimiento de las placas?

Términos clave

- esfuerzo • tensión
- compresión • cizallamiento
- falla normal • labio superior
- labio inferior • falla inversa
- falla transcurrente • anticlinal
- sinclinal • meseta

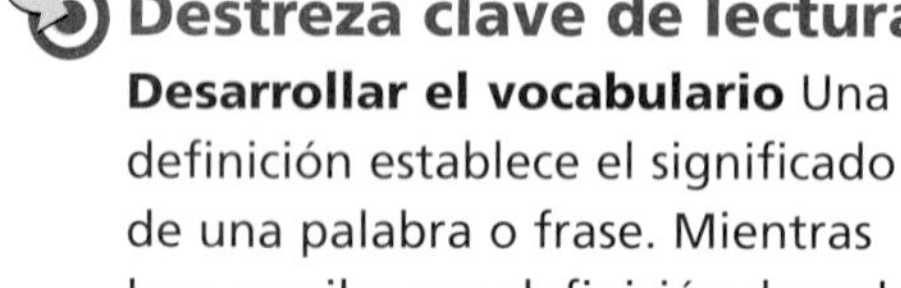

Destreza clave de lectura

Desarrollar el vocabulario Una definición establece el significado de una palabra o frase. Mientras lees, escribe una definición de cada término clave con tus propias palabras.

¿Cómo afecta el esfuerzo a la corteza de la Tierra?

1. Ponte tus gafas de protección.
2. Sosteniendo una paleta por ambos extremos, dóblala muy despacio en arco.
3. Libera la presión en la paleta y observa lo que sucede.
4. Repite los pasos 1 y 2, pero ahora sigue doblando los extremos de la paleta uno hacia el otro. ¿Qué le sucede?

Reflexiona

Predecir Piensa en la paleta como un modelo para parte de la corteza de la Tierra. ¿Qué piensas que podría suceder con el tiempo conforme las fuerzas del movimiento de las placas doblan la corteza?

El movimiento de las placas de la Tierra crea fuerzas enormes que oprimen o jalan la roca en la corteza como si fuera una barra de dulce. Estas fuerzas son ejemplos de **esfuerzo,** una fuerza que actúa en la roca para cambiar su forma o volumen. (El volumen de una roca es la cantidad de espacio que ocupa la roca.) Debido a que el esfuerzo es una fuerza, añade energía a la roca. La energía se almacena en la roca hasta que cambia de forma o se rompe.

Si tratas de romper una barra de caramelo en dos, puede ser que al principio sólo se doble y se estire. Como una barra de dulce, muchos tipos de roca pueden doblarse o plegarse. Pero más allá de cierto límite, aun estas rocas se romperán.

FIGURA 1
Efectos del esfuerzo
Fuerzas poderosas en la corteza de la Tierra causaron que el suelo bajo este campo de atletismo en Taiwán cambiara de forma.

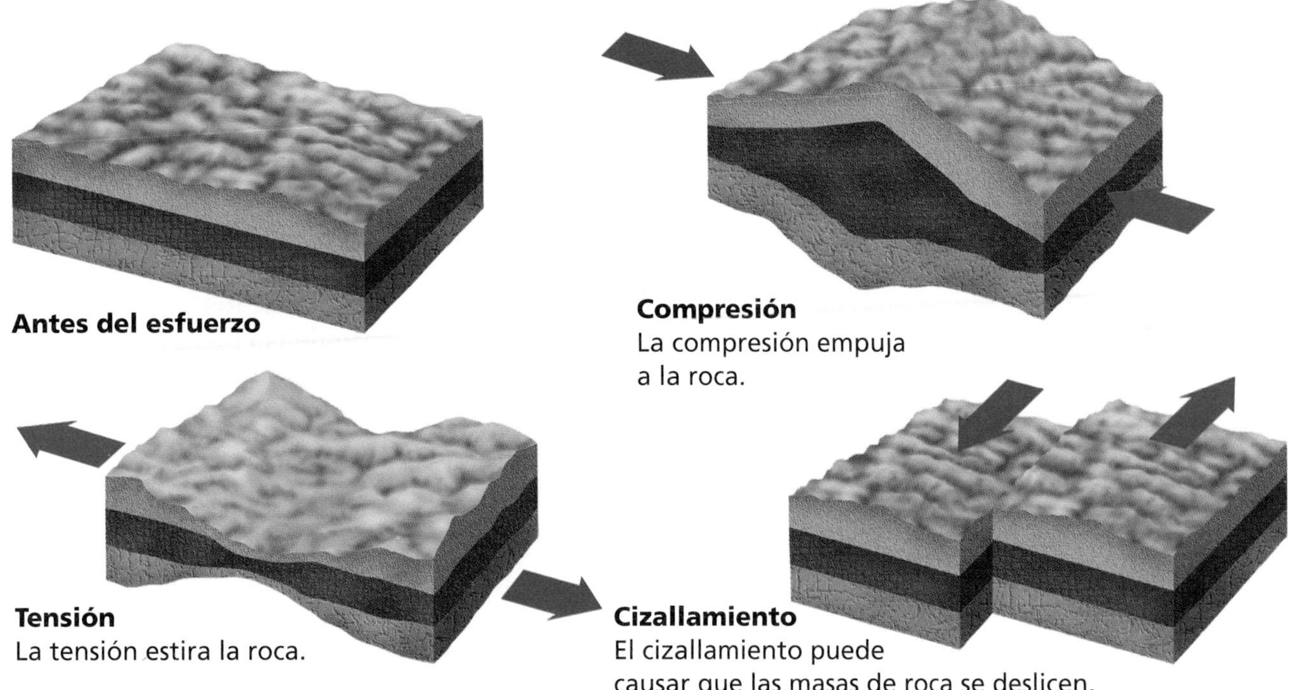

FIGURA 2
Esfuerzo en la corteza de la Tierra
Las fuerzas de esfuerzo empujan, jalan o deforman las rocas en la corteza de la Tierra.
Relacionar causa y efecto *¿Qué tipo de esfuerzo tiende a reducir parte de la corteza?*

Efectos del esfuerzo

Pueden ocurrir tres clases diferentes de esfuerzo en la corteza: tensión, compresión y cizallamiento. **La tensión, compresión y cizallamiento trabajan durante millones de años para cambiar la forma y volumen de la roca.** Estas fuerzas causan que algunas rocas se vuelvan frágiles y se partan. Otras rocas se doblan muy despacio, como el asfalto de las carreteras suavizado por el sol. La Figura 2 muestra cómo el esfuerzo afecta a la corteza.

La mayoría de los cambios en la corteza ocurren tan despacio que no se pueden observar de manera directa. Pero si pudieras acelerar el tiempo de modo que mil millones de años pasaran en minutos, podrías ver a la corteza doblarse, estirarse, romperse, inclinarse, plegarse y deslizarse. El movimiento lento de las placas de la Tierra causan estos cambios.

Tensión La fuerza de esfuerzo llamada **tensión** tira de la corteza, estirando la roca de modo que se vuelve más delgada en medio. El efecto de la tensión en la roca es algo como separar un trozo de chicle caliente. La tensión ocurre donde se separan dos placas.

Compresión La fuerza de esfuerzo llamada **compresión** oprime la roca hasta que se pliega o se rompe. Una placa que empuja contra otra puede comprimir la roca como un compactador de basura gigante.

Cizallamiento El esfuerzo que empuja una masa de roca en dos direcciones opuestas se llama **cizallamiento.** Puede causar que la roca se rompa y se separe deslizándose o cambie su forma.

¿Cómo afecta el cizallamiento a la roca en la corteza de la Tierra?

Clases de fallas

Cuando se acumula suficiente esfuerzo en la roca, la roca se rompe, creando una falla. Recuerda que una falla es un rompimiento en la roca de la corteza donde las superficies de las rocas se deslizan separándose entre sí. Las rocas en ambos lados de una falla pueden moverse hacia arriba o hacia abajo o de costado. **La mayoría de las fallas ocurren a lo largo de los bordes de placas, donde las fuerzas del movimiento de las placas empujan o jalan tanto la corteza que la corteza se rompe. Hay tres tipos principales de fallas: fallas normales, fallas inversas y fallas transcurrentes.**

Fallas normales La tensión en la corteza de la Tierra separa la roca, causando **fallas normales.** En una falla normal, la falla está en ángulo, así que un bloque de roca está encima de la falla mientras el otro bloque está debajo de la falla. El bloque de roca que está arriba se llama **labio superior.** La roca que está abajo se llama **labio inferior.** Mira la Figura 3 para ver cómo el labio superior está arriba del labio inferior. Cuando ocurre movimiento a lo largo de una falla normal, el labio superior se desliza hacia abajo. Las fallas normales ocurren donde las placas divergen, es decir, se separan. Por ejemplo, hay fallas normales a lo largo del valle de fisura de Río Grande en Nuevo México, donde dos piezas de corteza de la Tierra están bajo tensión.

FIGURA 3

Clases de fallas

Hay tres clases principales de fallas: fallas normales, fallas inversas y fallas transcurrentes. **Inferir** *¿Qué mitad de una falla normal esperarías que formara el suelo de un valle? ¿Por qué?*

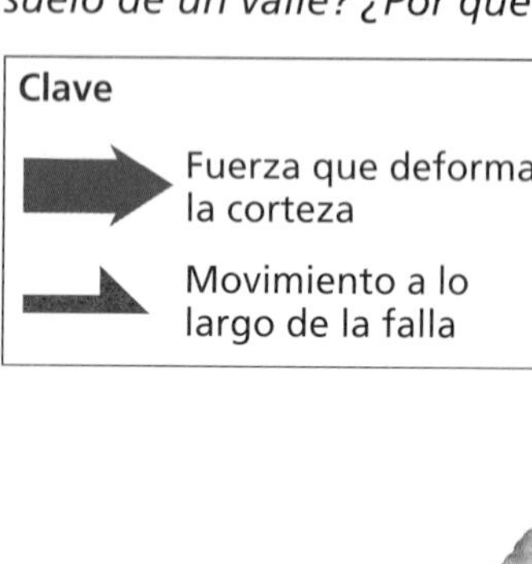

Falla normal
En una falla normal, el labio superior se desliza hacia abajo con relación al labio inferior.

Fallas inversas En lugares donde la roca de la corteza se empuja contra sí misma, la compresión causa que se formen fallas inversas. Una **falla inversa** tiene la misma estructura que una falla normal, pero los bloques se mueven en dirección opuesta. Mira la Figura 3 para ver la forma en que se mueven las rocas a lo largo de una falla inversa. Como en una falla normal, un lado de una falla inversa está en un ángulo por arriba del otro lado. La roca que forma el labio superior de una falla inversa se desliza hacia arriba y sobre el labio inferior. El movimiento a lo largo de las fallas inversas produjo parte del norte de las montañas Rocosas en el occidente de Estados Unidos y Canadá.

Fallas transcurrentes En lugares donde las placas se mueven deslizándose en direcciones contrarias, el cizallamiento crea fallas transcurrentes. En una **falla transcurrente,** las rocas en cada lado de la falla se deslizan en direcciones contrarias en forma lateral, con poco movimiento hacia arriba o hacia abajo. Una falla transcurrente que forma el borde entre dos placas se llama borde de transformación. La falla de San Andrés en California es un ejemplo de una falla transcurrente que es un borde de transformación.

¿Cuál es la diferencia entre un labio superior y un labio inferior?

Para: Vínculos sobre fallas, diponible en inglés.
Visita: www.SciLinks.org
Código Web: scn-1021

Falla inversa
En una falla inversa, el labio superior se mueve hacia arriba con relación al labio inferior.

Falla transcurrente
Las rocas en ambos lados de una falla transcurrente se deslizan en direcciones opuestas entre sí.

FIGURA 4
Efectos del plegamiento
La compresión y plegamiento de la corteza produce anticlinales, los cuales se arquean hacia arriba, y sinclinales, los cuales descienden hacia abajo. A lo largo de millones de años, el plegamiento puede levantar cordilleras altas.
Predecir *Si el plegamiento en el diagrama continuara, ¿qué clase de falla podría formarse?*

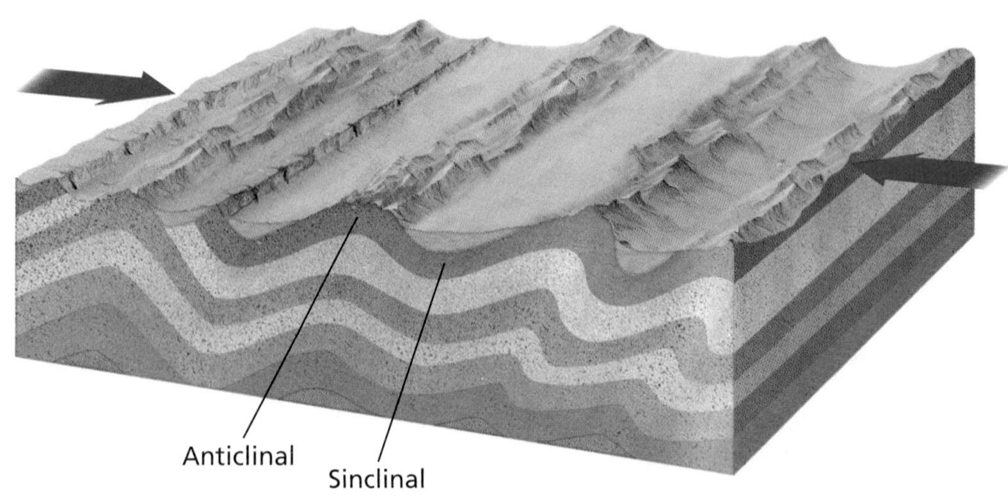

La superficie cambiante de la Tierra

Las fuerzas producidas por el movimiento de las placas de la Tierra pueden plegar, estirar y levantar la corteza. **A lo largo de millones de años, las fuerzas del movimiento de las placas pueden cambiar una llanura plana en accidentes geográficos como anticlinales y sinclinales, montañas de plegamiento, montañas de bloque de falla y mesetas.**

Plegamiento de la corteza de la Tierra En ocasiones, el movimiento de la placa causa que la corteza se pliegue. ¿Alguna vez te has patinado sobre una alfombra que se arrugó conforme tus pies la empujaban por el piso? Del mismo modo en que se arruga la alfombra, la roca bajo esfuerzo por compresión puede doblarse sin romperse. Los plegamientos son dobleces en la roca que se forman cuando la compresión hace más corta y gruesa parte de la corteza de la Tierra. Un plegamiento puede tener sólo unos centímetros de anchura o cientos de kilómetros de ancho. Con frecuencia puedes ver plegamientos pequeños en la roca expuesta donde se ha cortado una ladera para construir una carretera.

Los geólogos usan los términos anticlinal y sinclinal para describir los plegamientos ascendentes y descendentes en la roca. Un plegamiento en la roca que se dobla hacia arriba en un arco es un **anticlinal,** mostrado en la Figura 4. Un plegamiento en la roca que se dobla hacia abajo para formar un valle es un **sinclinal.** Los anticlinales y sinclinales se encuentran en muchos lugares donde las fuerzas de compresión han plegado la corteza. Los montes Apalaches centrales en Pennsylvania son montañas plegadas formadas por ondulaciones paralelas (anticlinales) y valles (sinclinales).

La colisión de dos placas puede causar compresión y plegamiento de la corteza a lo largo de una gran área. El plegamiento produjo algunas de las cordilleras más grandes del mundo. Los Himalaya en Asia y los Alpes en Europa se formaron cuando fragmentos de la corteza se plegaron durante la colisión de dos placas.

Lab zone Actividad Inténtalo

Modelo del esfuerzo

Puedes hacer un modelo del esfuerzo para crear fallas.

1. Amasa un trozo de masilla hasta que esté suave.
2. Empuja los extremos de la masilla hacia el centro.
3. Jala los extremos para separarlos.
4. Empuja la mitad de la masilla en una dirección y la otra mitad en la dirección opuesta.

Clasificar ¿Cuál paso en esta actividad sirve de modelo del tipo de esfuerzo que produciría anticlinales y sinclinales?

Estirar la corteza de la Tierra Cuando dos fallas normales atraviesan un bloque de roca, se forma una montaña de bloque de falla. Puedes ver un diagrama de este proceso en la Figura 5. ¿Cómo comienza este proceso? Donde dos placas se alejan una de la otra, las fuerzas de tensión crean muchas fallas normales. Cuando dos de estas fallas normales se forman paralelas entre sí, queda un bloque de roca entre ellas. Conforme el labio superior de cada falla normal se desliza hacia abajo, el bloquc intermedio se mueve hacia arriba, formando una montaña de bloque de falla.

Si viajas en automóvil de la ciudad de Lago Salado a Los Ángeles, cruzarías la Gran Cuenca. Esta región contiene muchas cordilleras de montañas de bloque de falla separadas por valles amplios, o cuencas.

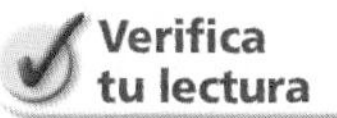

¿Qué tipo de movimiento de placa causa que se formen las montañas de bloque de falla?

FIGURA 5
Montañas de bloque de falla
Conforme las fuerzas de tensión separan la corteza, dos fallas normales paralelas pueden formar una cordillera de montañas de bloque de falla, como la cordillera Beaverhead en Idaho.

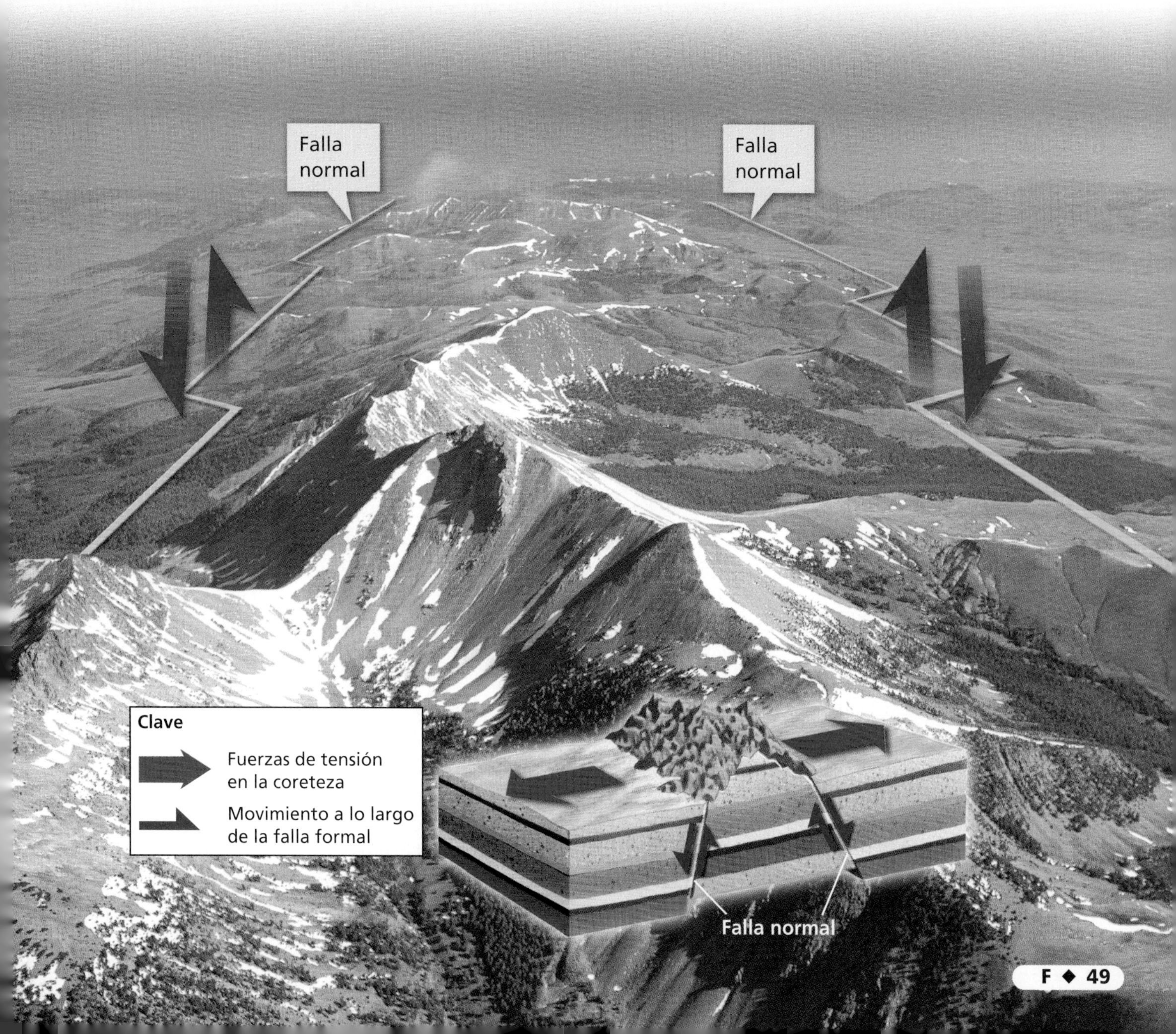

FIGURA 6
La meseta Kaibab
La tierra plana en el horizonte es la meseta Kaibab, la cual forma el borde norte del Gran Cañón en Arizona. La meseta Kaibab es parte de la meseta de Colorado.

Levantar la corteza de la Tierra Las fuerzas que elevan las montañas también pueden levantar, o elevar, mesetas. Una **meseta** es un área grande de tierra plana elevada muy por encima del nivel del mar. Algunas mesetas se forman cuando las fuerzas en la corteza de la Tierra empujan un bloque de roca plano y grande. Como un emparedado, una meseta consiste de muchas capas planas diferentes, y es más ancha que alta.

Las fuerzas que deforman la corteza levantaron la meseta de Colorado en la región "Four Corners" (las cuatro esquinas) de Arizona, Utah, Colorado y Nuevo México. Gran parte de la meseta de Colorado está a más de 1,500 metros sobre el nivel del mar. La Figura 6 muestra una parte de esa meseta en el norte de Arizona.

Sección 1 Evaluación

Destreza clave de lectura **Desarrollar el vocabulario** Consulta tus definiciones de los términos clave para responder a las preguntas.

Repasar los conceptos clave

1. a. **Repasar** ¿Cuáles son los tres tipos principales de esfuerzo en la roca?
   b. **Relacionar causa y efecto** ¿Cómo cambia la tensión la forma de la corteza de la Tierra?
   c. **Comparar y contrastar** Compara la forma en que la compresión afecta a la corteza con la forma en que la tensión afecta a la corteza.
2. a. **Describir** ¿Qué es una falla?
   b. **Explicar** ¿Por qué las fallas ocurren con frecuencia a lo largo de los bordes de placa?
   c. **Relacionar causa y efecto** ¿Qué tipo de falla se forma cuando las placas divergen, o se separan? ¿Qué tipo de falla se forma cuando las placas se empujan una contra otra?
3. a. **Hacer una lista** Nombra cinco clases de accidentes geográficos causados por el movimiento de las placas.
   b. **Relacionar causa y efecto** ¿Cuáles son los tres accidentes geográficos producidos por compresión en la corteza? ¿Qué accidente geográfico se produce por tensión?

Lab zone Actividad En casa

Modelo de fallas Para hacer un modelo de la corteza de la Tierra, enrolla plastilina en capas y oprímelas para formar un bloque rectangular. Con un cuchillo de plástico rebana el bloque en ángulo, formando una falla. Explica qué partes representan la superficie terrestre, el labio superior y el labio inferior. Muestra las tres formas en que pueden moverse los lados de la falla.

Sección 2

Terremotos y ondas sísmicas

Avance de la lectura

Conceptos clave

- ¿Cómo viaja la energía de un terremoto a través de la Tierra?
- ¿Cuáles son las escalas usadas para medir la fuerza de un terremoto?
- ¿Cómo localizan los científicos el epicentro de un terremoto?

Términos clave

- terremoto • foco
- epicentro • onda P
- onda S • onda superficial
- escala de Mercalli • magnitud
- escala de Richter • sismógrafo
- escala de magnitud del momento

Destreza clave de lectura

Identificar ideas principales
Mientras lees Tipos de ondas sísmicas, escribe la idea principal en un organizador gráfico como el que sigue. Luego, escribe tres detalles de apoyo. Los detalles de apoyo explican más a fondo la idea principal.

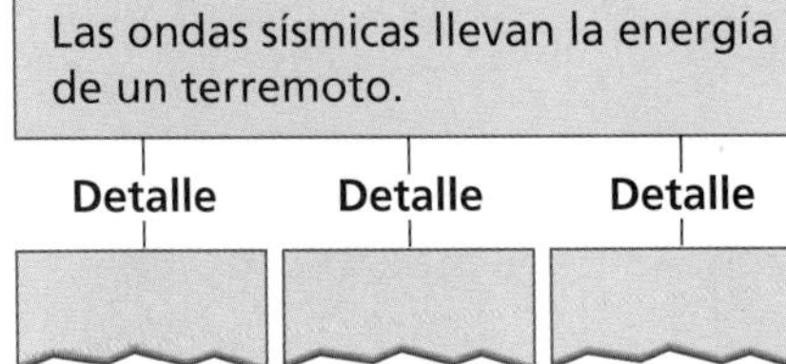

Lab zone Actividad Descubre

¿Cómo viajan las ondas sísmicas a través de la Tierra?

1. Estira un resorte de juguete en el piso mientras un compañero de clase sostiene el otro extremo. No estires demasiado el juguete.
2. Junta más o menos unos cuatro anillos del resorte de juguete y suéltalos. ¿En qué dirección se mueven los anillos?
3. Una vez que ha dejado de moverse el resorte de juguete, sacude un extremo del juguete de un lado a otro una vez. Asegúrate que tu compañero de clase tiene bien agarrado el otro extremo. ¿En que dirección se mueven los anillos?

Reflexiona
Observar Describe los dos tipos de movimiento de onda que observaste en el resorte de juguete.

La Tierra nunca está quieta. Cada día, en todo el mundo, hay varios miles de terremotos. Un **terremoto** es la sacudida y temblor que resultan del movimiento de las rocas debajo de la superficie de la Tierra. La mayoría de los terremotos son demasiado pequeños para advertirse. Pero un terremoto grande puede producir cambios impresionantes en la superficie de la Tierra y causar grandes daños.

Las fuerzas del movimiento de placas causan terremotos. Los movimientos de las placas producen esfuerzo en la corteza de la Tierra, añadiendo energía a la roca y formando fallas. El esfuerzo aumenta a lo largo de una falla hasta que se rompe la roca y comienza un terremoto. En segundos, el terremoto libera una cantidad enorme de energía almacenada.

La mayoría de los terremotos comienzan en la litosfera dentro de unos 100 kilómetros de la superficie de la Tierra. El **foco** es el área bajo la superficie de la Tierra donde se rompe la roca que está bajo esfuerzo, desencadenando un terremoto. El punto en la superficie que está directo sobre el foco se llama **epicentro.**

Tipos de ondas sísmicas

Como una piedra que se tira a un estanque, un terremoto produce vibraciones llamadas ondas. Estas ondas llevan energía mientras viajan hacia el exterior. Durante un terremoto, las ondas sísmicas corren hacia fuera del foco en todas direcciones. Las ondas sísmicas son vibraciones que viajan a través de la Tierra llevando la energía liberada durante un terremoto. Las ondas sísmicas se mueven como ondulaciones en un estanque. **Las ondas sísmicas llevan la energía de un terremoto lejos del foco, por el interior de la Tierra y a través de la superficie.** Esto fue lo que sucedió en 2002, cuando un poderoso terremoto rompió la falla de Denali en Alaska, mostrado en la Figura 7.

Hay tres categorías principales de ondas sísmicas: ondas P, ondas S y ondas superficiales. Un terremoto envía dos tipos de ondas desde su foco: ondas P y ondas S. Cuando estas ondas llegan a la superficie de la Tierra en el epicentro, se desarrollan las ondas superficiales.

FIGURA 7

Ondas sísmicas

Este diagrama muestra un terremoto a lo largo de la falla de Denali. Un terremoto ocurre cuando las rocas se fracturan en la profundidad de la corteza. Las ondas sísmicas se mueven en todas direcciones desde el foco. **Interpretar diagramas** *¿En qué punto llegan primero las ondas sísmicas a la superficie?*

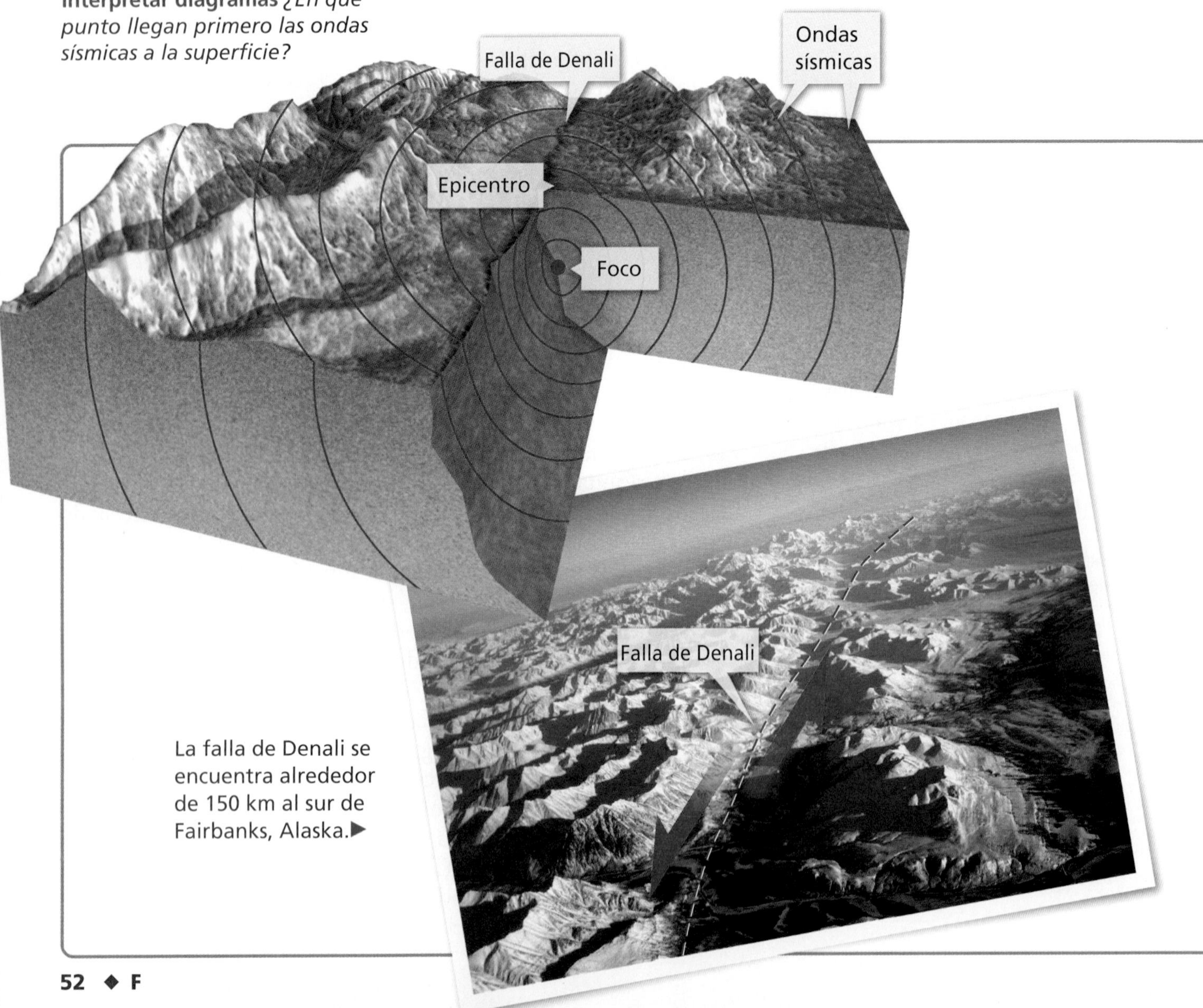

La falla de Denali se encuentra alrededor de 150 km al sur de Fairbanks, Alaska.▶

Ondas P Las primeras ondas que llegan son ondas primarias, u ondas P. Las **ondas P** son ondas sísmicas que comprimen y expanden el suelo como un acordeón. Como los otros tipos de ondas sísmicas, las ondas P pueden dañar los edificios. Mira la Figura 7 para ver como se mueven las ondas P.

Ondas S Después de las ondas P llegan las ondas secundarias, u ondas S. Las **ondas S** son ondas sísmicas que vibran de lado a lado y de arriba abajo. Sacuden el suelo de un lado a otro. Cuando las ondas S alcanzan la superficie, sacuden las estructuras con violencia. A diferencia de las ondas P, las cuales viajan a través de sólidos y líquidos, las ondas S no pueden moverse a través de líquidos.

Ondas superficiales Cuando las ondas P y las ondas S alcanzan la superficie, algunas se convierten en ondas superficiales. Las **ondas superficiales** se mueven más despacio que las ondas P y S, pero pueden producir movimientos de tierra severos. Algunas ondas superficiales balancean el suelo como olas marinas; otras sacuden los edificios de un lado a otro.

¿Qué tipo de onda sísmica causa que el suelo se balancee como olas marinas?

Para: Actividad de las ondas sísmicas, disponible en inglés.
Visita: PHSchool.com
Código Web: cfp-1022

Ondas P ▼
La corteza vibra hacia adelante y atrás a lo largo de la trayectoria de la onda.

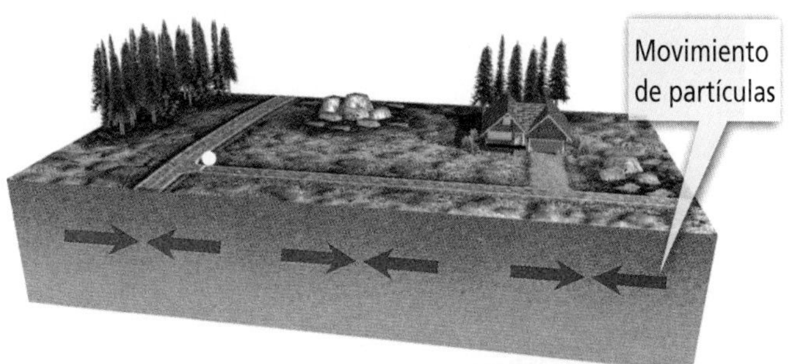

Dirección de las ondas →

Ondas S ▼
La corteza vibra de lado a lado y de arriba abajo.

Dirección de las ondas →

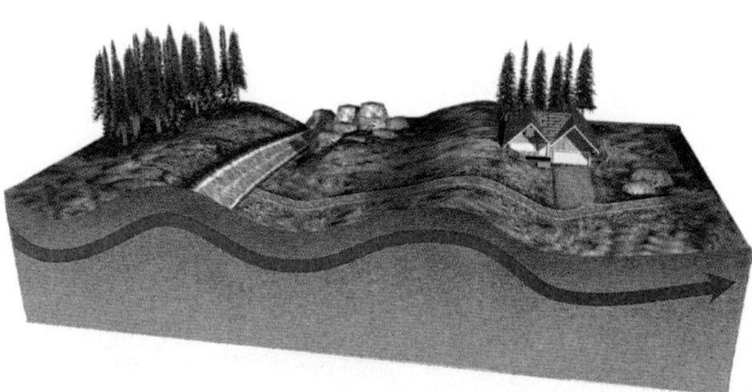

◄ Ondas superficiales
La superficie de la tierra se balancea con un movimiento como de olas.

Earthquakes

Video Preview
▶ Video Field Trip
Video Assessment

Medir los terremotos

Cuando ocurre un terremoto, las personas desean saber "¿qué tan grande fue el temblor?" y "¿dónde estuvo su centro?". Cuando los geólogos desean saber el tamaño de un terremoto deben considerar muchos factores. Como resultado, hay al menos 20 medidas diferentes para calificar los terremotos, cada una con sus ventajas y sus defectos. **Tres métodos usados por lo común para medir los terremotos son la escala de Mercalli, la escala de Richter y la escala de magnitud del momento.**

La escala de Mercalli La **escala de Mercalli** se desarrolló para calificar a los terremotos según el nivel de daño en un lugar determinado. Los 12 pasos de la escala de Mercalli, mostrados en la Figura 9, describen los efectos de un terremoto. El mismo terremoto puede tener diferentes calificaciones Mercalli debido a que causa diferentes cantidades de movimiento de tierra en distintos lugares.

La escala de Richter La **magnitud** de un terremoto es un número que los geólogos le asignan a un terremoto según el tamaño del terremoto. Los geólogos determinan la magnitud midiendo las ondas sísmicas y el movimiento de las fallas que ocurren durante un terremoto. La **escala de Richter** es la calificación de la magnitud de un terremoto basada en el tamaño de las ondas sísmicas del terremoto. Las ondas sísmicas se miden con un **sismógrafo.** Un sismógrafo es un instrumento que registra y mide las ondas sísmicas. La escala de Richter proporciona mediciones precisas para terremotos pequeños y cercanos. Pero no funciona bien para terremotos grandes o distantes.

FIGURA 8
Niveles de daño de un terremoto
El nivel de daño causado por un terremoto varía dependiendo de la magnitud del terremoto y la distancia del epicentro.

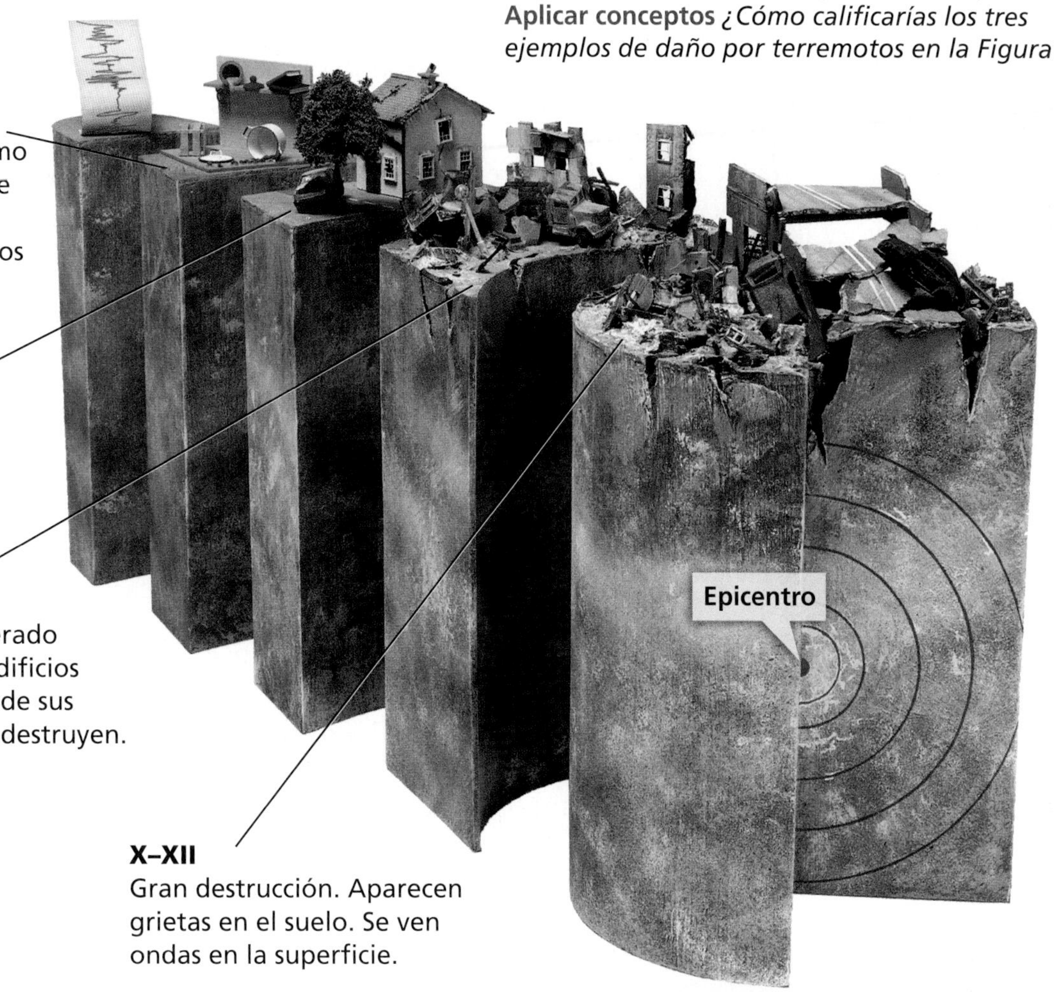

FIGURA 9
La escala de Mercalli
La escala de Mercalli usa numerales romanos para clasificar los terremotos según el daño que causan.
Aplicar conceptos *¿Cómo calificarías los tres ejemplos de daño por terremotos en la Figura 8?*

I–III
La gente siente vibraciones como las que produce un camión que pasa. Los objetos inestables se mueven.

IV–VI
Daño ligero. La gente corre a la calle.

VII–IX
Daño de moderado a fuerte. Los edificios se sacuden desde sus cimientos o se destruyen.

X–XII
Gran destrucción. Aparecen grietas en el suelo. Se ven ondas en la superficie.

Epicentro

La escala de magnitud del momento Los geólogos en la actualidad usan con frecuencia la **escala de magnitud del momento,** un sistema de calificación que estima la energía total liberada por un terremoto. La escala de magnitud del momento puede usarse para calificar terremotos de todos tamaños, cercanos o lejanos. Quizá hayas escuchado en las noticias que mencionan la escala de Richter. Pero el número que citan casi siempre es la magnitud del momento para ese terremoto.

Para calificar un terremoto en la escala de magnitud del momento, los geólogos estudian primero los datos de los sismógrafos. Los datos indican la clase de ondas sísmicas y su intensidad. También ayudan a los geólogos a inferir cuánto movimiento ocurrió a lo largo de la falla y la fuerza de la roca que se rompió cuando se deslizó la falla. Los geólogos usan esta información para calificar el temblor en la escala de magnitud del momento.

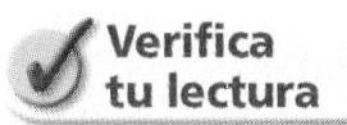

¿Qué evidencia usan los geólogos para calificar un terremoto en la escala de magnitud del momento?

Lab zone **Actividad** Destrezas

Clasificar

Clasifica el daño del terremoto en estas localidades usando la escala de Mercalli.

1. Muchos edificios destruidos; hay grietas en el suelo.
2. Varios edificios y puentes antiguos derrumbados.
3. Latas de alimentos se caen de los estantes; las paredes crujen; las personas salen afuera para ver lo que sucede.

Figura 10
Recopilar datos sísmicos
Este geólogo está revisando los datos recopilados después de un terremoto. Estos datos pueden usarse para determinar el epicentro de un terremoto.

Comparar magnitudes La magnitud de un terremoto indica a los geólogos cuánta energía fue liberada por un terremoto. Cada incremento de un punto en la magnitud representa la liberación de alrededor de 32 veces más energía. Por ejemplo, un temblor de magnitud 6 libera 32 veces más energía que un temblor de magnitud 5 y alrededor de 1,000 veces más que un temblor de magnitud 4.

Los efectos de un terremoto aumentan con la magnitud. Las personas apenas advierten los terremotos con magnitudes menores de 3. Los terremotos con una magnitud menor de 5 son pequeños y causan poco daño. Aquellos con una magnitud entre 5 y 6 pueden causar daño moderado. Los terremotos con una magnitud mayor de 6 pueden causar un gran daño. Por suerte, los terremotos más poderosos, con una magnitud de 8 o más, son poco frecuentes. Durante el siglo XX, sólo dos terremotos midieron más de 9 en la escala de magnitud del momento. Estos terremotos ocurrieron en Chile en 1960 y en Alaska en 1964.

Localizar el epicentro

Los geólogos usan las ondas sísmicas para localizar el epicentro de un terremoto. Las ondas sísmicas viajan a velocidades diferentes. Las ondas P llegan primero al sismógrafo, con las ondas S siguiéndolas de cerca. Para decir qué tan lejos del sismógrafo está el epicentro, los científicos miden la diferencia entre los tiempos de llegada de las ondas P y las ondas S. Entre más lejos esté un terremoto, es mayor el tiempo entre la llegada de las ondas P y las ondas S.

Matemáticas — Analizar datos

Velocidades de las ondas sísmicas

Los sismógrafos en cinco estaciones de observación registraron el tiempo de llegada de las ondas P y S producidas por un terremoto. Estos datos se muestran en la gráfica.

1. **Leer gráficas** ¿Qué variable se muestra en el eje *x* de la gráfica? ¿Y en el eje *y*?
2. **Leer gráficas** ¿Cuánto les tomó a las ondas S viajar 2,000 km?
3. **Estimar** ¿Cuánto les tomó a las ondas P viajar 2,000 km?
4. **Calcular** ¿Cuál es la diferencia en el tiempo de llegada de las ondas P y las ondas S a 2,000 km? ¿Y a 4,000 km?

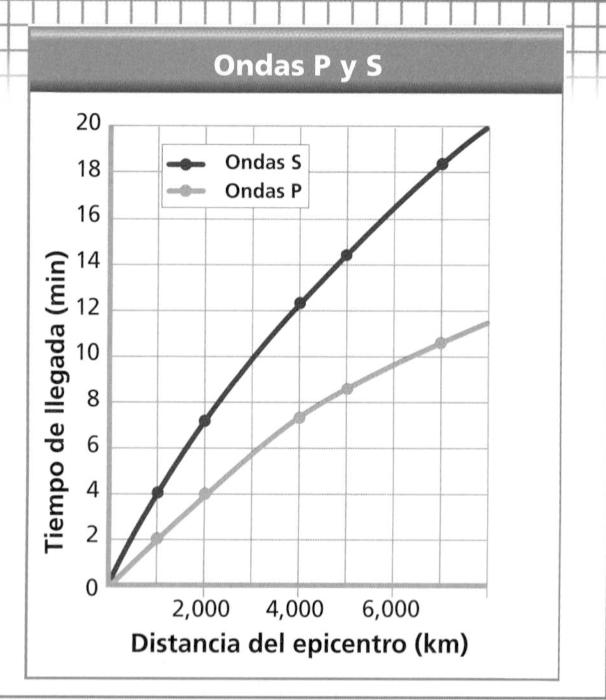

FIGURA 11
El mapa muestra cómo hallar el epicentro de un terremoto usando datos de tres estaciones sismológicas. **Medir** *Usa la escala del mapa para determinar las distancias de Savannah y Houston al epicentro. ¿Cuál está más cerca?*

Luego, los geólogos trazan al menos tres círculos usando datos de diferentes sismógrafos colocados en estaciones en todo el mundo. El centro de cada círculo es la ubicación de un sismógrafo particular. El radio de cada círculo es la distancia de ese sismógrafo al epicentro. Como puedes ver en la Figura 11, el punto donde se intersecan los tres círculos es la ubicación del epicentro.

¿Qué miden los geólogos para determinar la distancia de un sismógrafo a un epicentro?

Sección 2 Evaluación

Destreza clave de lectura Identificar ideas principales Usa tu organizador gráfico para responder a la pregunta 1.

Repasar los conceptos clave

1. a. **Repasar** ¿Cómo llega a la superficie de la Tierra la energía de un terremoto?
   b. **Describir** ¿Qué clase de movimiento se produce con cada uno de los tres tipos de ondas sísmicas?
   c. **Ordenar en serie** ¿Cuándo llegan las ondas P a la superficie con relación a las ondas S y a las ondas superficiales?
2. a. **Definir** ¿Qué es la magnitud de un terremoto?
   b. **Describir** ¿Cómo se mide la magnitud usando la escala de Richter?
   c. **Aplicar conceptos** ¿Cuáles son las ventajas de usar la escala de magnitud del momento para medir un terremoto?
3. a. **Explicar** ¿Qué tipo de datos usan los geólogos para localizar el epicentro de un terremoto?
   b. **Interpretar mapas** Estudia el mapa en la Figura 11. Luego, describe el método que usan los científicos para determinar el epicentro de un terremoto.

Escribir en ciencias

Informe noticioso Como reportero para un noticiero de televisión, cubres un terremoto calificado entre IV y V en la escala de Mercalli. Escribe una nota breve que describa los efectos del terremoto. Tu párrafo principal deberá decir *quién, qué, dónde, cuándo* y *cómo*. *(Pista:* Consulta la Figura 9 para ver ejemplos del daño de los terremotos.)

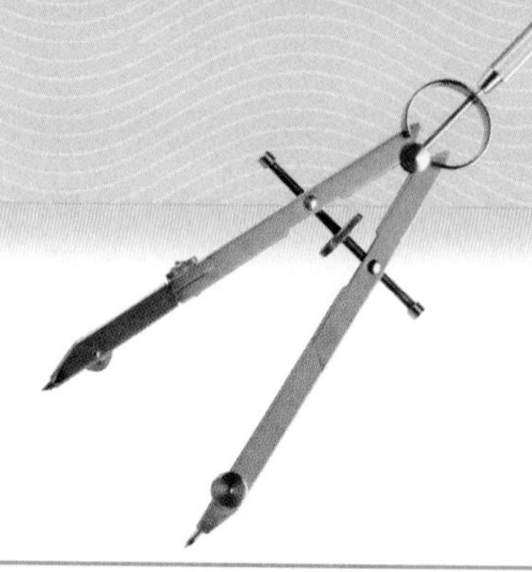

Localizar el epicentro

Problema

¿Cómo localizas el epicentro de un terremoto?

Destrezas aplicadas

interpretar datos, sacar conclusiones

Materiales

- compás con lápiz para trazar
- mapa de contorno de Estados Unidos

Tabla de datos		
Ciudad	Diferencia en el tiempo de llegada de las ondas P y S	Distancia al epicentro
Denver, Colorado	2 min 40 s	
Houston, Texas	1 min 50 s	
Chicago, Illinois	1 min 10 s	

Procedimiento

1. Copia la tabla de datos de las diferencias en el tiempo de llegada de un terremoto.
2. La gráfica muestra cómo la diferencia en el tiempo de llegada entre las ondas P y las ondas S depende de la distancia del epicentro del terremoto. Halla la diferencia en el tiempo de llegada para Denver en el eje *y* de la gráfica. Sigue esta línea hasta el punto en que cruza la curva. Para hallar la distancia al epicentro, lee desde este punto hasta el eje *x* de la gráfica. Introduce esta distancia en la tabla de datos.
3. Repite el paso 2 para Houston y Chicago.
4. Coloca tu compás con un radio igual a la distancia de Denver al epicentro del terremoto que registraste antes en tu tabla de datos.
5. Traza un círculo con el radio determinado en el paso 4, usando Denver como centro. Traza el círculo en tu copia del mapa. (*Pista:* Traza tus círculos con cuidado. Puedes necesitar trazar algunas partes de los círculos fuera del mapa.)
6. Repite los pasos 4 y 5 para Houston y Chicago.

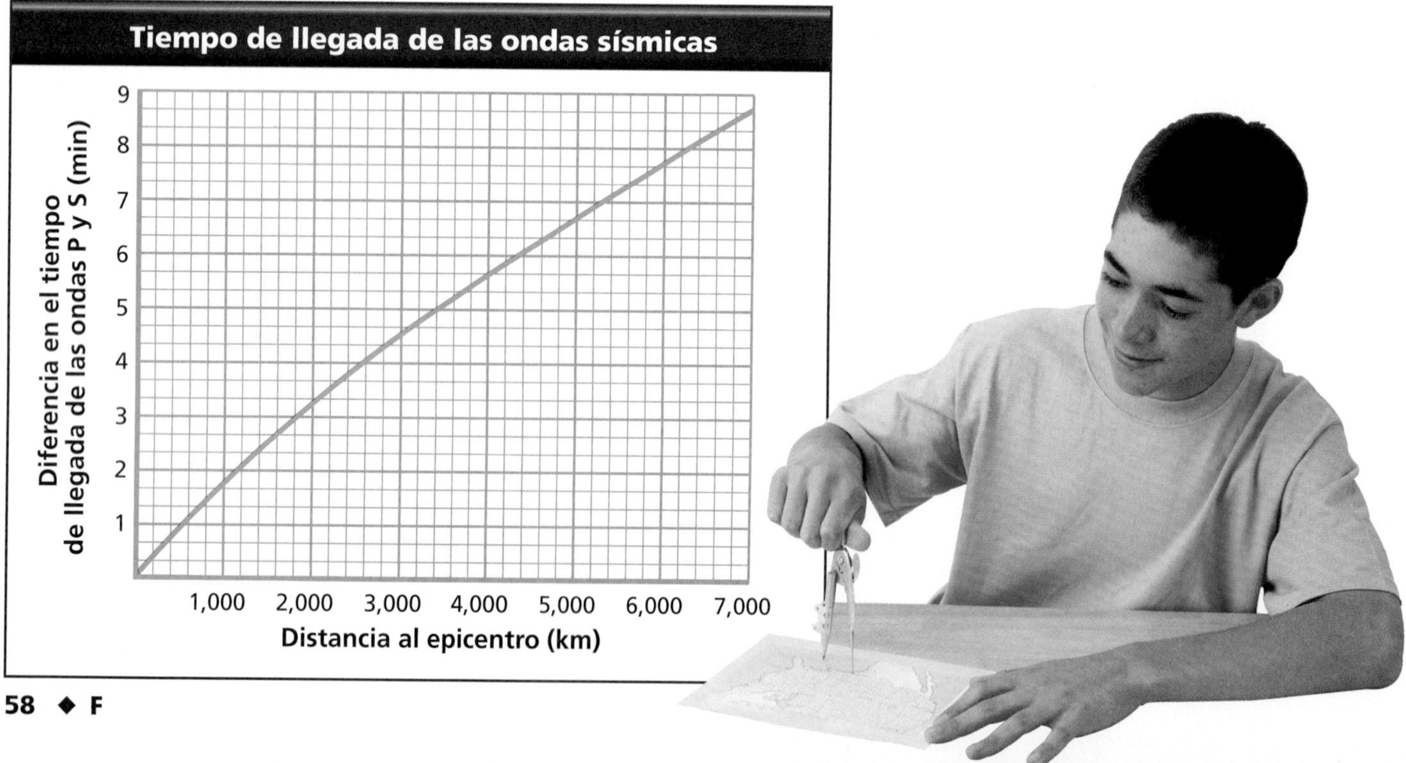

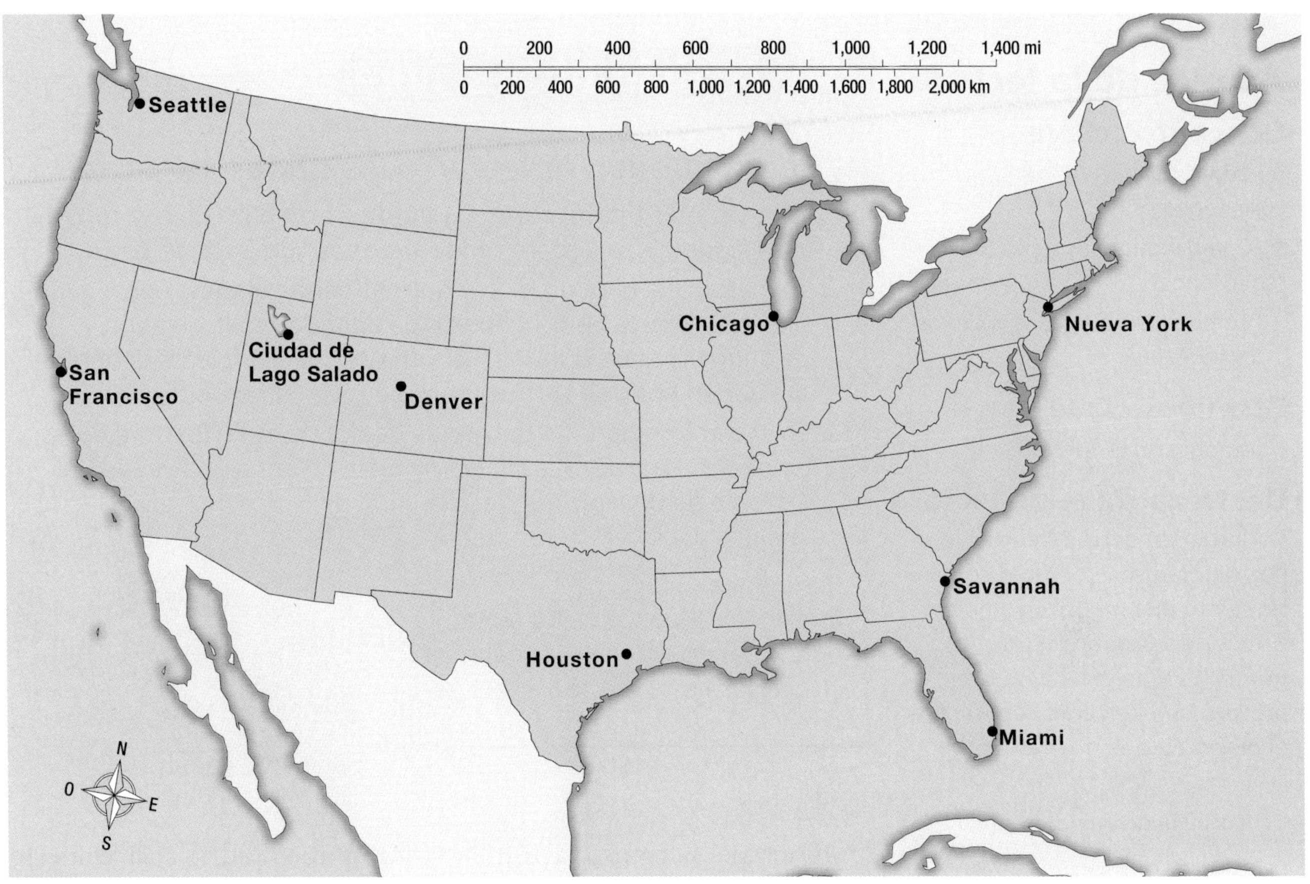

Analiza y concluye

1. **Sacar conclusiones** Observa los tres círculos que trazaste. ¿Dónde está el epicentro del terremoto?
2. **Medir** ¿Qué ciudad en el mapa está más cerca del epicentro del terremoto? ¿Qué tan lejos, en kilómetros, está del epicentro?
3. **Inferir** ¿En cuál de las tres ciudades de la tabla de datos detectarían primero el terremoto los sismógrafos? ¿Y al último?
4. **Estimar** ¿Más o menos qué tan lejos está el epicentro que localizaste de San Francisco? ¿Cuál sería la diferencia en el tiempo de llegada de las ondas P y las ondas S para una estación de registro en San Francisco?
5. **Interpretar datos** ¿Qué le sucede a la diferencia en el tiempo de llegada entre las ondas P y las ondas S conforme aumenta la distancia del terremoto?
6. **Comunicar** Revisa el procedimiento que seguiste en este laboratorio y contesta la siguiente pregunta. Cuando estás tratando de localizar un epicentro, ¿por qué es necesario conocer la distancia desde el epicentro hasta al menos tres estaciones de registro?

Explora más

Acabas de localizar el epicentro de un terremoto. Halla la ubicación de este terremoto en el mapa de Riesgo de terremotos en Estados Unidos, en la página 69. ¿Cuál es el riesgo de terremotos en el área de este temblor?

Ahora mira el mapa de Placas litosféricas de la Tierra, en la página 33. ¿Qué conclusiones puedes sacar de este mapa acerca de la causa de los terremotos en esta área?

Sección 3

· Tecnología y diseño ·

Monitoreo de los terremotos

Avance de la lectura

Conceptos clave

- ¿Cómo funcionan los sismógrafos?
- ¿Cómo vigilan las fallas los geólogos?
- ¿Cómo se usan los datos de los sismógrafos?

Términos clave

- sismógrafo • fricción

Destreza clave de lectura

Ordenar en serie Mientras lees, haz un diagrama de flujo como el siguiente que muestre cómo un sismógrafo produce un sismograma. Escribe cada paso del proceso en un cuadro separado en el orden en que ocurre.

Cómo funciona un sismógrafo

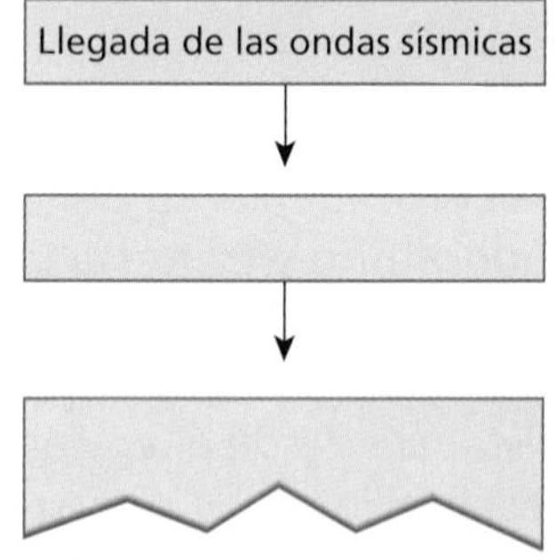

Lab zone Actividad Descubre

¿Cómo pueden detectarse las ondas sísmicas?

1. Usando tijeras, corta 4 agitadores de plástico a la mitad. Cada pieza deberá tener alrededor de 5 cm de largo.
2. Tu maestro te dará un molde que contiene gelatina. Con suavidad inserta las ocho piezas de agitador en la gelatina, dejando un espacio de 2 a 3 cm en una fila. Las piezas deberán quedar en posición vertical, pero sin tocar el fondo del molde.
3. En el extremo opuesto del molde de donde están los agitadores, golpea con suavidad la superficie de la gelatina una vez con el extremo de un lápiz donde está la goma. Observa los resultados.

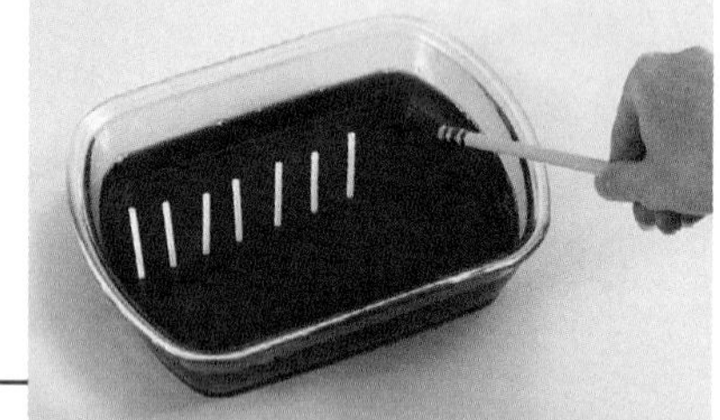

Reflexiona

Inferir ¿Qué les pasó a los agitadores cuando golpeaste la gelatina? ¿Qué causó este efecto?

Observa el hermoso jarrón en la fotografía. Podría sorprenderte enterarte que el jarrón en realidad es un instrumento científico. ¿Puedes adivinar para qué se diseñó? Zhang Heng, un astrónomo, diseñó y construyó este dispositivo de detección de terremotos en China hace casi 2,000 años. Se dice que ha detectado un terremoto centrado a varios cientos de kilómetros de distancia.

Los terremotos son peligrosos, así que las personas desean vigilarlos. *Vigilar* significa "observar con cuidado". Como los antiguos chinos, muchas sociedades han usado la tecnología para determinar cuándo y dónde han ocurrido los terremotos. A finales del siglo XIX, los científicos elaboraron sismógrafos que eran mucho más sensibles y precisos que cualquier dispositivo anterior.

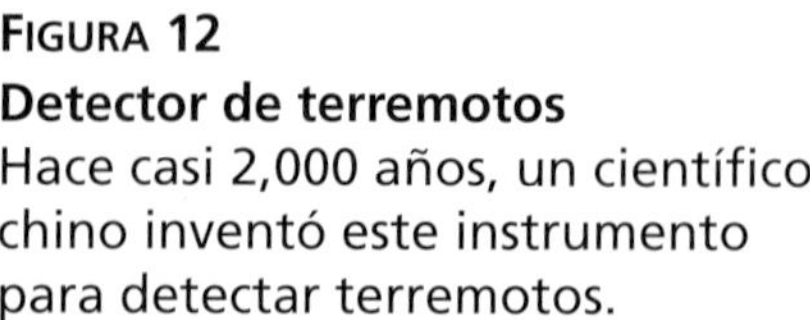

FIGURA 12
Detector de terremotos
Hace casi 2,000 años, un científico chino inventó este instrumento para detectar terremotos.

El sismógrafo

Un sismógrafo simple puede consistir en un peso pesado unido a un marco por un resorte o alambre. Un bolígrafo unido al peso descansa su punta sobre un tambor que puede girar. Conforme el tambor gira despacio, el bolígrafo traza una línea recta sobre papel que envuelve con fuerza el tambor. **Las ondas sísmicas causan que vibre el tambor del sismógrafo. Pero el peso suspendido con el bolígrafo unido se mueve muy poco. Por tanto, el bolígrafo permanece en su lugar y registra las vibraciones del tambor.**

Medir las ondas sísmicas Cuando escribes una oración, el papel permanece en un lugar mientras tu mano mueve el bolígrafo. Pero en un sismógrafo, es el bolígrafo el que permanece estacionario mientras se mueve el papel. ¿Por qué es esto? Todos los sismógrafos usan un principio básico de la física: ya sea que esté en movimiento o en reposo, todo objeto se resiste a cualquier cambio a su movimiento. El peso pesado de un sismógrafo resiste el movimiento durante un temblor. Pero el resto del sismógrafo está anclado al suelo y vibra cuando llegan las ondas sísmicas.

Leer un sismógrafo Es probable que hayas visto un patrón de líneas en zigzag usado para representar un terremoto. El patrón de líneas, llamado **sismograma,** es el registro de las ondas sísmicas de un terremoto producido por un sismógrafo. Estudia el sismograma en la Figura 13 y observa cuándo llegan las ondas P, las ondas S y las ondas superficiales. La altura de las líneas dentadas trazadas en el tambor del sismógrafo es mayor para un terremoto más severo o para un terremoto más cercano al sismógrafo.

Verifica tu lectura ¿Qué es un sismograma?

FIGURA 13
Registrar ondas sísmicas
Un sismógrafo registra ondas sísmicas y produce un sismograma. Hoy en día, los sismógrafos electrónicos contienen sensores en lugar de bolígrafos. **Interpretar diagramas** *¿Cuál es la función del peso en el sismógrafo?*

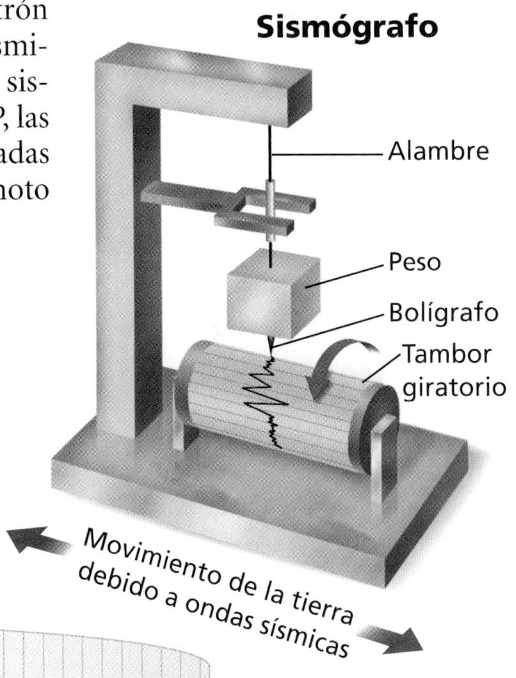

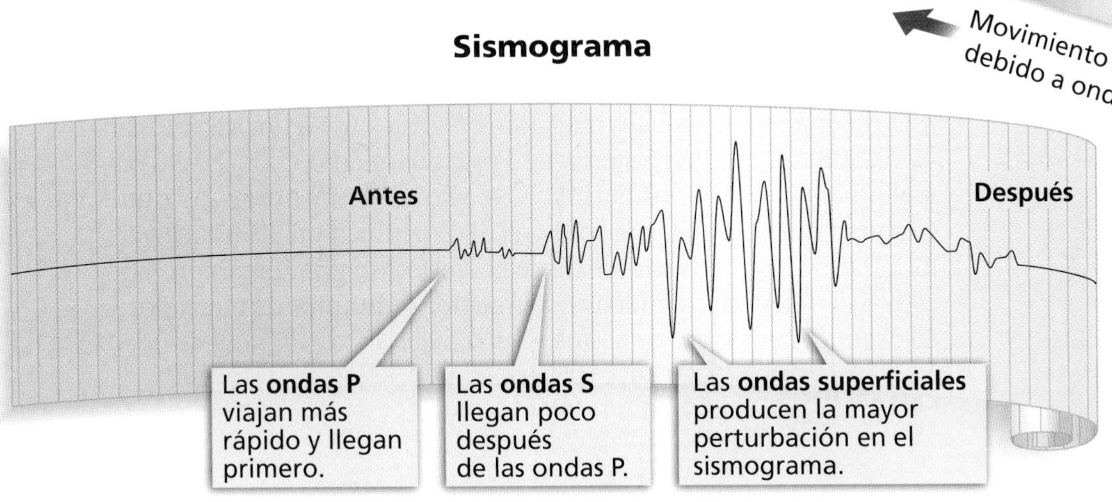

Instrumentos que vigilan fallas

A lo largo de una falla, los científicos pueden detectar un ligero ascenso o descenso en la elevación e inclinación de la tierra. Los geólogos plantean la hipótesis que tales cambios señalan una acumulación de esfuerzo en la roca. El aumento en el esfuerzo podría conducir con el tiempo a un terremoto. **Para vigilar fallas, los geólogos han desarrollado instrumentos para medir los cambios en la elevación, inclinación de la superficie de la tierra y los movimientos del suelo a lo largo de las fallas.** Algunos de los instrumentos que usan los geólogos para vigilar estos movimientos incluyen inclinómetros, medidores de deslizamiento, dispositivos de registro láser y satélites.

Inclinómetros Un inclinómetro mide la inclinación o elevación del suelo. Si alguna vez has usado un nivel de carpintero, has usado un tipo de inclinómetro. Los inclinómetros usados por los geólogos consisten en dos bulbos que están llenos con líquido y están unidos por un tubo hueco. Si la tierra se eleva o desciende ligeramente, el líquido fluirá de un bulbo al otro. Cada bulbo contiene una escala de medición para medir la profundidad del líquido en ese bulbo. Los geólogos leen las escalas para medir la cantidad de inclinación que ocurre a lo largo de la falla.

Medidores de deslizamiento Un medidor de deslizamiento usa un alambre estirado a través de una falla para medir el movimiento horizontal del suelo. En un lado de la falla, el alambre está anclado a un poste. En el otro lado, el alambre está unido a un peso que puede deslizarse si la falla se mueve. Los geólogos determinan cuánto se ha movido la falla al medir cuánto se ha movido el peso contra una escala.

Dispositivos de registro láser Un dispositivo de registro láser usa un rayo láser para detectar los movimientos horizontales de la falla. El dispositivo cronometra un rayo láser mientras viaja hasta un reflector y regresa. Por tanto, el dispositivo puede detectar cualquier cambio en la distancia hasta el reflector.

Satélites SPG Los científicos pueden vigilar los cambios en la elevación al igual que el movimiento horizontal a lo largo de las fallas usando una red de satélites que giran en órbita alrededor de la Tierra llamada SPG. El SPG, Sistema de Posicionamiento Global, se desarrolló para ayudar a los barcos y los aviones a encontrar sus rutas. Como se muestra en la Figura 14, el SPG también puede usarse para localizar puntos en la superficie de la Tierra con gran precisión. Con el SPG, los científicos miden movimientos diminutos de marcadores colocados en los lados opuestos de una falla.

Para: Vínculos sobre medición de terremotos, disponible en inglés.
Visita: www.SciLinks.org
Código Web: scn-1023

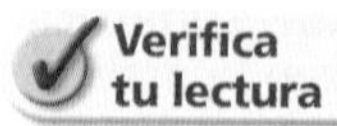

¿Cómo funciona un medidor de deslizamiento?

FIGURA 14
Detectores de movimiento

Para detectar movimientos ligeros a lo largo de las fallas, los geólogos usan varios tipos de dispositivos. **Comparar y contrastar** *¿Cuáles de estos dispositivos miden el movimiento horizontal? ¿Cuáles miden el movimiento vertical?*

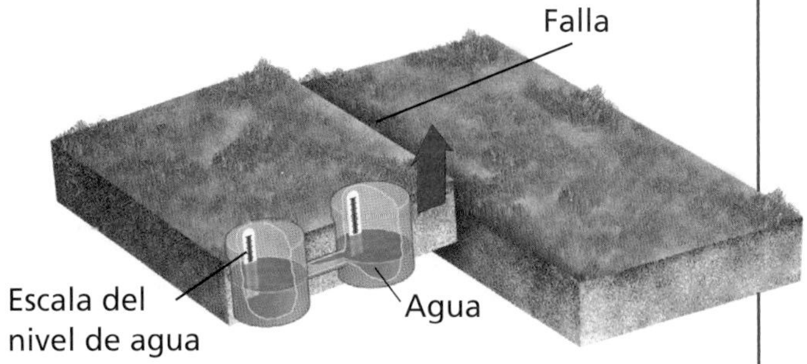

Inclinómetro
Un inclinómetro mide el movimiento vertical.

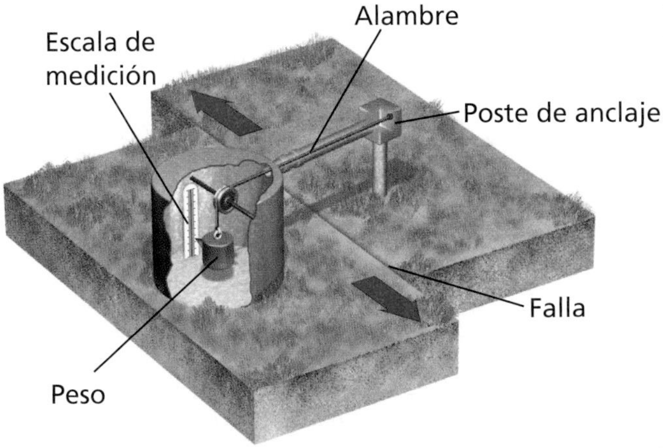

Medidor de deslizamiento
Un medidor de deslizamiento mide el movimiento horizontal.

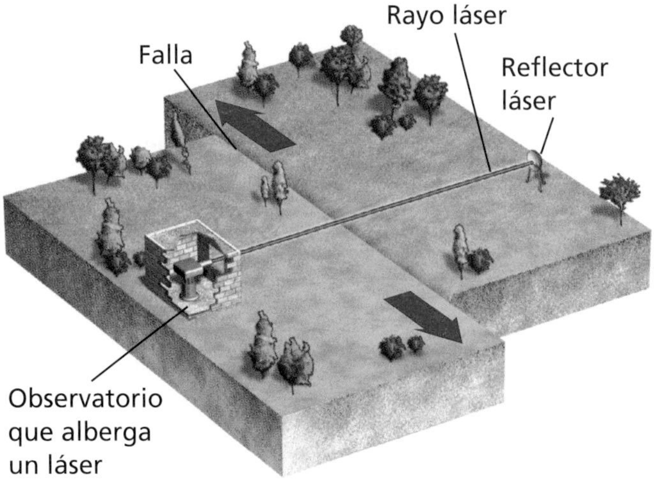

Dispositivo de registro láser
Un dispositivo de registro láser mide el movimiento horizontal.

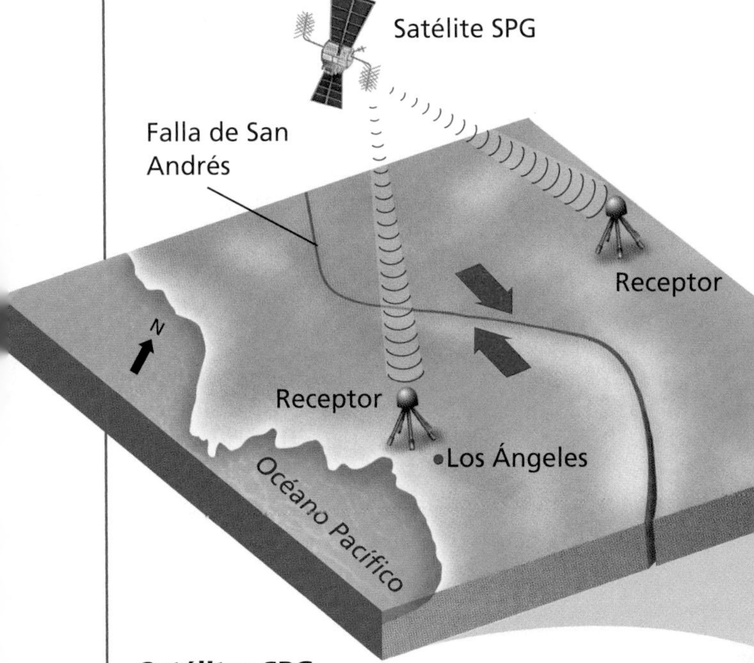

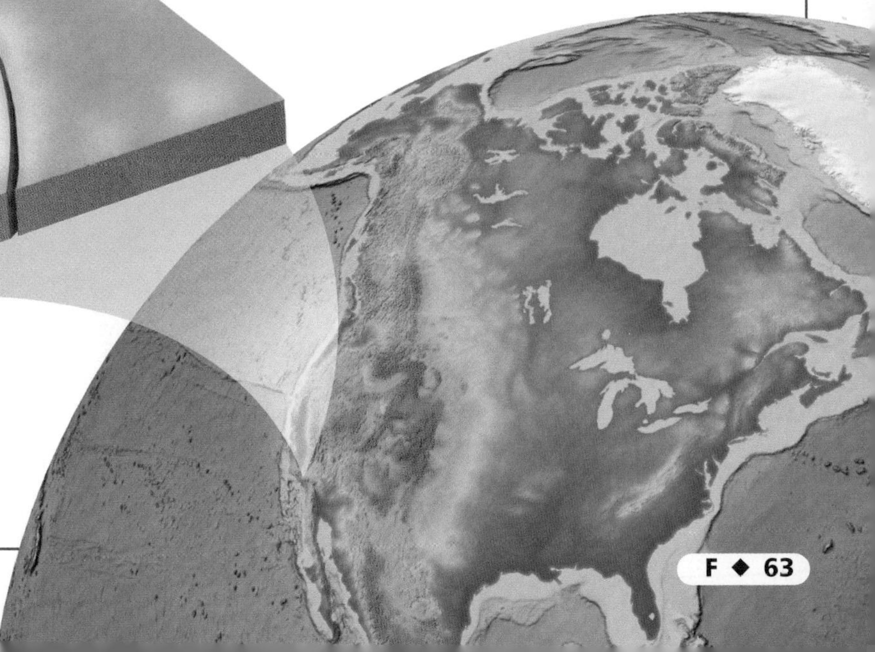

Satélites SPG
Los receptores en tierra usan el sistema de satélites SPG para medir los cambios en la elevación e inclinación de la tierra al igual que el movimiento horizontal a lo largo de una falla.

Lab zone **Actividad** Destrezas

Medir

Puedes medir la fuerza de fricción.

1. Coloca un peso pequeño en la superficie plana y lisa de una mesa. Usa una escala de muelle para tirar del peso a lo largo de la superficie. ¿Cuánta fuerza se muestra en la escala de muelle? (*Pista:* la unidad de fuerza es newtons.)
2. Pega un pedazo de lija en la superficie de la mesa. Repite el paso 1, tirando del peso a lo largo de la lija.

¿La fuerza de fricción es mayor en una superficie lisa o en una superficie rugosa?

Usar los datos del sismógrafo

Los científicos recopilan y usan datos del sismógrafo en varias formas. **Los sismógrafos y dispositivos de vigilancia de fallas ofrecen datos que se usan para hacer mapas de las fallas y detectar cambios en ellas. Los geólogos también tratan de usar estos datos para desarrollar un método para predecir terremotos.**

Hacer mapas de fallas Las fallas con frecuencia están ocultas por una capa gruesa de roca o suelo. ¿Cómo pueden los geólogos hacer un mapa de una falla oculta?

Cuando las ondas sísmicas encuentran una falla, las ondas se reflejan fuera de la falla. Los sismógrafos pueden detectar estas ondas sísmicas reflejadas. Los geólogos usan entonces estos datos para hacer un mapa de la longitud y profundidad de la falla. Conocer la ubicación de las fallas ocultas ayuda a los científicos a determinar el riesgo de terremotos para el área.

Vigilar cambios a lo largo de las fallas Los geólogos estudian los tipos de movimiento que ocurren a lo largo de las fallas. La forma en que se mueven las rocas a lo largo de una falla depende de cuánta fricción haya entre los lados de la falla. La **fricción** es la fuerza que se opone al movimiento de una superficie mientras se mueve a lo largo de otra superficie. La fricción existe debido a que las superficies no son perfectamente lisas.

Donde la fricción a lo largo de una falla es baja, las rocas en ambos lados de la falla se deslizan una con la otra sin atorarse. El esfuerzo no se acumula y son poco probables los terremotos grandes. Cuando la fricción es moderada, los lados de la falla se atascan; luego se liberan con una sacudida, produciendo terremotos pequeños. Donde la fricción es alta, las rocas se bloquean y no se mueven; el esfuerzo aumenta hasta vencer la fuerza de fricción. Por ejemplo, en la mayoría de la falla de San Andrés en California, la fricción es alta y las placas se bloquean. El esfuerzo se acumula hasta que ocurre un terremoto.

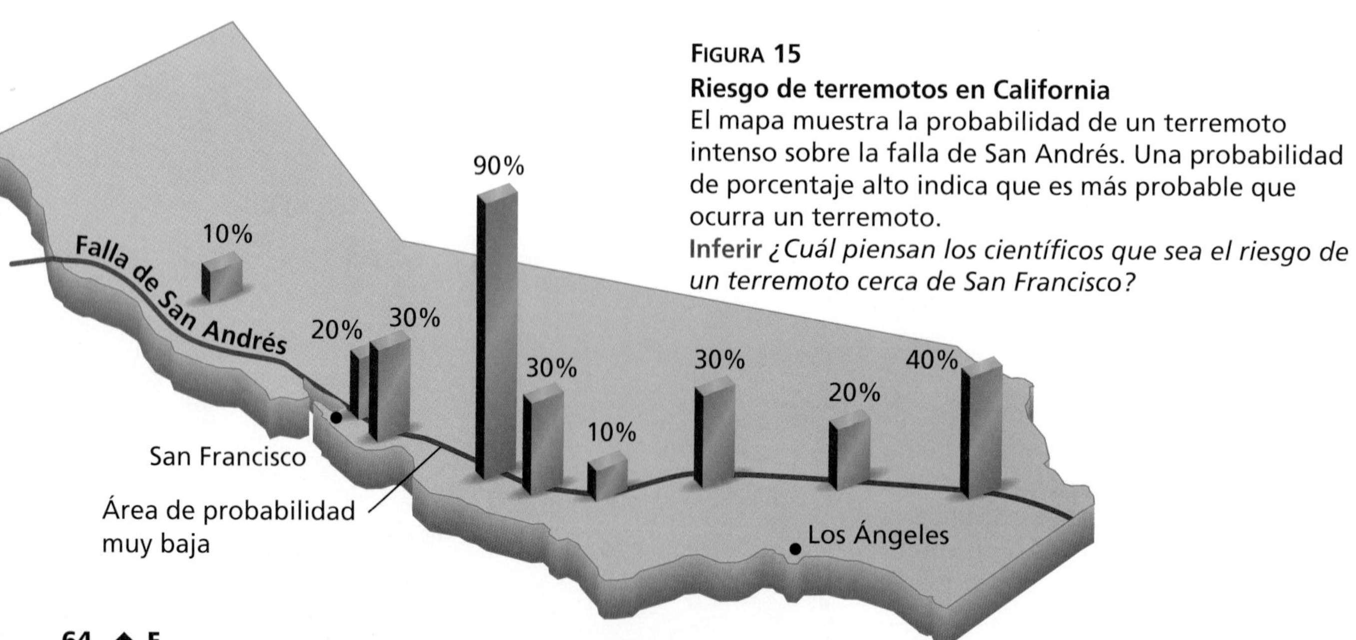

FIGURA 15
Riesgo de terremotos en California
El mapa muestra la probabilidad de un terremoto intenso sobre la falla de San Andrés. Una probabilidad de porcentaje alto indica que es más probable que ocurra un terremoto.
Inferir *¿Cuál piensan los científicos que sea el riesgo de un terremoto cerca de San Francisco?*

La Figura 15 muestra la forma en que los geólogos en California han usado los datos acerca de cómo se mueve la falla de San Andrés. Han tratado de estimar el riesgo de terremotos a lo largo de diferentes partes de la falla. Por desgracia, este intento de pronosticar los terremotos no ha funcionado todavía.

Afán de predecir terremotos Aun con datos de muchas fuentes, los geólogos no pueden predecir cuándo y dónde habrá un terremoto. Por lo general, el esfuerzo a lo largo de una falla aumenta hasta que ocurre un terremoto. Pero a veces el esfuerzo se acumula a lo largo de una falla, sin ocurrir un terremoto. O bien, uno o más terremotos pueden aliviar el esfuerzo a lo largo de otra parte de la falla. Lo que sucederá con exactitud sigue siendo incierto.

El problema de predecir terremotos es una de muchas interrogantes científicas que siguen sin resolverse. Si te vuelves científico, puedes trabajar para hallar respuestas a estas interrogantes. ¡Quedan muchas por descubrir!

¿Por qué es difícil predecir terremotos?

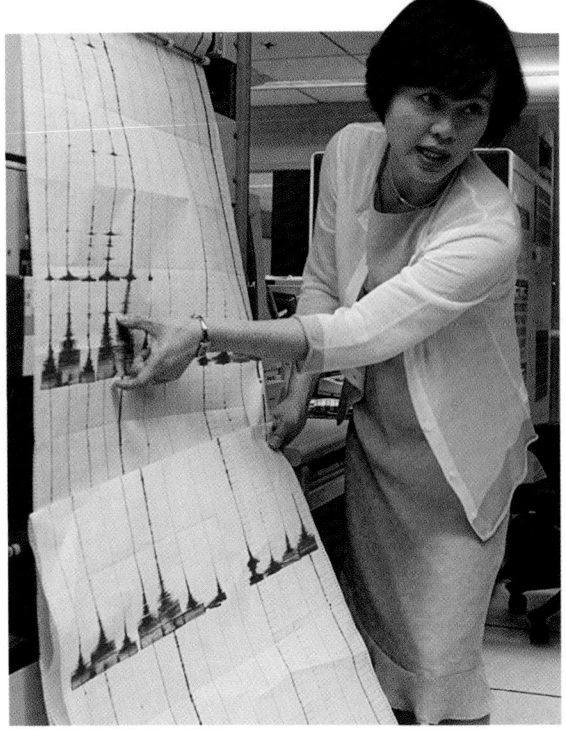

FIGURA 16
Datos del sismógrafo
Una geóloga interpreta un sismograma. Comprender los cambios que preceden a los terremotos puede ayudar en los esfuerzos para predecirlos.

Sección 3 Evaluación

Destreza clave de lectura Ordenar en serie Consulta tu diagrama de flujo sobre los sismógrafos al responder a la pregunta 1.

Repasar los conceptos clave

1. a. **Definir** ¿Qué es un sismógrafo?
   b. **Explicar** ¿Cómo registra un sismógrafo las ondas sísmicas?
   c. **Predecir** Un sismógrafo registra un terremoto fuerte y un terremoto débil. ¿Cómo se compararían los sismogramas para los dos terremotos?
2. a. **Repasar** ¿Cuáles son los cuatro instrumentos que se usan para monitorear las fallas?
   b. **Describir** ¿Qué cambios mide cada instrumento?
   c. **Inferir** Un satélite que monitorea una falla detecta un aumento en la inclinación en la superficie terrestre a lo largo de la falla. ¿Qué podría indicar este cambio en la superficie terrestre?
3. a. **Hacer una lista** ¿Cuáles son las tres formas en que los geólogos usan los datos sismográficos?
   b. **Explicar** ¿Cómo usan los geólogos los datos sismográficos para hacer mapas de las fallas?
   c. **Hacer generalizaciones** ¿Por qué los geólogos recopilan datos sobre la fricción a lo largo de los lados de las fallas?

Escribir en ciencias

Solicitud de patente Eres un inventor que ha creado un dispositivo simple que puede detectar un terremoto. Para proteger tus derechos sobre el invento, solicitas una patente. En tu solicitud de patente, describe tu dispositivo y la forma en que indicará la dirección y la intensidad de un terremoto. Puedes incluir un boceto.

Lab zone **Laboratorio** de tecnología

Diseñar un sismógrafo

Problema

¿Puedes diseñar y construir un sismógrafo que pueda registrar los movimientos de terremotos simulados?

Destrezas aplicadas

diseñar, evaluar, solucionar dificultades

Materiales

- un libro grande
- lápiz
- bolígrafo
- 2 tiras de papel
- materiales opcionales proporcionados por tu maestro

Procedimiento 

PARTE 1 Analizar e investigar

1. Con dos compañeros de laboratorio, crea un modelo de un sismógrafo. Comienza por colocar un libro grande en una mesa.
2. Enrolla una tira de papel de más o menos un metro de largo alrededor de un lápiz.
3. Sostén el lápiz con el papel enrollado con una mano. En tu otra mano, sostén un bolígrafo contra el papel.
4. Mientras sostienes con firmeza el bolígrafo, haz que un compañero de laboratorio jale lentamente el papel de modo que se deslice a lo largo del libro.
5. Después de unos cuantos segundos, el otro compañero de laboratorio deberá sacudir el libro con suavidad por 10 segundos para representar un terremoto débil; luego por 10 segundos para representar un terremoto fuerte.
6. Observa las marcas del bolígrafo en la tira de papel. Compara cómo registró el sismógrafo el terremoto débil y el terremoto fuerte. Anota tus observaciones en tu cuaderno.
7. Repite los pasos 1 al 6 con una tira de papel nueva. Compara las dos tiras de papel para ver cuán consistentes fueron los registros de tu sismógrafo. Anota tus observaciones.

PARTE 2 Diseñar y construir

8. Usando lo que aprendiste del modelo de sismógrafo en la parte 1, haz tu propio diseño para un sismógrafo. Tu sismógrafo deberá ser capaz de
   - registrar vibraciones en forma continua durante 30 segundos
   - producir un sismograma que pueda distinguir entre terremotos suaves y fuertes
   - registrar lecturas sísmicas en forma consistente de un ensayo a otro
9. Haz un boceto de tu diseño en una hoja de papel. Luego, haz una lista de los materiales que necesitarás. Los materiales podrían incluir un peso pesado, un rollo de papel, un bolígrafo, bloques de madera, clavijas de madera y cinta adhesiva industrial.
10. Obtén la aprobación de tu maestro para tu diseño. Luego, construye tu sismógrafo.

PARTE 3 Evaluar y rediseñar

11. Prueba tu sismógrafo en una serie de terremotos simulados de diferentes intensidades. Evalúa lo bien que funciona tu sismógrafo. ¿Cumple con los criterios delineados en el paso 8? Toma nota de cualquier problema.
12. Basándote en tus pruebas, decide cómo podrías mejorar el diseño de tu sismógrafo. Luego, haz los cambios necesarios a tu sismógrafo y prueba cómo funciona.

Analiza y concluye

1. **Evaluar** ¿Qué problemas o defectos encontraste con el sismógrafo que probaste en la parte 1? ¿Por qué crees que ocurrieron estos problemas?
2. **Diseñar una solución** ¿Cómo incorporaste lo que aprendiste en la parte 1 en tu diseño del sismógrafo en la parte 2? Por ejemplo, ¿qué cambios hiciste para mejorar la consistencia de un ensayo al otro?
3. **Solucionar dificultades** Mientras diseñabas, construías y probabas tu sismógrafo, ¿qué problemas hallaste? ¿Cómo los solucionaste?
4. **Trabajar con restricciones de diseño** ¿Qué limitaciones pusieron la gravedad, materiales, costos, tiempo u otros factores en el diseño y funcionamiento de tu sismógrafo? Describe cómo adaptaste tu diseño para trabajar dentro de estas limitaciones.
5. **Evaluar el efecto de la sociedad** ¿Por qué es importante para los científicos de todo el mundo tener acceso a sismógrafos precisos y durables?

Comunica

Escribe un anuncio publicitario para sismógrafo. Explica cómo tu diseño y proceso de evaluación te ayudaron a mejorar tu sismógrafo. Incluye un boceto con rótulos de tu diseño.

Sección 4

Precauciones en los terremotos

Avance de la lectura

Conceptos clave

- ¿Cómo determinan los geólogos el riesgo de terremotos?
- ¿Qué daños causa un terremoto?
- ¿Qué se puede hacer para aumentar la seguridad en los terremotos y reducir los daños

Términos clave

- licuefacción • réplica
- tsunami
- edificio de base aislada

Destreza clave de lectura

Formular preguntas Antes de leer, revisa los encabezados en rojo y redacta una pregunta *qué*, *cómo* o *dónde* para cada uno. Mientras lees, escribe las respuestas a tus preguntas.

Seguridad en los terremotos

Pregunta	Respuesta
¿Dónde es más alto el riesgo de terremotos?	El riesgo de terremotos es más alto en...

Lab zone Actividad Descubre

¿El apuntalamiento puede impedir que los edificios se derrumben?

1. Pega con cinta adhesiva cuatro pajillas para formar un marco cuadrado. Sostén el marco vertical sobre una superficie plana.
2. Sostén la pajilla inferior con una mano mientras empujas la pajilla superior a la izquierda con la otra. Empuja lo más lejos que puedas sin romper el marco.
3. Pega una quinta pajilla en forma horizontal atravesada en medio del marco. Repite el paso 2.

Reflexiona

Predecir ¿Qué efecto tuvo la quinta pajilla? ¿Qué efecto tendría un cartón pegado al marco? Según tus observaciones, ¿cómo afectaría un terremoto la estructura de una casa?

Imagina que duermes profundamente en tu cama a mitad de la noche. De pronto, te despiertas con una sacudida mientras tu casa comienza a crujir y sacudirse. Mientras los objetos se caen de los estantes y las paredes crujen, te agazapas bajo un escritorio para protegerte. Por toda la ciudad, edificios grandes se derrumban y se inician incendios. El terremoto dura menos de un minuto, pero deja detrás una gran devastación. Esto es lo que sucedió en septiembre de 1999 cuando un terremoto con una magnitud de 7.6 golpeó a Taipei, Taiwán. El terremoto mató a más de 2,000 personas y lesionó a miles más.

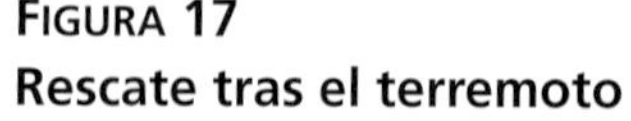

FIGURA 17
Rescate tras el terremoto
Después de un terremoto en Taipei, los equipos de emergencia trabajaron para apagar los incendios y rescatar a las víctimas en los edificios derrumbados.

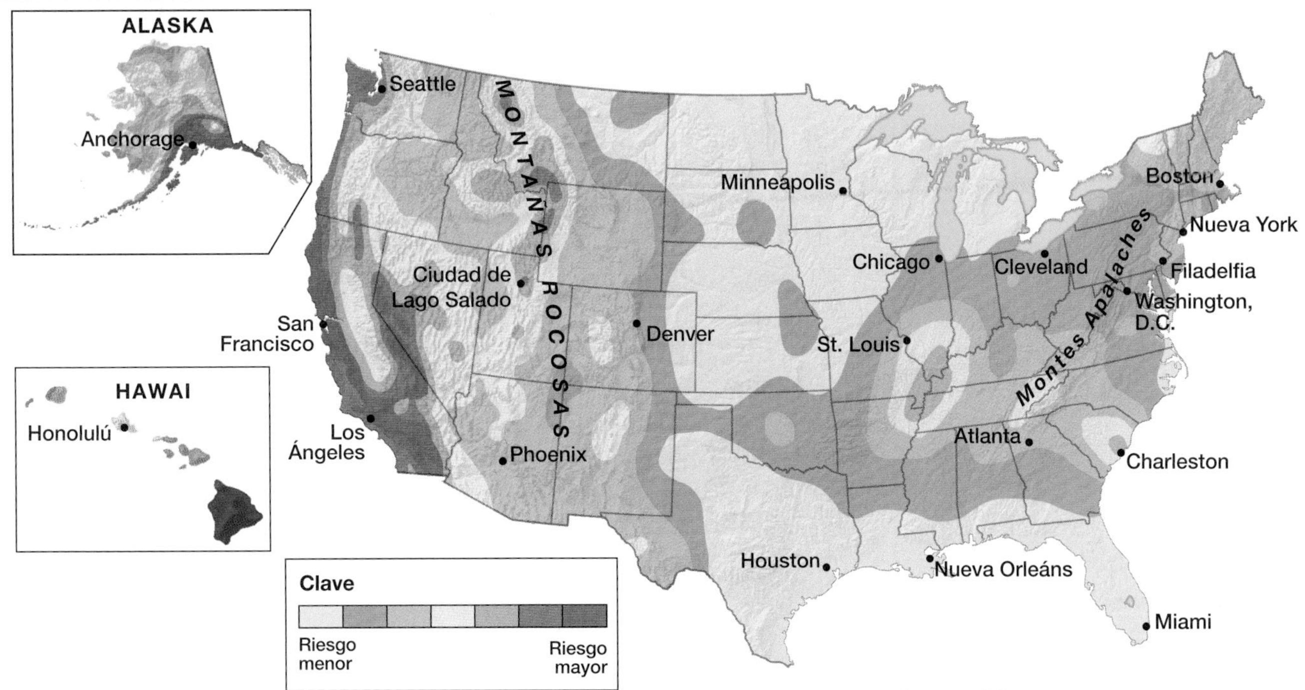

FIGURA 18
El mapa muestra áreas donde es probable que ocurran terremotos graves, basándose en las ubicaciones de terremotos anteriores.
Interpretar mapas *¿Dónde es menos probable que ocurran terremotos perjudiciales? ¿Dónde es más probable que ocurran?*

Riesgo de terremotos

Los geólogos saben que los terremotos son probables siempre que el movimiento de las placas almacena energía en la roca a lo largo de las fallas. **Los geólogos pueden determinar el riesgo de terremotos al localizar el lugar donde las fallas están activas y donde han ocurrido terremotos anteriores.**

Mira la Figura 18. En Estados Unidos, el riesgo es mayor a lo largo de la costa del Pacífico en California, Washington y Alaska. Las placas se unen a lo largo de la costa del Pacífico, causando muchas fallas activas. En California, la placa del Pacífico y la placa Norteamericana se unen a lo largo de la falla de San Andrés. En Washington, los terremotos son producidos por la subducción de la placa Juan de Fuca bajo la placa Norteamericana. En Alaska, la subducción de la placa del Pacífico causa muchos terremotos.

El este de Estados Unidos por lo general tiene un riesgo menor de terremotos debido a que esta región está lejos de los bordes de placas. Pero el este ha experimentado algunos de los terremotos más poderosos en la historia de la nación. Los científicos plantean la hipótesis de que la placa continental que forma la mayor parte de América del Norte está bajo esfuerzo. Este esfuerzo podría agitar las fallas que están ocultas debajo de capas gruesas de suelo y roca.

¿Qué área de Estados Unidos tiene el mayor riesgo de terremotos?

Lab zone **Actividad** Inténtalo

¿Estable o inestable?

1. Haz un modelo de una falla colocando dos toallas pequeñas dobladas una al lado de la otra sobre una superficie plana.
2. Haz una pila de libros sobre la falla colocando los libros ligeros en la parte inferior y los más pesados encima.
3. Jala con suavidad las toallas en direcciones opuestas hasta que la pila se venga abajo.
4. Repite el proceso, pero esta vez con los libros más pesados abajo.

Relacionar causa y efecto ¿Cuál de tus estructuras fue más estable que la otra? ¿Por qué?

Cómo causan daño los terremotos

Cuando golpea un terremoto importante, puede causar un gran daño. **Las causas del daño de un terremoto incluyen sacudidas, licuefacción, réplicas y tsunamis.**

Sacudidas Las sacudidas producidas por las ondas sísmicas pueden desencadenar desprendimiento de tierras o avalanchas. Las sacudidas también pueden dañar o destruir edificios y puentes, hacer que se vengan abajo postes de servicios públicos y romper conductos de gas y agua. Las ondas S y las ondas superficiales, con sus movimientos laterales y de arriba abajo, pueden causar un daño grave cerca del epicentro. Conforme las ondas sísmicas avanzan a través del suelo, pueden poner suficiente esfuerzo en los edificios para derribarlos.

Los tipos de roca y suelo determinan dónde y cuánto se sacude la tierra. Las sacudidas más violentas pueden ocurrir a kilómetros del epicentro. El suelo suelto se sacude con más violencia que la roca sólida. Esto significa que una casa construida sobre suelo arenoso se sacudirá más que una casa construida sobre roca sólida.

Licuefacción En 1964, cuando un terremoto poderoso rugió a través de Anchorage, Alaska, se abrieron grietas en el suelo. Algunas de las grietas tenían 9 metros de ancho. Las grietas se crearon por licuefacción. La **licuefacción** ocurre cuando la sacudida violenta de un terremoto de pronto convierte el suelo flojo y suave en lodo líquido. La licuefacción es probable donde el suelo está lleno de humedad. Conforme cede el suelo, los edificios se hunden y se derrumban.

Réplicas A veces, los edificios debilitados por un terremoto se derrumban durante una réplica. Una **réplica** es un terremoto que ocurre después de un terremoto mayor en la misma área. Las réplicas pueden golpear horas, días o incluso meses después.

FIGURA 19
Daño por licuefacción
Un terremoto causó que el suelo bajo este edificio se licuara. La licuefacción puede cambiar el suelo en lodo líquido.
Plantear preguntas *¿Cuáles son algunas preguntas que las personas podrían hacer antes de construir en un área propensa a los terremotos?*

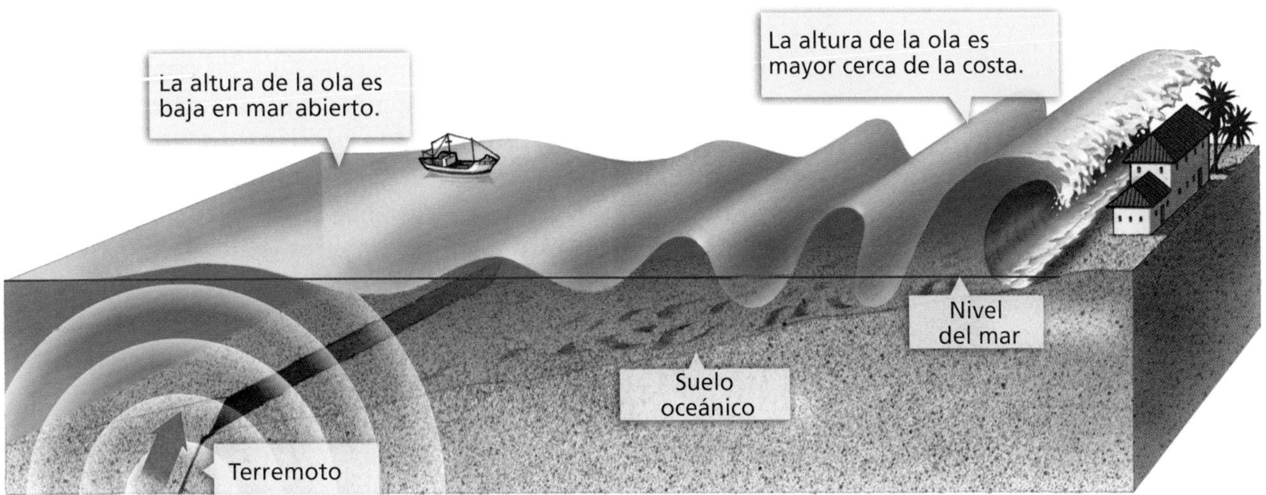

Tsunamis Cuando un terremoto sacude el suelo oceánico, el movimiento de placas causa que el suelo oceánico se eleve ligeramente y desplace al agua en sentido vertical. El agua desplazada por el terremoto puede formar una ola grande llamada **tsunami,** mostrado en la Figura 20. Un tsunami se extiende desde el epicentro de un terremoto y se acelera a través del océano. En mar abierto, la altura de la ola es baja. Conforme el tsunami se aproxima al agua poco profunda, la ola crece para formar una montaña de agua.

FIGURA 20
Cómo se forma un tsunami
Un tsunami comienza como una ola baja, pero se convierte en una ola enorme conforme se acerca a la costa.

Pasos para la seguridad en los terremotos

¿Qué deberías hacer si golpea un terremoto? El peligro principal proviene de los objetos que caen y el vidrio que sale volando. **La mejor forma de protegerte es agacharte, cubrirte y resistir.**

Si estás en el interior de un edificio cuando se presenta un terremoto, agazápate debajo de una mesa o escritorio robustos y permanece ahí. Si no hay ningún escritorio o mesa disponibles, agáchate contra una pared interior, lejos del exterior de un edificio, y cubre tu cabeza y cuello con tus brazos. Evita las ventanas, espejos, adornos de la pared y muebles que pudieran venirse abajo.

Si estás en el exterior, muévete a un área abierta como un patio de recreo. Evita vehículos, cables de energía eléctrica, árboles y edificios. Siéntate para evitar ser derribado.

Después de un terremoto, el suministro de agua y energía eléctrica puede fallar, las tiendas de alimentos pueden estar cerradas y puede ser difícil viajar. Es posible que las personas tengan que esperar días para que estos servicios se restablezcan. Para estar preparados, debe almacenarse un equipo para terremotos que contenga alimentos enlatados, agua y artículos para primeros auxilios en un lugar de fácil acceso.

¿Cómo puede ser peligroso el mobiliario durante un terremoto? ¿Cómo puede protegerte?

Diseñar edificios más seguros

La mayoría de las muertes y lesiones relacionadas con terremotos se producen por el daño a los edificios o a otras estructuras. **Para reducir el daño por terremotos, los edificios nuevos deben hacerse más fuertes y más flexibles. Los edificios más antiguos pueden modificarse para que resistan terremotos más fuertes.** Las personas pueden proteger sus hogares de los peligros de los terremotos. La Figura 21 muestra algunas de las prevenciones que pueden hacer las casas más seguras en los terremotos. Algunas prevenciones fortalecen la casa en sí. Otras pueden ayudar a evitar que se vuelquen los objetos o se caigan y causen lesiones.

FIGURA 21

Una casa segura en los terremotos

Las personas pueden seguir una variedad de prevenciones para hacer más seguros sus hogares en un terremoto.
Predecir *Durante un terremoto, ¿qué le podría suceder a una casa que no está sujeta a sus cimientos?*

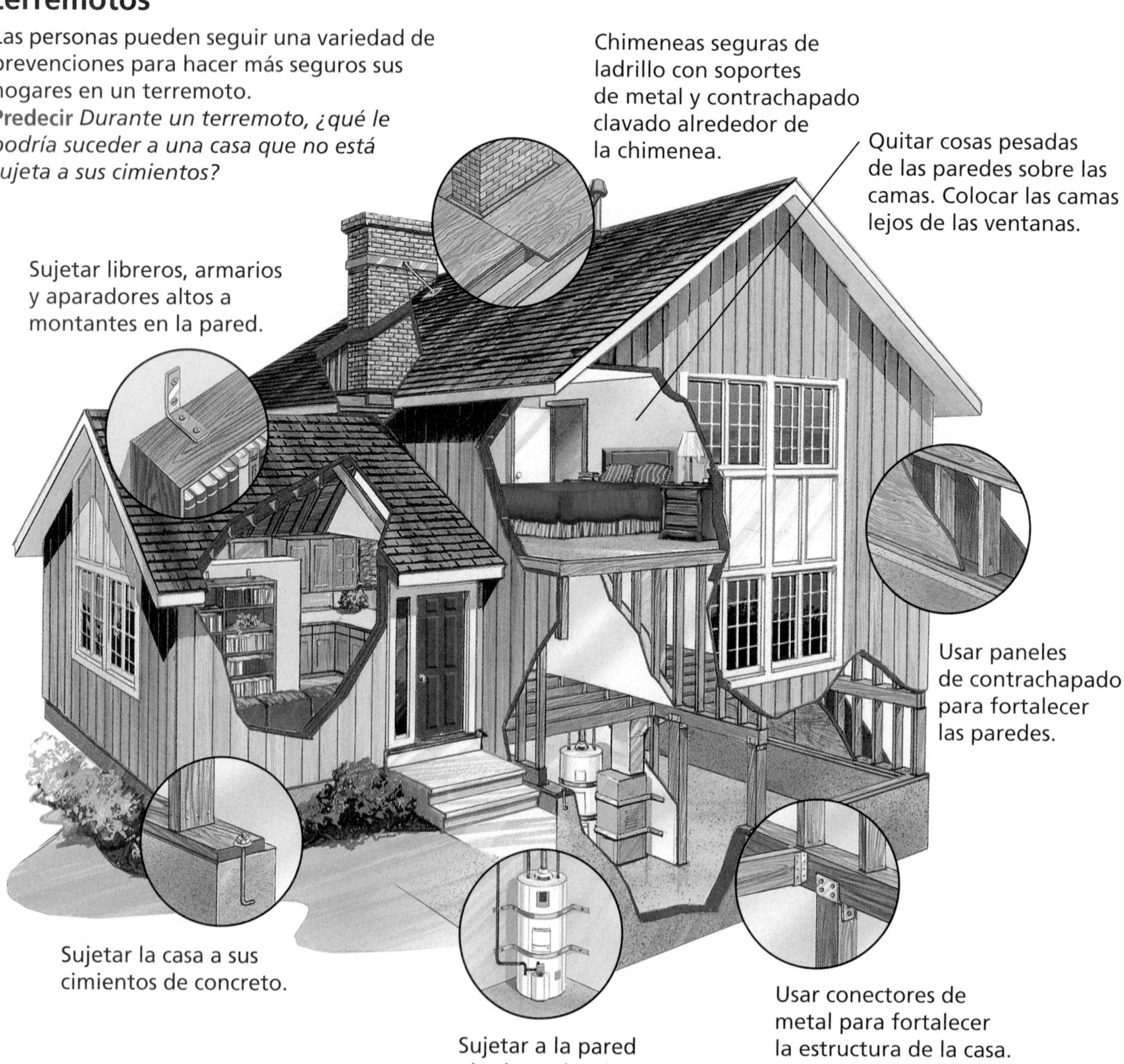

Proteger las estructuras La forma en que está construido un edificio determina si resistirá un terremoto. Durante un terremoto, los edificios de ladrillo y algunos edificios con estructura de madera pueden derrumbarse si sus paredes no han sido reforzadas, o fortalecidas. Para combatir el daño causado por la licuefacción, las casas nuevas construidas sobre suelo suave deben anclarse a roca sólida debajo del suelo. Los puentes y pasos elevados de las autopistas pueden construirse sobre soportes que pasen a través del suelo suave hasta tierra más firme. Para averiguar más sobre la forma en que las construcciones pueden resistir los terremotos, mira *Edificios seguros en los sismos* en las páginas 74 a 75.

Un **dificio de base aislada** está diseñado para reducir la cantidad de energía que alcanza al edificio durante un terremoto. Un edificio de base aislada descansa sobre cojinetes de hule o resortes que absorben choques. Como la suspensión de un automóvil, los cojinetes y resortes suavizan un viaje lleno de baches. Durante un terremoto, el edificio se mueve balanceándose con suavidad sin ninguna sacudida violenta.

Hacer más seguros los servicios públicos Los terremotos pueden causar incendios e inundaciones cuando se rompen las tuberías de gas y agua. Pueden instalarse conexiones flexibles en las líneas de suministro de gas y agua para evitar que se rompan. También pueden instalarse válvulas de cierre automáticas en estas líneas para cortar el flujo de gas y agua.

¿Cómo pueden protegerse los servicios públicos del daño por terremotos?

Para: Más información sobre el riesgo de terremotos, disponible en inglés.
Visita: PHSchool.com
Código Web: cfd-1024

Sección 4 Evaluación

Destreza clave de lectura **Formular preguntas** Trabaja con un compañero para revisar las respuestas en tu organizador gráfico.

Repasar los conceptos clave

1. a. **Identificar** ¿Qué factores ayudan a los geólogos a determinar el riesgo de terremotos para una región?
   b. **Comparar y contrastar** ¿Por qué el riesgo de terremotos varía a lo largo de Estados Unidos?
2. a. **Hacer una lista** ¿Cuáles son las cuatro formas en que causa daño un terremoto?
   b. **Relacionar causa y efecto** ¿Cómo causa daño la licuefacción en un terremoto?
   c. **Desarrollar hipótesis** ¿Cómo podría afectar una lluvia fuerte antes de un terremoto el peligro de licuefacción?
3. a. **Repasar** ¿Cómo puedes protegerte durante un terremoto?
   b. **Describir** ¿Qué sucederá con un edificio de base aislada cuando lo golpeen las ondas sísmicas durante un terremoto?

Lab zone Actividad En casa

Plan de seguridad en terremotos Trabaja con un familiar adulto para hacer un plan de seguridad en un terremoto. Debes indicar qué hacer en un terremoto. Indica los artículos que necesitarían si un terremoto cortara las líneas de energía eléctrica y el suministro de agua. Explica dónde cerrar el gas si hay línea de gas natural. Comparte tu plan de seguridad en caso de terremoto con el resto de tu familia.

Tecnología y sociedad

• Tecnología y diseño •

Edificios seguros en los sismos

Romper una rama delgada no requiere mucha fuerza. Romper un haz de ramas delgadas sí. Como una rama delgada, las paredes, vigas y otras partes de sostén de un edificio pueden romperse cuando la energía sísmica viaja por la estructura. Reforzar partes de un edificio las hace parecidas al haz de ramas: más fuertes y con menos probabilidad de romperse cuando ocurre un terremoto.

¿Qué son los edificios seguros en los sismos?

Los edificios seguros en los sismos tienen características que reducen el daño de los terremotos. Algunas de estas características fortalecen un edificio. Otras permiten que el edificio se mueva, o lo resguardan de la energía de las ondas sísmicas. En áreas propensas a terremotos, los edificios altos con estructura de acero pueden tener algunas características de seguridad en los sismos que se muestran aquí.

Muros de retención
Un muro de retención transfiere algo de la energía de un terremoto de los techos y los pisos a los cimientos del edificio.

Uniones de tensión Estos dispositivos "unen" con firmeza los pisos y los techos de un edificio a las paredes. Reducen el daño al absorber y dispersar energía del terremoto.

Unión de tensión

Estructura de acero

Aislantes de base Estos cojinetes separan, o aíslan, un edificio de sus cimientos y previenen que algo de la energía de un terremoto entre en el edificio.

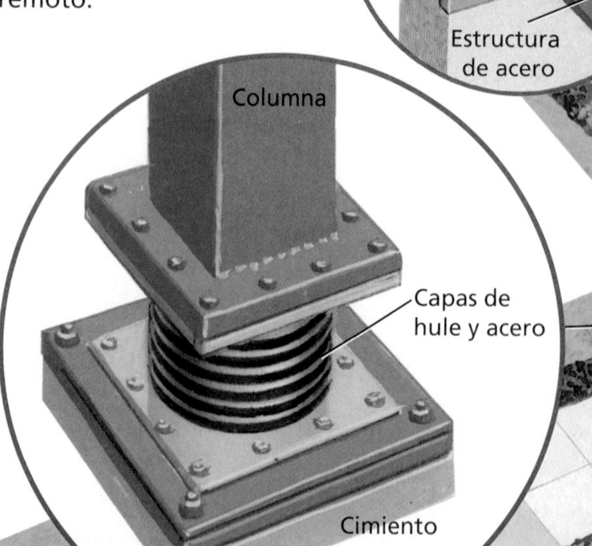

Seguridad en los sismos, ¿pero a qué costo?

Los edificios seguros en los sismos salvan vidas y reducen el daño. Pero las tecnologías tienen inconvenientes. Las medidas de seguridad en los sismos, como tirantes en cruz, reducen la cantidad de espacio utilizable en un edificio. También es costoso agregar medidas de seguridad a un edificio existente. Las comunidades deben hacer intercambios entre los beneficios y los costos de los edificios seguros en los sismos.

Aun los edificios con estructura de acero necesitan medidas de seguridad en los sismos.

Tirantes en cruz Los tirantes de acero en cruz se colocan entre los pisos para fortalecer la estructura de un edificio y absorber energía en un terremoto.

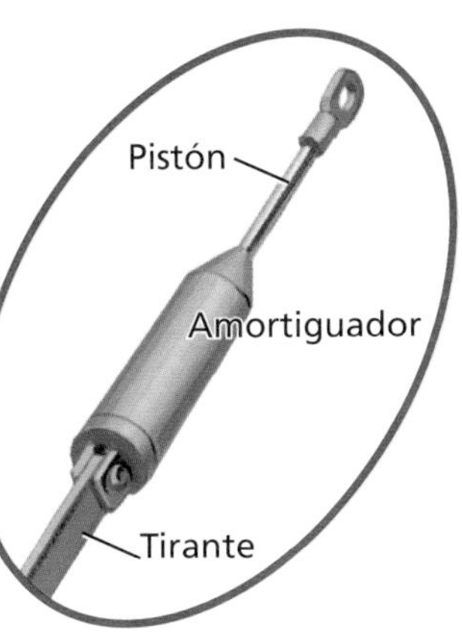

Amortiguadores Los amortiguadores funcionan como los amortiguadores en un automóvil para absorber algo de la energía de las ondas sísmicas.

Tuberías flexibles Las tuberías de agua y gas tienen conexiones flexibles, que se doblan cuando la energía pasa por ellas, reduciendo bastante el daño.

Evalúa el efecto

1. Identifica la necesidad
Tu ciudad te ha contratado para decidir qué edificios y estructuras necesitan más resistir un terremoto. Indica tres estructuras que necesitan ser seguras en los sismos.

2. Analiza
Analiza cómo hacer seguras las estructuras en tu lista. Elige una y toma notas sobre cómo puede hacerse segura.

3. Escribe
Basándote en tus notas, escribe un informe que explique cómo puede diseñarse o modificarse tu estructura para resistir los terremotos.

Para: Más información sobre edificios seguros en los sismos, disponible en inglés.
Visita: PHSchool.com
Código Web: cfh-1020

Capítulo 2

Guía de estudio

1 Fuerzas en la corteza de la Tierra

Conceptos clave

- La tensión, compresión y cizallamiento trabajan durante millones de años para cambiar la forma y volumen de la roca.
- La mayoría de las fallas ocurren a lo largo de los bordes de placas, donde las fuerzas del movimiento de las placas empujan o jalan tanto la corteza, que la corteza se rompe. Hay tres tipos principales de fallas: fallas normales, fallas inversas y fallas transcurrentes.
- A lo largo de millones de años, las fuerzas del movimiento de las placas pueden cambiar una llanura plana en accidentes geográficos como anticlinales y sinclinales, montañas de plegamiento, montañas de bloque de falla y mesetas.

Términos clave

esfuerzo
tensión
compresión
cizallamiento
falla normal
labio inferior
labio superior
falla inversa
falla transcurrente
anticlinal
sinclinal
meseta

2 Terremotos y ondas sísmicas

Conceptos clave

- Las ondas sísmicas llevan la energía de un terremoto lejos del foco, por el interior de la Tierra y a través de la superficie.
- Tres métodos usados por lo común para medir los terremotos son la escala de Mercalli, la escala de Richter y la escala de magnitud del momento.
- Los geólogos usan las ondas sísmicas para localizar el epicentro de un terremoto.

Términos clave

terremoto
foco
epicentro
onda P
onda S
onda superficial
escala de Mercalli
magnitud
escala de Richter
sismógrafo
escala de magnitud del momento

3 Monitoreo de los terremotos

Conceptos clave

- Durante un terremoto, las ondas sísmicas causan que vibre el tambor del sismógrafo. Pero el peso suspendido con el bolígrafo unido se mueve muy poco. Por tanto, el bolígrafo permanece en su lugar y registra las vibraciones del tambor.
- Para monitorear las fallas, los geólogos han desarrollado instrumentos para medir los cambios en la elevación, inclinación de la superficie de la tierra y los movimientos del suelo a lo largo de las fallas.
- Los sismógrafos y dispositivos para monitorear las fallas ofrecen datos que se usan para hacer mapas de las fallas y detectar cambios en ellas. Los geólogos también tratan de usar estos datos para desarrollar un método para predecir terremotos.

Términos clave

sismograma
fricción

4 Precauciones en los terremotos

Conceptos clave

- Los geólogos pueden determinar el riesgo de los terremotos al localizar el lugar donde las fallas están activas y donde han ocurrido terremotos anteriores.
- Las causas del daño de un terremoto incluyen sacudidas, licuefacción, réplicas y tsunamis.
- La mejor forma de protegerte es agacharte, cubrirte y resistir.
- Para reducir el daño por terremotos, los edificios nuevos deben hacerse más fuertes y más flexibles. Los edificios más antiguos pueden modificarse para que resistan terremotos más fuertes.

Términos clave

licuefacción
réplica
tsunami
edificio de base aislada

Repaso y evaluación

Para: Una autoevaluación, disponible en inglés.
Visita: PHSchool.com
Código Web: cfa-1020

Organizar la información

Relacionar causa y efecto
Completa el organizador gráfico de causa y efecto para mostrar cómo diferentes fuerzas de esfuerzo producen diferentes clases de fallas.

Causa de la falla		Efecto
La compresión produce	→	Falla ___?___
___?___ produce	→	Falla normal
___?___ produce	→	Falla ___?___

Repasar los términos clave

Elige la letra de la mejor respuesta.

1. La fuerza que causa que parte de la corteza se vuelva más corta y más gruesa es
   a. la tensión.
   b. la compresión.
   c. el cizallamiento.
   d. la fuerza normal.
2. Cuando el labio superior de una falla se desliza hacia abajo con respecto al labio inferior, el resultado es
   a. una falla inversa.
   b. un sinclinal.
   c. una falla normal.
   d. una falla transcurrente.
3. ¿Cuál de los siguientes es una calificación del daño de un terremoto en un lugar particular?
   a. escala de magnitud del momento
   b. escala de foco
   c. escala de Mercalli
   d. escala de Richter
4. Las ondas más grandes en un sismograma son
   a. las ondas P.
   b. las ondas S.
   c. las ondas superficiales.
   d. los tsunamis.
5. En las horas posteriores a un terremoto, las personas no deberían entrar en un edificio, aunque parezca que no sufrió daños, debido a
   a. las réplicas.
   b. la licuefacción.
   c. los tsunamis.
   d. la deformación.

Si la oración es verdadera, escribe *verdadera.* Si es falsa, cambia la palabra o palabras subrayadas para hacer verdadera la oración.

6. Las fuerzas de <u>licuefacción</u> oprimen o jalan la roca en la corteza de la Tierra.
7. La roca levantada por las <u>fallas normales</u> crea montañas de bloque de falla.
8. El <u>epicentro</u> de un terremoto se localiza en la profundidad del subsuelo.
9. Cuando las <u>ondas S</u> se mueven por el suelo, causan que se comprima y luego se expanda.
10. Los <u>tsunamis</u> se desencadenan por los terremotos que se originan debajo del suelo oceánico.

Escribir en ciencias

Párrafo de causa y efecto Ahora que has aprendido acerca del poder de los terremotos, escribe un párrafo acerca de la forma en que causan daño. Expón tanto los factores naturales como los ocasionados por los seres humanos que contribuyen al poder destructivo de un terremoto.

Earthquakes
Video Preview
Video Field Trip
▶ Video Assessment

Repaso y evaluación

Verificar los conceptos

11. ¿Qué proceso causa el esfuerzo en la corteza de la Tierra?
12. Explica cómo se forma una montaña de bloque de falla.
13. ¿Qué tipo de esfuerzo en la corteza produce la formación de montañas de plegamiento? Explica.
14. ¿Qué son las mesetas y cómo se forman?
15. Describe qué sucede en una falla debajo de la superficie de la Tierra durante un terremoto.
16. ¿Qué relación existe entre la cantidad de energía liberada por un terremoto y la magnitud del mismo?
17. ¿Qué indica la altura de las líneas dentadas en un sismógrafo?
18. ¿Cómo pueden protegerse las casas y otras estructuras de la licuefacción?

Pensamiento crítico

19. **Clasificar** Mira el siguiente diagrama de una falla. Describe cómo se mueve el labio superior con relación al labio inferior. ¿Qué clase de falla es ésta?

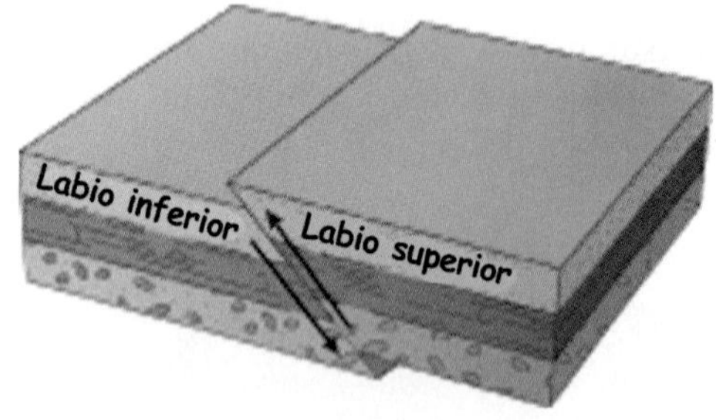

20. **Analizar datos** Un geólogo obtiene datos sobre un terremoto de dos estaciones sismológicas. ¿Esta información es suficiente para determinar la ubicación del epicentro? ¿Por qué?
21. **Predecir** Una comunidad acaba de construir una calle a través de una falla transcurrente que tiene terremotos frecuentes. ¿Cómo afectará a la calle el movimiento a lo largo de la falla?
22. **Hacer generalizaciones** ¿Cómo puede afectar la tierra rellenada y el suelo flojo y suave la cantidad de daño causado por un terremoto? Explica.

Aplicar destrezas

Usa la siguiente gráfica para responder a las preguntas 23 a 26.

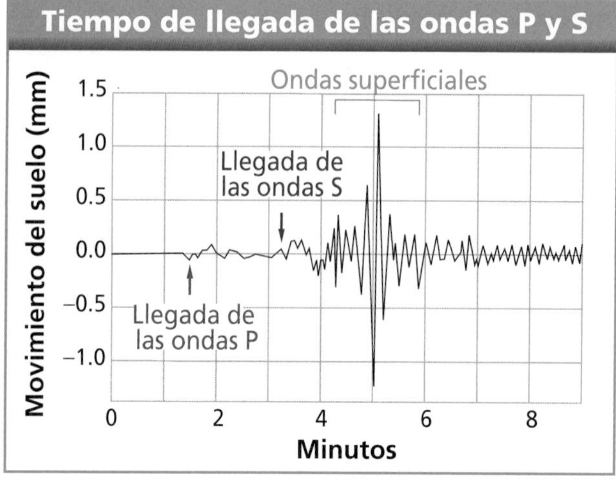

23. **Interpretar diagramas** ¿En qué orden llegaron las ondas sísmicas a la estación sismológica?
24. **Interpretar diagramas** ¿Qué tipo de onda sísmica produjo el mayor movimiento de la tierra?
25. **Analizar datos** ¿Cuál fue la diferencia en el tiempo de llegada para las ondas P y S?
26. **Predecir** ¿Cómo se vería el sismograma varias horas después de este terremoto? ¿Cómo cambiaría si ocurriera una réplica?

Lab zone Proyecto del capítulo

Evaluación del desempeño Antes de probar cómo resiste un terremoto tu modelo, explica a tus compañeros de clase cómo y por qué cambiaste tu modelo. Cuando se pruebe tu modelo, observa cómo resiste el terremoto. ¿Cómo se compararía un terremoto real con el método usado para probar tu modelo? Si fuera un edificio real, ¿tu estructura podría resistir un terremoto? ¿Cómo podrías mejorar tu modelo?

Preparación para la prueba estandarizada

Sugerencia para hacer la prueba

Cuando respondas preguntas sobre diagramas, lee con cuidado todas las partes del diagrama, incluido el título, los pies y las leyendas. Asegúrate de que comprendes el significado de las flechas y otros símbolos. Determina con exactitud qué pide la pregunta. Luego, elimina las opciones de respuesta que no están respaldadas por el diagrama. Practica respondiendo esta pregunta.

Esfuerzo en la corteza

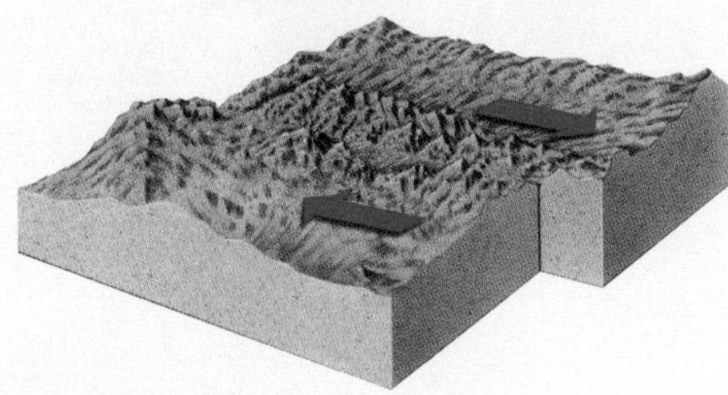

Pregunta de ejemplo

El diagrama muestra cómo afecta el esfuerzo a una masa de roca en un proceso llamado

A compresión.
B tensión.
C opresión.
D cizallamiento.

Respuesta

La respuesta correcta es **D** porque las flechas muestran fuerzas que empujan a la roca en dirección opuesta.

Elige la letra que mejor responda a la pregunta o mejor complete la oración.

1. El esfuerzo se acumulará hasta que ocurra un terremoto si la fricción a lo largo de la falla
A está disminuyendo.
B es alta.
C es baja.
D cambia con el calor.

2. Para estimar la energía total liberada por un terremoto, un geólogo debería usar la
F escala de Mercalli.
G escala de Richter.
H escala de epicentro.
J escala de magnitud del momento.

Usa la siguiente información y tu conocimiento de ciencias para responder a las preguntas 3 a 5.

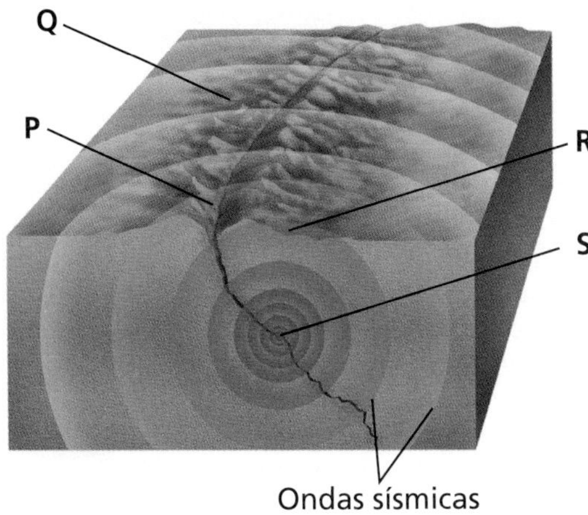

3. En el diagrama, el epicentro está en el punto
A Q.
B P.
C R.
D S.

4. Cuando ocurre un terremoto, las ondas sísmicas viajan
F desde P en todas direcciones.
G de R a S.
H desde S en todas direcciones.
J de Q a P.

5. En el punto R, las ondas sísmicas de un terremoto
A serían más débiles que en P.
B es probable que causaran poco daño.
C serían más débiles que en Q.
D es probable que causen el mayor daño.

Respuesta estructurada

6. Explica el proceso que forma una falla transcurrente y conduce a un terremoto a lo largo de la falla. En tu respuesta, comenta la fuerza que causa esfuerzo en la corteza de la Tierra, el tipo de esfuerzo que produce una falla transcurrente, las características de esta falla y lo que sucede antes y durante el terremoto.

Capítulo

3 Volcanes

Avance del capítulo

1 Volcanes y tectónica de placas
Descubre *¿En qué parte de la superficie de la Tierra se encuentran los volcanes?*
Inténtalo *Punto caliente en una caja*
Laboratorio de destrezas *Hacer un mapa de terremotos y volcanes*

2 Propiedades del magma
Descubre *¿Qué tan rápido fluyen los líquidos?*
Analizar datos *Composición del magma*
Actividad en casa *Enfriar lava*

3 Erupciones volcánicas
Descubre *¿A qué se parecen las rocas volcánicas?*
Arte activo *Erupción de volcán compuesto*
Inténtalo *Gases en el magma*

4 Relieves volcánicos
Descubre *¿Cómo puede cambiar la superficie de la Tierra la actividad volcánica?*
Laboratorio de destrezas *Volcanes de gelatina*

La lava al rojo vivo del monte Kilauea, un volcán en Hawai, se enfría para formar roca sólida.

Volcanoes

▶ Video Preview
Video Field Trip
Video Assessment

Lab zone™ **Proyecto** del capítulo

Los volcanes y las personas

Las erupciones de un volcán pueden ser peligrosas. Pero los volcanes y las personas han tenido una relación estrecha en la historia. Las personas a veces viven cerca de volcanes por los beneficios que ofrecen: suelo rico, minerales o manantiales de aguas termales. En este proyecto investigarás cómo han afectado los volcanes a las personas que viven en una región volcánica.

Tu objetivo Hacer un documental sobre una región volcánica

Tu documental debe

- describir el tipo de volcán que elegiste y dar su historia
- enfocarse en un tema, como la forma en que la gente se ha beneficiado al vivir cerca del volcán o cómo muestran al volcán en su arte y narraciones
- usar una variedad de medios de difusión

Haz un plan Genera una lluvia de ideas sobre un área geográfica de la que te gustaría aprender. Tu maestro puede sugerir algunas regiones volcánicas. Decide qué recursos de investigación necesitarás y qué medios de difusión te gustaría usar. Podrías considerar vídeo, arte computarizado, transparencias, un relato humorístico, o un mural. ¡Sé creativo! Cuando tu documental esté terminado, ensaya tu presentación y preséntalo a la clase.

Sección

1 Volcanes y tectónica de placas

Avance de la lectura

Conceptos clave

- ¿Dónde se encuentra la mayoría de los volcanes de la Tierra?
- ¿Cómo se forman los volcanes de punto caliente?

Términos clave

- volcán • magma • lava
- Cinturón de Fuego • arco de islas
- punto caliente

Destreza clave de lectura

Formular preguntas Antes de leer, revisa los encabezados en rojo. En un organizador gráfico como el que sigue, formula una pregunta *dónde, qué* o *cómo* para cada encabezado. Mientras lees, escribe las respuestas a tus preguntas.

Volcanes y tectónica de placas

Pregunta	Respuesta
¿Dónde se encuentran los volcanes?	La mayoría de los volcanes se encuentra a lo largo de los bordes de placas.

Lab zone Actividad Descubre

¿En qué parte de la superficie de la Tierra se encuentran los volcanes?

1. Mira el mapa de volcanes activos de la Tierra en la página 83. ¿Qué símbolos se usan para representar los volcanes? ¿Qué otros símbolos se muestran en el mapa?
2. ¿Las ubicaciones de los volcanes forman un patrón? ¿Los volcanes parecen relacionarse con algunas otras características de la superficie de la Tierra?

Reflexiona

Desarrollar hipótesis Desarrolla una hipótesis para explicar dónde se localizan los volcanes de la Tierra.

En 2002, el monte Etna hizo erupción con fuentes brillantes y ríos de roca fundida. Localizado en la isla de Sicilia en el mar Mediterráneo, el Etna es el volcán más grande de Europa. En los pasados 2,500 años ha hecho erupción con frecuencia. Los antiguos griegos creían que el monte Etna era hogar de Hefesto, su dios del fuego. Debajo del volcán estaba la fragua donde Hefesto hacía hermosos objetos de metal para los otros dioses griegos.

La erupción de un volcán está entre los eventos más asombrosos de la Tierra. Un **volcán** es un punto débil en la corteza donde el material fundido, o magma, sale a la superficie. El **magma** es una mezcla fundida de sustancias formadoras de roca, gases y agua del manto. Cuando el magma alcanza la superficie, se llama **lava.** Después que se ha enfriado la lava, forma roca sólida. La lava liberada durante la actividad volcánica se acumula en la superficie de la Tierra.

FIGURA 1
Colada de lava en el monte Etna
Una colada de lava del monte Etna en Sicilia casi enterró esta construcción pequeña.

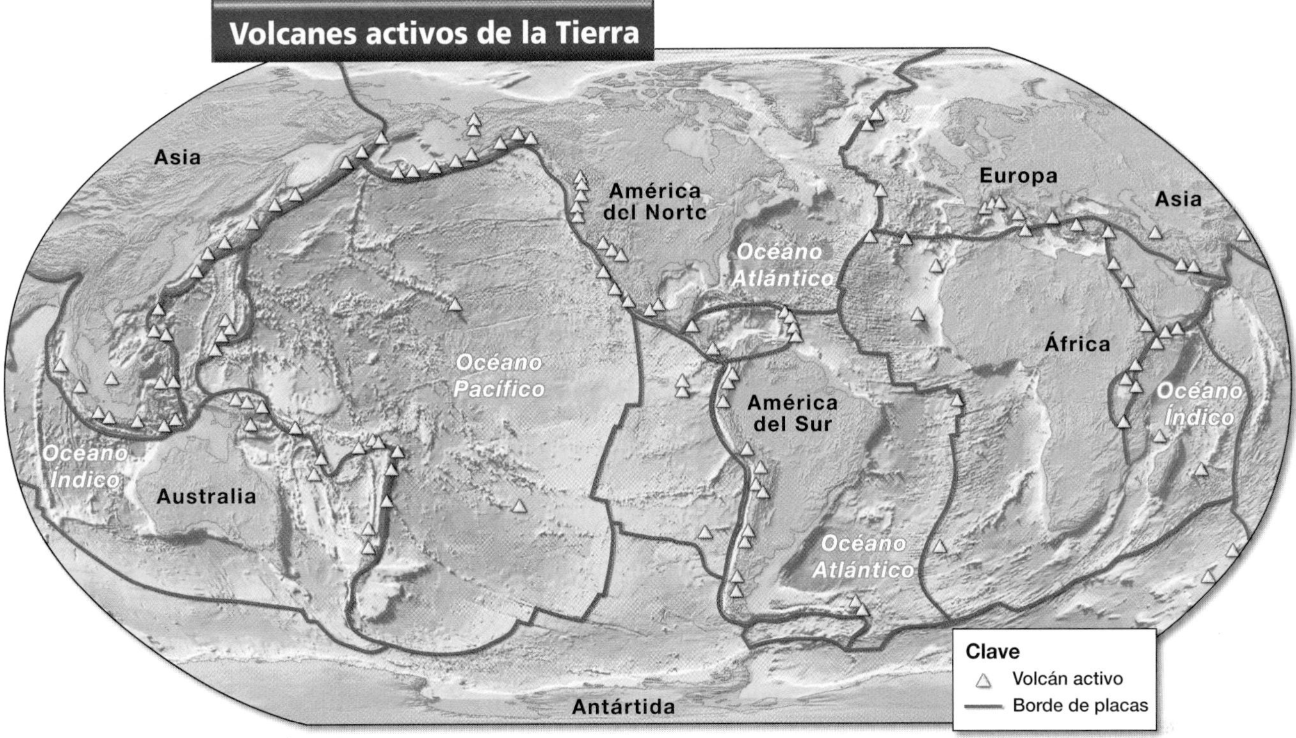

FIGURA 2
Muchos de los volcanes de la Tierra se localizan a lo largo de los bordes de placas tectónicas. El Cinturón de Fuego es un cinturón de volcanes que rodea al océano Pacífico. **Observar** *¿Qué otras regiones tienen una gran cantidad de volcanes?*

Volcanes y bordes de placas

Hay alrededor de 600 volcanes activos en la tierra. Muchos más se encuentran bajo el mar, donde es difícil para los científicos observarlos y hacer mapas de ellos. La Figura 2 muestra la ubicación de algunos de los principales volcanes de la Tierra. Observa cómo los volcanes ocurren en cinturones que se extienden a través de continentes y océanos. Un cinturón volcánico importante es el **Cinturón de Fuego,** formado por los muchos volcanes que bordean el océano Pacífico.

Los cinturones volcánicos se forman a lo largo de los bordes de las placas de la Tierra. En los bordes de placas, enormes piezas de la corteza divergen (se separan) o convergen (se empujan). Como resultado, con frecuencia la corteza se fractura, permitiendo que el magma alcance la superficie. La mayoría de los volcanes se forma a lo largo de bordes de placas divergentes como las dorsales oceánicas y a lo largo de bordes de placas convergentes donde tiene lugar la subducción. Por ejemplo, el monte Etna se formó cerca del borde de las placas Eurasiática y Africana.

Bordes divergentes Los volcanes se forman a lo largo de las dorsales oceánicas, las cuales marcan bordes de placas divergentes. Recuerda que las dorsales son cordilleras submarinas largas que en ocasiones tienen un valle de fisura en su centro. A lo largo del valle de fisura, la lava brota de grietas en el suelo oceánico, formando en forma gradual montañas nuevas. Los volcanes también se forman a lo largo de bordes de placas divergentes en la tierra. Por ejemplo, hay varios volcanes grandes a lo largo del Gran Valle del Rift en África Oriental.

Para: Más información sobre volcanes, disponible en inglés.
Visita: PHSchool.com
Código Web: cfd-1031

Bordes convergentes Muchos volcanes se forman cerca de bordes de placas convergentes donde las placas oceánicas regresan al manto. Los volcanes pueden formarse donde dos placas oceánicas chocan o donde una placa oceánica choca con una placa continental. La Figura 3 muestra cómo las placas convergentes producen volcanes.

Muchos volcanes ocurren cerca de los bordes donde chocan dos placas oceánicas. A través de la subducción, la placa más antigua y más densa se hunde bajo una fosa oceánica profunda hasta el manto. Algo de la roca sobre la placa en subducción se funde y forma magma. Debido a que el magma es menos denso que la roca circundante, se eleva hacia la superficie. Con el tiempo, el magma se abre paso a través del suelo oceánico, creando volcanes.

Los volcanes resultantes crean una serie de islas llamada **arco de islas.** La curva de un arco de islas repite la curva de su fosa oceánica profunda. Entre los arcos de islas importantes se incluyen Japón, Nueva Zelanda, Indonesia, las Filipinas, las Aleutianas y las islas del Caribe.

Los volcanes también ocurren donde una placa oceánica presenta subducción bajo una placa continental. Las colisiones de este tipo produjeron los volcanes de los Andes en América del Sur y los volcanes del noroeste del Pacífico en Estados Unidos.

Verifica tu lectura **¿Cómo se formaron los volcanes de los Andes?**

FIGURA 3
Volcanes en bordes convergentes
Los volcanes se forman con frecuencia donde chocan dos placas oceánicas o donde una placa oceánica choca con una placa continental. En ambas situaciones, una placa oceánica se hunde bajo una fosa. La roca sobre la placa se funde para formar magma, la cual luego hace erupción hasta la superficie como lava.

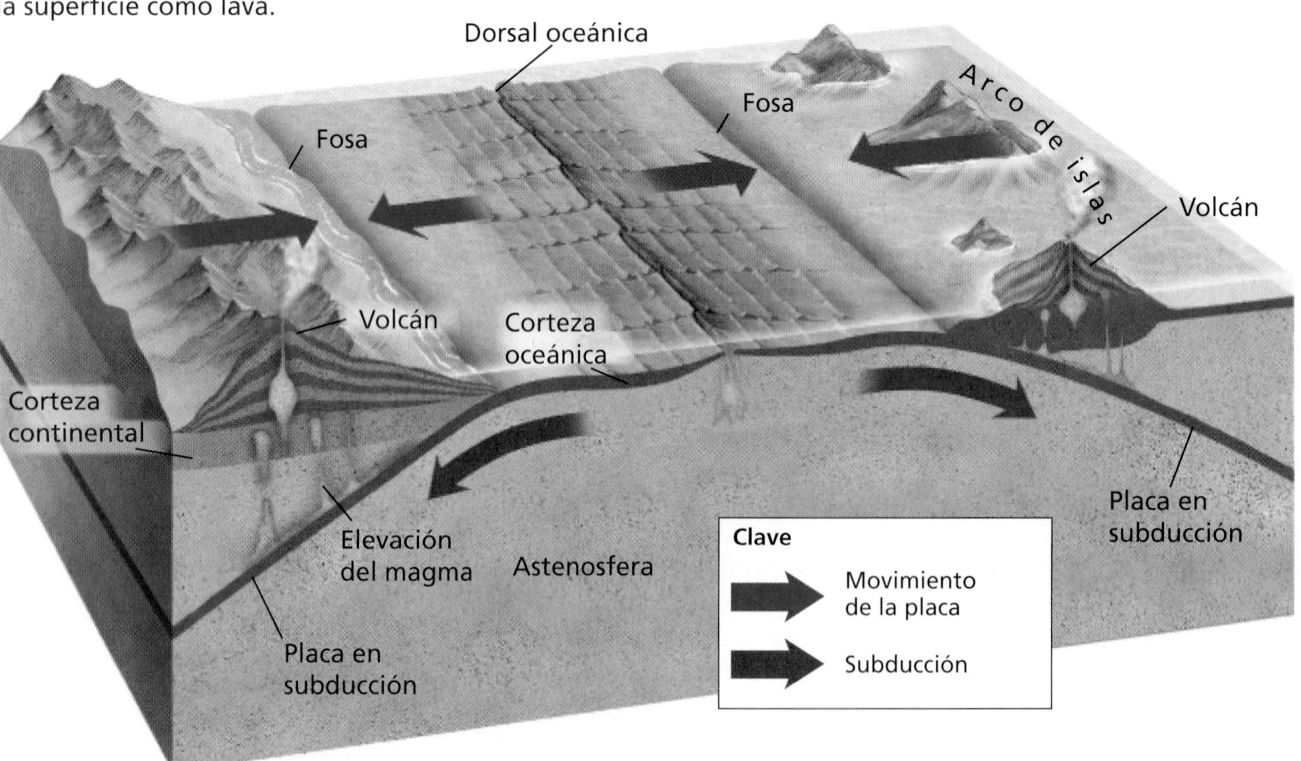

FIGURA 4
Volcanes de punto caliente
Con el tiempo, el movimiento de la placa del Pacífico alejará a la isla de Hawai del punto caliente.
Inferir *¿Cuáles islas del mapa se formaron primero?*

Volcanes de punto caliente

Algunos volcanes se producen por "puntos calientes" en el manto de la Tierra. Un **punto caliente** es un área donde el material de lo profundo del manto asciende y luego se funde, formando magma. **Un volcán se forma sobre un punto caliente cuando el magma hace erupción a través de la corteza y alcanza la superficie.** Algunos volcanes de punto caliente se encuentran en medio de placas alejadas de cualquier borde de placas. Otros puntos calientes ocurren en o cerca de bordes de placas.

Un punto caliente en el suelo oceánico puede formar de manera gradual una serie de montañas volcánicas. Por ejemplo, las islas hawaianas se formaron una por una a lo largo de millones de años conforme la placa del Pacífico derivaba sobre un punto caliente. Los puntos calientes también pueden formarse bajo los continentes. El Parque Nacional Yellowstone en Wyoming marca un punto caliente bajo la placa Norteamericana.

Lab zone Actividad Inténtalo

Punto caliente en una caja

1. Llena una caja de plástico a la mitad con agua fría. Esto representa el manto.
2. Mezcla colorante vegetal rojo con agua caliente en una botella pequeña de cuello estrecho para representar el magma.
3. Sostén tu dedo sobre la boca de la botella mientras la colocas en el centro de la caja. La boca de la botella debe estar bajo el agua.
4. Pon a flotar un pedazo plano de hule espuma en el agua sobre la botella para representar una placa tectónica.
5. Quita tu dedo de la botella y observa lo que le sucede al "magma".

Hacer modelos Mueve el hule espuma despacio. ¿Dónde toca el magma a la "placa"? ¿Cómo representa esto a un volcán de punto caliente?

Sección 1 Evaluación

Destreza clave de lectura **Formular preguntas** Con un compañero revisa las respuestas en tu organizador gráfico.

Repasar los conceptos clave

1. a. **Definir** ¿Qué es un volcán?
   b. **Repasar** ¿Dónde se localiza la mayoría de los volcanes?
   c. **Relacionar causa y efecto** ¿Qué causa que se formen volcanes en un borde de placas divergentes?
2. a. **Definir** ¿Qué es un punto caliente?
   b. **Resumir** ¿Cómo se forma un volcán de punto caliente?
   c. **Predecir** ¿Qué formación ocurre cuando una placa oceánica se mueve a través de un punto caliente?

Escribir en ciencias

Folleto de viaje Como agente de viajes, estás planeando un crucero por el océano Pacífico que visitará volcanes en el Cinturón de Fuego y Hawai. Escribe un folleto de viaje que describa los tipos de volcanes que verá el grupo y explique por qué se formaron los volcanes donde están.

Lab zone **Laboratorio** de destrezas

Hacer un mapa de terremotos y volcanes

Problema

¿Hay un patrón en las ubicaciones de los terremotos y los volcanes?

Destrezas aplicadas

interpretar datos

Materiales

- mapa del mundo de contorno que muestre la longitud y la latitud
- 4 lápices de colores diferentes

Procedimiento 

1. Con los datos de la tabla, marca la ubicación de cada terremoto en el mapa. Con un lápiz de color traza la letra T en un círculo en cada ubicación de un terremoto.
2. Con otro color, marca los volcanes en el mapa. Indica cada volcán con la letra V en un círculo.
3. Con un tercer color, sombrea ligeramente las áreas donde hay terremotos.
4. Con un cuarto color, sombrea ligeramente las áreas en que se encuentran los volcanes.

Terremotos y volcanes			
Terremotos		Volcanes	
Longitud	Latitud	Longitud	Latitud
120° O	40 ° N	150° O	60° N
110° E	5 ° S	70° O	35° S
77° O	4 ° S	120° O	45° N
88° E	23 ° N	61° O	15° N
121° E	14 ° S	105° O	20° N
34° E	7 ° N	75° O	0°
74° O	44 ° N	122° O	40° N
70° O	30 ° S	30° E	40° N
10° E	45 ° N	60° E	30° N
85° O	13 ° N	160° E	55° N
125° E	23 ° N	37° E	3° S
30° E	35 ° N	145° E	40° N
140° E	35 ° N	120° E	10° S
12° E	46 ° N	14° E	41° N
75° E	28 ° N	105° E	5° S
150° O	61 ° N	35° E	15° N
68° O	47 ° S	70° O	30° S
175° E	41 ° S	175° E	39° S
121° E	17 ° N	123° E	38° N

Analiza y concluye

1. **Interpretar datos** ¿Cómo se distribuyen los terremotos en el mapa? ¿Están esparcidos en forma uniforme o concentrados en zonas?
2. **Interpretar datos** ¿Cómo se distribuyen los volcanes? ¿Están esparcidos en forma uniforme o concentrados en zonas?
3. **Inferir** A partir de tus datos, ¿qué puedes inferir acerca de la relación entre los terremotos y los volcanes?
4. **Comunicar** Supón que agregas las ubicaciones de terremotos y volcanes adicionales a tu mapa. ¿Cambiaría el patrón general de terremotos y volcanes? Explica por escrito por qué piensas que el patrón cambiaría o no cambiaría.

Explora más

En un mapa de Estados Unidos, localiza los volcanes activos y las áreas de actividad sísmica. Determina la distancia desde tu hogar hasta el volcán activo más cercano.

Sección 2

Integración con la química

Propiedades del magma

Avance de la lectura

Conceptos clave

- ¿Por qué es útil conocer las propiedades físicas y químicas de una sustancia?
- ¿Qué causa que algunos líquidos fluyan con más facilidad que otros?
- ¿Qué factores determinan la viscosidad del magma?

Términos clave

- elemento
- compuesto
- propiedad física
- propiedad química
- viscosidad
- sílice
- cordada
- malpaís

Destreza clave de lectura

Identificar ideas principales Mientras lees La viscosidad del magma, escribe la idea principal en un organizador gráfico como el que sigue. Luego, escribe tres detalles de apoyo que expliquen más a fondo la idea principal.

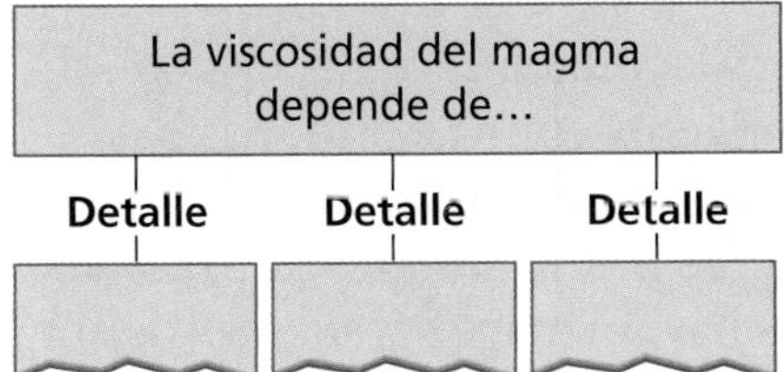

Lab zone Actividad Descubre

¿Qué tan rápido fluyen los líquidos?

1. Llena un tercio de un vaso de plástico pequeño con miel. Luego, llena un tercio de otro vaso con aceite de cocina.
2. Sostén el vaso que contiene miel sobre un tercer vaso y golpéalo hasta que el líquido comience a fluir fuera del vaso. Toma el tiempo que lleva desde el momento en que golpeas el vaso hasta que todo el líquido se escurra fuera del vaso. Anota el tiempo.
3. Repite el paso 2 con el vaso lleno con aceite.

Reflexiona

Formular definiciones operativas La tendencia de un fluido a resistir el flujo se llama viscosidad. ¿Cómo mediste la viscosidad de la miel y del aceite de cocina? ¿Cuál tuvo una mayor viscosidad?

Medida desde el fondo del océano Pacífico, la Isla Grande de Hawai es la montaña más grande de la Tierra. La isla está formada por volcanes enormes. Uno de estos volcanes, el monte Kilauea hace erupción con frecuencia y produce enormes cantidades de lava.

A una temperatura de alrededor de 1,000 °C, la lava del monte Kilauea es muy peligrosa. Pero la mayor parte del tiempo la lava se mueve más despacio de lo que puede caminar una persona, alrededor de 1 kilómetro por hora. Algunos tipos de lava se mueven mucho más despacio, menos que el largo de un campo de fútbol en un día entero. La rapidez con que fluye la lava depende de las propiedades del magma del que se formó.

Propiedades físicas y químicas

Como todas las sustancias, el magma y la lava están formados por elementos y compuestos. Un **elemento** es una sustancia que no puede descomponerse en otras sustancias. El carbono, el hidrógeno y el oxígeno son ejemplos de elementos. Un **compuesto** es una sustancia hecha de dos o más elementos que se han combinado químicamente. El agua, el dióxido de carbono y la sal de mesa son compuestos conocidos. **Cada sustancia tiene un conjunto particular de propiedades físicas y químicas. Estas propiedades pueden usarse para identificar una sustancia o predecir cómo se comportará.**

Propiedades físicas Una **propiedad física** es cualquier característica de una sustancia que pueda observarse o medirse sin cambiar la composición de la sustancia. Entre las propiedades físicas se incluyen densidad, dureza, punto de fusión, punto de ebullición y si una sustancia es magnética. Una sustancia siempre tiene las mismas propiedades físicas bajo condiciones particulares. Bajo condiciones normales a nivel del mar, por ejemplo, el punto de congelación del agua es 0 °C y su punto de ebullición es 100 °C. Entre sus puntos de congelación y de ebullición, el agua es un líquido.

Propiedades químicas Una **propiedad química** es cualquier propiedad que produce un cambio en la composición de la materia. Ejemplos de propiedades químicas incluyen la capacidad de una sustancia para quemarse y su capacidad para combinarse, o reaccionar, con otras sustancias. Con frecuencia puedes decir que una sustancia ha reaccionado con otra si cambia de color, produce un gas o forma una sustancia sólida nueva. Por ejemplo, una pieza de joyería de plata se oscurece cuando se expone al aire. Este cambio indica que la plata ha reaccionado con el oxígeno y se ha empañado. La capacidad para reaccionar con el oxígeno es una propiedad química de la plata.

FIGURA 5
Verter miel
Un líquido con gran viscosidad, como la miel, se vierte despacio de su envase. **Predecir** *Si viertes agua de un envase similar, ¿cómo diferiría su comportamiento del de la miel? Explica tu respuesta.*

¿El punto de ebullición de una sustancia es una propiedad física o una propiedad química?

¿Qué es la viscosidad?

Cuando viertes un vaso de leche, estás usando una propiedad física conocida de los líquidos. Debido a que las partículas en un líquido son libres de moverse unas alrededor de otras, un líquido puede fluir de un lugar a otro. La propiedad física de los líquidos llamada **viscosidad** es la resistencia de un líquido a fluir. **Debido a que los líquidos difieren en viscosidad, algunos líquidos fluyen con más facilidad que otros.**

Entre mayor es la viscosidad de un líquido, fluye más lento. Por ejemplo, la miel es un líquido espeso y pegajoso con viscosidad alta, por lo que fluye muy despacio. Entre menor es la viscosidad, el líquido fluye con más facilidad. El agua, el alcohol y el vinagre son líquidos fluidos y ligeros con viscosidades bajas.

¿Por qué diferentes líquidos tienen diferentes viscosidades? La respuesta está en el movimiento de las partículas que forman cada tipo de líquido. En algunos líquidos hay un mayor grado de fricción entre las partículas del líquido. Estos líquidos tienen mayor viscosidad.

¿Por qué los líquidos difieren en viscosidad?

Para: Vínculos sobre erupciones volcánicas, disponible en inglés.
Visita: www.SciLinks.org
Código Web: scn-1032

Matemáticas Analizar datos

Composición del magma

El magma varía en su composición y se clasifica de acuerdo con la cantidad de sílice que contiene. Las gráficas muestran la composición promedio de dos tipos de magma. Usa las gráficas para responder las preguntas.

1. **Leer gráficas** Estudia ambas gráficas. ¿Qué materiales forman ambos tipos de magma?
2. **Leer gráficas** ¿Qué tipo de magma tiene más sílice? ¿Aproximadamente cuánto sílice contiene este tipo de magma?
3. **Estimar** Un tercer tipo de magma tiene un contenido de sílice que está en el medio de los otros dos tipos. ¿Aproximadamente cuánto sílice contiene este magma?
4. **Predecir** ¿Qué tipo de magma tendría una mayor viscosidad? Explica.

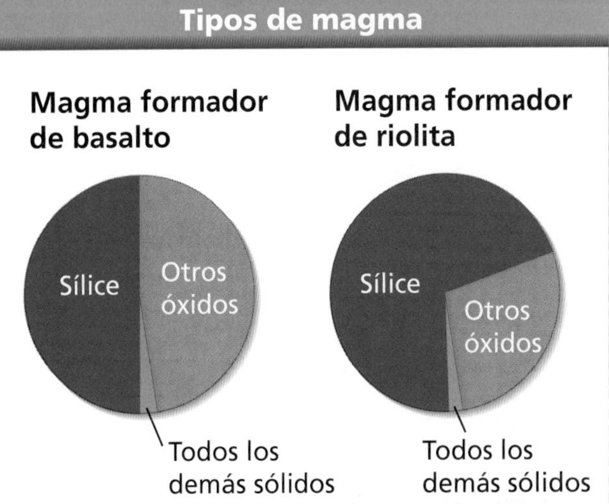

La viscosidad del magma

A las temperaturas y presiones extremadamente altas dentro de la Tierra, la roca del manto en ocasiones se funde para formar magma. De manera sorprendente, las propiedades del magma pueden variar. Por ejemplo, no todos los tipos de magma tienen la misma viscosidad. **La viscosidad del magma depende de su contenido de sílice y su temperatura.**

Contenido de sílice El magma es una mezcla compleja; sin embargo, su principal ingrediente es el sílice. El compuesto **sílice** está formado por partículas de los elementos oxígeno y silicio. El sílice es uno de los materiales más abundantes en la corteza de la Tierra. El contenido de sílice del magma varía de alrededor de 50 a 70 por ciento.

La cantidad de sílice en el magma ayuda a determinar su viscosidad. Entre más sílice contiene el magma, es mayor su viscosidad. El magma que es alto en sílice produce una lava de color claro que es demasiado pegajosa para fluir muy lejos. Cuando este tipo de lava se enfría, forma la roca riolita, la cual tiene la misma composición que el granito.

Entre menos sílice contiene el magma, es menor su viscosidad. El magma bajo en sílice fluye con facilidad y produce lava de color oscuro. Cuando esta clase de lava se enfría, forma rocas como basalto.

FIGURA 6
Tomar muestras de magma
Un geólogo toma muestras de magma de una colada de lava en Hawai.

FIGURA 7
Cordada y malpaís
Tanto la cordada como el malpaís pueden provenir del mismo volcán. La cordada fluye con facilidad y se endurece en una superficie ondulada. Por su parte, el malpaís se endurece en trozos rugosos. **Inferir** *¿Cuál tipo de lava tiene menor viscosidad?*

Temperatura ¿Cómo afecta la temperatura a la viscosidad? La viscosidad aumenta al disminuir la temperatura. En un día caluroso, la miel se vierte con facilidad; pero si la pones en el refrigerador, su viscosidad aumenta. La miel fría fluye muy despacio.

La temperatura del magma y la lava pueden variar de alrededor de 750 °C a 1,175 °C. Entre más caliente está el magma, es menor su viscosidad y fluye con más rapidez. Los tipos más fríos de magma tienen una viscosidad alta y fluyen muy despacio.

En la Figura 7 puedes ver cómo las diferencias de temperatura producen dos tipos diferentes de lava: cordada y malpaís. La **cordada** es lava caliente que se mueve rápido con una viscosidad baja. La superficie de un flujo de lava formada por una cordada se parece a una masa sólida de arrugas, ondas y rizos tipo soga. La lava que es más fría y se mueve más despacio se llama **malpaís.** El malpaís tiene una viscosidad mayor que la cordada. Cuando el malpaís se endurece, forma una superficie rugosa consistente en trozos de lava dentados.

¿Qué tan calientes son el magma y la lava?

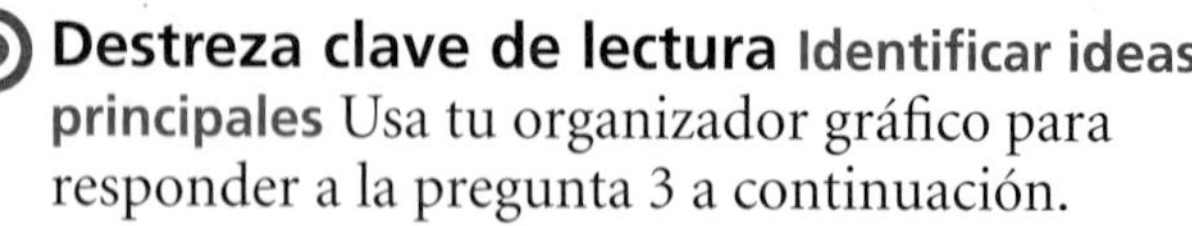

Destreza clave de lectura Identificar ideas principales Usa tu organizador gráfico para responder a la pregunta 3 a continuación.

Repasar los conceptos clave

1. a. **Definir** ¿Qué es una propiedad física?
   b. **Definir** ¿Qué es una propiedad química?
   c. **Clasificar** El magma es una mezcla líquida caliente que cambia a roca sólida cuando se enfría y se endurece. ¿Cuáles de estas propiedades son físicas?
2. a. **Identificar** ¿Qué es la viscosidad?
   b. **Aplicar conceptos** ¿Qué tiene una mayor viscosidad, un líquido que fluye rápido o un líquido que fluye despacio?
   c. **Inferir** ¿Qué puedes inferir acerca de la cantidad de fricción entre las partículas de un líquido que tiene viscosidad baja?
3. a. **Repasar** ¿Cuáles son dos factores principales que afectan la viscosidad del magma?
   b. **Predecir** Una colada de lava se enfría conforme se aleja de la boca. ¿Cómo afectaría esto a la apariencia superficial de la colada de lava?

Lab zone Actividad En casa

Enfriar lava Coloca agua fría en una taza y agua caliente del grifo en otra. Pide a tu familia que prediga qué sucederá cuando cera de vela gotee en cada taza. Pide a un familiar adulto que vierta gotas de cera de una vela en cada taza. **PRECAUCIÓN:** *Maneja la vela encendida con cuidado.* Explica cómo representa esto lo que pasa cuando la lava se enfría rápido o despacio.

Sección

3 Erupciones volcánicas

Avance de la lectura

Conceptos clave

- ¿Qué sucede cuando hace erupción un volcán?
- ¿Cuáles son los dos tipos de erupciones volcánicas?
- ¿Cuáles son las etapas de actividad de un volcán?

Términos clave

- cámara magmática
- chimenea • boca
- colada de lava • cráter
- flujo piroclástico
- atenuado
- extinto

Destreza clave de lectura

Usar el conocimiento previo

Antes de leer, mira los encabezados de la sección para ver de qué se trata la sección. Luego, escribe lo que sabes acerca de cómo hace erupción un volcán en un organizador gráfico como el que sigue. Mientras lees, escribe lo que aprendas.

Lo que sabes
1. La lava sale de un volcán. 2.

Lo que aprendiste
1. 2.

Lab zone Actividad Descubre

¿A qué se parecen las rocas volcánicas?

Los volcanes producen lava que se endurece hasta formar rocas. Dos de ellas son la piedra pómez y la obsidiana.

Piedra pómez

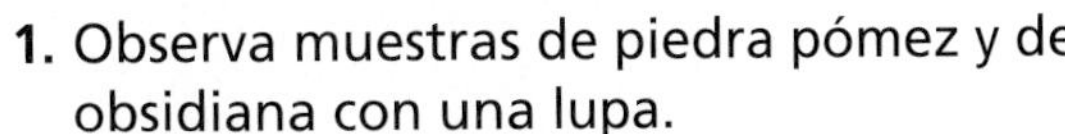

1. Observa muestras de piedra pómez y de obsidiana con una lupa.
2. ¿Cómo describirías la textura de la piedra pómez? ¿Qué pudo haber causado esta textura?

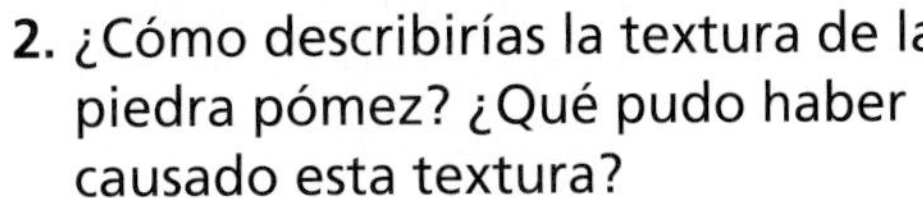

3. Observa la superficie de la obsidiana. ¿Cómo difiere la superficie de la obsidiana de la piedra pómez?

Obsidiana

Reflexiona

Desarrollar hipótesis ¿Qué pudo haber producido la diferencia en textura entre las dos rocas? Explica tu respuesta.

En Hawai hay muchos mitos sobre Pele, la diosa del fuego de los volcanes. Pele vive en las profundidades de los volcanes en erupción de Hawai. Según la leyenda, cuando Pele está enojada causa una erupción volcánica. Un resultado de una erupción es el "cabello de Pele", una roca fina como hilos formados por lava. El cabello de Pele se forma cuando la lava sale como rocío del suelo como agua de una fuente. Cuando se enfría, la lava se estira y se endurece en hebras delgadas, como se muestra en la Figura 8.

¿De dónde proviene esta lava? La lava comienza como magma, el cual por lo general se forma en la astenosfera. Los materiales de la astenosfera están bajo una gran presión. El magma líquido es menos denso que el material sólido que lo rodea. Por tanto, el magma fluye hacia arriba por cualquier grieta que haya en la roca que está sobre él. Conforme sube el magma, en ocasiones queda atrapado bajo capas de roca. Pero si una abertura en una roca débil permite al magma alcanzar la superficie, se forma un volcán.

FIGURA 8
El cabello de Pele
El cabello de Pele es un tipo de roca formado por la lava. Cada hebra es tan fina como la lana de vidrio.

El magma alcanza la superficie de la Tierra

Un volcán es más que una montaña grande en forma cónica. Dentro de un volcán hay un sistema de pasajes a través de los cuales se mueve el magma.

El interior de un volcán Todos los volcanes tienen una bolsa de magma bajo la superficie y una o más grietas a través de las cuales se abre paso el magma. Bajo un volcán, el magma se junta en una bolsa llamada **cámara magmática.** El magma se mueve hacia arriba a través de una **chimenea,** un tubo largo en la tierra que conecta la cámara magmática con la superficie de la Tierra. Puedes ver estas características en la Figura 10.

Roca fundida y gas salen del volcán a través de una abertura llamada **boca.** Con frecuencia, hay una boca central en la cima de un volcán. Sin embargo, muchos volcanes también tienen otras bocas que se abren en las laderas del volcán. Una **colada de lava** es el área cubierta por la lava cuando sale de una boca. Un **cráter** es un área en forma de tazón que puede formarse en la cima de un volcán alrededor de la boca central.

Una erupción volcánica ¿Qué empuja el magma hacia la superficie? La explosión de un volcán es parecida al agua carbonatada que sale burbujeando de una gaseosa. No puedes ver el gas dióxido de carbono en la botella de una gaseosa porque está disuelto en el líquido. Pero cuando abres la botella se libera la presión. El dióxido de carbono se expande y forma burbujas, las cuales se precipitan a la superficie. Como el dióxido de carbono en la gaseosa, gases disueltos están atrapados en el magma. Estos gases disueltos están bajo una presión enorme.

FIGURA 9
Eructo de lava
Durante una erupción en el monte Kilauea, la fuerza de una burbuja de gas que estalla empuja hacia arriba una capa de lava al rojo vivo.

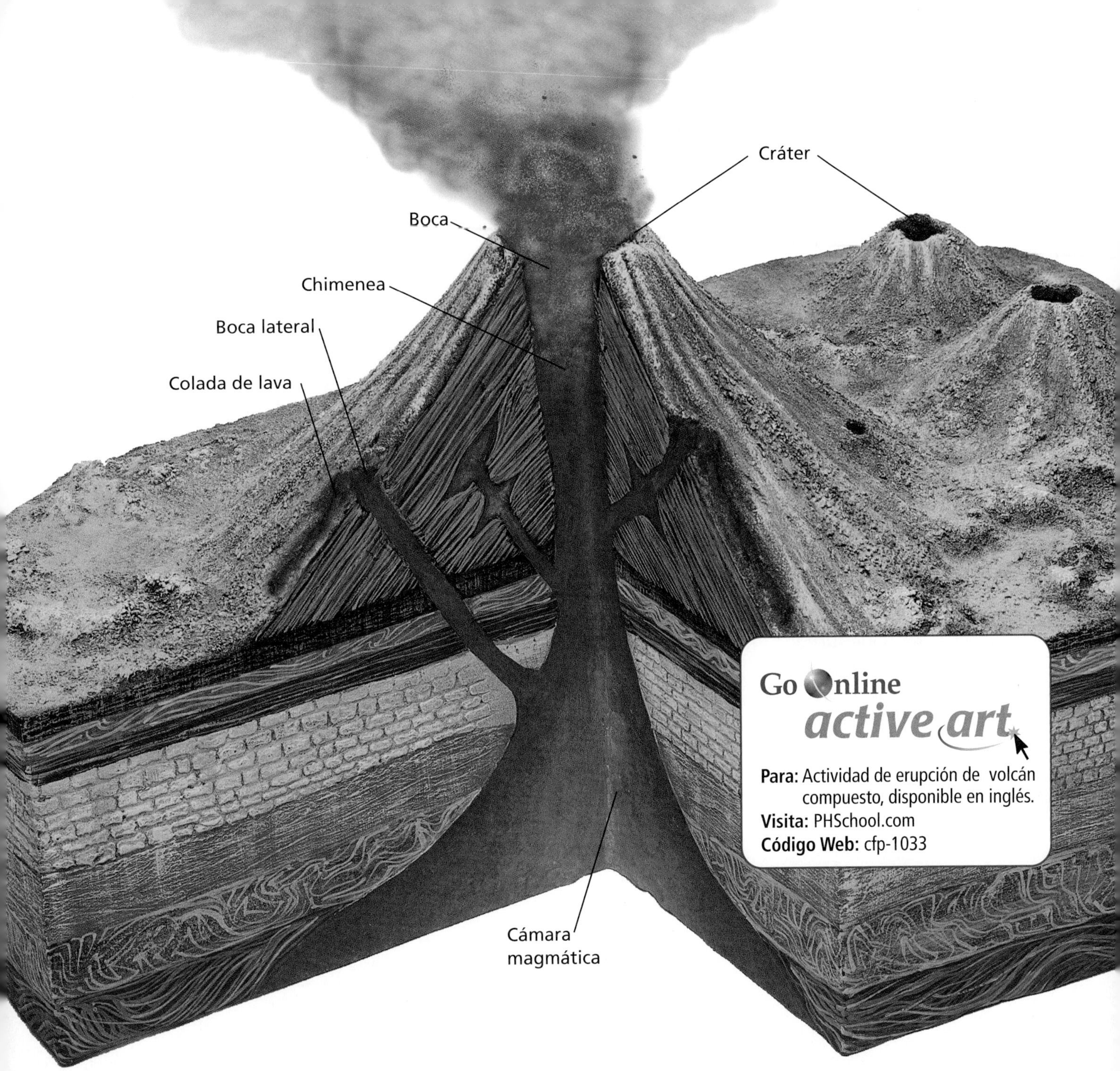

Cráter
Boca
Chimenea
Boca lateral
Colada de lava
Cámara magmática

Go Online
active art
Para: Actividad de erupción de volcán compuesto, disponible en inglés.
Visita: PHSchool.com
Código Web: cfp-1033

FIGURA 10
Un volcán hace erupción
Un volcán se forma donde el magma se abre paso a través de la corteza de la Tierra y la lava fluye sobre la superficie. **Interpretar diagramas** *¿Qué parte de un volcán conecta la boca con la cámara magmática?*

Conforme el magma se eleva hacia la superficie, disminuye la presión de la roca circundante en el magma. Los gases disueltos comienzan a expandirse, formando burbujas. Conforme desciende la presión dentro del magma, el tamaño de las burbujas de gas aumenta mucho. Estos gases en expansión ejercen una fuerza enorme. **Cuando un volcán hace erupción, la fuerza de los gases en expansión empuja el magma desde la cámara magmática a través de la chimenea hasta que fluye o explota por la boca.** Una vez que el magma escapa del volcán y se vuelve lava, los gases restantes salen en burbujas.

¿Qué le sucede a la presión en el magma conforme el magma sube hacia la superficie?

Lab zone Actividad Inténtalo

Gases en el magma

Esta actividad hace un modelo de las burbujas de gas en una erupción volcánica.

1. En una botella de plástico de 1 ó 2 litros, mezcla 10 g de bicarbonato de sodio en 65 mL de agua.
2. Coloca alrededor de seis pasas en el agua.
3. Mientras haces girar el agua y las pasas, agrega 65 mL de vinagre y agita en forma vigorosa.
4. Una vez que el líquido deja de moverse, observa las pasas.

Hacer modelos ¿Qué sucede después de que agregas el vinagre? ¿Qué representan las pasas y las burbujas? ¿En qué se parece este modelo a la forma en que se comporta el magma en un volcán?

Clases de erupciones volcánicas

Algunas erupciones volcánicas ocurren en forma gradual. Otras son explosiones dramáticas. **Los geólogos clasifican las erupciones volcánicas como silenciosas o explosivas.** Las propiedades físicas de su magma determinan la forma en que hace erupción un volcán. El que sea silenciosa o explosiva depende del contenido de sílice en el magma y su viscosidad.

Erupciones silenciosas Un volcán hace erupción silenciosa si su magma es bajo en sílice: tiene viscosidad baja y fluye con facilidad. Los gases en el magma burbujean con suavidad. La lava con viscosidad baja rezuma en forma tranquila de la boca y puede fluir por muchos kilómetros. Las erupciones silenciosas producen tanto cordadas como malpaís.

Las islas hawaianas se formaron por erupciones silenciosas. En la Isla Grande de Hawai, la lava brota del cráter cerca de la cima del monte Kilauea. Pero la lava también fluye por grietas largas en las laderas del volcán. Las erupciones silenciosas han formado la Isla Grande a lo largo de cientos de miles de años.

Erupciones explosivas Un volcán hace erupción en forma explosiva si su magma es alto en sílice: tiene una gran viscosidad, lo que lo hace espeso y pegajoso. El magma de viscosidad alta no siempre fluye fuera del cráter; se acumula en la chimenea del volcán, tapándolo como un corcho en una botella. Los gases disueltos, incluyendo vapor de agua, no pueden escapar del magma espeso. Los gases atrapados acumulan presión hasta explotar. Los gases y el vapor empujan al magma fuera del volcán con una fuerza increíble. Esto fue lo que sucedió en la erupción del monte St. Helens, que se muestra en la Figura 11.

Antes de la erupción
Durante la erupción

Una erupción explosiva rompe la lava en fragmentos que se enfrían y endurecen rápido en piezas de tamaños diferentes. Las piezas más pequeñas son ceniza volcánica, partículas finas de roca tan pequeñas como una mota de polvo. Las partículas del tamaño de guijarros se llaman escoria. Los trozos más grandes, llamados bombas, pueden variar del tamaño de una pelota de béisbol al tamaño de un automóvil. Ocurre un **flujo piroclástico** cuando una erupción explosiva arroja una mezcla de gases calientes, ceniza, escoria y bombas.

La piedra pómez y la obsidiana, las cuales observaste si hiciste la Actividad Descubrir, se forman de lava alta en sílice. La obsidiana se forma cuando la lava se enfría muy rápido, dándole una superficie suave y brillante como vidrio. La piedra pómez se forma cuando las burbujas de gas quedan atrapadas en la lava que se enfría rápido, dejando espacios en la roca.

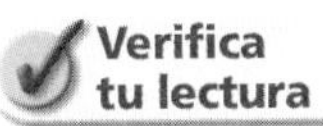

¿Qué es un flujo piroclástico?

FIGURA 11
Una erupción explosiva
El monte St. Helens en el estado de Washington hizo erupción a las 8:30 a.m. del 18 de mayo de 1980. La explosión voló la cima de la montaña, dejando un cráter enorme y causando una gran destrucción.

Después de la erupción

Peligros de un volcán Aunque las erupciones silenciosas y las erupciones explosivas producen peligros diferentes, ambos tipos de erupción pueden causar daños lejos del borde del cráter.

Durante una erupción silenciosa, la lava fluye de las bocas, incendiando y luego enterrando todo lo que encuentra a su paso. Una erupción silenciosa puede cubrir grandes áreas con una capa gruesa de lava.

Durante una erupción explosiva, un volcán puede arrojar nubes calientes de gases mortales al igual que ceniza, escoria y bombas. La ceniza volcánica puede enterrar poblados enteros. Si se humedece, la ceniza pesada puede causar que los techos se desplomen. Si un avión succiona ceniza en su motor, el motor puede atascarse. Las erupciones pueden causar desprendimientos de tierras y avalanchas de lodo, nieve derretida y roca. La línea cronológica Ciencias e historia muestra los efectos de varias erupciones explosivas.

¿Cómo causa daño la ceniza volcánica?

Ciencias e **historia**

El poder de los volcanes

En los últimos 150 años, las erupciones volcánicas importantes han afectado en gran medida la tierra y las personas que los rodean.

1883 Krakatoa
La erupción violenta del volcán Krakatoa en Indonesia lanzó 18 kilómetros cúbicos de ceniza. La explosión se escuchó a 5,000 kilómetros de distancia.

1902 Monte Pelée
El monte Pelée, un volcán en el Caribe, arrojó una nube incandescente de gas caliente y flujos piroclásticos. La nube mató a 29,000 residentes de St. Pierre, una ciudad en un flanco del volcán. Sólo dos personas sobrevivieron.

1912 Monte Katmai
Hoy en día, un río en Alaska corta a través de la gruesa capa de ceniza volcánica de la erupción del monte Katmai.

1850 — 1875 — 1900

Etapas de la actividad volcánica

La actividad de un volcán puede durar de menos de una década a más de 10 millones de años. Los volcanes de vida más larga no hacen erupción en forma continua. Los geólogos tratan de determinar el pasado de un volcán y si hará erupción de nuevo.

Ciclo de vida de un volcán **Los geólogos con frecuencia usan los términos *activo, atenuado* o *extinto* para describir la etapa de actividad de un volcán.** Un volcán activo, o vivo, es uno que está en erupción o ha mostrado signos de que puede hacer erupción en el futuro próximo. Un volcán atenuado, o dormido, es como un oso dormido. Los científicos esperan que un volcán **atenuado** despierte en el futuro y se vuelva activo. Es poco probable que un volcán **extinto,** o muerto, haga erupción de nuevo.

El tiempo entre erupciones volcánicas puede durar de cientos a muchos miles de años. Las personas que viven cerca de un volcán atenuado pueden no percatarse del peligro. Pero un volcán atenuado puede volverse activo en cualquier momento.

Escribir en ciencias

Analizar y escribir Las personas han escrito relatos testimoniales de erupciones volcánicas famosas. Analiza una de las erupciones en la línea cronológica. Luego, escribe una carta en la que describas lo que pudo haber visto alguien que haya observado la erupción.

1980 Monte St. Helens
Cuando explotó el monte St. Helens en Washington, lanzó un kilómetro cúbico de material volcánico al cielo.

1991 Monte Pinatubo
El Pinatubo en las Filipinas arrojó cantidades enormes de ceniza que se elevaron a gran altitud en la atmósfera y enterraron las áreas cercanas.

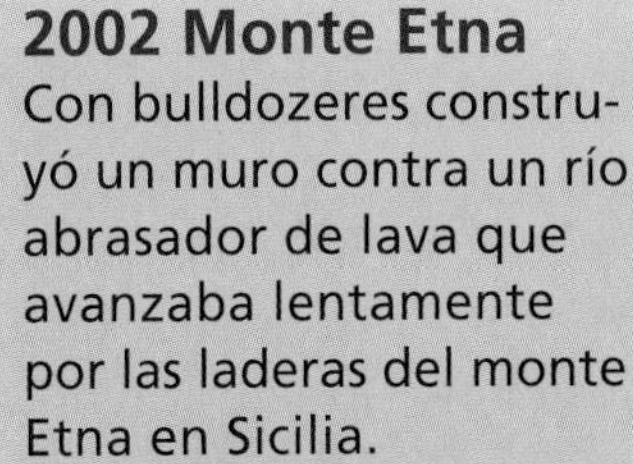

2002 Monte Etna
Con bulldozeres construyó un muro contra un río abrasador de lava que avanzaba lentamente por las laderas del monte Etna en Sicilia.

1950 1975 2000

FIGURA 12
Observar un volcán
Cerca del monte Kilauea en Hawai, estos geólogos prueban instrumentos para monitorear las temperaturas en el cráter y en sus alrededores.

Monitorear volcanes Los geólogos han tenido más éxito en la predicción de erupciones volcánicas que para predecir terremotos. Los geólogos usan instrumentos para detectar cambios en un volcán y sus alrededores. Estos cambios pueden dar una advertencia poco antes de que haga erupción un volcán. Pero los geólogos no pueden estar seguros del tipo de erupción o de lo poderosa que será.

Los geólogos usan inclinómetros y otros instrumentos para detectar cambios superficiales ligeros en la elevación e inclinación causados por el magma que se mueve bajo la tierra. Monitorean cualquier gas que escape del volcán. Un aumento de la temperatura en el agua subterránea puede ser una señal de que el magma está cerca de la superficie. Los geólogos también monitorean los muchos terremotos pequeños que ocurren alrededor de un volcán antes de una erupción. El movimiento ascendente del magma desencadena estos temblores.

¿Cómo monitorean los geólogos a los volcanes?

Sección 3 Evaluación

Destreza clave de lectura Usar el conocimiento previo Repasa tu organizador gráfico con lo que aprendiste en la sección.

Repasar los conceptos clave

1. a. **Hacer una lista** ¿Cuáles son las partes principales de un volcán?
   b. **Ordenar en serie** Describe el orden de las partes a través de las cuales viaja el magma mientras se mueve hacia la superficie.
   c. **Relacionar causa y efecto** Cuando un volcán hace erupción, ¿qué fuerza empuja al magma hacia la superficie?
2. a. **Identificar** ¿Cuáles son las dos clases principales de erupciones volcánicas?
   b. **Explicar** ¿Qué propiedades del magma ayudan a determinar el tipo de erupción?
   c. **Inferir** ¿Qué indican las coladas de lava hechas de cordadas y malpaís acerca del tipo de erupción volcánica que ocurrió?
3. a. **Nombrar** ¿Cuáles son las tres etapas de la actividad volcánica?
   b. **Predecir** ¿Qué es más probable que sea peligroso, un volcán que hace erupción con frecuencia o un volcán que ha estado inactivo por cien años? ¿Por qué?

Escribir en ciencias

Entrevista Eres un reportero de noticias en televisión que entrevistará a un geólogo. El geólogo acaba de regresar de estudiar un volcán cercano que puede hacer erupción pronto. Escribe las preguntas que le harías. Asegúrate de preguntar sobre la evidencia de que está próxima una erupción, el tipo de erupción esperada y los peligros que resultarán. Escribe una respuesta para cada pregunta.

Sección 4

Relieves volcánicos

Avance de la lectura

Conceptos clave

- ¿Qué relieves crean la lava y la ceniza?
- ¿Cómo crea relieves el magma que se endurece bajo la superficie?
- ¿Qué otras características ocurren en áreas volcánicas?

Términos clave

- volcán en escudo
- cono de escoria
- volcán compuesto
- caldera • cuello volcánico
- dique discordante
- dique concordante • batolito
- actividad geotérmica • géiser

Destreza clave de lectura

Hacer un esquema Mientras lees, haz un esquema sobre los relieves volcánicos que puedes usar para repasar. Usa los encabezados en rojo para los temas principales y los encabezados en azul para los subtemas.

Relieves volcánicos

I. Relieves de lava y ceniza
  A. Volcanes en escudo
  B.
  C.
  D.
  E.
II. Relieves de magma

Lab zone Actividad Descubre

¿Cómo puede cambiar la superficie de la Tierra la actividad volcánica?

1. Con una cinta asegura el cuello de un globo al extremo de una pajilla.
2. Coloca el globo en el centro de una caja con la pajilla sobresaliendo.
3. Infla parcialmente el globo.
4. Coloca arena húmeda sobre el globo hasta que esté cubierto.
5. Despacio, infla más el globo. Observa lo que le sucede a la superficie de la arena.

Reflexiona

Hacer modelos Esta actividad representa una forma en que la actividad volcánica puede formar una montaña. ¿Qué piensas que representa la arena? ¿Qué representa el globo?

Los volcanes han creado algunos de los relieves más espectaculares de la Tierra. El cono perfecto del monte Fuji en Japón, que se muestra en la Figura 13, es famoso en todo el mundo.

En gran parte de la historia de la Tierra, la actividad volcánica sobre y debajo de la superficie ha formado áreas de terreno. También formó la roca del suelo oceánico. Algunos relieves volcánicos surgen cuando las coladas de lava forman montañas y mesetas en la superficie de la Tierra. Otros son el resultado de la acumulación de magma bajo la superficie.

FIGURA 13
Monte Fuji
El cono volcánico casi perfecto del monte Fuji en Japón ha sido por mucho tiempo un tema favorito para los artistas.

Relieves de lava y ceniza

Las erupciones volcánicas crean relieves hechos de lava, ceniza y otros materiales. Estos relieves incluyen volcanes en escudo, volcanes de cono de escoria, volcanes compuestos y mesetas de lava. Mira la Figura 14 que muestra estos relieves. Otro relieve resulta del colapso de una montaña volcánica.

Volcanes en escudo En algunos lugares en la superficie de la Tierra, capas delgadas de lava fluyen fuera de una boca y se endurecen sobre capas previas. Dichas coladas de lava forman de manera gradual una montaña ancha con pendientes suaves llamada **volcán en escudo.** Volcanes en escudo que surgieron de un punto caliente en el suelo oceánico crearon las islas hawaianas.

Volcanes de cono de escoria Si la lava de un volcán tiene una viscosidad alta, puede producir cenizas, escoria y bombas. Estos materiales se acumulan alrededor de la boca de una colina empinada en forma de cono o montaña pequeña llamada **cono de escoria.** Por ejemplo, el Paricutín en México hizo erupción en 1943 en el maizal de un campesino. El volcán formó un cono de escoria de unos 400 metros de altura.

FIGURA 14

Montañas volcánicas

La actividad volcánica es responsable de la formación de gran parte de la superficie de la Tierra. La lava de los volcanes se enfría y endurece en tres tipos de montañas. También puede formar mesetas de lava. **Clasificar** *¿Qué tipo de volcán se forma con lava delgada baja en sílice?*

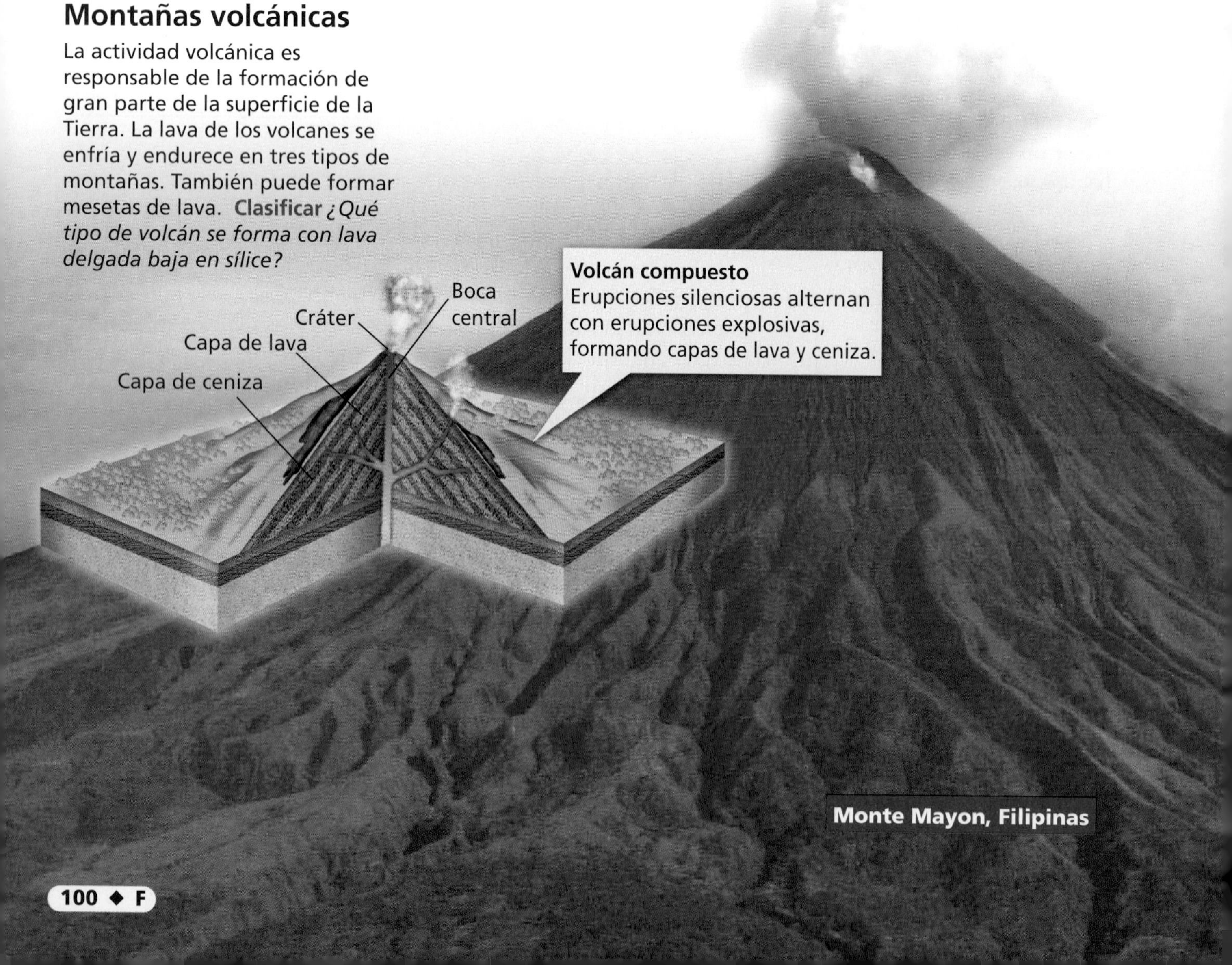

Volcanes compuestos En ocasiones, las coladas de lava alternan con erupciones explosivas de ceniza, escoria y bombas. El resultado es un volcán compuesto. Los **volcanes compuestos** son montañas altas, en forma de cono, en las que capas de lava alternan con capas de ceniza. Ejemplos de volcanes compuestos incluyen el monte Fuji en Japón y el monte St. Helens en el estado de Washington.

Mesetas de lava En lugar de formar montañas, algunas erupciones de lava forman áreas altas niveladas llamadas mesetas de lava. Primero, la lava fluye de grietas largas en un área. La lava delgada y líquida recorre una gran distancia antes de enfriarse y solidificarse. Una y otra vez, inundaciones de lava fluyen sobre inundaciones anteriores. Luego de millones de años, estas capas de lava pueden formar mesetas altas, como la de Columbia, que abarca partes de los estados de Washington, Oregón e Idaho.

Volcán en escudo
Las erupciones silenciosas forman de manera gradual una montaña de pendientes suaves.

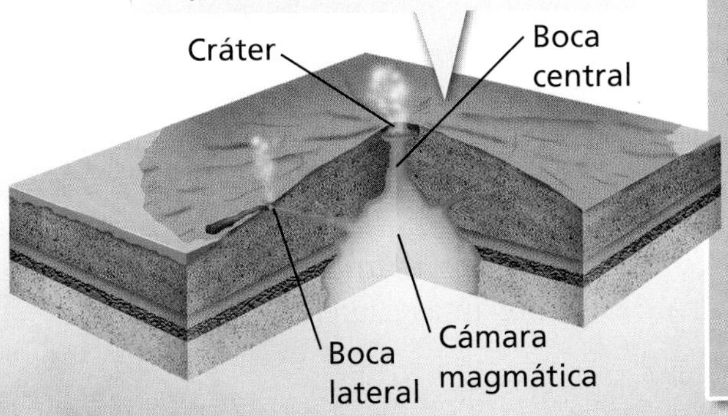

Cráter
Boca central
Boca lateral
Cámara magmática

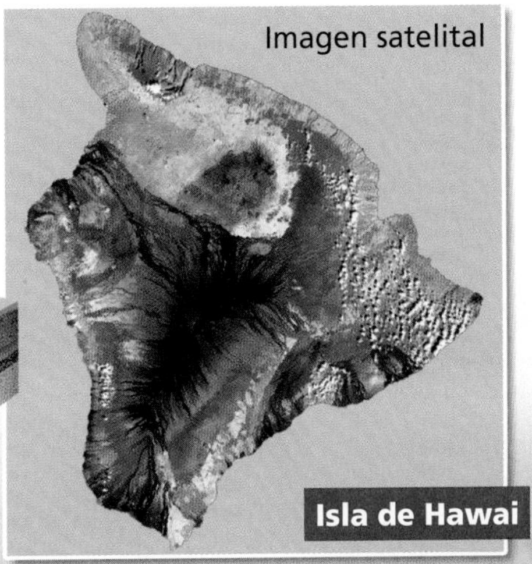

Imagen satelital
Isla de Hawai

Volcán de cono de escoria
Ceniza, escoria y bombas hacen erupción en forma explosiva para formar una colina en forma de cono.

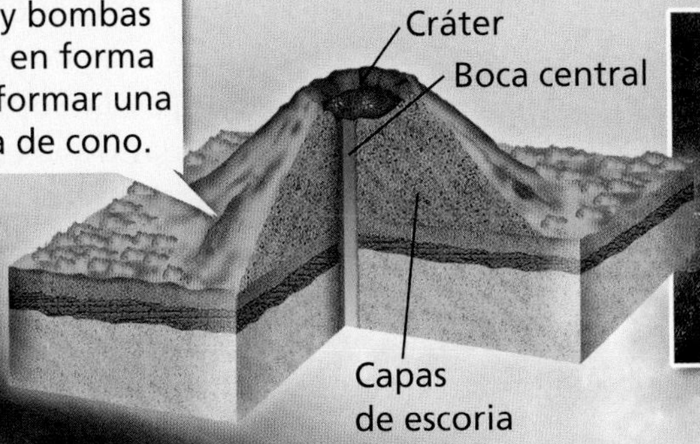

Cráter
Boca central
Capas de escoria

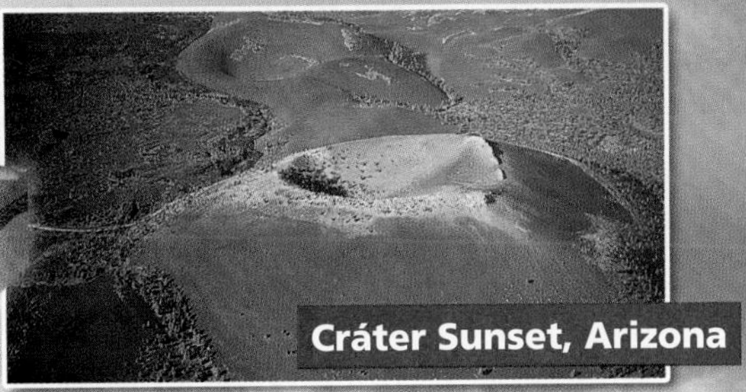

Cráter Sunset, Arizona

Meseta de lava
Una meseta de lava se forma con muchas capas de lava delgada y líquida que hace erupción en grietas largas en el suelo.

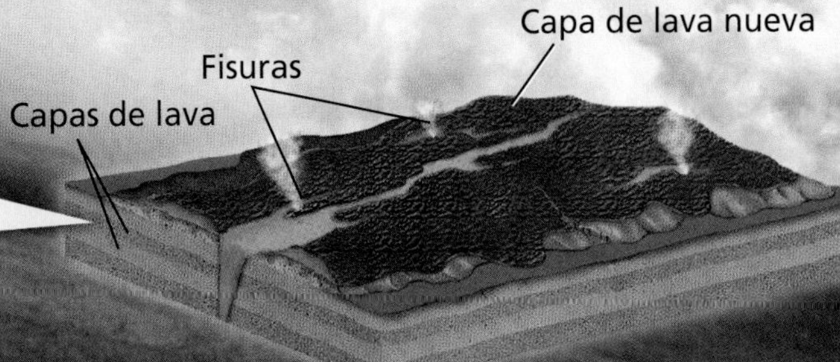

Capa de lava nueva
Fisuras
Capas de lava

FIGURA 15
Cómo se forma una caldera
Hoy en día, el lago Cráter (derecha) llena una caldera casi circular. Una caldera se forma cuando la cámara magmática de un volcán se vacía y el techo de la cámara se colapsa.

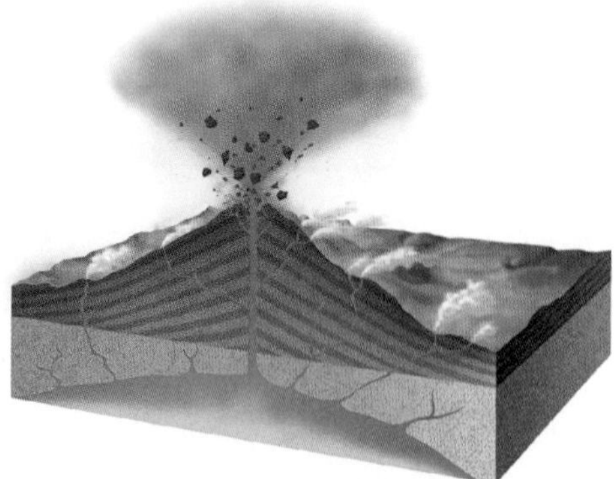

1 La cima de un volcán compuesto explota. El flujo de lava vacía en forma parcial la cámara magmática.

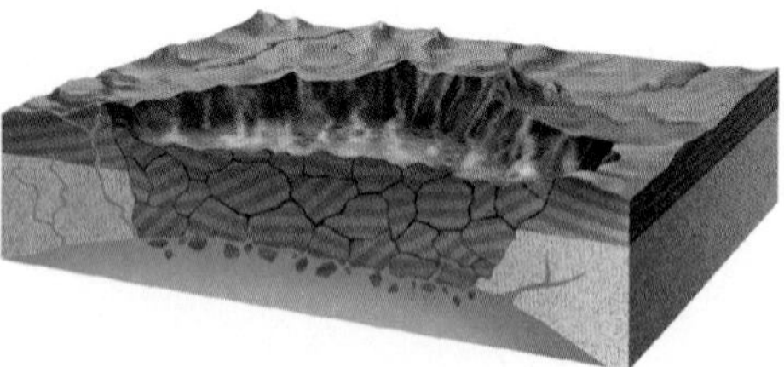

2 El techo de la cámara magmática se colapsa, formando una caldera.

3 Más tarde, se forma un cono de escoria pequeño en la caldera, el cual se llena en forma parcial con agua.

Calderas El agujero enorme que deja el colapso de una montaña volcánica se llama **caldera.** El agujero se llena con los fragmentos del volcán que han caído hacia el interior, al igual que algo de lava y cenizas.

¿Cómo se forma una caldera? Erupciones enormes pueden vaciar la boca principal y la cámara magmática debajo de un volcán. La montaña se convierte en una concha hueca. Con nada que la sostenga, la cima de la montaña se colapsa hacia el interior, formando una caldera.

En la Figura 15 puedes ver los pasos en la formación del lago Cráter, una caldera en Oregón. Se formó hace alrededor de 7,700 años cuando una enorme erupción explosiva vació en forma parcial la cámara magmática de un volcán llamado monte Mazama. Cuando el volcán explotó, la cima de la montaña fue lanzada a la atmósfera. La caldera que se formó con el tiempo se llenó con agua de lluvia y nieve. La isla Wizard, en el lago Cráter, es un pequeño cono de escoria que se formó durante una erupción posterior dentro de la caldera.

Suelos de lava y ceniza ¿Por qué viviría alguien cerca de un volcán activo? Las personas a veces se establecen cerca de un volcán para aprovechar el suelo volcánico fértil. La lava, ceniza y escoria que salen de un volcán son yermas al principio, pero con el tiempo, la superficie dura de la lava se rompe y forma suelo. Cuando la ceniza volcánica se rompe, libera potasio, fósforo y otras sustancias que necesitan las plantas. Cuando se desarrolla el suelo, las plantas son capaces de crecer. Algunos suelos volcánicos están entre los suelos más ricos en el mundo. Decir que el suelo es rico significa que es fértil, o capaz de sostener el crecimiento de plantas.

¿Por qué son importantes los suelos volcánicos?

Relieves de magma

En ocasiones el magma se abre paso a través de grietas en la corteza superior, pero no alcanza la superficie. Ahí el magma se enfría y se endurece como roca. Con el tiempo, las fuerzas que erosionan la superficie de la Tierra, como agua corriente, hielo o viento, pueden eliminar las capas sobre el magma endurecido y al final exponerlo. **Los relieves formados por el magma incluyen cuellos volcánicos, diques discordantes y diques concordantes, así como batolitos y montañas de domo.**

Cuellos volcánicos Un cuello volcánico parece un diente gigante clavado en el suelo. Un **cuello volcánico** se forma cuando el magma se endurece en la chimenea de un volcán. La roca más suave alrededor de la chimenea se erosiona, exponiendo la roca dura del cuello volcánico. Ship Rock en Nuevo México, mostrado en la Figura 16, es un cuello volcánico formado de un volcán que hizo erupción hace 30 millones de años.

Diques discordantes y concordantes El magma que pasa por capas de roca se endurece en un **dique discordante.** A veces puede verse sesgado por la roca firme en un corte en una carretera.

Cuando el magma se oprime entre capas horizontales de roca, forma un **dique concordante.** Un ejemplo famoso son los Palisades en los estados de Nueva York y Nueva Jersey. Los Palisades forman una serie de largos acantilados oscuros que se extienden 30 kilómetros a lo largo de la ribera occidental del río Hudson.

Para: Vínculos sobre efectos volcánicos, disponible en inglés.
Visita: www.SciLinks.org
Código Web: scn-1034

FIGURA 16
Cuellos volcánicos, diques discordantes y diques concordantes
El magma que se endurece bajo la superficie puede formar cuellos volcánicos, diques discordantes y diques concordantes. Un dique discordante se extiende hacia afuera de la roca Ship, un cuello volcánico en Nuevo México.
Comparar y contrastar *¿Cuál es la diferencia entre un dique discordante y un dique concordante?*

Cuello volcánico
Dique discordante
Dique concordante

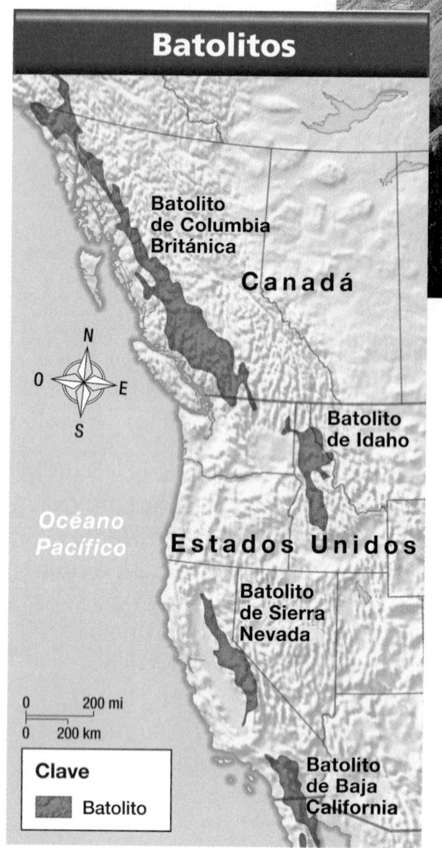

FIGURA 17
Batolitos
Varios batolitos grandes forman el núcleo de las cordilleras en el occidente de América del Norte. Half Dome en el Parque Nacional Yosemite, California, es parte del batolito de Sierra Nevada.

Batolitos Masas de roca grandes llamadas batolitos forman el núcleo de muchas cordilleras. Un **batolito** es una masa de roca formada cuando un cuerpo grande de magma se enfría dentro de la corteza. El mapa en la Figura 17 muestra lo grandes que son en realidad los batolitos. La fotografía muestra cómo se ve un batolito cuando las capas de roca superiores se han erosionado.

Montañas de domos Otros cuerpos más pequeños de magma endurecido pueden crear montañas de domo. Una montaña de domo se forma cuando la elevación empuja un batolito o un cuerpo más pequeño de magma endurecido hacia la superficie. El magma endurecido obliga a las capas de roca a doblarse hacia arriba en forma de domo. Con el tiempo, la roca sobre la montaña de domo se erosiona, dejándola expuesta. Este proceso formó las Black Hills en Dakota del Sur.

Actividad geotérmica

La palabra *geotérmica* proviene del griego *geo* que significa "Tierra" y *therme* que significa "calor". Durante la **actividad geotérmica,** el magma que está unos cuantos kilómetros debajo de la superficie de la Tierra calienta el agua subterránea. Una variedad de formaciones geotérmicas ocurren en áreas volcánicas. **Los manantiales de aguas termales y los géiseres son tipos de actividad geotérmica que se encuentran con frecuencia en áreas de actividad volcánica presente o pasada.**

Manantiales de aguas termales Un manantial de agua termal se forma cuando el agua subterránea se calienta debido a un cuerpo de magma cercano o roca caliente subterránea profunda. El agua caliente sube a la superficie y se acumula en un pozo natural. (El agua subterránea es agua que rezuma en los espacios entre rocas profundas bajo la superficie de la Tierra.) El agua de los manantiales termales puede contener gases disueltos y otras sustancias de las profundidades de la Tierra.

Géiseres En ocasiones, el agua caliente y el vapor que ascienden quedan atrapados bajo tierra en una grieta estrecha. La presión se acumula hasta que la mezcla se vaporiza de pronto hacia la superficie como un géiser. Un **géiser** es una fuente de agua y vapor que hace erupción desde el suelo. La Figura 18 muestra uno de los géiseres más famosos de la Tierra.

Energía geotérmica En algunas áreas volcánicas, el agua calentada por el magma puede proporcionar una fuente de energía llamada energía geotérmica. Los habitantes de Reikiavik, Islandia, entuban esta agua caliente hasta sus hogares para calentarlos. La energía geotérmica también puede usarse como una fuente de electricidad. El vapor subterráneo se entuba en turbinas. Dentro de una turbina, el vapor hace girar una rueda en la misma forma en que soplar sobre un rehilete hace que éste gire. La rueda móvil en la turbina hace girar un generador que cambia la energía de movimiento en energía eléctrica. La energía geotérmica proporciona algo de energía eléctrica en California y Nueva Zelanda.

¿Cómo puede usarse la energía geotérmica para generar electricidad?

FIGURA 18
Un géiser hace erupción
Old Faithful, un géiser en el Parque Nacional Yellowstone, hace erupción más o menos cada 33 a 93 minutos. Esto es lo que le toma a la presión acumularse de nuevo después de cada erupción.

Sección 4 Evaluación

Destreza clave de lectura Hacer un esquema Usa la información en tu esquema sobre relieves volcánicos para responder a las preguntas siguientes.

Repasar los conceptos clave

1. a. **Identificar** ¿Cuáles son los tres tipos principales de volcanes?
   b. **Comparar y contrastar** Compara los tres tipos de montañas volcánicas en cuanto a su forma, tipo de erupción y los materiales que constituyen el volcán.
2. a. **Hacer una lista** ¿Qué relieves se forman como resultado del endurecimiento del magma bajo la superficie de la Tierra?
   b. **Explicar** ¿Cuáles son las dos maneras en las que pueden formarse montañas como resultado del endurecimiento del magma bajo la superficie de la Tierra?
   c. **Predecir** Después de millones de años, ¿qué relieves produce el magma endurecido en la chimenea de un volcán extinto?
3. a. **Hacer una lista** ¿Cuáles son algunas de las formaciones que se encuentran en áreas de actividad geotérmica?
   b. **Relacionar causa y efecto** ¿Qué causa que haga erupción un géiser?

Escribir en ciencias

Explicar un proceso Escribe una explicación del proceso que formó el lago Cráter. En tu respuesta, incluye el tipo de montaña volcánica y de erupción implicados, al igual que los pasos en el proceso. (*Pista:* Mira el diagrama en la Figura 15 antes de escribir.)

Volcanes de gelatina

Problema

¿Cómo se mueve el magma dentro de un volcán?

Destrezas aplicadas

desarrollar hipótesis, hacer modelos, observar

Materiales

- vaso de plástico
- bandeja o molde poco profundo
- molde de aluminio para pizza con agujeros perforados a intervalos de 2.5 cm
- cuchillo de plástico
- gelatina sin sabor moldeada en un tazón
- colorante vegetal rojo y agua
- jeringa de plástico de 10 cc
- guantes de hule
- papel sin rayas
- 3 cajas pequeñas de cartón de cereal

Procedimiento 

1. Antes de que el magma haga erupción como lava, ¿cómo viaja desde la cámara magmática subterránea? Anota tu hipótesis.
2. Saca la gelatina del refrigerador. Afloja la gelatina de su molde colocándolo brevemente en un tazón más grande con agua caliente.
3. Coloca el molde para pizza sobre la gelatina; el molde de gelatina debe estar cerca del centro del molde para pizza. Mientras sostienes el molde para pizza contra la parte superior del molde de gelatina, voltea con cuidado ambos moldes al revés.
4. Levanta con cuidado el molde de la gelatina para crear un volcán de gelatina.
5. Coloca el molde para pizza con la gelatina encima de las cajas de cereal como se muestra en la fotografía.
6. Llena la jeringa con "magma" (el agua roja). Elimina las burbujas de aire de la jeringa sosteniéndola en forma vertical y dejando salir una pequeña cantidad de agua.
7. Inserta la punta de la jeringa a través de un agujero en el molde para pizza cerca del centro del volcán de gelatina. Inyecta el magma en la gelatina muy despacio. Observa lo que le sucede al magma.
8. Repite los pasos 6 y 7 tantas veces como sea posible. Observa el movimiento del magma cada vez. Advierte cualquier diferencia en la dirección que toma el magma cuando insertas la jeringa en diferentes partes del volcán de gelatina. Anota tus observaciones.

Tabla de datos			
Prueba	Ubicación inicial del magma	Posición y forma de los cuerpos de magma	Otras observaciones
1.			
2.			
3.			
4.			

9. Mira tu volcán de gelatina desde arriba. Haz un boceto de las posiciones y formas de los cuerpos de magma. Rotula tu dibujo "Vista superior".
10. Usa con cuidado un cuchillo para cortar tu volcán a la mitad. Separa las piezas y busca rastros de los cuerpos de magma.
11. Dibuja las posiciones y formas de los cuerpos magma en una de las caras cortadas. Rotula tu dibujo "Sección transversal".

Analiza y concluye

1. **Observar** Describe la forma en que el magma se movió por tu modelo. ¿El magma se movió en forma recta hacia arriba por el centro de tu modelo de volcán o se ramificó en algunos lugares? Explica por qué crees que el magma se movió en esta forma.
2. **Desarrollar hipótesis** ¿Qué conocimiento o experiencia usaste para desarrollar tu hipótesis? ¿Cómo se compara el movimiento real con tu hipótesis?
3. **Inferir** ¿Cómo explicarías cualquier diferencia en la dirección en que fluyó el magma cuando se insertó la jeringa en diferentes partes del volcán de gelatina?
4. **Hacer modelos** ¿Cómo se compara lo que viste en tu modelo con el movimiento del magma en los volcanes reales? ¿Cómo podrías cambiar tu modelo para que fuera más parecido a un volcán real?
5. **Comunicar** Prepara tu modelo como una exhibición para enseñar a otros estudiantes acerca de los volcanes. Haz una lista de los relieves volcánicos de tu modelo. Escribe una descripción de la manera en que se formarían estos relieves en un volcán real.

Explora más

Haz un plan para repetir la investigación con un molde con dos capas de gelatina. Antes de inyectar el magma, predice qué efecto tendrán las capas en el movimiento del magma. Anota tus observaciones para saber si tu hipótesis fue correcta. ¿Qué relieves volcánicos se producen con esta versión? ¿Podrías hacer un modelo de otros relieves volcánicos usando capas de gelatina? *Obtén la autorización de tu maestro antes de llevar a cabo tu investigación.*

Una erupción del monte Kilauea, Hawai

Capítulo 3 Guía de estudio

1 Volcanes y tectónica de placas

Conceptos claves

- Los cinturones volcánicos se forman a lo largo de los bordes de las placas de la Tierra.
- Un volcán se forma sobre un punto caliente cuando el magma hace erupción a través de la corteza y alcanza la superficie.

Términos clave

volcán
magma
lava
Cinturón de Fuego
arco de islas
punto caliente

2 Propiedades del magma

Conceptos clave

- Cada sustancia tiene un conjunto particular de propiedades físicas y químicas. Estas propiedades pueden usarse para identificar una sustancia o predecir cómo se comportará.
- Debido a que los líquidos difieren en viscosidad, algunos líquidos fluyen con más facilidad que otros.
- La viscosidad del magma depende de su contenido de sílice y su temperatura.

Términos clave

elemento
compuesto
propiedad física
propiedad química
viscosidad
sílice
cordada
malpaís

3 Erupciones volcánicas

Conceptos clave

- Cuando un volcán hace erupción, la fuerza de los gases en expansión empuja al magma desde la cámara magmática a través de la chimenea hasta que fluye o explota por la boca.
- Los geólogos clasifican las erupciones volcánicas como silenciosas o explosivas.
- Los geólogos con frecuencia usan los términos *activo, atenuado* o *extinto* para describir la etapa de actividad de un volcán.

Términos clave

cámara magmática
chimenea
boca
colada de lava
cráter
flujo piroclástico
atenuado
extinto

4 Relieves volcánicos

Conceptos clave

- Las erupciones volcánicas crean relieves hechos de lava, ceniza y otros materiales. Estos relieves incluyen volcanes en escudo, volcanes de cono de escoria, volcanes compuestos y mesetas de lava.
- Los relieves formados por el magma incluyen cuellos volcánicos, diques discordantes y diques concordantes, así como batolitos y montañas de domo.
- Los manantiales de aguas termales y los géiseres son tipos de actividad geotérmica que se encuentran con frecuencia en áreas de actividad volcánica presente o pasada.

Términos clave

volcán en escudo
cono de escoria
volcán compuesto
caldera
cuello volcánico
dique discordante
dique concordante
batolito
actividad geotérmica
géiser

Repaso y evaluación

Go Online PHSchool.com
Para: Una autoevaluación, disponible en inglés.
Visita: PHSchool.com
Código Web: cfa-1030

Organizar la información

Mapa de conceptos Llena el mapa de conceptos para mostrar las características de los diferentes tipos de montañas volcánicas.

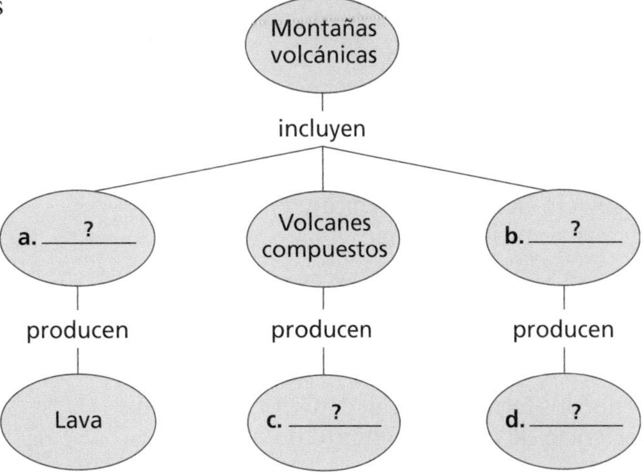

Repasar los términos clave

Elige la letra de la mejor respuesta.

1. Los volcanes que se encuentran donde chocan dos placas oceánicas forman un
   a. cono de escoria. **b.** un arco de islas.
   c. punto caliente. **d.** Cinturón de Fuego.
2. En un volcán, el magma se vuelve lava cuando llega al(a la)
   a. géiser. **b.** cámara magmática.
   c. chimenea. **d.** boca.
3. La lava que al endurecerse forma espirales suaves parecidas a una cuerda se llama
   a. malpaís. **b.** sílice.
   c. cordada. **d.** flujo piroclástico.
4. Una montaña volcánica hecha de ceniza volcánica, escoria y bombas se llama
   a. volcán en escudo.
   b. cono de escoria.
   c. volcán compuesto.
   d. caldera.
5. El colapso de la cámara magmática de un volcán puede producir un(una)
   a. cráter.
   b. arco de islas.
   c. caldera.
   d. batolito.
6. La lava que corta a través de capas de roca se endurece para formar un(una)
   a. dique discordante. **b.** caldera.
   c. cuello volcánico. **d.** dique concordante.
7. Cuando el magma calienta el agua subterránea, el resultado puede ser un(una)
   a. colada de lava.
   b. boca.
   c. punto caliente.
   d. manantial de aguas termales.

Escribir en ciencias

Comparación Escribe una comparación de las tres clases diferentes de volcanes. Expón las formas en que los tres se parecen y las formas en que son diferentes. Usa los términos correctos para describir cada tipo de volcán.

Volcanoes
Video Preview
Video Field Trip
▶ Video Assessment

Repaso y evaluación

Verificar los conceptos

8. ¿Qué es el Cinturón de Fuego?
9. ¿Qué proceso causa que se formen volcanes a lo largo de la dorsal oceánica?
10. ¿Cuáles son las dos formas en que pueden formarse volcanes cerca de los bordes de placas convergentes?
11. ¿Qué efecto tiene la temperatura en las características del magma?
12. ¿Cómo se forma un volcán en escudo?
13. Describe las tres etapas en el "ciclo de vida" de un volcán.
14. ¿Por qué los terremotos pueden ser una señal de advertencia de que está a punto de suceder una erupción?
15. ¿Cómo se forman los manantiales de aguas termales?

Pensamiento crítico

16. **Predecir** ¿Es probable que ocurra una erupción volcánica en la costa este de Estados Unidos? Explica tu respuesta.
17. **Comparar y contrastar** Compara la manera en que se forma un arco de islas con la manera en que se forma un volcán en un punto caliente.
18. **Hacer generalizaciones** ¿Cómo podría afectar una erupción volcánica al área alrededor de un volcán, incluyendo su vida vegetal y animal?
19. **Relacionar causa y efecto** Mira el diagrama que sigue de una meseta de lava. ¿Por qué el tipo de erupción que produce una meseta de lava no produce en cambio una montaña volcánica?

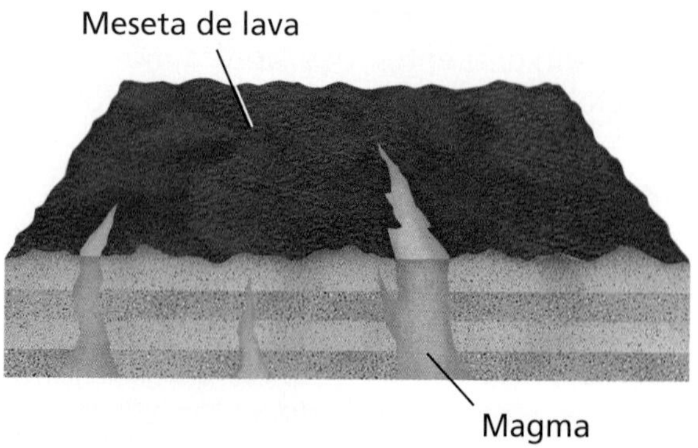

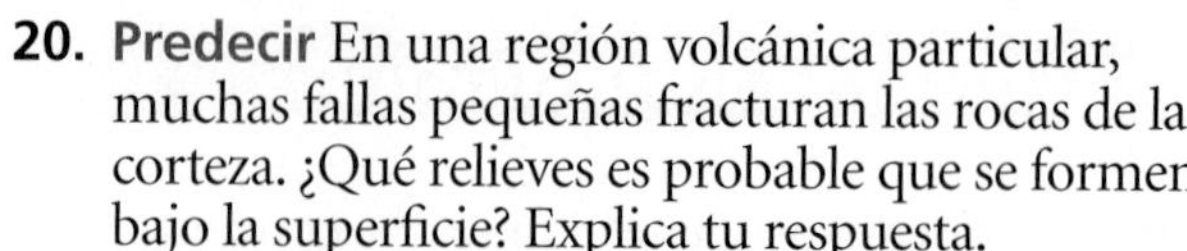

20. **Predecir** En una región volcánica particular, muchas fallas pequeñas fracturan las rocas de la corteza. ¿Qué relieves es probable que se formen bajo la superficie? Explica tu respuesta.

Aplicar destrezas

Usa el diagrama para responder a las preguntas 21 a 24.

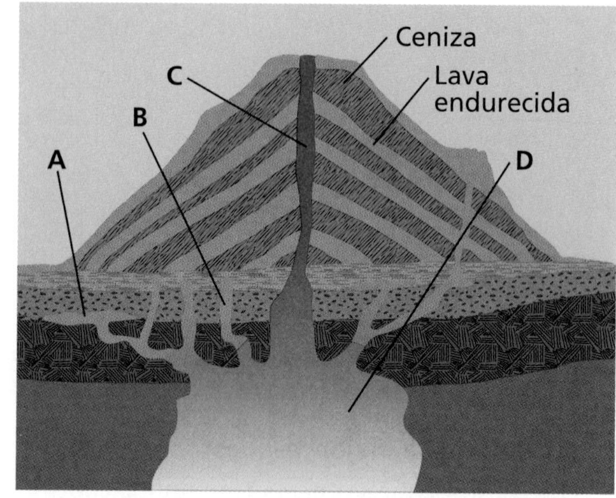

21. **Clasificar** ¿De qué está hecho este volcán? ¿Cómo clasifican los geólogos un volcán hecho de estos materiales?
22. **Desarrollar hipótesis** ¿Qué formación indica la letra A en el diagrama? ¿Y cual la letra B? ¿Cómo ocurren estas formaciones?
23. **Predecir** ¿Qué formación indica la letra C en el diagrama? Si esta formación queda oculta con magma endurecido, ¿qué podría sucederle al volcán? Explica.
24. **Inferir** ¿Qué formación indica la letra D en el diagrama? ¿Qué puedes inferir acerca de esta formación si el volcán se vuelve atenuado?

Lab zone Proyecto del capítulo

Evaluación del desempeño Presenta tu documental acerca de una región volcánica a tu clase. Evalúa qué tan bien presentó tu documental la información que recopilaste. Mientras veías los otros documentales, ¿advierte alguna semejanza entre la forma en que viven las personas con volcanes en diferentes regiones?

Preparación para la prueba estandarizada

Sugerencia para hacer la prueba

Ordenar en serie los sucesos

Algunas preguntas de la prueba requieren que ordenes en serie los sucesos presentados. Por ejemplo, podrían preguntarte cuál suceso ocurrió primero o al último. Antes de ver las opciones de respuesta, intenta primero determinar el orden correcto en que ocurren los sucesos.

Pregunta de ejemplo

Los volcanes compuestos se forman en una placa continental en una serie de pasos. ¿Cuál de los siguientes es el primer paso hacia la formación de este tipo de volcán?

A Ocurre subducción.
B La corteza sobre la placa de subducción se funde y forma magma.
C Una placa oceánica choca con una placa continental.
D Se forma una fosa oceánica profunda.

Respuesta

C es correcta. **A** no puede ser correcta porque la subducción sólo puede ocurrir si se ha formado una fosa. Puedes eliminar **B** debido a que la formación de magma ocurre cerca del final del proceso. **D** no puede ser correcta porque dos placas deben chocar antes de que pueda formarse una fosa.

Elige la letra que mejor responda a la pregunta o mejor complete la oración.

1. Es más probable que un volcán compuesto se forme
A sobre un punto caliente.
B donde una placa oceánica choca con una placa continental.
C a lo largo de la dorsal oceánica.
D a lo largo de un valle de fisura.

2. Conforme aumenta la temperatura del magma, su viscosidad
F afecta el contenido de sílice del magma.
G aumenta.
H permanece igual.
J disminuye.

3. ¿Qué paso en una erupción volcánica ocurre justo antes de que haga erupción el volcán?
A Se acumula el magma en la cámara magmática.
B La lava se endurece para formar roca volcánica.
C Los gases en expansión empujan el magma a través de la chimenea.
D El techo de la cámara magmática vacía se colapsa.

4. El magma que se endurece entre capas de roca forma un
F cuello volcánico.
G dique discordante.
H batolito.
J dique concordante.

5. ¿La formación de qué relieve volcánico muestra el diagrama que sigue?
A caldera
B volcán de arco de islas
C punto caliente
D dorsal oceánica

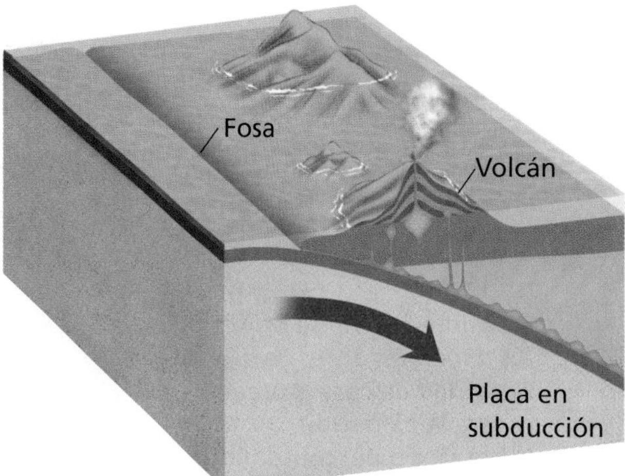

Respuesta estructurada

6. Una geóloga estaba observando el área alrededor de un volcán atenuado. Decidió que este volcán debía haber tenido una erupción explosiva. Describe la evidencia que usaría la geóloga para tomar esta decisión. En tu respuesta, expón las propiedades del magma y los tipos de roca que resultarían de una erupción explosiva.

Capítulo

4 Minerales

Avance del capítulo

1. **Propiedades de los minerales**
   Descubre *¿Cuál es el verdadero color de un mineral?*
   Destrezas de matemáticas *Calcular la densidad*
   Analizar datos *Densidad del mineral*
   Actividad de destrezas *Clasificar*
   Arte activo *Sistemas cristalinos*
   Laboratorio de destrezas *Hallar la densidad de los minerales*

2. **Cómo se forman los minerales**
   Descubre *¿Afecta a los cristales la rapidez de enfriamiento?*
   Inténtalo *Manos de cristal*

3. **Uso de los recursos minerales**
   Descubre *¿Cómo se procesan los minerales antes de usarlos?*
   Actividad en casa *Proteger contra la oxidación*
   Laboratorio del consumidor *Un bocado de minerales*

Interactive Textbook

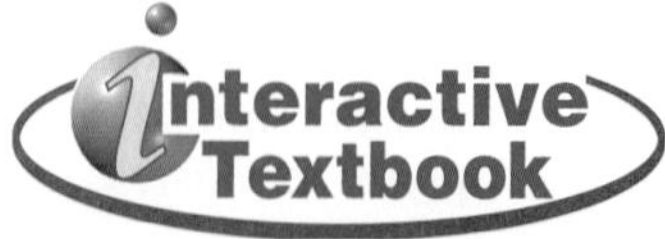

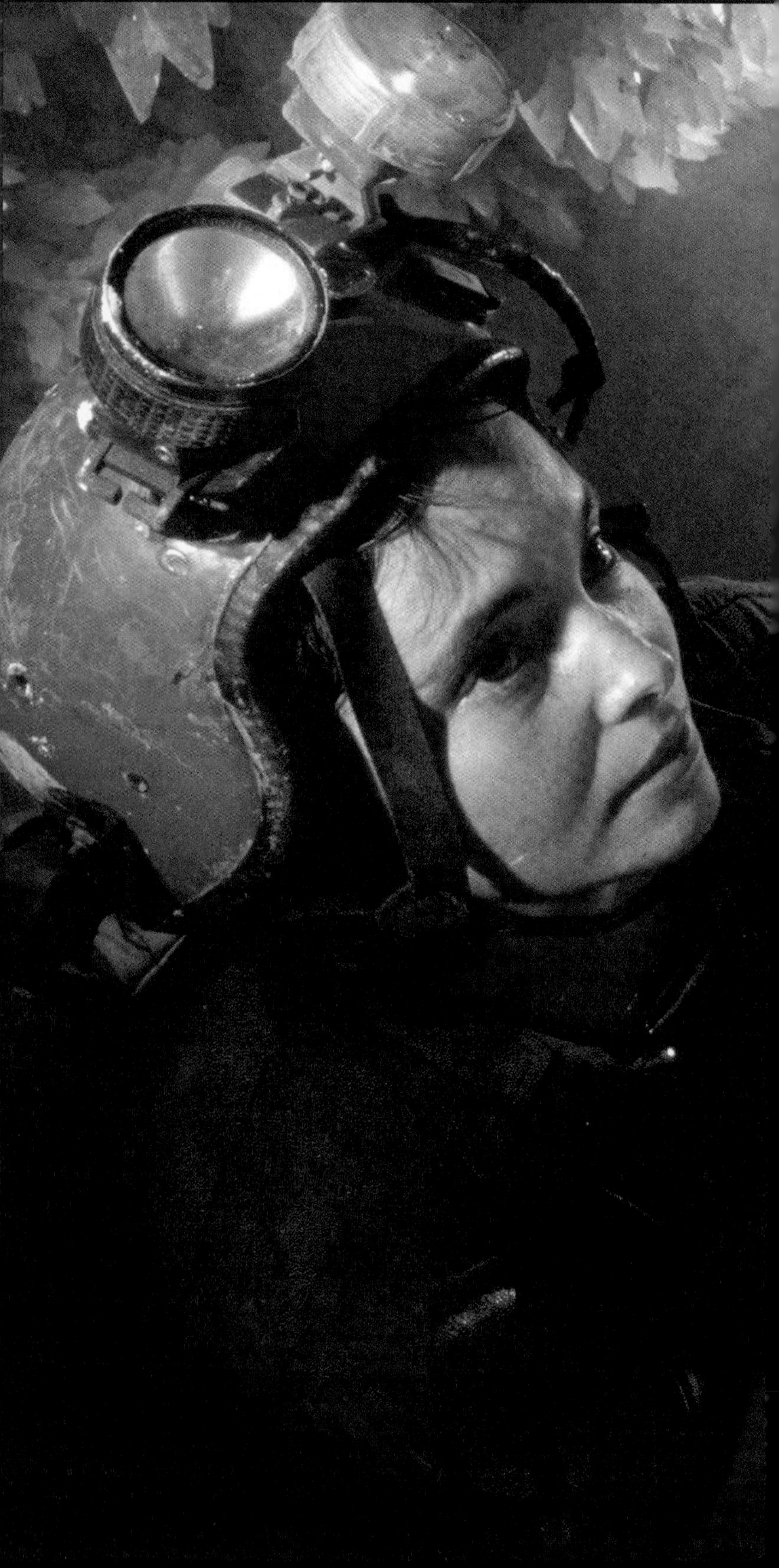

Esta caverna debajo de una montaña de California brilla con miles de cristales de calcita. ▶

Minerals

- ▶ Video Preview
- Video Field Trip
- Video Assessment

Lab zone™ Proyecto del capítulo

Cultivar un jardín de cristal

Los minerales existen en una asombrosa variedad de colores y formas: desde cubos pequeños y claros de halita (sal de mesa), hasta masas de cristales de calcita, como las de la fotografía o rubíes y zafiros preciosos. En este proyecto, cultivarás cristales para ver cómo diferentes tipos de sustancias químicas producen diferentes formas de cristales.

Tu objetivo Diseñar y cultivar un jardín de cristales

Para completar este proyecto debes

- crear una escena de jardín tridimensional como una base para cultivar cristales
- preparar al menos dos soluciones diferentes para cultivar cristales
- observar y registrar las formas y velocidades de crecimiento de tus cristales
- seguir las reglas de seguridad del Apéndice A

Haz un plan Comienza por decidir los materiales de tu jardín. Tu maestro sugerirá varios materiales y los tipos de soluciones para cultivo de cristales que puedes usar. Luego, diseña y construye tu jardín y agrega las soluciones. Observa y registra el crecimiento de los cristales. Por último, exhibe tu jardín de cristales en tu clase. Describe tu procedimiento, observaciones y conclusiones.

Sección 1

Propiedades de los minerales

Avance de la lectura

Conceptos clave

- ¿Qué es un mineral?
- ¿Cómo se identifican los minerales?

Términos clave

- mineral • inorgánico
- cristal • raya • brillo
- escala de dureza de Mohs
- exfoliación • fractura

Destreza clave de lectura

Hacer un esquema Un esquema muestra la relación entre las ideas principales y las ideas de apoyo. Mientras lees, haz un esquema sobre las propiedades de los minerales. Usa los encabezados en rojo para los temas principales y los encabezados en azul para los subtemas.

Propiedades de los minerales

I. ¿Qué es un mineral?
  A. Ocurre en la naturaleza
  B. Inorgánico
  C.
  D.
  E.
II. Identificar minerales

Lab zone Actividad Descubre

¿Cuál es el verdadero color de un mineral?

1. Examina muestras de magnetita y hematita negra. Ambos contienen hierro. Describe el color y apariencia de los dos minerales. ¿Son parecidos o diferentes?
2. Frota la hematita negra por la parte posterior de un mosaico de porcelana o cerámica. Observa el color de la raya que deja.
3. Limpia el mosaico con un trapo antes de probar la siguiente muestra.
4. Frota la magnetita por la parte posterior del mosaico. Observa el color de la raya.

Reflexiona

Observar ¿El color de cada mineral coincide con el color de su raya? ¿Cómo podría ser útil esta prueba de la raya para identificarlos como dos minerales diferentes?

Observa las dos sustancias diferentes en la Figura 1. A la izquierda hay hermosos cristales de cuarzo y a la derecha un puñado de carbón. Ambos son materiales sólidos que se forman debajo de la superficie de la Tierra, pero sólo uno es un mineral. Para determinar cuál de los dos es un mineral, necesitas familiarizarte con las características de los minerales. ¡Entonces puedes decidir cuál es un mineral y cuál no!

¿Qué es un mineral?

Un mineral es un sólido inorgánico que ocurre en la naturaleza, de estructura cristalina y composición química definida. Para que una sustancia sea un mineral, debe tener estas cinco propiedades.

Ocurre en la naturaleza Para que una sustancia se clasifique como un mineral, debe estar formada por procesos que ocurren en el mundo natural. El mineral de cuarzo se forma de manera natural cuando el magma se enfría y endurece en lo profundo bajo la superficie de la Tierra. Los materiales hechos por los humanos, como el plástico, los ladrillos, el vidrio y el acero, no son minerales.

Inorgánico Un mineral también debe ser **inorgánico.** Esto significa que el mineral no puede formarse de materiales que alguna vez fueron parte de un ser vivo. Por ejemplo, el carbón se forma de manera natural en la corteza. Pero los geólogos no clasifican el carbón como un mineral debido a que proviene de los restos de plantas que vivieron hace millones de años.

Sólido Un mineral siempre es un sólido, con un volumen y forma definidos. Las partículas que forman un sólido constituyen una masa muy compacta, de modo que no pueden moverse como las partículas que forman un líquido.

Estructura de cristal Las partículas de un mineral se alinean en un patrón que se repite una y otra vez. El patrón repetido de las partículas de un mineral forma un sólido llamado **cristal.** Un cristal tiene lados planos, llamados caras, que se unen en bordes y esquinas agudos. El cuarzo en la Figura 1 tiene una estructura de cristal. En contraste, la mayor parte del carbón carece de una estructura de cristal.

Composición química definida Un mineral tiene una composición química definida o un rango de composiciones. Esto significa que un mineral siempre contiene ciertos elementos en proporciones definidas.

Casi todos los minerales son compuestos. Por ejemplo, un cristal del mineral cuarzo tiene un átomo de silicio por cada dos átomos de oxígeno. Cada compuesto tiene sus propiedades específicas, o características, las cuales por lo general difieren en gran medida de las propiedades de los elementos que lo forman.

Algunos elementos ocurren en la naturaleza en una forma pura, y no como parte de un compuesto con otros elementos. Elementos como el cobre, la plata y el oro también son minerales. Casi todos los elementos sólidos puros son metales.

Verifica tu lectura **¿Qué significa la oración "composición química definida"?**

FIGURA 1
Cuarzo y carbón
El cuarzo (abajo) tiene todas las propiedades de un mineral. Pero el carbón (arriba) está formado de restos de plantas, carece de una estructura de cristal y no tiene una composición química definida.

Propiedades del mineral	Cuarzo	Carbón
Ocurre en la naturaleza	✓	✓
Inorgánico	✓	No
Sólido	✓	✓
Estructura de cristal	✓	No
Composición química definida	✓	No

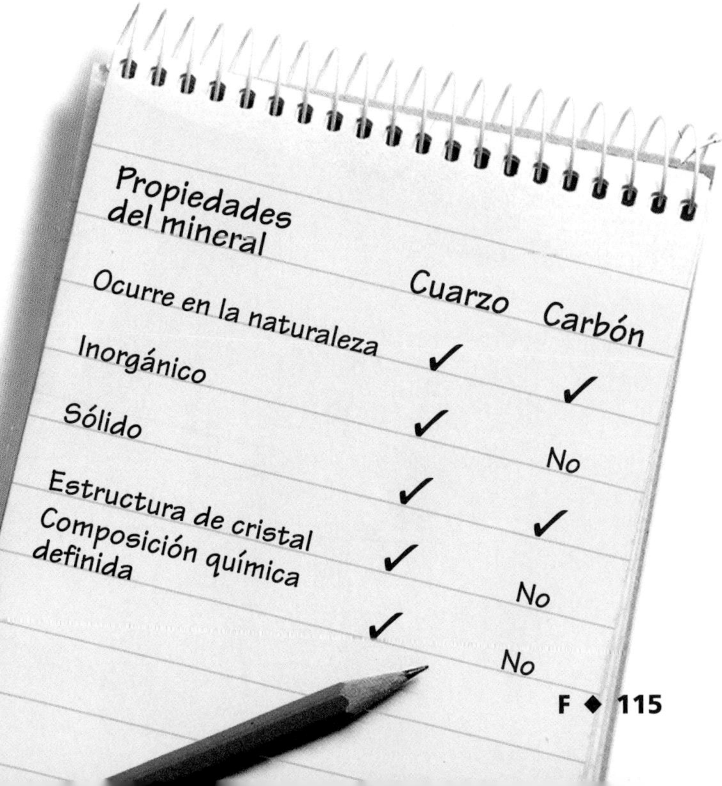

Identificar minerales

Los geólogos han identificado alrededor de 3,800 minerales. Debido a que hay tantas clases diferentes de minerales, distinguirlos con frecuencia puede ser un desafío. **Cada mineral tiene propiedades características que se pueden usar para identificarlo.** Cuando hayas aprendido a reconocer las propiedades de los minerales, serás capaz de identificar muchos minerales comunes que te rodean.

Puedes ver algunas de las propiedades de un mineral con sólo ver una muestra. Para observar otras propiedades, sin embargo, necesitas realizar pruebas en esa muestra. Mientras lees sobre las propiedades de los minerales, piensa en cómo podrías usarlas para identificar un mineral.

Color El color de un mineral es una propiedad física que se observa con facilidad. Pero el color de un mineral por sí solo con frecuencia proporciona muy poca información para hacer una identificación. Los tres minerales en la Figura 2 son de color dorado, pero sólo uno es oro real. El color se puede usar para identificar sólo aquellos pocos minerales que siempre tienen su propio color característico. El mineral malaquita siempre es verde. El mineral azurita siempre es azul. Ningún otro mineral se ve igual a éstos.

FIGURA 2
Color de los minerales
Estas mujeres en la India buscan trozos de oro en la arena del río. Sólo porque un mineral sea de color dorado no significa que en realidad sea oro. La calcopirita y la pirita, también conocidas como "el oro de los tontos", son de color parecido al oro real.

FIGURA 3
Raya
La raya de un mineral puede ser de su mismo color o de un color bastante diferente. **Observar** *¿Cómo se comparan las rayas de estos minerales con sus colores?*

Rayas Una prueba de raya puede proporcionar un indicio de la identidad de un mineral. La **raya** de un mineral es el color de su polvo. Puedes observar una raya frotando un mineral contra una pieza de mosaico de porcelana no vidriado, como se muestra en la Figura 3. Aun cuando el color del mineral puede variar, su raya no. De manera sorprendente, el color de la raya y el color del mineral con frecuencia difieren. Por ejemplo, aunque la pirita tiene un color dorado, siempre produce una raya negra verdosa. El oro real, por otra parte, produce una raya amarilla dorada.

Brillo Otra prueba simple para identificar un mineral es revisar su brillo. **Brillo** es el término que se usa para describir cómo se refleja la luz en la superficie de un mineral. Los minerales que contienen metales con frecuencia son brillantes. Por ejemplo, la galena es una mena de plomo que tiene un brillo metálico radiante. El cuarzo tiene un brillo vítreo. Algunos de los otros términos usados para describir el brillo incluyen terroso, ceroso y perlado. La Figura 4 muestra el brillo de varios minerales.

¿Qué característica de los minerales describe el término *brillo*?

FIGURA 4
Los geólogos usan muchos términos diferentes para describir el brillo de los minerales. **Interpretar tablas** *¿Qué mineral tiene un brillo terroso?*

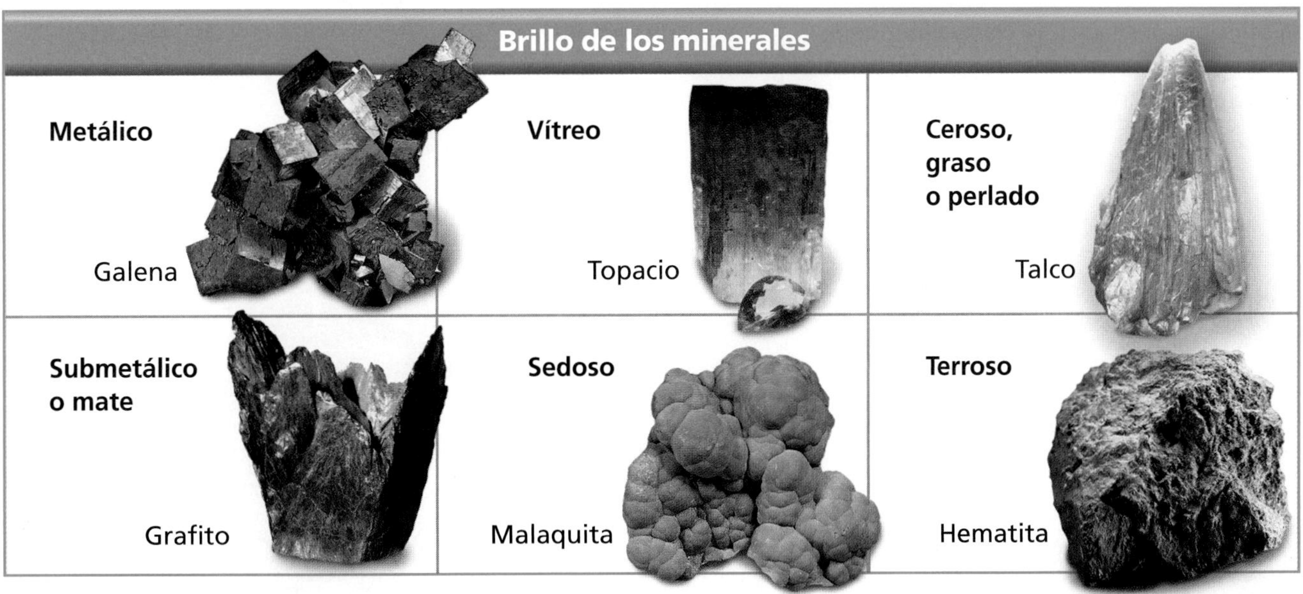

Matemáticas Destrezas

Calcular la densidad

Para calcular la densidad de un mineral, divide la masa de la muestra de mineral entre su volumen.

$$\text{Densidad} = \frac{\text{Masa}}{\text{Volumen}}$$

Por ejemplo, si una muestra de olivina tiene 237 g de masa y 72 cm^3 de volumen, entonces la densidad es

$$\frac{237\text{ g}}{72\text{ cm}^3} = 3.3\text{ g/cm}^3$$

Problema de práctica Una muestra de calcita tiene una masa de 324 g y un volumen de 120 cm^3. ¿Cuál es su densidad?

Densidad Cada mineral tiene una densidad característica. Recuerda que la densidad es la masa en un espacio dado, o masa por unidad de volumen. No importa cuál sea el tamaño de la muestra de un mineral, la densidad de ese mineral siempre permanecerá igual.

Puedes comparar la densidad de dos muestras de minerales de más o menos el mismo tamaño. Tan sólo levántalos y sopésalos, o siente su peso, en tus manos. Puedes sentir la diferencia entre el cuarzo de baja densidad y la galena de alta densidad. Si las dos muestras son del mismo tamaño, la galena será casi tres veces más pesada que el cuarzo.

Pero sopesarlos sólo proporciona una medida aproximada de la densidad. Cuando los geólogos miden la densidad, usan una balanza para determinar la masa precisa de una muestra de mineral. Luego, colocan el mineral en agua para determinar cuánta agua desplaza la muestra. El volumen del agua desplazada es igual al volumen de la muestra. Al dividir la masa de la muestra entre su volumen se obtiene la densidad del mineral:

$$\textbf{Densidad} = \frac{\textbf{Masa}}{\textbf{Volumen}}$$

Dureza Cuando identificas un mineral, uno de los mejores indicios que puedes usar es la dureza del mineral. En 1812, Friedrich Mohs, un austriaco experto en minerales, inventó una prueba para describir la dureza de los minerales. La llamada **escala de dureza de Mohs,** clasifica diez minerales del más suave al más duro. Mira la Figura 5 para ver cuál mineral es el más suave y cuál es el más duro.

FIGURA 5

Escala de dureza de Mohs

Los geólogos determinan la dureza de un mineral comparándola con la dureza de los minerales en la escala de Mohs.

Matemáticas — Analizar datos

Densidad del mineral

Usa la gráfica lineal de la masa y el volumen de muestras de pirita para responder las preguntas.

1. **Leer gráficas** ¿Cuál es la masa de la muestra B? ¿Cuál es su volumen?
2. **Calcular** ¿Cuál es la densidad de la muestra B?
3. **Leer gráficas** ¿Cuál es la masa de la muestra C? ¿Cuál es su volumen?
4. **Calcular** ¿Cuál es la densidad de la muestra C?
5. **Comparar y contrastar** Compara la densidad de la muestra B con la de la muestra C.
6. **Predecir** Una pieza de pirita tiene un volumen de 40 cm^3. ¿Cuál es su masa?

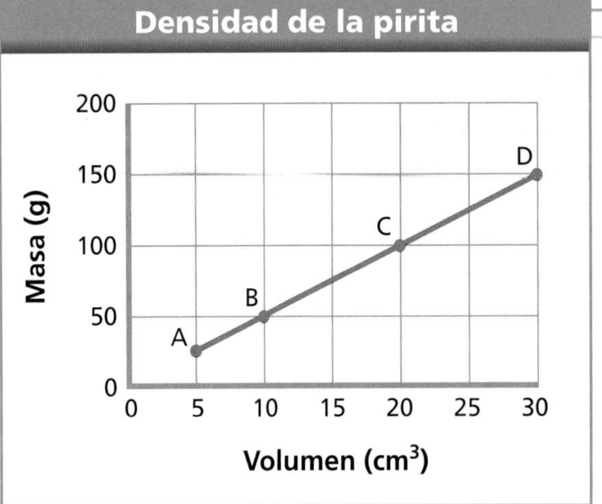

7. **Sacar conclusiones** ¿La densidad de un mineral depende del tamaño de la muestra del mineral? Explica.

La dureza se puede determinar con una prueba de rayado. Un mineral puede rayar a cualquier mineral más suave que él mismo, pero puede ser rayado por cualquier mineral que sea más duro. Para determinar la dureza de la azurita, un mineral que no está en la escala de Mohs, podrías tratar de rayarla con talco, yeso o calcita. Pero ninguno de estos minerales raya la azurita. La apatita, clasificada con 5 en la escala, raya la azurita. Por tanto, la dureza de la azurita es de alrededor de 4.

Lab zone **Actividad** Destrezas

Clasificar

1. Usa tu uña para tratar de rascar talco, calcita y cuarzo. Registra cuáles minerales pudiste rascar.
2. Ahora, trata de rascar los minerales con una moneda. ¿Fueron diferentes tus resultados? Explica.
3. ¿Hubo algunos minerales que no hayas podido rascar con tu uña ni con la moneda?
4. En orden de dureza creciente, ¿cómo clasificarías los tres minerales?

Sistemas cristalinos Los cristales de cada mineral crecen átomo por átomo para formar la estructura de cristal de dicho mineral. Los geólogos clasifican estas estructuras en seis grupos basándose en el número y ángulo de las caras del cristal. Estos grupos se llaman sistemas cristalinos. Por ejemplo, todos los cristales de halita son cúbicos. Los cristales de halita tienen seis caras cuadradas que se unen en ángulos rectos, formando un cubo perfecto.

En ocasiones, la estructura de cristal es obvia por la apariencia del mineral. Los cristales que crecen en un espacio abierto pueden estar formados casi de manera perfecta. Pero los cristales que crecen en un espacio apretado con frecuencia están formados de manera incompleta. En otros minerales, la estructura de cristal sólo es visible bajo un microscopio. Unos cuantos minerales, como el ópalo, se consideran minerales aun cuando sus partículas no se ordenan en una estructura de cristal. La Figura 6 muestra minerales que pertenecen a cada uno de los seis sistemas cristalinos.

Exfoliación y fractura La forma en que se rompe el mineral puede ayudar a identificarlo. Un mineral que se parte con facilidad a lo largo de superficies planas presenta una propiedad llamada **exfoliación.** El hecho de que un mineral tenga exfoliación depende de cómo estén ordenados los átomos en sus cristales. El ordenamiento de los átomos en el mineral causa que se rompa con más facilidad en una dirección que en otra. Mira la fotografía de la mica en la Figura 7. La mica se separa con facilidad en una sola dirección, formando hojas planas. Por tanto, la mica tiene exfoliación. El feldespato es otro mineral común que tiene exfoliación.

FIGURA 6
Propiedades de los minerales
Todos los cristales del mismo mineral tienen la misma estructura de cristal. Cada mineral tiene también otras propiedades características.
Interpretar datos *¿Qué mineral tiene la densidad más baja?*

Magnetita
Sistema cristalino: Cúbico
Color: Negro
Raya: Negra
Brillo: Metálico
Dureza: 6
Densidad (g/cm^3): 5.2
Propiedad especial: Magnético

Cuarzo
Sistema cristalino: Hexagonal
Color: Transparente, varios colores
Raya: Sin color
Brillo: Vítreo
Dureza: 7
Densidad (g/cm^3): 2.6
Propiedad especial: Se fractura como un vidrio roto

Rutilo
Sistema cristalino: Tetragonal
Color: Negro o café rojizo
Raya: Café claro
Brillo: Metálico o adamantino
Dureza: 6 a 6.5
Densidad (g/cm^3): 4.2 a 4.3
Propiedad especial: No se funde con facilidad

Fractura
Cuando el cuarzo se fractura, la ruptura se parece a la superficie de una concha marina.

Exfoliación
La mica se exfolia en hojas planas y delgadas que son casi transparentes.

La mayoría de los minerales no se parten de manera uniforme; tienen una fractura característica. La **fractura** describe la forma como se ven los minerales al romperse en forma irregular. Los geólogos usan varios términos para describir la fractura. Así, el cuarzo tiene una fractura en forma de concha: produce superficies curvas como concha que parecen vidrio astillado. Los metales puros como el cobre y el hierro tienen una fractura como rajas y forman puntas dentadas. Algunos minerales suaves que se desmoronan con facilidad como el barro tienen una fractura terrosa. Los minerales que al romperse forman superficies rugosas irregulares tienen una fractura desigual.

Verifica tu lectura **Compara la fractura del cuarzo con la fractura de un metal puro, como el hierro.**

FIGURA 7
Exfoliación y fractura
La forma en que se rompe un mineral puede ayudar a identificarlo.
Aplicar conceptos *¿Cómo probarías un mineral para determinar si tiene exfoliación o fractura?*

Go Online

Para: Actividad de sistemas cristalinos, disponible en inglés
Visita: PHSchool.com
Código Web: cfp-1041

Azufre
Sistema cristalino: Ortorrómbico
Color: Amarillo limón a café amarillento
Raya: Blanca
Brillo: Graso
Dureza: 2
Densidad (g/cm³): 2.0 a 2.1
Propiedad especial: Se funde con facilidad

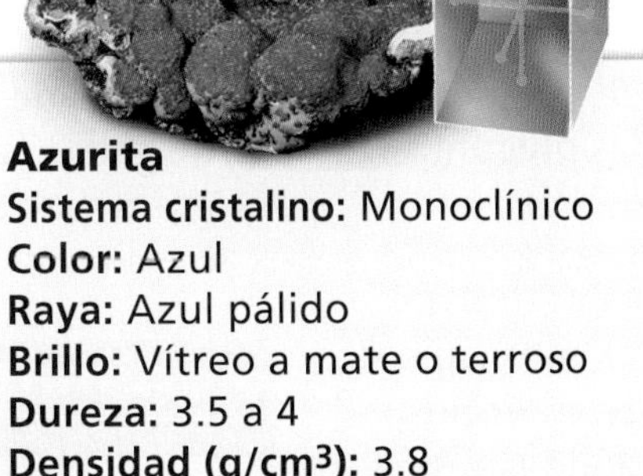

Azurita
Sistema cristalino: Monoclínico
Color: Azul
Raya: Azul pálido
Brillo: Vítreo a mate o terroso
Dureza: 3.5 a 4
Densidad (g/cm³): 3.8
Propiedad especial: Reacciona con el ácido

Feldespato microclino
Sistema cristalino: Triclínico
Color: Rosa, blanco, café rojizo o verde
Raya: Sin color
Brillo: Vítreo
Dureza: 6
Densidad (g/cm³): 2.6
Propiedad especial: Se parte bien en dos direcciones

FIGURA 8
Propiedades especiales Las propiedades especiales de los minerales incluyen fluorescencia, magnetismo, radiactividad y reacción a los ácidos. Otros minerales tienen propiedades ópticas o eléctricas útiles.

Propiedades especiales Algunos minerales se pueden identificar por propiedades físicas especiales. Por ejemplo, el magnetismo ocurre en forma natural en unos cuantos minerales. Los minerales que brillan con luz ultravioleta tienen una propiedad conocida como fluorescencia. El mineral scheelita es fluorescente. La Figura 8 muestra varios minerales con propiedades especiales.

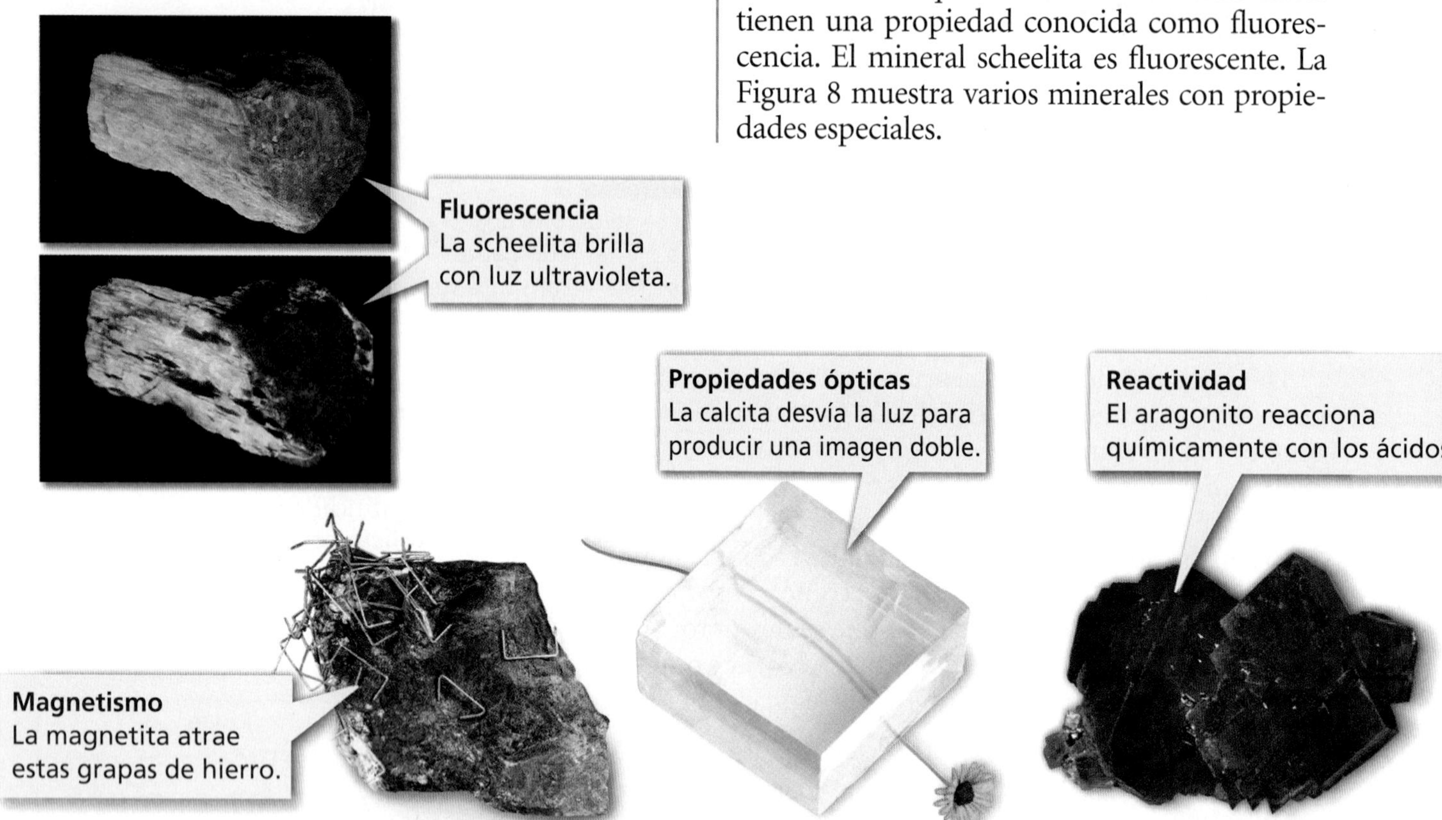

Sección 1 Evaluación

Destreza clave de lectura **Hacer un esquema** Usa la información en tu esquema de propiedades de los minerales para responder a las preguntas.

Repasar los conceptos clave

1. a. **Definir** Escribe una definición de "mineral".
   b. **Explicar** ¿Qué significa mineral inorgánico?
   c. **Clasificar** El ámbar es un material precioso usado en joyería. Se forma cuando la resina de los pinos se endurece hasta convertirse en piedra. ¿El ámbar es un mineral? Explica.
2. a. **Hacer una lista** Nombra ocho propiedades que pueden usarse para identificar minerales.
   b. **Comparar y contrastar** ¿Cuál es la diferencia entre fractura y exfoliación?
   c. **Predecir** El grafito es un mineral hecho de átomos de carbono que forman hojas delgadas, unidas en forma débil. Predice si el grafito se romperá con fractura o exfoliación. Explica.

Matemáticas Práctica

3. **Calcular la densidad** El mineral platino es un elemento que existe con frecuencia como un metal puro. Si una muestra de platino tiene una masa de 430 g y un volumen de 20 cm^3, ¿cuál es su densidad?

Laboratorio de destrezas

Para: Compartir datos, disponible en inglés.
Visita: PHSchool.com
Código Web: cfd-1041

Hallar la densidad de los minerales

Problema

¿Cómo puedes comparar la densidad de diferentes minerales?

Destrezas aplicadas

medir

Materiales (por estudiante)

- cilindro graduado de 100 mL
- 3 muestras de minerales: pirita, cuarzo y galena
- agua
- balanza

Procedimiento 

1. Revisa para asegurarte que las muestras de minerales son lo bastante pequeñas para caber en el cilindro graduado.
2. Copia la tabla de datos en tu cuaderno. Coloca la pirita en la balanza y registra su masa en la tabla de datos.
3. Llena el cilindro con agua hasta la marca de 50 mL.
4. Coloca con cuidado la pirita en el cilindro con agua. Trata de no derramar nada de agua.

Tabla de datos			
	Pirita	Cuarzo	Galena
Masa del mineral (g)			
Volumen del agua sin mineral (mL)	50	50	50
Volumen del agua con mineral (mL)			
Volumen del agua desplazada (mL)			
Volumen del agua desplazada (cm^3)			
Densidad (g/cm^3)			

5. Lee el nivel del agua en la escala del cilindro graduado. Registra el nivel del agua con la pirita en ella.
6. Calcula el volumen del agua desplazada por la pirita. Para hacer esto, resta el volumen del agua sin la pirita del volumen del agua con la pirita. Registra tu respuesta.
7. Calcula la densidad de la pirita usando esta fórmula.

$$\text{Densidad} = \frac{\text{Masa del mineral}}{\text{Volumen del agua desplazada por el mineral}}$$

(Nota: La densidad se expresa como g/cm^3. Un mL de agua tiene un volumen de 1 cm^3.)

8. Quita el agua y el mineral del cilindro.
9. Repite los pasos 2 a 8 para el cuarzo y la galena.

Analiza y concluye

1. **Interpretar datos** ¿Qué mineral tuvo la densidad más alta? ¿Y la densidad más baja?
2. **Medir** ¿Cómo te ayuda el volumen del agua que fue desplazada a hallar el volumen del mineral en sí?
3. **Sacar conclusiones** ¿La forma de una muestra de mineral afecta su densidad? Explica.
4. **Predecir** ¿El procedimiento que usaste en este laboratorio funcionaría para una sustancia que flota o una que se disuelve en el agua?

Diseña experimentos

A la pirita en ocasiones se le llama "el oro de los tontos" debido a que su color y apariencia son similares a los del oro real. Diseña un experimento para determinar si una muestra que parece oro es de hecho oro verdadero.

Sección 2

Cómo se forman los minerales

Avance de la lectura

Conceptos clave

- ¿Cómo se forman los minerales del magma y la lava?
- ¿Cómo se forman los minerales de soluciones en el agua?

Términos clave

- geoda
- cristalización
- solución
- vena

Destreza clave de lectura

Formular preguntas Antes de leer, examina los encabezados en rojo. En un organizador gráfico como el que sigue, plantea una pregunta *cómo* o *qué* para cada encabezado. Mientras lees, escribe las respuestas a tus preguntas.

Formación de minerales

Pregunta	Respuesta
¿Cómo se forman los minerales del magma?	

Lab zone Actividad Descubre

¿Afecta a los cristales la rapidez de enfriamiento?

1. Ponte tus gafas de protección. Con una cuchara de plástico coloca un poco de salol cerca de un extremo de cada uno de dos portaobjetos de microscopio. Necesitas lo suficiente para formar un punto de 0.5 a 1.0 cm de diámetro.
2. Sostén un portaobjetos con unas tenazas. Caliéntalo poco a poco sobre una vela hasta que el salol se funda casi por completo. **PRECAUCIÓN:** Mete y saca el portaobjetos de la llama para no romper el vidrio.
3. Pon a un lado el portaobjetos para que se enfríe. Mientras, sostén el segundo portaobjetos con las tenazas y caliéntalo como en el paso 2.
4. Enfría rápido el segundo portaobjetos colocándolo sobre un cubo de hielo. Apaga con cuidado la vela.
5. Observa los portaobjetos bajo una lupa. Compara la apariencia de los cristales que se forman en los dos portaobjetos.
6. Lávate las manos al terminar.

Reflexiona

Desarrollar hipótesis ¿Cuál muestra tuvo cristales más grandes? Si un mineral se forma por enfriamiento rápido, ¿esperarías que los cristales sean más grandes o más pequeños?

Geoda de amatista ▼

En un viaje de campo para recolectar rocas ves una roca en forma de huevo del tamaño de una pelota de fútbol. No es un huevo de dinosaurio pero, ¿qué es? Recoges la roca y la llevas a un laboratorio geológico y la partes con cuidado. ¡La roca está hueca! Su interior brilla con cristales de amatista grandes y coloridos.

Has encontrado una geoda. Una **geoda** es una roca hueca redondeada, con frecuencia recubierta con cristales minerales. Los cristales se forman cuando el agua que contiene minerales disueltos se filtra por una grieta o hueco en una roca. Poco a poco, ocurre la cristalización, recubriendo el interior con cristales grandes que con frecuencia se forman perfectamente. La **cristalización** es el proceso mediante el cual los átomos se organizan para formar materiales con una estructura cristalina. En general, los minerales pueden formarse de dos maneras: por cristalización de magma y lava o por cristalización de materiales disueltos en el agua.

Minerales de magma y lava

Muchos minerales se forman del magma y la lava. **Los minerales se forman conforme el magma caliente se enfría dentro de la corteza, o conforme la lava se endurece en la superficie. Cuando estos líquidos se enfrían hasta un estado sólido, forman cristales.** El tamaño de los cristales depende de varios factores. La velocidad a la que se enfría el magma, la cantidad de gas que contiene el magma y la composición química del magma afectan el tamaño del cristal.

Cuando el magma permanece muy debajo de la superficie, se enfría muy despacio a lo largo de muchos miles de años. El enfriamiento lento conduce a la formación de cristales grandes, como los cristales de amatista en una geoda. Si los cristales permanecen inalterados mientras se enfrían, crecen al agregarse átomos de acuerdo con un patrón regular.

El magma más cercano a la superficie se enfría mucho más rápido que el magma que se endurece en lo profundo de la tierra. Con un enfriamiento más rápido, no hay tiempo de que el magma forme cristales grandes, forma cristales pequeños. Si el magma sale a la superficie y se convierte en lava, la lava también se enfriará rápido y formará minerales con cristales pequeños.

¿De qué tamaño se forman los cristales cuando el magma se enfría con rapidez?

Minerales de soluciones

A veces los elementos y compuestos que forman los minerales pueden disolverse en agua para formar soluciones. Una **solución** es una mezcla en la que una sustancia se halla disuelta en otra. **Cuando los elementos y compuestos que están disueltos en agua dejan una solución, ocurre la cristalización.** Los minerales pueden formarse de esta manera bajo la superficie y en cuerpos de agua en la superficie de la Tierra.

Lab zone Actividad Inténtalo

Manos de cristal

1. Ponte tus gafas de protección.
2. Vierte una solución de sal de mesa en una bandeja poco profunda y una solución de sales de Epsom en otra bandeja.
3. Pon un pedazo grande de cartulina negra en una superficie plana.

   Moja una mano en la solución de sal de mesa. Sacude el exceso de líquido y haz una impresión de tu palma en la cartulina. Repite con la otra mano y la solución de sales de Epsom, colocando tu nueva impresión junto a la primera. Lávate las manos después de hacer las impresiones de tus manos. **PRECAUCIÓN:** No hagas esta actividad si tienes una herida en tu mano.
4. Deja que las impresiones se sequen durante la noche.

Observar Usa una lupa para comparar la forma de los cristales. ¿Cuál impresión de la mano tiene más cristales?

FIGURA 9
Cristales de selenita
Estos enormes cristales de selenita en una caverna en México se formaron por la cristalización de minerales en una solución.

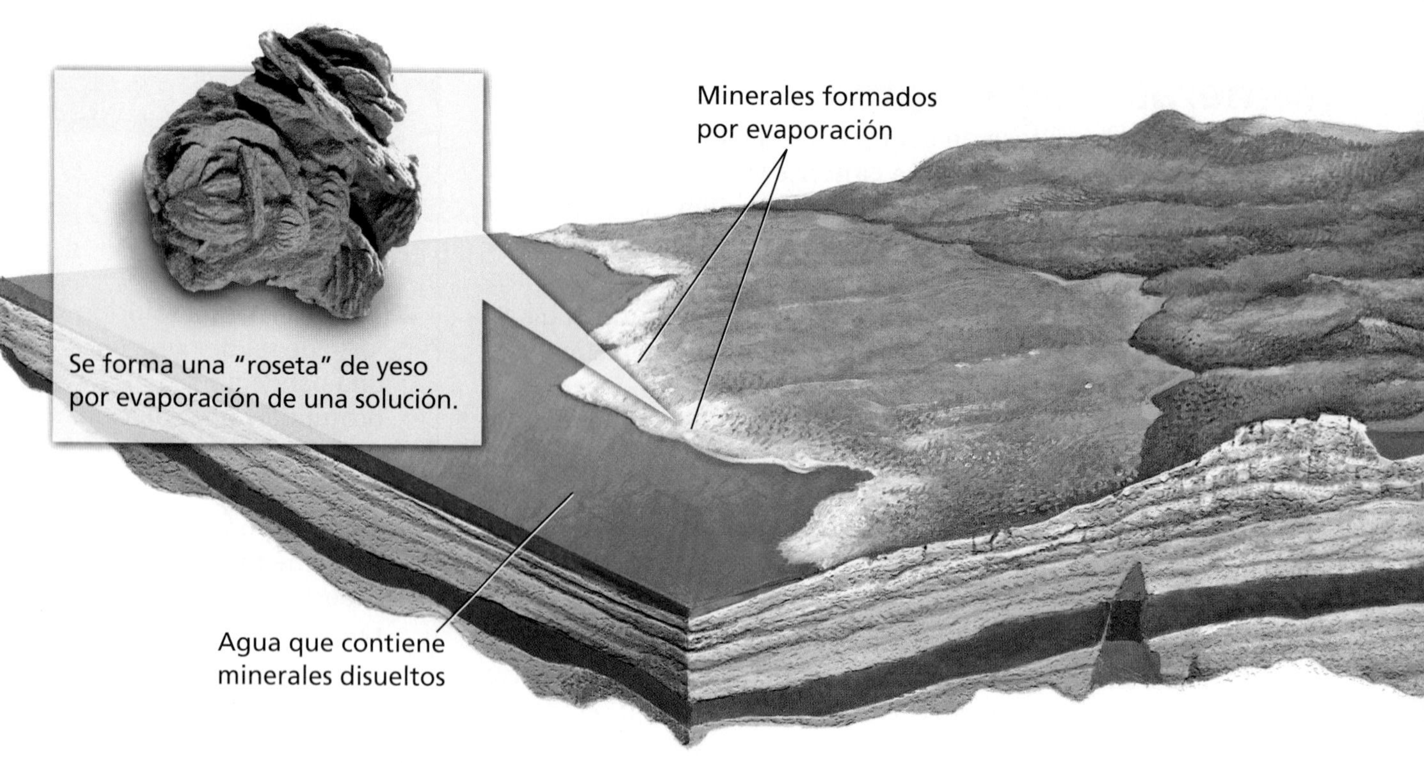

Minerales formados por evaporación Algunos minerales se forman cuando las soluciones se evaporan. Si agitas cristales de sal en un vaso de precipitados con agua, la sal se disuelve, formando una solución. Pero si permites que el agua en la solución se evapore, dejará cristales de sal en el fondo del vaso. De modo similar, los depósitos de la halita mineral se formaron durante millones de años cuando los antiguos mares se evaporaron lentamente. En Estados Unidos, dichos depósitos están en el Medio Oeste, en el sudoeste y a lo largo de la costa del Golfo. Otros minerales útiles que pueden formarse por evaporación incluyen el yeso y la calcita.

Minerales de soluciones de agua caliente En lo profundo de la tierra, el magma puede calentar el agua a una temperatura alta. A veces, los elementos y compuestos que forman un mineral se disuelven en esta agua caliente. Cuando la solución en el agua comienza a enfriarse, los elementos y compuestos dejan la solución y se cristalizan como minerales. La plata en la Figura 10 fue depositada de una solución en agua caliente.

Los metales puros que se cristalizan de soluciones de agua caliente subterráneas con frecuencia forman venas. Una **vena** es un canal estrecho o losa de un mineral que es diferente de la roca circundante. Las soluciones de agua caliente y metales con frecuencia fluyen a través de grietas dentro de la roca. Luego, los metales se cristalizan en venas que se parecen a las rayas de caramelo en el helado de vainilla con caramelo.

¿Qué es una vena?

Para: Más datos sobre la formación de minerales, disponible en inglés.
Visita: PHSchool.com
Código Web: cfd-1042

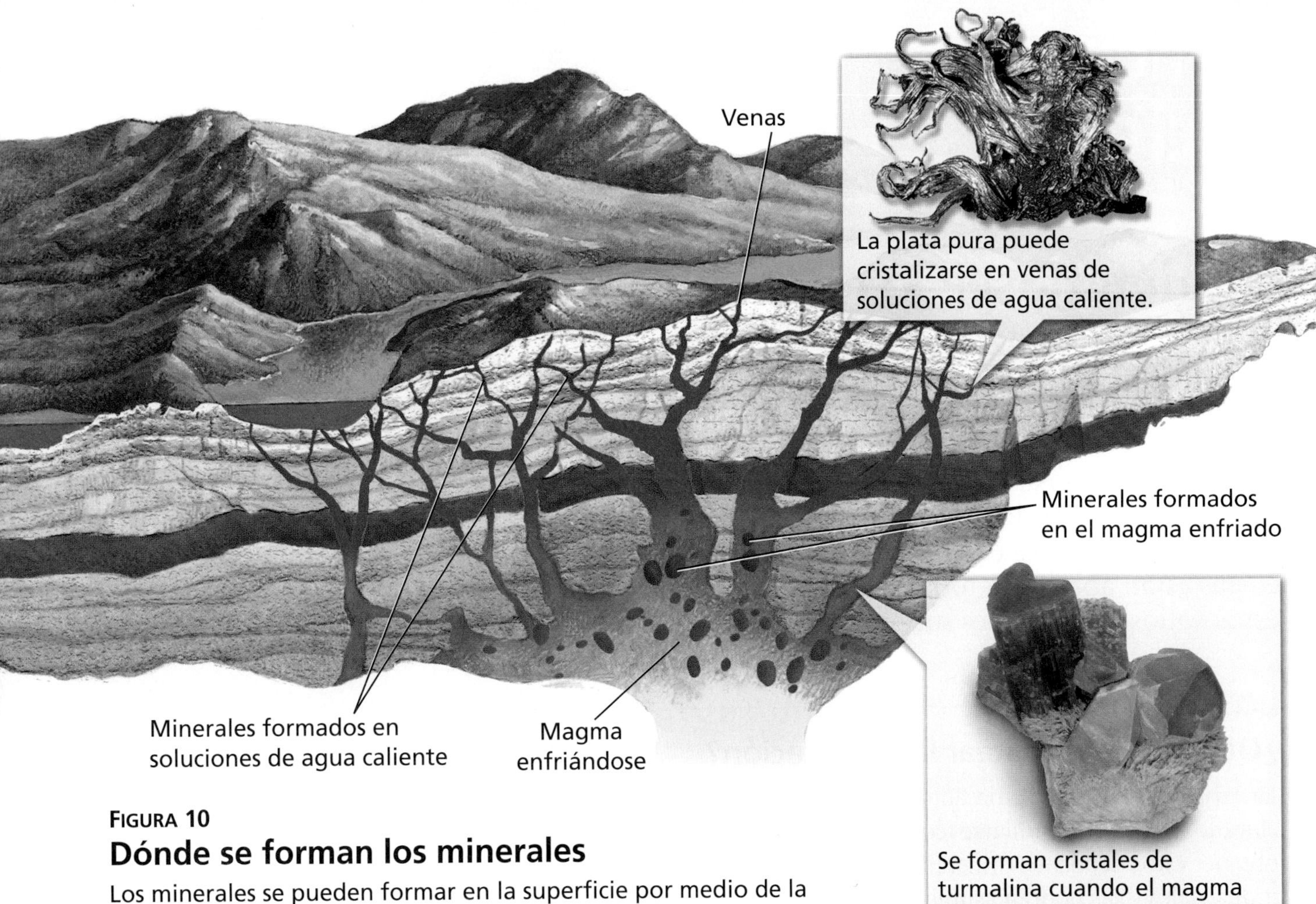

FIGURA 10
Dónde se forman los minerales
Los minerales se pueden formar en la superficie por medio de la evaporación de soluciones que contienen minerales disueltos. Los minerales se pueden formar debajo de la superficie cuando los elementos y compuestos disueltos dejan una solución de agua caliente o cuando el magma se enfría y endurece.
Interpretar diagramas *¿Qué proceso puede formar venas de minerales subterráneos?*

Sección 2 Evaluación

Destreza clave de lectura **Formular preguntas** Usa tu esquema para explicar dos maneras en que los minerales pueden formarse en la superficie de la Tierra.

Repasar los conceptos clave

1. a. **Definir** ¿Qué es la cristalización?
   b. **Relacionar causa y efecto** ¿Qué factores afectan el tamaño de los cristales que se forman cuando el magma se enfría?
   c. **Predecir** ¿Bajo qué condiciones el magma que se enfría producirá minerales con cristales grandes?
2. a. **Definir** ¿Qué es una solución?
   b. **Explicar** ¿Cuáles son dos maneras en las que los minerales pueden formarse de una solución?
   c. **Relacionar causa y efecto** Describe el proceso por el que podría formarse un depósito de sal de roca, o halita, de una solución.

Escribir en ciencias

Diálogo Supón que eres un científico que explora una caverna. La luz en tu casco revela de pronto una pared cubierta con cristales grandes. Los científicos en la superficie te preguntan acerca de tus observaciones. Escribe un diálogo con sus preguntas y tus respuestas. Incluye las diferentes maneras en que podrían haberse formado los minerales que ves.

¿Quién posee los minerales del océano?

Hay ricos depósitos minerales sobre y justo debajo del suelo oceánico. Las naciones costeras tienen el derecho de explotar los depósitos cercanos a sus costas, por lo que extraen minerales de la plataforma continental. Pero los depósitos minerales en el suelo oceánico lejos de las costas están abiertos a todas las naciones. ¿Quién posee estos valiosos minerales submarinos?

Los temas

¿Quién puede costear la explotación?

La explotación del suelo oceánico implica un costo elevado. Deben desarrollarse tecnologías nuevas para obtener estos depósitos minerales. Sólo las naciones industriales ricas podrán asumir estos costos. Las naciones que invierten en esta industria piensan que deben quedarse con las ganancias. Pero las naciones en desarrollo que carecen de dinero y tecnología y las que no tienen acceso al mar están en desacuerdo.

¿Qué derechos tienen las naciones?

Para 2003, 157 naciones habían firmado el tratado de la Ley del Mar. Este tratado estableció que los depósitos minerales del océano son propiedad común de todas las personas y que las ganancias por la explotación deben compartirse entre todas las naciones. Algunas personas piensan que, debido al tratado, las naciones ricas compartirán su tecnología y ganancias que obtengan de la explotación del suelo oceánico.

Explotación del suelo oceánico

La explotación en la plataforma continental es relativamente fácil. Se necesitarán nuevas tecnologías para explotar el océano profundo más allá de las costas.

Plataforma continental
Se encuentran diamantes cerca de las costas del sudoeste de África.

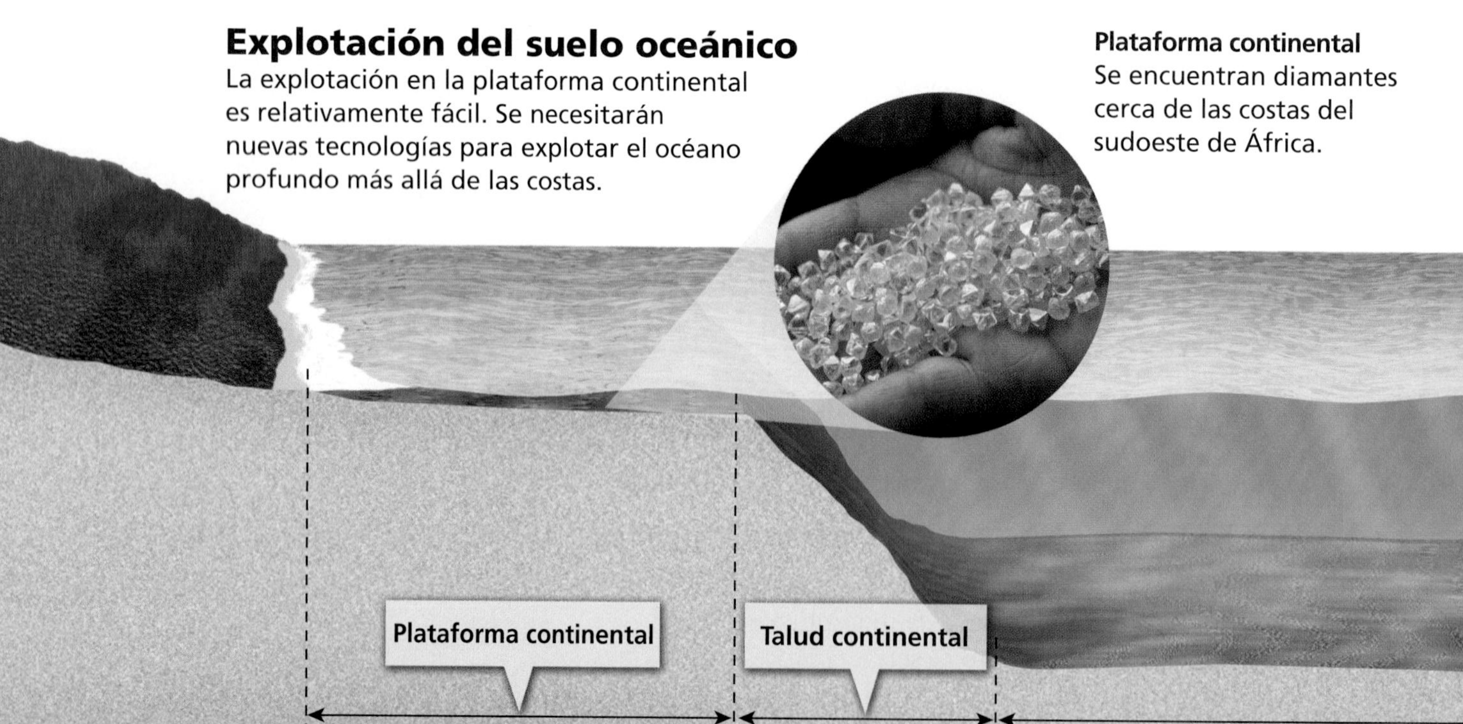

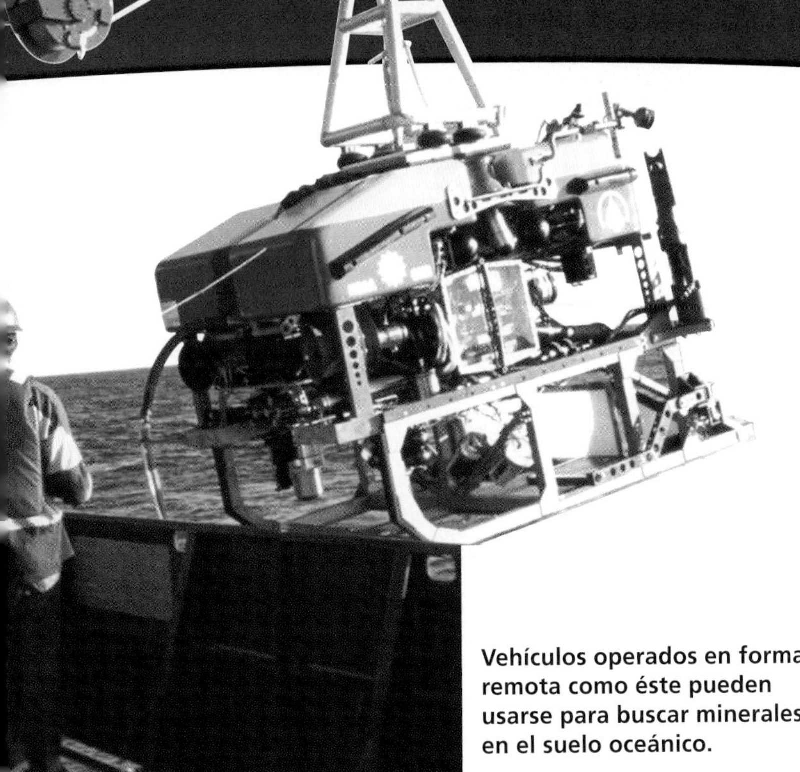

Vehículos operados en forma remota como éste pueden usarse para buscar minerales en el suelo oceánico.

¿Cómo puede compartirse la riqueza?

¿Qué pueden hacer las naciones para prevenir conflictos por la explotación del suelo oceánico? Podrían hacer un compromiso. Quizá las naciones ricas deberían aportar parte de sus ganancias para ayudar a las naciones en desarrollo o a las que no tienen acceso al mar. Las naciones en desarrollo podrían hacer fondos comunes para explotar el suelo oceánico. Es necesario regular esta industria. En el futuro, los recursos del suelo oceánico serán importantes para todos.

¿Qué harías?

1. Identifica el problema
Resume la controversia de derechos sobre los minerales del océano.

2. Analiza las opciones
Investiga el tema en la biblioteca o en la Internet. Luego, compara los intereses de las naciones ricas con los de las naciones en desarrollo. ¿Cómo podrías tranquilizar a las naciones en desarrollo que temen quedar fuera de este negocio?

3. Halla una solución
Mira un mapa del mundo. ¿Quién debería compartir las ganancias de los minerales del océano Pacífico? ¿Y del océano Atlántico? Escribe tu opinión en uno o dos párrafos. Apoya tus ideas con hechos.

Para: Más información sobre quién posee los minerales del océano, disponible en inglés.
Visita: PHSchool.com
Código Web: cfh-1040

Llanura abisal
Minerales llamados nódulos de manganeso se forman en el suelo oceánico profundo. Cobalto, hierro, níquel y cobre también se encuentran allí.

Dorsal oceánica
Depósitos minerales ricos se forman de soluciones de agua caliente cerca de las dorsales oceánicas. La explotación de oro, plata, cobre y otos minerales sería posible allí.

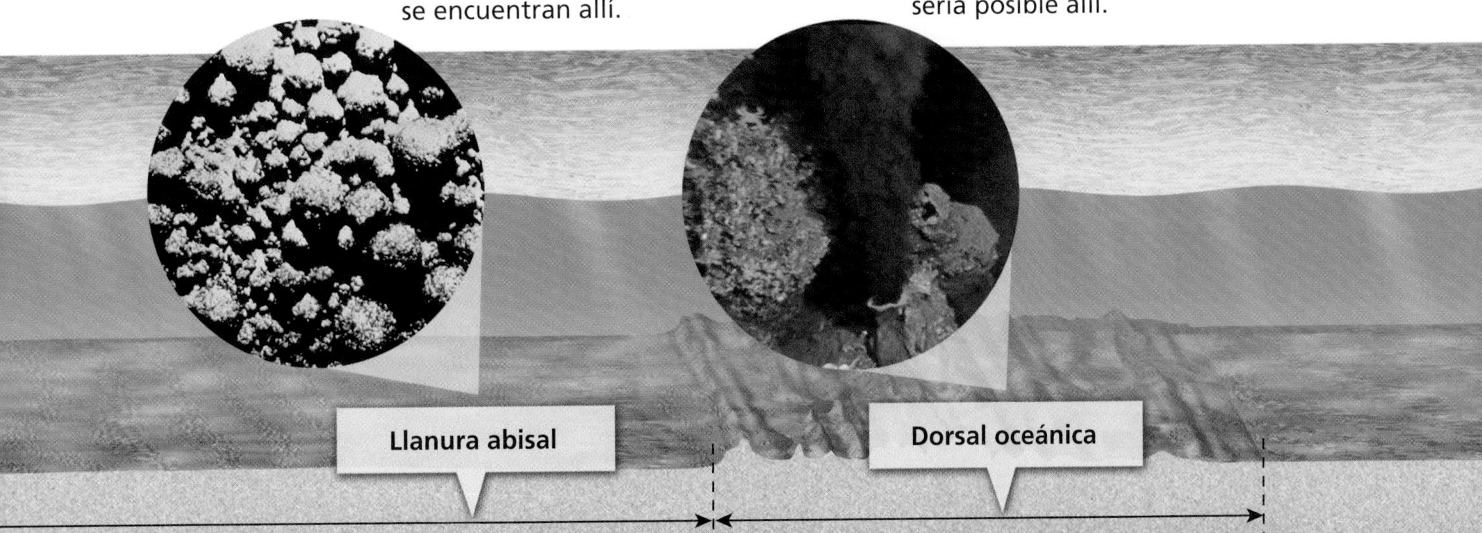

Sección 3

• Tecnología y diseño •

Uso de los recursos minerales

Avance de la lectura

Conceptos clave

- ¿Cómo se usan los minerales?
- ¿Cómo se procesan las menas para obtener metales?

Términos clave

- gema
- mena
- fundición
- aleación

Destreza clave de lectura

Usar el conocimiento previo

Antes de leer, mira los encabezados y las ayudas visuales para ver de qué se trata esta sección. Luego, escribe lo que sabes acerca de los recursos minerales en un organizador gráfico como el que sigue. Mientras lees, escribe lo que aprendas.

Lo que sabes
1. Las gemas que se usan en joyería son minerales. 2.

Lo que aprendiste
1. 2.

Lab zone Actividad Descubre

¿Cómo se procesan los minerales antes de usarlos?

1. Examina con cuidado un trozo del mineral bauxita. Usa tu conocimiento de las propiedades de los minerales para describirlo.
2. Examina una lata de aluminio. (El metal aluminio proviene de la bauxita.) Compara las propiedades de la lata de aluminio con las propiedades de la bauxita.
3. Examina un trozo del mineral grafito y describe sus propiedades.
4. Examina la mina en un lápiz. (La mina del lápiz está hecha de grafito.) Compara las propiedades de la mina del lápiz con las propiedades del grafito.

Reflexiona

Plantear preguntas ¿Cómo se compara cada mineral con el objeto que está hecho con él? Para comprender cómo la bauxita y el grafito se convierten en materiales útiles, ¿qué preguntas necesitarías responder?

Hace más de mil años, el pueblo hopewell vivía en el valle del río Ohio. Los hopewell son famosos por los misteriosos montículos de tierra que construyeron cerca del río. Dejaron objetos hermosos hechos con minerales. Algunos son herramientas talladas en pedernal (una variedad de cuarzo). Otros son animales hechos con láminas delgadas de cobre, como el pez en la Figura 11.

Para obtener estos minerales, el pueblo hopewell comerciaba con pueblos en toda América del Norte. El cobre, por ejemplo, provenía de las cercanías del lago Superior, donde se encontraba como metal puro. Por su suavidad, era fácil moldearlo para hacer ornamentos o armas.

FIGURA 11
Pez hopewell
El antiguo pueblo hopewell usó una lámina delgada de cobre para hacer este pez.

Los usos de los minerales

Como el pueblo hopewell, las civilizaciones modernas usan muchos minerales. Tú estás rodeado de materiales que provienen de minerales, como la carrocería metálica y los parabrisas de vidrio de un automóvil. **Los minerales son la fuente de las gemas, metales y una variedad de materiales usados para hacer muchos productos.** ¿Cuántos productos que están hechos de minerales puedes nombrar? Podría sorprenderte lo importantes que son los minerales en la vida cotidiana.

FIGURA 12
Gemas
Gemas preciosas como los diamantes y los zafiros azules grandes en este collar están entre los minerales más valiosos.
Observar *¿Cómo describirías el brillo de estas gemas?*

Gemas Las gemas hermosas como los rubíes y los zafiros han capturado la imaginación de la gente a lo largo de las épocas. Por lo general, una **gema** es un mineral duro, lleno de colorido, que tiene un brillo radiante o vítreo. Las personas valoran las gemas por su color, brillo y durabilidad, y por el hecho de que son raras. Una vez que se corta y se pule una gema, se llama piedra preciosa. Las piedras preciosas se usan sobre todo para joyería y decoración. También se usan para partes mecánicas y para moler y pulir.

Metales Algunos minerales son las fuentes de metales como el aluminio, hierro, cobre o plata. Los metales por lo general no son tan duros como las gemas, pero son útiles porque pueden estirarse para hacer alambres, aplanarse para hacer láminas y martillarse o moldearse sin romperse. Las herramientas y maquinaria de metal, el filamento metálico de una bombilla eléctrica, el papel de aluminio y las vigas de acero usadas como estructura para los edificios de oficinas comenzaron todos como minerales dentro de la corteza de la Tierra.

Otros minerales útiles Hay muchos otros minerales útiles además de los metales y las gemas. Las personas usan materiales de estos minerales en alimentos, medicinas, fertilizantes y materiales para construcción. El talco, mineral muy suave, se muele para hacer talco en polvo. Los cristales claros del mineral calcita se usan en instrumentos ópticos como los microscopios. El cuarzo, un mineral que se encuentra en la arena, se usa para hacer vidrio al igual que equipo electrónico y relojes. El yeso, un mineral blanco y suave, se usa para hacer paneles, cemento y estuco.

¿Cómo usan las personas el talco y la calcita?

Producir metales de minerales

¿Cómo se hace un producto terminado con un mineral que contiene metal? **Para producir metal de un mineral, debe localizarse una roca que contenga el mineral por medio de la prospección y la extracción, o bien, sacarla del suelo. Luego, la roca se debe procesar para extraer el metal.** Observa la línea cronológica Tecnología y diseño en la historia para ver cómo se ha desarrollado la tecnología de producir metales a través de las épocas.

Una roca que contiene un metal u otro mineral útil que pueda extraerse y venderse para obtener una ganancia se llama **mena.** A diferencia del cobre usado por el pueblo hopewell, la mayoría de los metales no existen en forma pura. Un metal por lo general se encuentra como un mineral, que es una combinación de ese metal y otros elementos. Gran parte del cobre del mundo, por ejemplo, proviene de menas que contienen el mineral calcopirita. Además del cobre, la calcopirita contiene hierro y azufre.

• Tecnología y diseño en la historia •

Avances en la tecnología del metal

Por miles de años, las personas han inventado y mejorado los métodos para fundir metales y hacer aleaciones.

4000 a. C. Cobre
La isla de Chipre fue uno de los primeros lugares donde se extrajo y se fundió el cobre. De hecho, el nombre de la isla proporcionó el nombre del metal. En latín, *aes cyprium* significa "metal de Chipre". Más tarde se acortó a *cuprum*, que significa "cobre". La figura esculpida lleva una pieza grande de cobre fundido.

3500 a. C. Bronce
Los metalisteros en Sumeria, una ciudad entre los ríos Tigres y Éufrates, hicieron una aleación de estaño y cobre para producir un metal más duro: bronce. El bronce se vertía en moldes para formar estatuas, armas o vasijas para comer y beber.

1500 a. C. Hierro
Los hititas aprendieron a extraer y fundir las menas de hierro. Como es más fuerte que el cobre o el bronce, su uso se extendió rápido. Herramientas y armas podían hacerse de hierro. Esta daga de hierro se hizo en Austria cientos de años después del descubrimiento de los hititas.

4000 a. C. — 2500 a. C. — 1000 a. C.

Prospección Un prospector es cualquiera que busque, o prospecte, un depósito de menas. Los geólogos prospectan menas observando las rocas en la superficie terrestre y estudiando mapas de rocas debajo de la superficie. Los geólogos con frecuencia pueden hacer mapas del tamaño y forma de un depósito de menas haciendo mediciones cuidadosas del campo magnético de la Tierra sobre el depósito. Esto funciona bien para minerales que contienen elementos magnéticos como hierro y níquel.

Extracción El mapa de un depósito de menas del geólogo ayuda a los mineros a decidir cómo extraer la mena de la tierra. Hay tres tipos de minas: minas a cielo abierto, minas de pozo abierto y pozos de perforación. En las minas a cielo abierto, equipo de excavación retira el suelo para exponer la mena. En las minas de pozo abierto, los mineros usan equipo de excavación gigante para cavar un pozo enorme y extraer los depósitos de menas. Para los depósitos de menas que se encuentran en venas, los mineros cavan minas de pozos de perforación. Las minas de pozo de perforación con frecuencia tienen una red de túneles que se extienden a profundidad en la tierra, siguiendo las venas de las menas.

Escribir en ciencias

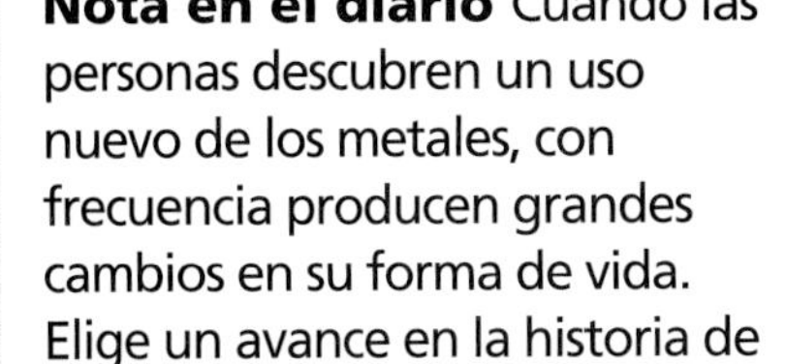

Nota en el diario Cuando las personas descubren un uso nuevo de los metales, con frecuencia producen grandes cambios en su forma de vida. Elige un avance en la historia de los metales para investigarlo. Escribe una nota en el diario diciendo cómo sucedió el descubrimiento y cómo cambió la vida de las personas.

500 d. C.
Primera siderurgia
Los habitantes de Sri Lanka hacían acero en hornos al aire libre. Los vientos constantes que soplaban sobre la parte superior de la pared frontal del horno creaban las temperaturas altas necesarias para hacer acero. Debido a que su acero era mucho más duro que el hierro, los cingaleses pudieron comerciarlo en toda la región del océano Índico.

1860s d. C.
Siderurgia moderna
Las técnicas siderúrgicas inventadas por Henry Bessemer y William Siemens hicieron posible producir acero a gran escala en forma barata. El invento de Siemens, el horno de solera abierta, todavía se usa en forma extensa, aunque métodos más modernos dan cuenta de la mayor parte de la producción de acero en la actualidad.

1960-1969 d. C. Aleaciones de la era espacial
Los científicos del programa espacial han desarrollado aleaciones ligeras y fuertes para usarlas en productos como bicicletas hasta latas para refrescos. Una aleación nueva de níquel y titanio puede "recordar" su forma. Se usa para anteojos que regresan a su forma original después de doblarse.

500 d. C. — **2000 d. C.**

Para: Vínculos sobre extracción de minerales, disponible en inglés
Visita: www.SciLinks.org
Código Web: scn-1043

Fundición Las menas deben procesarse antes de que los metales que contienen se puedan usar. En el proceso de **fundición,** una mena se mezcla con otras sustancias y luego se funde a fin de separar el metal útil de otros elementos que contiene la mena. Mira la Figura 13 para ver cómo la fundición separa el metal de hierro de la hematita, una forma común de mena de hierro.

❶ La mena de hierro se tritura y se mezcla con piedra caliza y coque (carbón cocido) triturados, los cuales son ricos en carbono.
❷ La mezcla se coloca en un alto horno, donde se sopla aire caliente, lo que hace que el coque se queme con facilidad.
❸ Conforme el coque se quema, los cambios químicos en la mezcla producen dióxido de carbono y hierro fundido.
❹ El hierro fundido denso se hunde al fondo del horno. Las impurezas que quedan en la mena se combinan con la piedra caliza para crear escoria.
❺ La escoria y el hierro fundido se vacían a través de tuberías.

FIGURA 13
Fundición de menas de hierro
Las menas de hierro deben fundirse para separar el hierro del oxígeno y otras sustancias en las menas. Luego, se refina el hierro y se procesa como acero.
Inferir *¿Por qué el hierro fundido se hunde hasta el fondo del alto horno?*

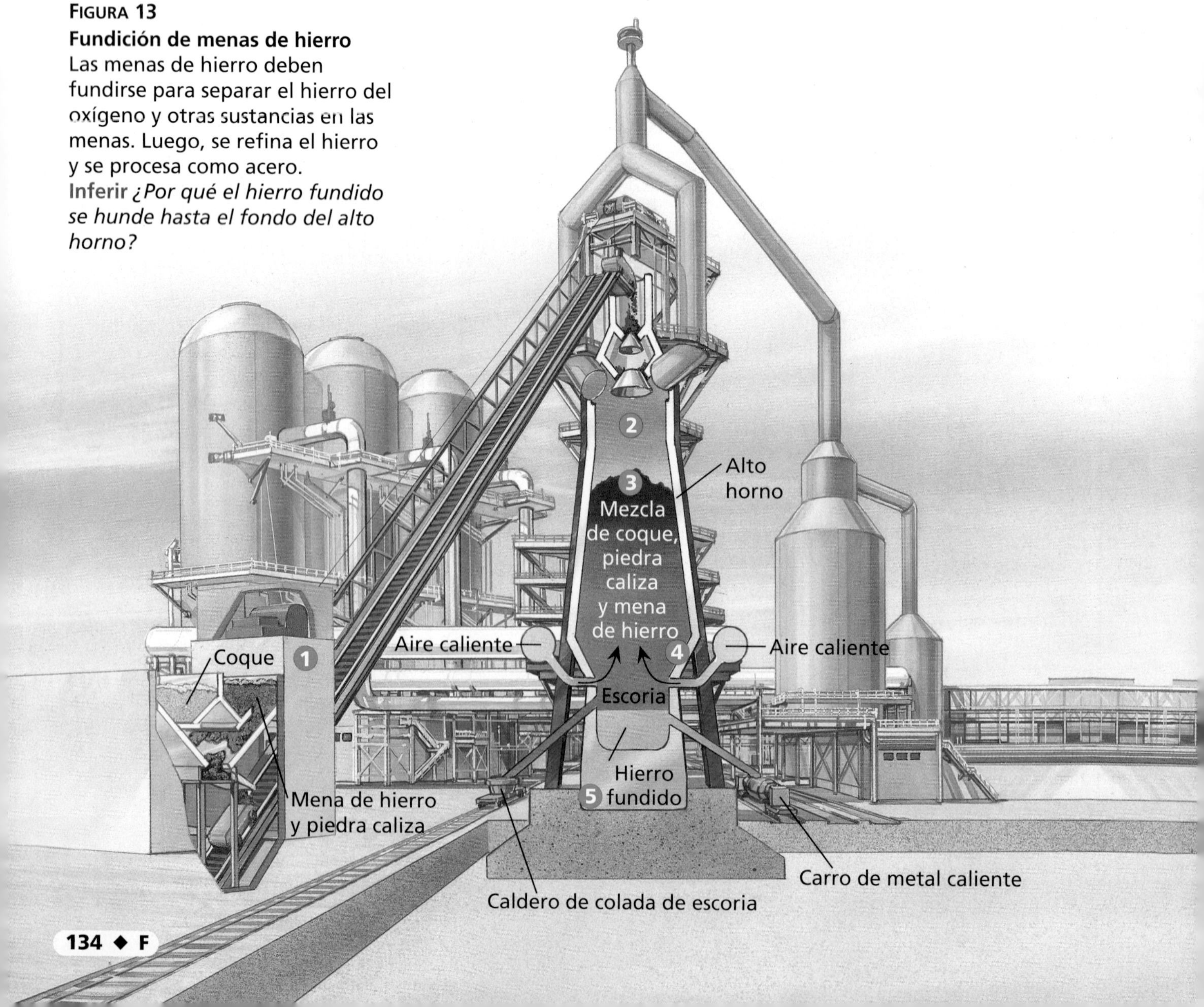

Procesamiento posterior Después de la fundición, es necesario un procesamiento adicional para eliminar las impurezas del metal. Después de que se purifica el hierro, puede agregársele una pequeña cantidad de carbono. El resultado es acero, el cual es más duro y más fuerte que el hierro. El acero es una **aleación,** una mezcla sólida de dos o más elementos, al menos uno de los cuales es un metal. Para que se considere como una aleación, la mezcla debe tener las propiedades características de un metal.

Después de agregarle carbono al hierro, los trabajadores siderúrgicos pueden agregar otros elementos para crear aleaciones con propiedades específicas. Para un acero más fuerte, se agrega el metal manganeso. Para acero resistente a la oxidación, se agregan los metales cromo y níquel. La Figura 14 muestra cómo el acero inoxidable resistente a la oxidación se usó en la construcción de uno de los monumentos más famosos de Estados Unidos.

¿Qué es una aleación?

FIGURA 14
El Arco Gateway
El Arco Gateway en St. Louis, Missouri, está cubierto con acero inoxidable.

Sección 3 Evaluación

Destreza clave de lectura **Usar el conocimiento previo** Repasa tu organizador gráfico y revísalo basándote en lo que acabas de aprender en esta sección.

Repasar los conceptos clave

1. a. **Definir** ¿Qué son las gemas? ¿Por qué son valiosas?
   b. **Hacer una lista** ¿Qué propiedades de los metales los hacen útiles para los humanos?
   c. **Resolver un problema** Supón que estás diseñando una máquina con muchas partes móviles pequeñas que necesitarán moverse en forma constante. ¿Harías las partes de metal o de gemas? Explica tu respuesta.
2. a. **Identificar** ¿Qué es una mena?
   b. **Resumir** Explica los pasos que deben darse antes que una mena pueda convertirse en un producto útil.
   c. **Inferir** ¿Qué material formado durante la fundición es más denso, el metal fundido o la escoria? ¿Por qué?

Lab zone **Actividad** En casa

Proteger contra la oxidación Puedes demostrarle a tu familia cómo la oxidación daña los objetos que contienen hierro. Obtén tres clavos de hierro. Cubre uno de los clavos con vaselina y el segundo clavo con esmalte para uñas incoloro. No pongas nada en el tercer clavo. Coloca todos los clavos en un vaso con agua y un poco de vinagre. (El vinagre acelera el proceso de oxidación.) Deja los clavos en el vaso toda la noche. ¿Cuáles clavos muestran señales de oxidación? Explica estos resultados a tu familia.

Un bocado de minerales

Problema

¿Qué efecto tienen los minerales de la pasta dental en su capacidad para limpiar?

Destrezas aplicadas

observar, controlar variables, sacar conclusiones

Materiales

- muestras de 3 tipos diferentes de pasta dental
- cepillos de dientes desgastados
- agua de la llave
- un mosaico de cerámica con el lado no vidriado entintado con un marcador o pluma con punta de fieltro

Procedimiento   

1. Copia la tabla de datos en tu cuaderno.
2. Tu maestro te dará tus muestras de pasta dental, una lista del mineral o minerales en cada tipo de pasta dental, un cepillo de dientes y un mosaico de cerámica.
3. En tu tabla de datos, registra las sustancias halladas en cada muestra de pasta dental. Los minerales comunes en las pastas dentales incluyen mica, calcita y cuarzo (sílice). La pasta dental también puede incluir compuestos como bicarbonato de sodio (polvo para hornear), fluoruro de sodio, fosfatos de aluminio o calcio y dióxido de titanio.
4. Para cada muestra de pasta dental, predice qué tan efectiva piensas que será para eliminar la tinta del mosaico. Registra tus predicciones en la tabla de datos.
5. Pon una cantidad del tamaño de un chícharo de la primera pasta dental en un cepillo de dientes. **PRECAUCIÓN:** *No ingieras nada de la pasta dental.*
6. Cepilla una de las marcas de tinta en el mosaico 50 veces. Trata de usar la misma cantidad de fuerza para cada cepillada.
7. Con agua de la llave, enjuaga el cepillo y el mosaico para eliminar toda la pasta.
8. Repite los pasos 5 a 7 con las otras muestras, usando una tinta diferente para cada prueba. Cepilla con la misma cantidad de fuerza y el mismo número de veces.
9. Compara qué tan bien limpiaron las manchas de tinta las diferentes pastas dentales. Registra tus observaciones en la tabla de datos.

Analiza y concluye

1. **Clasificar** ¿Qué mineral o minerales se encontraron en todas las pastas probadas? ¿Alguna pasta contiene minerales que no hay en las otras pastas?
2. **Observar** ¿Cuál pasta fue más efectiva para eliminar las manchas del mosaico?
3. **Interpretar datos** ¿Fueron correctas tus predicciones sobre qué pasta sería más efectiva?
4. **Interpretar datos** ¿La pasta que fue más efectiva para limpiar difiere en el contenido de minerales de las otras pastas que se probaron?

Tabla de datos

Pasta dental	Minerales presentes	Predicciones	Observaciones
1			
2			
3			

5. **Controlar variables** ¿Cuál fue la variable independiente en este experimento? ¿Cuál fue la variable dependiente? ¿Por qué usaste la misma cantidad de pasta dental, fuerza y número de cepilladas en cada ensayo?
6. **Sacar conclusiones** ¿Cómo afectan los minerales de la pasta dental a su capacidad para limpiar? Explica.
7. **Desarrollar hipótesis** Tus dientes tienen la misma composición que la apatita, la cual tiene una dureza de 5 en la escala de Mohs. ¿Cuáles serían las ventajas y desventajas de usar una pasta dental que contiene un mineral que es más duro que la apatita? ¿Y más suave que la apatita? Explica.
8. **Comunicar** Escribe un informe de laboratorio para este experimento. En tu informe, describe tus predicciones, tu procedimiento, cómo controlaste las variables y si tus resultados apoyaron tus predicciones o no.

Diseña tu experimento

Algunas marcas de pasta dental afirman que blanquean los dientes. Diseña un experimento para probar la efectividad de diferentes clases de pastas dentales blanqueadoras. Haz una tabla de datos para organizar tus hallazgos. *Obtén la autorización de tu maestro antes de llevar a cabo tu investigación.*

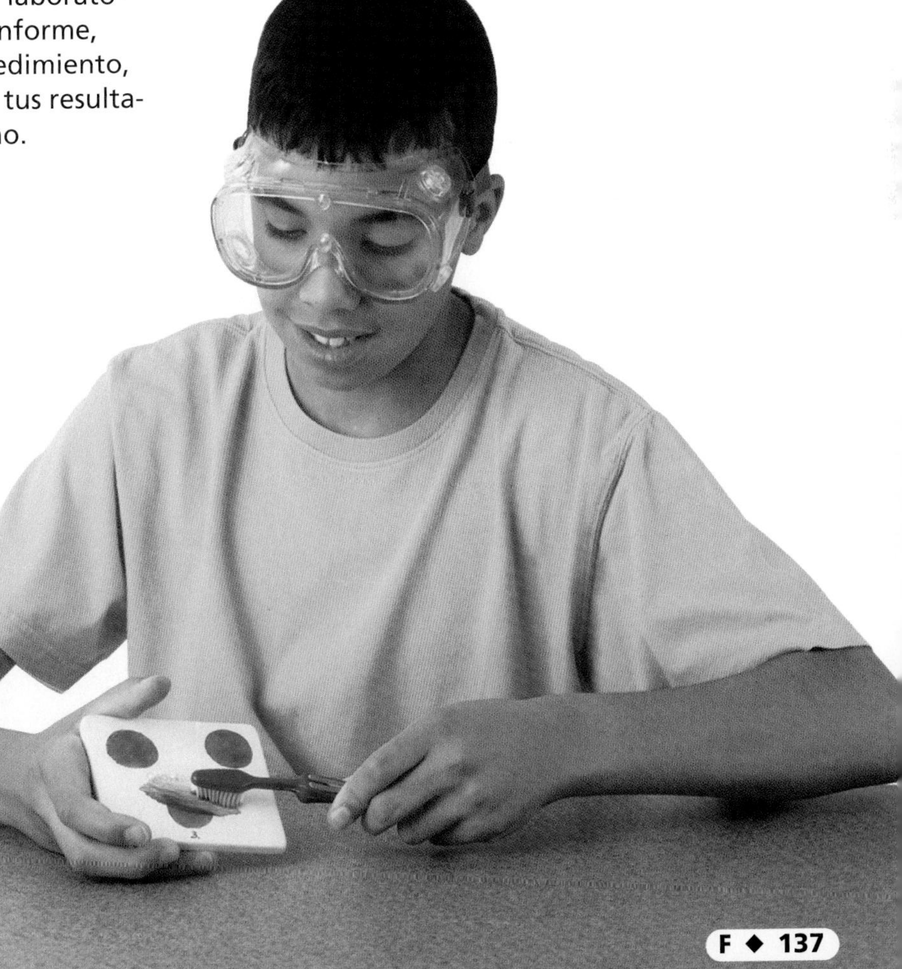

Capítulo 4

Guía de estudio

1 Propiedades de los minerales

Conceptos clave

- Un mineral es un sólido inorgánico que ocurre en la naturaleza, de estructura cristalina y composición química definida.
- Cada mineral tiene propiedades características que se pueden usar para identificarlo.
- La densidad se puede determinar con la siguiente fórmula:

$$\text{Densidad} = \frac{\text{Masa}}{\text{Volumen}}$$

Términos clave

mineral
inorgánico
cristal
raya
brillo
escala de dureza de Mohs
exfoliación
fractura

2 Cómo se forman los minerales

Conceptos clave

- Los minerales se forman conforme el magma caliente se enfría dentro de la corteza, o conforme la lava se endurece en la superficie. Cuando estos líquidos se enfrían hasta un estado sólido, forman cristales.
- Cuando los elementos y compuestos que están disueltos en agua dejan una solución, ocurre la cristalización de los minerales.

Términos clave

geoda
cristalización
solución
vena

3 Uso de los recursos minerales

Conceptos clave

- Los minerales son la fuente de las gemas, metales y una variedad de materiales usados para hacer muchos productos.
- Para producir metal de un mineral, debe localizarse una roca que contenga el mineral por medio de la prospección y la extracción, o bien, sacarla del suelo. Luego, la roca se debe procesar para extraer el metal.

Términos clave

gema
mena
fundición
aleación

Repaso y evaluación

Go Online PHSchool.com
Para: Una autoevaluación, disponible en inglés.
Visita: PHSchool.com
Código Web: cfa-1040

Organizar la información

Comparar y contrastar Llena el diagrama de Venn para comparar las características de un mineral y un material que no sea un mineral.

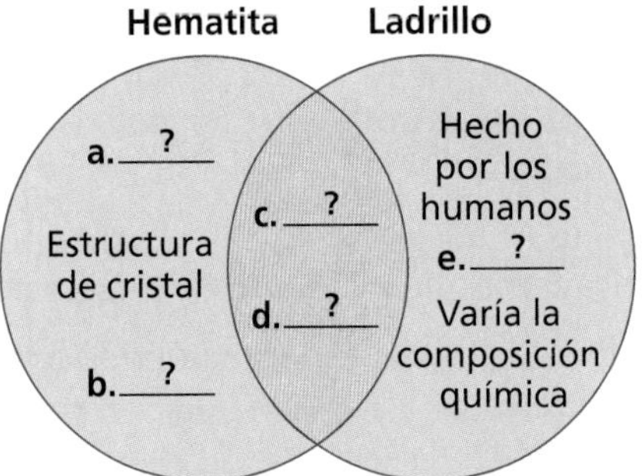

Repasar los términos clave

Elige la letra de la mejor respuesta.

1. Debido a que los minerales no provienen de material que alguna vez estuvo vivo, se dice que son
   a. cristalinos.
   b. sólidos.
   c. coloridos.
   d. inorgánicos.
2. En un mineral, las partículas se alinean en un patrón repetitivo para formar un(una)
   a. elemento.
   b. cristal.
   c. mezcla.
   d. compuesto.
3. ¿Qué característica se usa para determinar el color del polvo de un mineral?
   a. brillo
   b. fractura
   c. exfoliación
   d. raya
4. La halita es un mineral formado a través de la evaporación de
   a. magma.
   b. una vena.
   c. una solución.
   d. lava.
5. Los minerales de los que pueden extraerse metales en cantidades utilizables se llaman
   a. gemas.
   b. cristales.
   c. aleaciones.
   d. menas.

Si la oración es verdadera, escribe *verdadera.* Si es falsa, cambia la palabra o palabras subrayadas para hacer verdadera la oración.

6. Una roca hueca recubierta con cristales es una <u>geoda</u>.
7. <u>Fractura</u> es el término que describe cómo la superficie de un mineral refleja la luz.
8. Los depósitos minerales debajo de la superficie de la Tierra que son diferentes de las rocas circundantes se llaman <u>venas</u>.
9. Los cristales duros y brillantes usados en joyería se llaman <u>menas</u>.
10. El acero es un ejemplo de una <u>aleación.</u>

Escribir en ciencias

Párrafo descriptivo Elige un mineral como el oro o el jade. Escribe un párrafo acerca de las propiedades de este mineral. Explica por qué es valioso y en qué forma es útil para la sociedad.

Minerals

Video Preview
Video Field Trip
▶ Video Assessment

Repaso y evaluación

Verificar los conceptos

11. ¿Cómo difiere la composición de la mayoría de los minerales de un elemento puro?
12. ¿Cómo puede ayudar la prueba de la raya a identificar minerales?
13. ¿Cómo usan los geólogos diferentes tipos de formas de cristal para clasificar minerales?
14. Describe dos formas en que pueden formarse los minerales.
15. ¿Qué mineral en la tabla que sigue sería la mejor gema? Explica tu respuesta.

Propiedades de los minerales

Mineral	Dureza	Densidad (g/cm^3)	Brillo
Galena	2.5	7.5	metálico
Fluorita	4.0	3.3	vítreo
Corindón	9.0	4.0	vítreo
Talco	1.0	2.8	perlado

16. Describe lo que le sucede a un mineral durante la fundición.

Pensamiento crítico

17. **Clasificar** La obsidiana es un sólido que se encuentra en áreas volcánicas. Se forma cuando el magma se enfría muy rápido, creando un tipo de vidrio. En el vidrio, las partículas no están acomodadas en un patrón ordenado como en un cristal. ¿La obsidiana debería clasificarse como un mineral? Explica.
18. **Comparar y contrastar** Tanto el color como el brillo son propiedades de los minerales. ¿En qué se parecen? ¿En qué son diferentes? ¿Cómo puede usarse cada uno para ayudar a identificar un mineral?
19. **Relacionar causa y efecto** Describe cómo se forma una vena de mena bajo la tierra. ¿Cuál es la fuente de energía para este proceso?
20. **Predecir** ¿Qué sucedería si los trabajadores siderúrgicos olvidaran agregar suficiente cromo y níquel a un lote de acero inoxidable?

Practicar matemáticas

21. **Calcular** Un anillo de platino tiene un volumen de 0.8 cm^3 y una masa de 15.2 g. ¿Cuál es su densidad?
22. **Calcular** Un diamante tiene una masa de 10.56 g y un volumen de 3 cm^3. Calcula la densidad del diamante.

Aplicar destrezas

Usa la siguiente fotografía para responde a las preguntas 23 a 25.

Has encontrado una muestra del mineral wulfenita. La wulfenita tiene una dureza de alrededor de 3 en la escala de dureza de Mohs y una densidad de 6.8 g/cm3. El mineral contiene oxígeno al igual que los metales plomo y molibdeno.

23. **Observar** Describe el color y el brillo de la wulfenita y la forma de sus cristales.
24. **Inferir** ¿La wulfenita se forma despacio o rápido? Explica tu respuesta.
25. **Sacar conclusiones** ¿La wulfenita es lo bastante dura para usarse como una gema? ¿Para qué usarías estos cristales? Explica.

Lab zone Proyecto del capítulo

Evaluación del desempeño Comparte tu jardín de cristales con un compañero. ¿Tu compañero puede identificar cuál solución creó cuáles cristales? ¿Tus datos muestran diferencias en las velocidades de crecimiento de los cristales? ¿Cuáles materiales funcionaron mejor para los cristales que crecieron? Comparte las respuestas a estas preguntas cuando presentes tu proyecto.

Preparación para la prueba estandarizada

Sugerencia para hacer la prueba

Elegir entre respuestas similares

A veces dos o más respuestas a una pregunta son casi idénticas. Si no lees cada respuesta con cuidado, puedes seleccionar una respuesta incorrecta.

Pregunta de ejemplo

¿Cuál de las siguientes es la mejor definición de un mineral?

A un sólido inorgánico que ocurre en la naturaleza que tiene una forma de cristal y una composición química definida

B un sólido inorgánico que ocurre en la naturaleza que se forma a través de la cristalización de materiales fundidos

C un sólido inorgánico que ocurre en la naturaleza que se forma a través de la cristalización de materiales disueltos en agua

D un sólido orgánico que ocurre en la naturaleza que tiene una forma de cristal y una composición química definida

Respuesta

Las opciones **A** y **D** son similares, pero la respuesta correcta es **A**. **D** es incorrecta porque los minerales no contienen material orgánico. Aunque son correctas, **B** y **C** no son la definición más completa de un mineral.

Elige la letra de la mejor respuesta.

1. ¿Cuál de los siguientes es un mineral?
A sal
B perla
C carbón
D cemento

2. Podrías distinguir el oro de la pirita (el oro de los tontos) al
F comparar su dureza.
G probar su composición química.
H comparar su densidad.
J todas las anteriores

3. Las venas de plata pueden encontrarse en la roca. Estas venas se formaron cuando
A soluciones en agua caliente escaparon de grietas en la roca.
B soluciones en agua caliente se cristalizaron en las grietas en la roca.
C el magma se cristalizó en las grietas en la roca.
D soluciones en agua caliente se evaporaron en las grietas en la roca.

4. Una mena es un mineral que
F es hermoso y raro.
G puede extraerse para obtener una ganancia.
H es denso y metálico.
J es ligero y durable.

5. En los siguientes diagramas se ven cuatro muestras de diferentes minerales. Basándose en estos diagramas, ¿qué propiedad es la misma para los cuatro minerales?

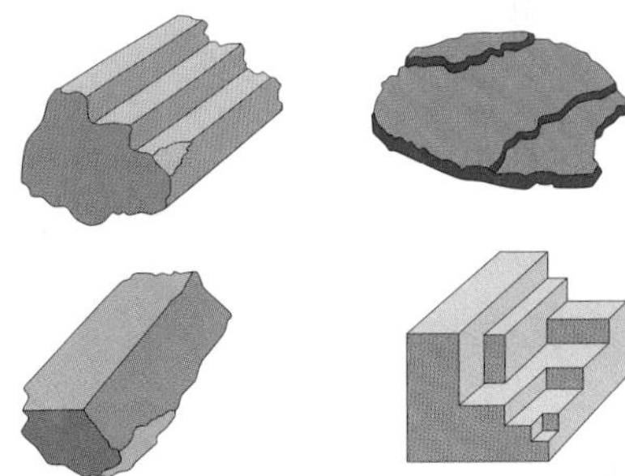

A estructura de cristal
B exfoliación
C dureza
D color

Respuesta estructurada

6. Un geólogo encuentra un mineral desconocido mientras trabaja en un parque nacional. El geólogo lleva consigo un equipo que contiene un martillo geológico, una navaja, una lupa, un trozo de mosaico y una moneda. En un párrafo, describe cómo podría usar el geólogo estos artículos para determinar algunas de las propiedades del mineral.

Capítulo 5 Rocas

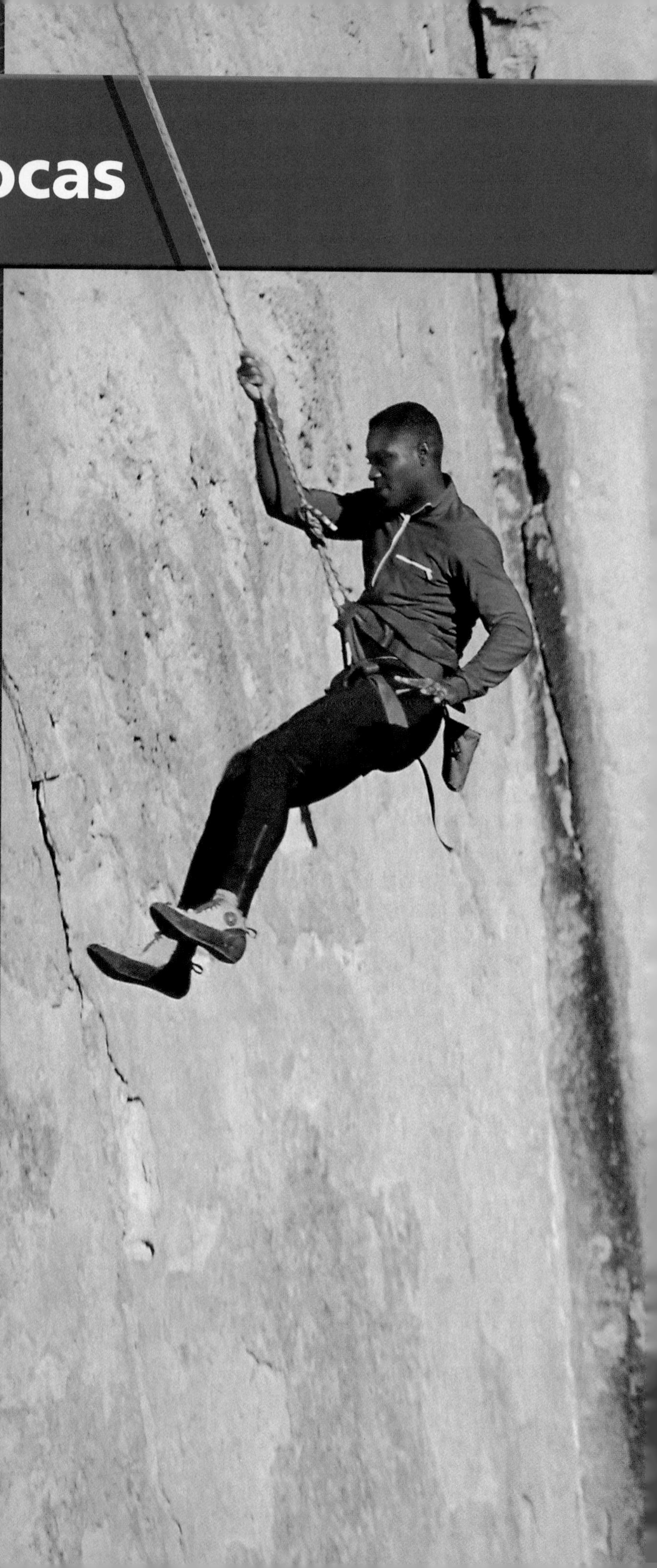

Avance del capítulo

1. **Clasificación de las rocas**
   Descubre *¿Cómo se comparan las rocas?*
2. **Rocas ígneas**
   Descubre *¿Cómo se forman las rocas ígneas?*
   Analizar datos *Mezcla de minerales*
   Actividad en casa *Las rocas que nos rodean*
3. **Rocas sedimentarias**
   Descubre *¿Cómo afecta la presión a las partículas de roca?*
   Inténtalo *Roca absorbente*
4. **Rocas de los arrecifes**
   Descubre *¿Cómo reacciona al ácido una roca?*
5. **Rocas metamórficas**
   Descubre *¿Cómo se comparan los patrones de grano?*
   Inténtalo *Una roca con lentejuelas*
   Actividad en casa *Rocas a la vuelta de la esquina*
   Laboratorio de destrezas *Rocas misteriosas*
6. **El ciclo de las rocas**
   Descubre *¿Qué roca fue primero?*
   Arte activo *Ciclo de las rocas*
   Diseña tu laboratorio *Revestimientos de roca*

Interactive Textbook

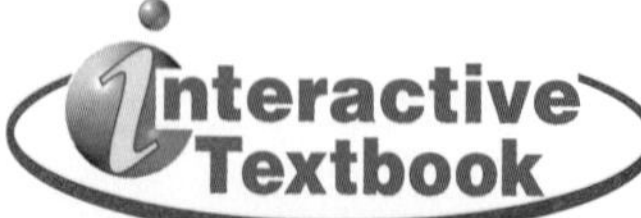

Los escaladores de rocas necesitan conocer las características de las rocas.

Rocks

▶ Video Preview
Video Field Trip
Video Assessment

Lab zone™ **Proyecto** del capítulo

Recolectar rocas

Cada roca, sea un guijarro pequeño o la cima de una montaña, cuenta una historia. Las rocas en tu propia comunidad cuentan parte de la historia de la corteza de la Tierra.

En este capítulo aprenderás cómo se forman tres tipos diferentes de rocas. Puedes aplicar lo que aprendas sobre rocas para crear tu propia colección de rocas y explorar las propiedades de tus rocas.

Tu objetivo Hacer una colección de las rocas que hay en tu área

Para completar este proyecto debes

- recolectar muestras de rocas, llevando un registro del lugar en donde hallaste cada muestra
- describir las características de tus rocas, como color, textura y densidad
- clasificar cada roca como ígnea, sedimentaria o metamórfica
- crear un expositor para tu colección de rocas
- seguir las reglas de seguridad del Apéndice A

Haz un plan Con tus compañeros de clase y tu maestro, piensen en los lugares en tu comunidad donde es probable que encuentren rocas. ¿Hay cerros con cortes para el paso de carreteras, afloramientos de lecho rocoso, riberas de ríos o playas donde podrías recolectar en forma segura y legal tus rocas? Haz un plan para tus expediciones de recolección de rocas. Junta tus rocas, y luego describe, prueba y clasifica tu colección de rocas.

Sección 1

Clasificación de las rocas

Avance de la lectura

Conceptos clave

- ¿Qué propiedades usan los geólogos para identificar las rocas?
- ¿Cuáles son los tres grupos principales de rocas?

Términos clave

- minerales formadores de rocas
- granito • basalto • granos
- textura • roca ígnea
- roca sedimentaria
- roca metamórfica

Destreza clave de lectura

Formular preguntas Antes de leer, revisa los encabezados en rojo. En un organizador gráfico como el que sigue, formula una pregunta *qué* o *cómo* por cada encabezado. Mientras lees, escribe las respuestas a tus preguntas.

Pregunta	Respuesta
¿Qué nos dice el color de una roca acerca de la roca?	

Lab zone Actividad Descubre

¿Cómo se comparan las rocas?

Conglomerado

Mármol

1. Observa las muestras de conglomerado y mármol con una lupa.
2. Describe las dos rocas. ¿Cuál es el color y textura de cada una?
3. Trata de rayar la superficie de cada roca con el canto de una moneda. ¿Qué roca parece más dura?
4. Sostén cada roca en tu mano. Si consideras el hecho que las muestras no tienen exactamente el mismo tamaño, ¿qué roca parece más densa?

Reflexiona

Observar Basándote en tus observaciones, ¿cómo compararías las propiedades físicas del mármol y del conglomerado?

Si fueras geólogo, ¿cómo examinarías una roca por primera vez? Podrías usar una cámara o un cuaderno para registrar información sobre el escenario donde se halló la roca. Luego, usarías un cincel o el extremo afilado de un martillo para roca a fin de obtener muestras de la roca. Por último, romperías las muestras con un martillo para examinar sus superficies internas. Debes observar el interior de una roca debido a que los efectos del hielo, el agua líquida y el clima pueden cambiar la superficie exterior de una roca.

Puedes hallar rocas interesantes casi en cualquier parte. La roca de la corteza de la Tierra forma montañas, colinas, valles, playas, incluso el suelo oceánico. **Cuando estudian una muestra de roca, los geólogos observan la composición mineral, el color y la textura de la roca.**

FIGURA 1
Inspeccionar una roca
Esta geóloga usa una lupa para observar una pieza de esquisto.

Composición y color de los minerales

Las rocas están hechas de mezclas de minerales y otros materiales. Las rocas pueden contener uno o varios minerales. Por ejemplo, el granito en la Figura 2 está formado por cuarzo, feldespato, hornablenda y mica. Cerca de 20 minerales forman la mayoría de las rocas de la corteza de la Tierra, son los llamados **minerales formadores de rocas.** En el Apéndice B al final de este libro hay una lista de algunos de los minerales formadores de rocas más comunes.

El color de una roca ofrece pistas sobre la composición mineral de la roca. Por ejemplo, el **granito** por lo general es una roca de color claro que tiene un contenido alto de sílice. El **basalto,** que se muestra en la Figura 3, es una roca de color oscuro que tiene poco sílice. Pero como sucede con los minerales, el color por sí solo no proporciona suficiente información para identificar una roca.

Los geólogos observan la forma y el color de los cristales en una roca para identificar los minerales que contiene la roca. También usan algunas de las pruebas para identificar minerales. Por ejemplo, probar la superficie de una roca con ácido determina si la roca incluye minerales hechos de compuestos llamados carbonatos.

FIGURA 2
Minerales en el granito
El granito está formado por cuarzo, feldespato, hornablenda y mica. También puede contener otros minerales. **Observar** *¿Qué mineral parece más abundante en la muestra de granito de la ilustración?*

¿Cómo definirías "mineral formador de rocas"?

FIGURA 3
Basalto
El basalto es una roca de color oscuro con bajo contenido de sílice. A diferencia del granito, tiene cristales minerales muy pequeños para verse sin una lupa.

Textura

Como sucede con los minerales, el color por sí solo no ofrece suficiente información para identificar una roca. Pero su textura es muy útil para ese propósito. La mayoría de las rocas están formadas por partículas de minerales u otras rocas que los geólogos llaman **granos**, los que dan a la roca su textura. Para un geólogo, la **textura** de una roca es la apariencia y sensación de la superficie de la roca. Algunas rocas son suaves y vítreas. Otras son ásperas o arcillosas. Para describir la textura de una roca, los geólogos usan términos basados en el tamaño, forma y patrón de los granos.

Figura 4
Texturas de las rocas
La textura ayuda a clasificar las rocas.
Comparar y contrastar *¿Cómo compararías la textura de la diorita con la textura del gneis?*

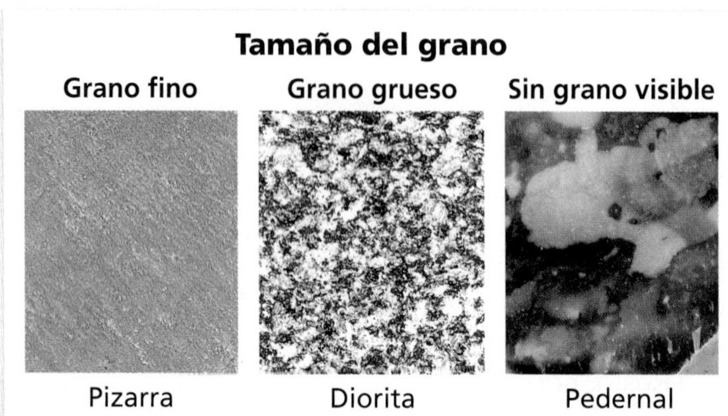

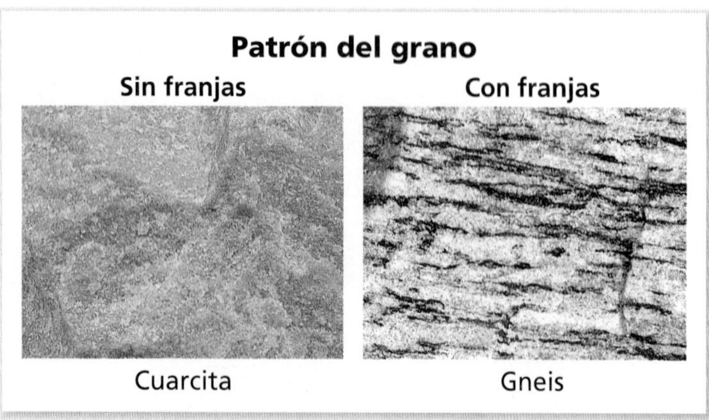

Tamaño del grano Cuando los granos en una roca son grandes y fáciles de ver, se dice que las rocas son de grano grueso. Las rocas con granos tan pequeños que sólo se pueden ver con un microscopio son rocas de grano fino. Mira la diferencia en textura entre la pizarra de grano fino y la diorita de grano grueso en la Figura 4 de la izquierda. Algunas rocas no tienen grano visible aun cuando se examinen bajo un microscopio.

Forma del grano Los granos en una roca tienen formas muy variadas. Algunos parecen partículas diminutas de arena, o bien semillas o estrellas reventadas. En algunas rocas, como el granito, el grano resulta de las formas de los cristales que componen la roca. En otras, la forma del grano resulta de fragmentos de varias rocas, que pueden ser suaves y redondos, o dentados.

Patrón del grano Los granos en una roca suelen formar patrones. Algunos están en capas planas que parecen una pila de panqueques, otros forman patrones de remolino. Algunas rocas tienen granos de diferentes colores en franjas, como el gneis en la Figura 4. En otras rocas, los granos están al azar por todas partes.

¿Qué quiere decir que una roca es de grano grueso?

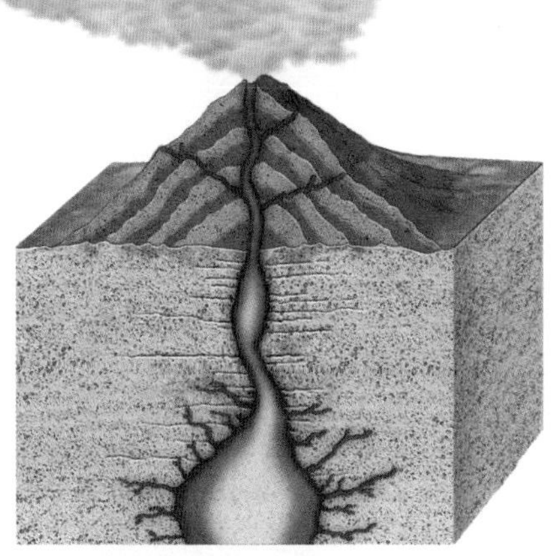

La **roca ígnea** se forma cuando el magma o la lava se enfría y se endurece.

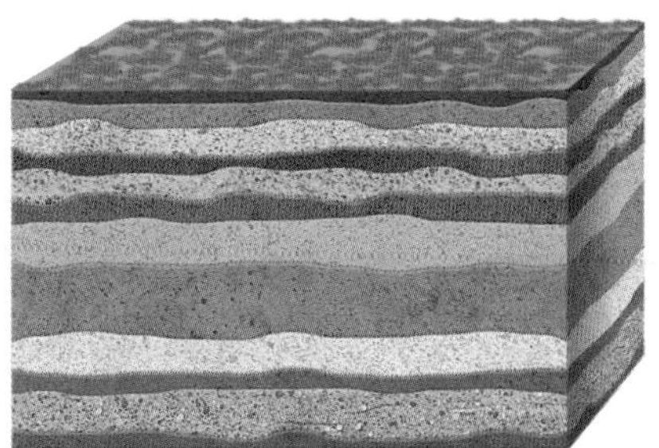

La **roca sedimentaria** se forma cuando trozos de roca se comprimen y se unen.

La **roca metamórfica** se forma de otras rocas que cambian por el calor y la presión.

Cómo se forman las rocas

Basándose en el color, la textura y la composición mineral, los geólogos pueden clasificar una roca de acuerdo con su origen, es decir, la manera en que se formó. **Los geólogos clasifican las rocas en tres grupos principales: roca ígnea, roca sedimentaria y roca metamórfica.**

Cada uno de estos grupos de rocas se forma de manera diferente. La **roca ígnea** se forma por el enfriamiento de magma o lava. La mayor parte de la **roca sedimentaria** se forma cuando partículas de otras rocas o restos de plantas y animales se comprimen y se unen. La roca sedimentaria se forma en capas que quedan enterradas debajo de la superficie. La **roca metamórfica** se forma cuando la roca existente sufre cambios por el calor, la presión o reacciones químicas. La mayor parte de la roca metamórfica se forma en las profundidades de la tierra.

FIGURA 5
Tipos de rocas
Las rocas pueden ser ígneas, sedimentarias o metamórficas, según la manera en que se formó la roca.

Para: Más información sobre la identificación de rocas, disponible en inglés.
Visita: PHSchool.com
Código Web: cfd-1051

Sección 1 Evaluación

Destreza clave de lectura **Formular preguntas** Trabaja con un compañero para revisar las respuestas en tu organizador gráfico sobre los encabezados de la sección.

Repasar los conceptos clave

1. a. **Nombrar** ¿Cuáles son tres propiedades que usan los geólogos para identificar rocas?
   b. **Definir** ¿Qué son los granos de una roca?
   c. **Comparar y contrastar** Con tus propias palabras, compara el tamaño, forma y patrón del grano del conglomerado y la brecha en la Figura 4.
2. a. **Repasar** ¿Cuáles son los tres grupos principales de rocas?
   b. **Explicar** ¿Cómo se forman las rocas ígneas?
   c. **Clasificar** El gneis es un tipo de roca que se forma cuando el calor y la presión dentro de la Tierra cambian el granito. ¿A qué grupo de rocas pertenece el gneis?

Escribir en ciencias

Cartel "Se busca" Escribe un párrafo para un cartel "Se busca" en el que describas las propiedades del granito. En tu cartel, asegúrate de describir la composición mineral, el color y la textura del granito. También menciona el grupo de rocas al que pertenece.

Sección

2 Rocas ígneas

Avance de la lectura

Conceptos clave

- ¿Qué propiedades se usan para clasificar las rocas ígneas?
- ¿Cómo se usan las rocas ígneas?

Términos clave

- roca extrusiva
- roca intrusiva

Destreza clave de lectura

Identificar ideas principales
Mientras lees Clasificar las rocas ígneas, escribe la idea principal en un organizador gráfico como el que sigue. Luego, escribe tres detalles de apoyo que expliquen más a fondo la idea principal.

Idea principal

Las rocas ígneas se clasifican por su origen, textura y composición.

Detalle	Detalle	Detalle

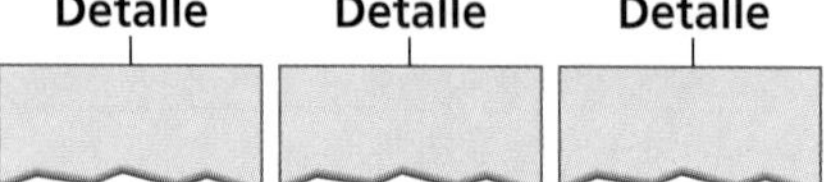

Lab zone Actividad Descubre

¿Cómo se forman las rocas ígneas?

1. Usa una lupa para examinar muestras de granito y obsidiana.
2. Describe la textura de ambas rocas usando los términos grueso, fino o vítreo.
3. ¿Qué roca tiene cristales de grano grueso? ¿Qué roca no tiene cristales ni granos?

Reflexiona
Inferir El granito y la obsidiana son rocas ígneas. A partir de tus observaciones, ¿qué puedes inferir acerca de cómo se formó cada tipo de roca?

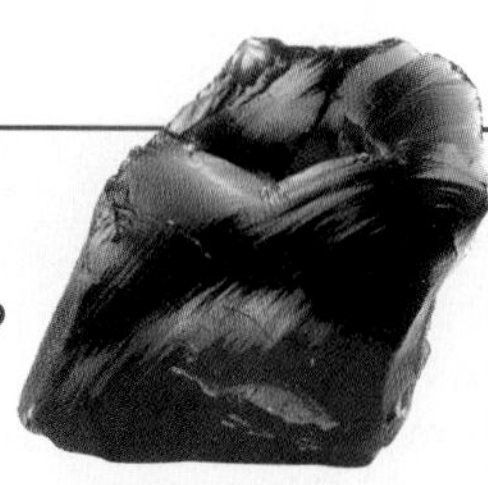

Obsidiana

Granito

La época es hace 4.6 mil millones de años. Estás en una nave espacial en órbita alrededor de la Tierra. ¿Ves el globo azul y verde de la Tierra que ven los astronautas en la actualidad desde el espacio? No, la Tierra parece un masmelo chamuscado y burbujeante al calor de carbones ardientes.

Poco después que se formó la Tierra, el interior del planeta se volvió tan caliente que se formó el magma. La lava fluía en forma continua sobre la superficie, se endureció rápido y formó una corteza rocosa. Como esta primera corteza era más densa que el material bajo ella, trozos de corteza se hundieron en el interior de la Tierra. Esto permitió que más lava hiciera erupción sobre la superficie y se endureciera para formar roca.

Clasificar las rocas ígneas

Es probable que las primeras rocas que se formaron en la Tierra se parecieran a las rocas ígneas actuales. La roca ígnea es cualquier roca que se forma de magma o lava. El nombre ígnea proviene de *ignis*, palabra en latín que significa "fuego". **Las rocas ígneas se clasifican según su origen, textura y composición mineral.**

Origen La roca ígnea puede formarse sobre o bajo la superficie de la Tierra. La roca extrusiva se forma de la lava expulsada sobre la superficie de la Tierra. El basalto es la **roca extrusiva** más común y forma gran parte de la corteza, incluida la corteza oceánica, los volcanes en escudo y las mesetas de lava.

Para: Vínculos sobre rocas ígneas, disponible en inglés.
Visita: www.SciLinks.org
Código Web: scn-1052

La roca ígnea que se forma cuando el magma se endurece debajo de la superficie terrestre se llama **roca intrusiva.** La más abundante en la corteza continental es el granito. Los batolitos hechos de granito forman el núcleo de muchas cordilleras.

Textura La textura de una roca ígnea depende del tamaño y forma de sus cristales minerales. Las únicas excepciones a esta regla son los diferentes tipos de vidrio volcánico, roca ígnea que carece de una estructura cristalina.

Las rocas ígneas pueden parecerse en su composición mineral y no obstante tener texturas muy diferentes. La lava que se enfría rápido forma rocas ígneas de grano fino con cristales pequeños. El magma que se enfría despacio forma rocas de grano grueso con cristales grandes. Por tanto, las rocas intrusivas y extrusivas por lo general tienen texturas diferentes.

Las rocas intrusivas tienen cristales más grandes que las rocas extrusivas. Si examinas una roca de grano grueso como el granito, puedes ver con facilidad que los cristales varían en tamaño y color. Algunas rocas intrusivas, como el pórfido en la Figura 6, tienen una textura que parece un postre de gelatina con trozos de fruta mezclados en ella.

Las rocas extrusivas tienen una textura de grano fino o vítrea. El basalto es una roca extrusiva de grano fino. Consta de cristales demasiado pequeños para verlos sin un microscopio. La obsidiana es una roca extrusiva que se enfrió muy rápido sin formación de cristales. Como resultado, la obsidiana tiene la textura brillante y suave de un trozo grueso de vidrio.

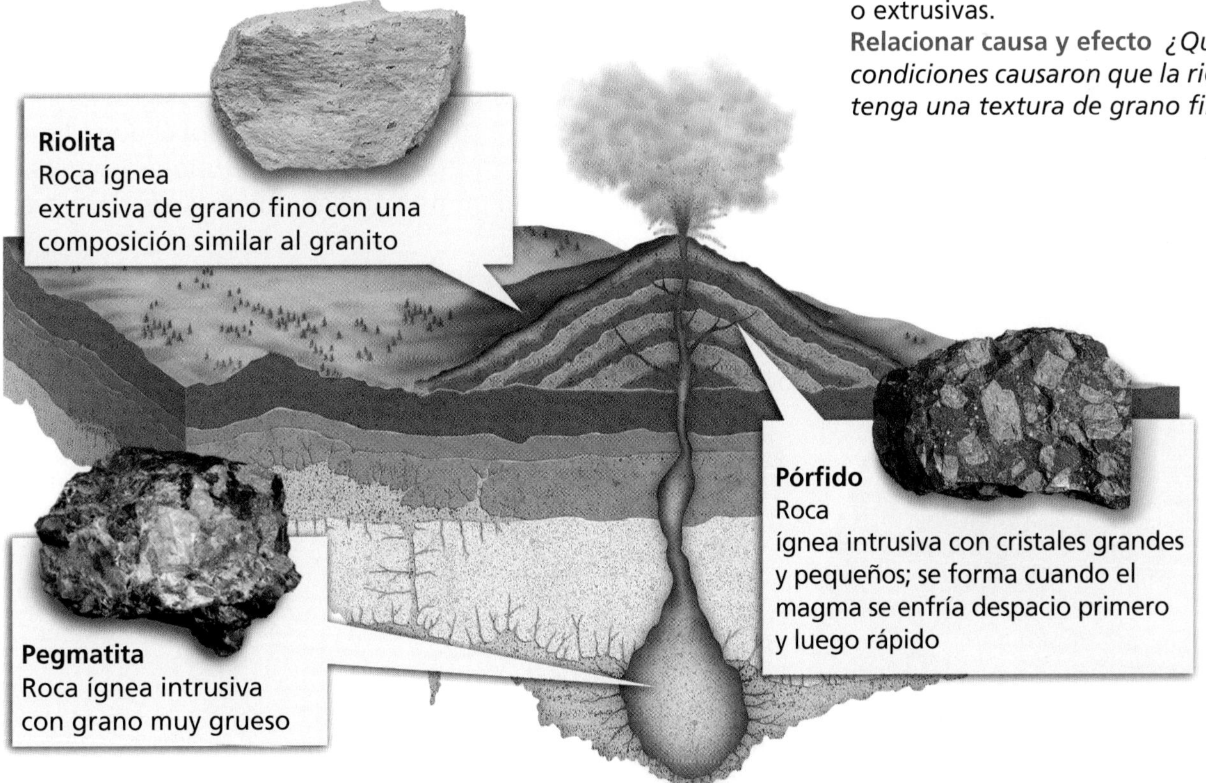

FIGURA 6
Texturas de las rocas ígneas
Las rocas ígneas como la riolita, la pegmatita y el pórfido pueden variar mucho en textura dependiendo de si son intrusivas o extrusivas.
Relacionar causa y efecto *¿Qué condiciones causaron que la riolita tenga una textura de grano fino?*

Matemáticas Analizar datos

Mezcla de minerales

El granito es una mezcla de minerales de color claro, como el feldespato y el cuarzo, y de minerales de color oscuro que incluyen la hornablenda y la mica. Pero el granito puede variar en su composición mineral, lo que afecta su color y textura.

Estudia la gráfica circular y luego responde a las preguntas.

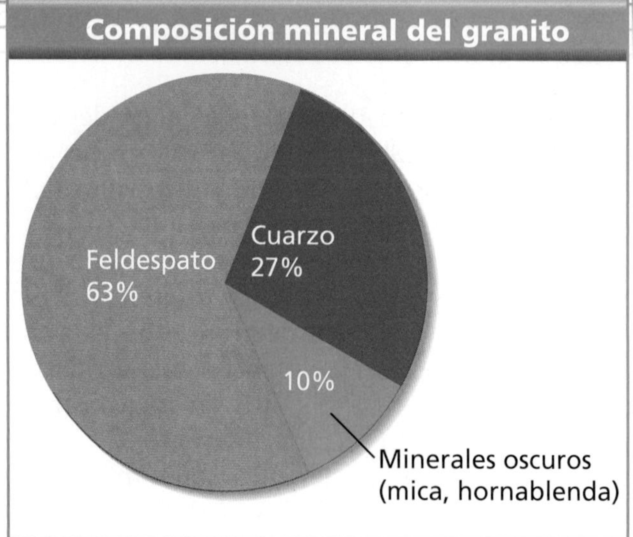

1. **Leer gráficas** ¿Qué mineral es más abundante en el granito?
2. **Leer gráficas** ¿Más o menos qué porcentaje de granito está formado por minerales oscuros?
3. **Calcular** Si la cantidad de cuarzo aumenta a 35 por ciento y la cantidad de minerales de color oscuro se conserva, ¿qué porcentaje del granito estará formado por feldespato?
4. **Predecir** ¿Cómo cambiaría el color del granito si tuviera menos feldespato y más mica y hornablenda?

Composición mineral Recordarás que el contenido de sílice del magma y la lava puede variar. La lava que es baja en sílice por lo general forma rocas de color oscuro como el basalto. El basalto contiene feldespato al igual que ciertos minerales de color oscuro, pero no contiene cuarzo.

El magma que es alto en sílice por lo general forma rocas de color claro, como el granito. La composición mineral del granito determina su color: gris claro, rojo, rosa o casi negro. El granito que es rico en feldespato rojizo es rosa moteado; el que es rico en hornablenda y mica oscura es gris claro con motas oscuras. Los cristales de cuarzo en el granito agregan motas gris claro o color humo.

Los geólogos pueden hacer rebanadas delgadas de una roca, como el gabro en la Figura 7. Estudian los cristales de la roca bajo un microscopio para determinar la composición mineral de la roca.

¿Cómo puede influir la composición mineral en el color de una roca?

FIGURA 7
Sección delgada de una roca
Esta rebanada delgada de gabro, vista bajo un microscopio, contiene olivina, feldespato y otros minerales.

Usos de las rocas ígneas

Muchas rocas ígneas son duras, densas y durables. **Las personas a lo largo de la historia han usado rocas ígneas en la elaboración de herramientas y materiales de construcción.**

Materiales para construcción El granito tiene una larga historia como material de construcción. Hace más de 3,500 años, los antiguos egipcios usaron granito para hacer estatuas como las que se muestran en la Figura 8. Hace unos 600 años, los incas de Perú unieron con cuidado grandes bloques de granito y otras rocas ígneas para construir una fortaleza cerca de Cuzco, su ciudad capital. En Estados Unidos durante el siglo XIX y principios del XX, el granito se usó ampliamente para construir puentes y edificios públicos y para pavimentar calles con adoquines. Hoy en día, láminas pulidas y delgadas de granito se usan en el bordillo de las aceras, pisos y muebles de cocina. El basalto se tritura para hacer grava que se usa en la construcción.

Otros usos Las rocas ígneas como la piedra pómez y la obsidiana también tienen usos importantes. La superficie áspera de la piedra pómez la hace un buen abrasivo para limpiar y pulir. Los antiguos indígenas americanos usaron la obsidiana para hacer herramientas afiladas para cortar y raspar. La perlita, formada por el calentamiento de la obsidiana, con frecuencia se mezcla con tierra para germinar semillas de vegetales.

¿Qué roca ígnea se usa con más frecuencia como material de construcción?

FIGURA 8
Granito durable
Los antiguos egipcios valoraban el granito por su durabilidad. Estas estatuas de un templo en Luxor, Egipto, fueron talladas en granito.

Sección 2 Evaluación

Destreza clave de lectura **Identificar ideas principales**
Usa tu organizador gráfico sobre las propiedades de las rocas ígneas para responder a la pregunta 1.

Repasar los conceptos clave

1. a. **Explicar** ¿Cómo se clasifican las rocas ígneas?
   b. **Definir** ¿Qué son las rocas extrusivas y las rocas intrusivas?
   c. **Comparar y contrastar** Compara el granito y el basalto de acuerdo con su origen y textura. ¿Cuál es extrusivo? ¿Cuál es intrusivo?
2. a. **Resumir** ¿Cuáles son dos usos comunes de las rocas ígneas?
   b. **Repasar** ¿Qué propiedades hacen útiles a las rocas ígneas?
   c. **Emitir un juicio** ¿Es la piedra pómez un buen material para hacer un piso? Explica.

Lab zone Actividad En casa

Las rocas que nos rodean Muchos productos domésticos comunes contienen minerales que se encuentran en las rocas ígneas. Por ejemplo, el vidrio contiene cuarzo, el cual se encuentra en el granito. Investiga uno de los siguientes materiales y los productos en los que se usa: granate, granito, perlita, piedra pómez o vermiculita. Explica a tu familia cómo se formó la roca o el mineral y cómo se usa.

Sección

3 Rocas sedimentarias

Avance de la lectura

Conceptos clave

- ¿Cómo se forman las rocas sedimentarias?
- ¿Cuáles son los tres tipos principales de rocas sedimentarias?
- ¿Cómo se usan estas rocas?

Términos clave

- sedimento
- erosión
- sedimentación
- compactación
- cementación
- roca clástica
- roca orgánica
- roca química

Destreza clave de lectura

Hacer un esquema Mientras lees, haz un esquema sobre las rocas sedimentarias. Usa los encabezados en rojo como temas y los encabezados en azul como subtemas.

Rocas sedimentarias
I. De sedimento a roca A. Erosión B. II. A.

Lab zone Actividad Descubre

¿Cómo afecta la presión a las partículas de roca?

1. Coloca una hoja de papel sobre una rebanada de pan blando.
2. Pon una pila de varios libros pesados sobre el papel. Después de 10 minutos, quita los libros. Observa lo que le sucedió al pan.
3. Rebana el pan de modo que puedas observar su sección transversal.
4. Rebana con cuidado un pedazo de pan fresco y compara su sección transversal con la del pan prensado.

Reflexiona

Observar ¿Cómo cambió el pan después que quitaste los libros? Describe la textura del pan. ¿Cómo se siente el pan? ¿Qué puedes predecir acerca de la manera en que la presión afecta a las partículas que forman las rocas sedimentarias?

Los visitantes del Parque Nacional Badlands en Dakota del Sur ven algunos de los paisajes más extraños en la Tierra. El parque contiene picos dentados, acantilados empinados y cañones profundos esculpidos en roca colorida que tiene capas como un pastel de cumpleaños. Las capas son rojas, anaranjadas, rosa, amarillas o café claro. Estas rocas se formaron a lo largo de millones de años por la acumulación de partículas de lodo, arena y ceniza volcánica en capas gruesas. El lodo y la arena cambiaron poco a poco a roca sedimentaria. Luego, la elevación de la tierra expuso las rocas a las fuerzas que erosionan la superficie de la Tierra.

Parque Nacional Badlands ▲

De sedimento a roca

Si alguna vez has caminado a lo largo de un arroyo o playa habrás notado granos de arena diminutos, lodo y guijarros. Éstas son partículas de sedimento. El **sedimento** son fragmentos sólidos pequeños de material que proviene de rocas o seres vivos. Puede incluir conchas, huesos, hojas, tallos y otros restos de seres vivos. Las rocas sedimentarias se forman cuando el agua y el viento depositan el sedimento. **La mayoría de las rocas sedimentarias se forman a través de una serie de procesos: erosión, sedimentación, compactación y cementación.** La Figura 9 muestra cómo se forman las rocas sedimentarias.

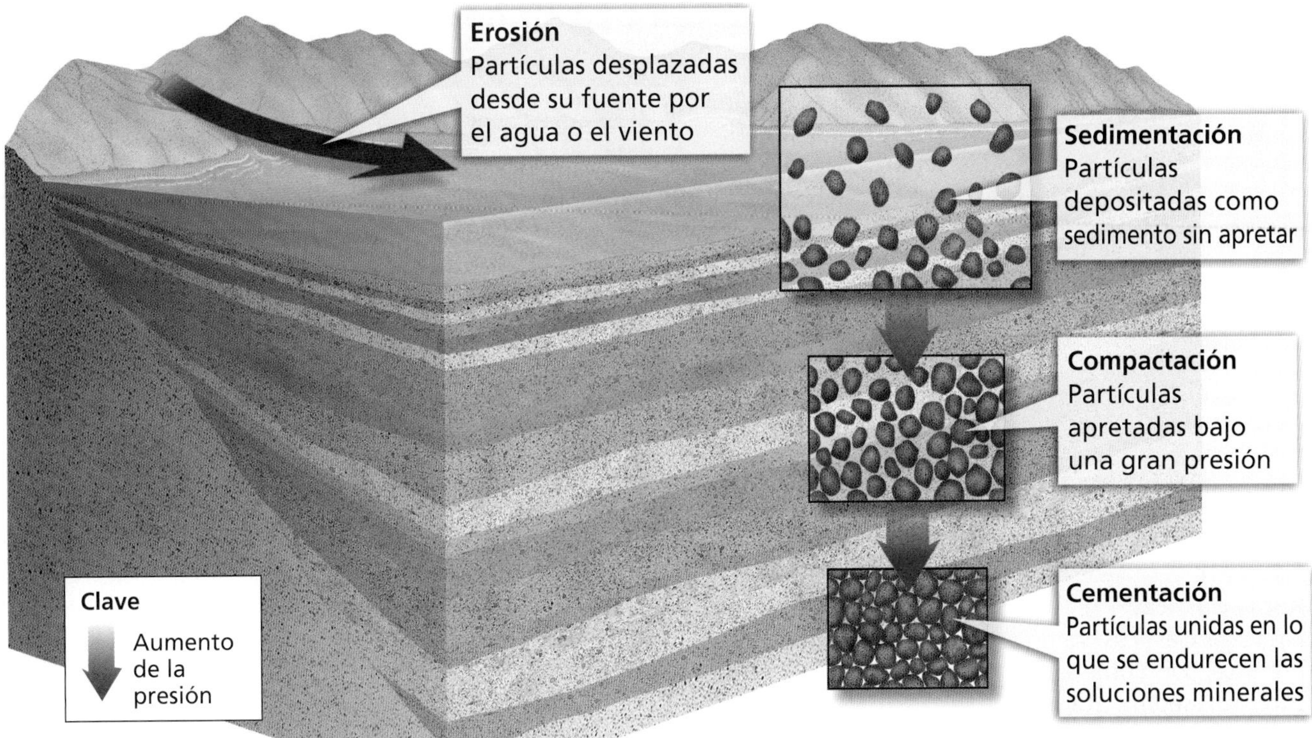

Figura 9
Cómo se forman las rocas sedimentarias Este tipo de rocas se forman por la sedimentación, compactación y cementación de sedimentos a lo largo de millones de años.
Relacionar causa y efecto *¿Qué condiciones se necesitan para la formación de rocas sedimentarias?*

Erosión Fuerzas destructivas rompen y erosionan en forma constante todas las rocas en la superficie de la Tierra. Estas fuerzas incluyen calor y frío, lluvia, olas y hielo triturado. Las fuerzas de la erosión forman sedimento. En la **erosión,** el agua corriente, el viento o el hierro aflojan y arrastran fragmentos de roca.

Sedimentación Con el tiempo, el agua corriente, el viento o el hielo se hacen más lentos y depositan el sedimento en capas. Si el agua acarrea el sedimento, fragmentos de roca y otros materiales se hunden al fondo de un lago u océano. La **sedimentación** es el proceso por el cual el sedimento se deposita fuera del agua o el viento que lo acarrean.

Compactación El proceso que aplasta los sedimentos es la **compactación.** Capas gruesas de sedimento se acumulan a lo largo de millones de años. Estas capas pesadas presionan las capas que están debajo de ellas. El peso de las capas nuevas compacta más los sedimentos, apretándolos con fuerza. Las capas con frecuencia permanecen visibles en la roca sedimentaria.

Cementación Durante la compactación, los minerales en la roca se disuelven poco a poco en el agua. En la **cementación** los minerales disueltos se cristalizan y unen partículas de sedimento. Los minerales disueltos rezuman por los espacios entre partículas y luego se endurecen.

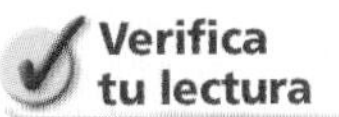

¿Qué es la sedimentación?

Para: Vínculos sobre rocas sedimentarias, disponible en inglés.
Visita: www.SciLinks.org
Código Web: scn-1053

Clástica

Arenisca
Muchos agujeros pequeños entre los granos de arena permite a la arenisca absorber agua.

FIGURA 10
Rocas clásticas
Las rocas clásticas, como esquisto, arenisca, conglomerado y brecha, son rocas sedimentarias que se forman a partir de partículas de otras rocas.

Lab zone Actividad Inténtalo

Roca absorbente

Haz esto para averiguar si la roca puede absorber agua.

1. Usa una lupa para comparar muestras de arenisca y esquisto.
2. Usa una balanza para medir la masa de cada roca.
3. Pon las rocas en una bandeja de agua y observa. ¿Qué muestra deja escapar burbujas? Predice qué muestra ganará masa.
4. Deja las rocas sumergidas en la bandeja toda la noche.
5. Al día siguiente, saca las rocas de la bandeja y halla la masa de cada roca.

Sacar conclusiones ¿Cómo cambian las masas de las dos rocas después de remojarse? ¿Qué puedes concluir acerca de cada roca?

Tipos de roca sedimentaria

Los geólogos clasifican las rocas sedimentarias de acuerdo con el tipo de sedimentos que forman la roca. **Hay tres grupos principales de rocas sedimentarias: rocas clásticas, rocas orgánicas y rocas químicas.** Procesos diferentes forman cada uno de estos tipos de rocas sedimentarias.

Rocas clásticas La mayoría de las rocas sedimentarias están formadas por fragmentos de otras rocas. Una **roca clástica** es una roca sedimentaria que se forma cuando se aprietan fragmentos de roca. Estos fragmentos pueden ir desde partículas de arcilla demasiado pequeñas para verlas sin un microscopio, hasta cantos rodados demasiado pesados para levantarlos. Las rocas clásticas se agrupan por el tamaño de los fragmentos de roca, o partículas, de los que están formadas. Las rocas clásticas comunes incluyen esquisto, arenisca, conglomerado y brecha, que se muestran en la Figura 10.

El esquisto se forma de partículas diminutas de arcilla. El agua debe depositar las partículas de arcilla en capas planas delgadas. La arenisca se forma de la arena de las playas, el suelo oceánico, los lechos de los ríos y las dunas de arena. Un gran número de las partículas de arena constan de cuarzo.

Algunas rocas sedimentarias contienen una mezcla de fragmentos de diferentes tamaños; los de bordes redondeados forman una roca clástica llamada conglomerado; los grandes con bordes afilados forman una roca llamada brecha.

Rocas orgánicas No todas las rocas sedimentarias están formadas por partículas de otras rocas. La **roca orgánica** se forma donde se depositan los restos de plantas y animales en capas gruesas. El término "orgánico" se refiere a sustancias que alguna vez fueron parte de seres vivos o fueron hechas por seres vivos. Dos rocas sedimentarias orgánicas importantes son el carbón y la piedra caliza, que se muestran en la Figura 11.

Orgánico

El carbón se forma de los restos de plantas pantanosas enterradas en el agua. A medida que se acumulan las capas de restos de plantas, el peso comprime las plantas en descomposición. A lo largo de millones de años, se convierten en carbón.

La piedra caliza se forma en el océano, donde muchos seres vivos, como el coral, las almejas y las ostras, tienen conchas duras o esqueletos hechos de calcita. Cuando estos animales mueren, sus conchas se apilan en el suelo oceánico. A lo largo de millones de años, estas capas de sedimento pueden crecer hasta una profundidad de cientos de metros. Poco a poco, la compactación y la cementación cambian el sedimento en piedra caliza.

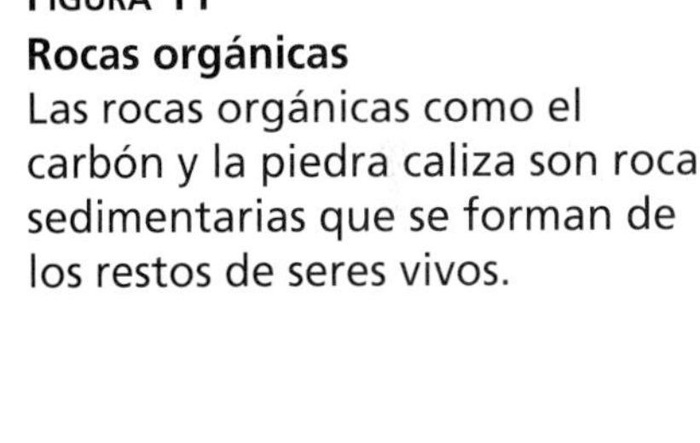

FIGURA 11
Rocas orgánicas
Las rocas orgánicas como el carbón y la piedra caliza son rocas sedimentarias que se forman de los restos de seres vivos.

Rocas químicas Cuando se cristalizan los minerales que están disueltos en una solución, se forma la **roca química**. Por ejemplo, la piedra caliza puede formarse cuando la calcita que está disuelta en lagos, mares o en agua subterránea sale de la solución y forma cristales. Esta clase de piedra caliza se considera una roca química. Las rocas químicas también pueden formarse a partir de depósitos minerales dejados cuando se evaporan mares o lagos. Por ejemplo, la sal de roca se hace del mineral halita, el cual se forma por evaporación.

¿Cómo se forma el carbón?

FIGURA 12
Rocas químicas
Estas "torres" de roca en el lago Mono, California, están hechas de toba, una forma de piedra caliza. La toba es una roca química que se forma a partir de soluciones que contienen materiales disueltos.
Clasificar *¿Qué tipo de roca sedimentaria es la toba?*

FIGURA 13
Tallar mármol
Este escultor está esculpiendo un bloque de mármol rosa.

Usos de las rocas sedimentarias

Las personas han usado rocas sedimentarias a lo largo de la historia para muchos propósitos diferentes, incluidos materiales de construcción y herramientas. Por ejemplo, las personas han hecho puntas de flecha de pedernal. El pedernal es una roca dura, pero puede moldearse en forma de punta: se forma cuando partículas pequeñas de sílice se asientan en el agua.

Las rocas sedimentarias, como la arenisca y la piedra caliza, se han usado como materiales para construcción. Ambos tipos de piedra son lo bastante suaves para cortarse con facilidad en bloques o losas. Quizá te sorprenda saber que la Casa Blanca en Washington, D.C., está construida con arenisca. Los constructores actuales usan la arenisca y la piedra caliza en los muros exteriores de los edificios. La piedra caliza también tiene muchos usos industriales. Por ejemplo, se usa para hacer cemento y acero.

¿Por qué la arenisca y la piedra caliza son útiles como materiales de construcción?

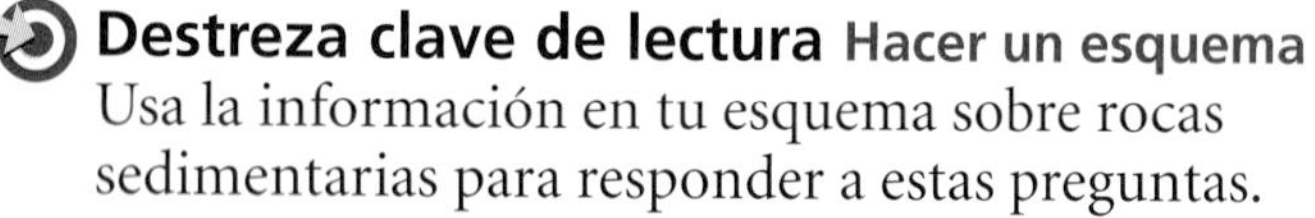

Sección 3 Evaluación

Destreza clave de lectura Hacer un esquema Usa la información en tu esquema sobre rocas sedimentarias para responder a estas preguntas.

Repasar los conceptos clave

1. a. **Definir** ¿Qué es el sedimento?
   b. **Ordenar en serie** Coloca estos pasos en la formación de roca sedimentaria en el orden apropiado: compactación, erosión, cementación, sedimentación.
   c. **Inferir** En las capas de roca sedimentaria, ¿dónde esperarías hallar el sedimento más antiguo? Explica tu respuesta.
2. a. **Hacer una lista** ¿Cuáles son los tres tipos principales de roca sedimentaria?
   b. **Explicar** ¿Qué tipo de roca sedimentaria se forma de los restos de seres vivos? Explica cómo se forma esta roca sedimentaria.
   c. **Relacionar causa y efecto** ¿Qué proceso causa que se formen depósitos de sal de roca? ¿Qué tipo de roca sedimentaria es la sal de roca?
3. a. **Hacer una lista** ¿Cuáles son algunos usos de las rocas sedimentarias?
   b. **Predecir** Las partículas de sedimento que forman el esquisto por lo general no están cementadas. ¿Sería el esquisto una buena elección como material para construcción en un clima húmedo?

Escribir en ciencias

Explicar un proceso Supón que una masa grande de granito está expuesta en la superficie de la Tierra. Explica los pasos en el proceso por los cuales el granito podría convertirse en roca sedimentaria. Tu respuesta deberá enunciar también cuál de los tipos principales de roca sedimentaria se producirá en este proceso.

Rocas de los arrecifes

Avance de la lectura

Conceptos clave

- ¿Cómo se forman los arrecifes de coral?
- ¿Qué evidencia proporcionan los depósitos de piedra caliza de los arrecifes de coral sobre la historia de la Tierra?

Término clave

- arrecife de coral

Destreza clave de lectura

Usar el conocimiento previo

Antes de leer, revisa los encabezados de esta sección para ver de qué se trata. Luego, escribe lo que sabes sobre los arrecifes de coral en un organizador gráfico como el que sigue. Mientras lees, escribe lo que aprendas.

Lo que sabes
1. Los arrecifes de coral crecen en los océanos. 2.

Lo que aprendiste
1. 2.

Lab zone Actividad Descubre

¿Cómo reacciona al ácido una roca?

1. Con una lupa, observa el color y textura de la piedra caliza y la coquina.
2. Ponte tus gafas de protección y delantal.
3. Tu maestro de dará una pequeña cantidad de ácido clorhídrico diluido. Este ácido se usa para probar la presencia del mineral calcita en las rocas. Con un gotero de plástico, coloca unas cuantas gotas de ácido sobre la piedra caliza. **PRECAUCIÓN:** *El ácido clorhídrico puede causar quemaduras.*
4. Registra tus observaciones.
5. Repite los pasos 2 a 4 con la muestra de coquina y observa los resultados.
6. Enjuaga las muestras de roca con abundante agua antes de regresárselas a tu maestro. Lávate las manos.

Reflexiona

Sacar conclusiones ¿Cómo reaccionaron las dos rocas a la prueba? Una pieza de coral reacciona al ácido clorhídrico del mismo modo que la piedra caliza y la coquina. ¿Qué podrías concluir sobre la composición mineral del coral?

Frente a la costa de Florida se encuentra una "ciudad" en el mar. Es un arrecife de coral que proporciona alimento y refugio a muchos animales marinos. El arrecife resplandece de vida: almejas, esponjas, erizos de mar, estrellas de mar, gusanos marinos y, por supuesto, peces. Cardúmenes de peces de colores brillantes entran y salen de bosques de coral. Pulpos acechan en cuevas submarinas y atrapan cangrejos. Un arrecife forma un muro robusto que protege la costa de las olas que llegan. Esta ciudad fue construida por miles de millones de animales diminutos de cuerpo suave que tienen esqueletos hechos de calcita.

FIGURA 14
Una ciudad en el mar
Un arrecife de coral proporciona alimento y refugio a muchas clases de seres vivos.

Para: Más información sobre formaciones coralinas, disponible en inglés.
Visita: PHSchool.com
Código Web: cfd-1054

Arrecifes de coral

Los animales de coral son parientes de las medusas y viven juntos en grandes cantidades. Producen esqueletos que se acumulan para formar una estructura llamada **arrecife de coral.**

Cómo viven los animales de coral La mayoría de los animales de coral son más pequeños que tu uña. Cada uno se ve como un pequeño saco con una boca rodeada de tentáculos. Estos animales usan sus tentáculos para capturar y comer criaturas microscópicas que flotan por ahí.

Algas diminutas crecen dentro del cuerpo de cada animal de coral. Las algas proporcionan sustancias que los animales de coral necesitan para vivir. A su vez, los animales de coral proporcionan una estructura para que crezcan las algas. Como las plantas, las algas necesitan luz solar. Debajo de los 40 metros, no hay suficiente luz para que crezcan las algas. Por esta razón, casi todo el coral crece dentro de los 40 metros debajo de la superficie del agua.

Cómo se forma un arrecife de coral Los animales de coral absorben el calcio del agua para formar sus esqueletos. Luego, el calcio se combina con carbono y oxígeno para formar calcita, que es un mineral. **Cuando los animales de coral mueren, sus esqueletos permanecen. Más corales se acumulan encima de ellos, formando un arrecife de coral.**

Los animales de coral no pueden crecer en agua fría, se forman sólo en el agua poco profunda y cálida de los océanos tropicales. Los arrecifes son más abundantes alrededor de islas y a lo largo de las costas orientales de los continentes. En Estados Unidos, sólo las costas del sur de Florida y Hawai tienen arrecifes de coral.

A lo largo de miles de años, los arrecifes pueden crecer hasta tener cientos de kilómetros de largo y cientos de metros de espesor. Los arrecifes por lo general crecen hacia el océano abierto. Si el nivel del mar se eleva o si el suelo oceánico se hunde, el arrecife crecerá también hacia arriba.

¿Qué condiciones de luz y temperatura requieren los animales de coral?

FIGURA 15
Los animales de coral y los arrecifes
Los animales de coral en el acercamiento se alimentan de organismos diminutos llevados hasta ellos por el movimiento del agua del océano. (La vista se ha amplificado para mostrar el detalle.) La fotografía aérea muestra una isla en el océano Pacífico del Sur que está rodeada por un arrecife de coral (áreas azul claro). **Inferir** *¿Por qué no hay arrecifes de coral en las áreas azul oscuro del agua del océano?*

Piedra caliza de los arrecifes de coral

Un arrecife de coral en realidad es una piedra caliza orgánica. **Los depósitos de piedra caliza, inicialmente arrecifes de coral, revelan cómo ha cambiado la superficie de la Tierra por los movimientos de las placas. También revelan ambientes pasados.**

La piedra caliza de los arrecifes de coral se ha estado formando en los océanos por más de 400 millones de años. La piedra caliza se formó cuando mares poco profundos cubrían las partes bajas de los continentes y quedó expuesta cuando se retiraron los mares. Más tarde, movimientos de placas desplazaron estos depósitos lejos de los océanos donde se formaron. En Estados Unidos, hay arrecifes que datan de hace millones de años en Wisconsin, Illinois, Indiana, Texas, Nuevo México y otros lugares.

Los depósitos de piedra caliza orgánica ayudan a los geólogos a comprender ambientes pasados. Los fósiles de un arrecife de coral antiguo, indican que el arrecife se formó en un clima cálido y agua poco profunda. En América del Norte, existieron estas condiciones por millones de años, cuando gran parte del continente estaba más cerca del ecuador que ahora. Mares poco profundos cubrían la parte central de América del Norte, permitiendo que se formaran grandes arrecifes de coral. Hoy en día, los arrecifes son depósitos gruesos de roca sedimentaria.

FIGURA 16
Piedra caliza del coral
Una banda de piedra caliza de color claro marca un arrecife antiguo que forma parte del pico Guadalupe en Texas. ¡Este arrecife ahora está a 2,600 metros sobre el nivel del mar!

Sección 4 Evaluación

Destreza clave de lectura

Usar el conocimiento previo Repasa tu organizador gráfico sobre los arrecifes de coral y revísalo basándote en lo que acabas de aprender.

Repasar los conceptos clave

1. a. **Describir** ¿Qué es un animal de coral?
   b. **Resumir** ¿Cómo forman los animales de coral un arrecife de coral?
   c. **Predecir** Si el nivel del mar se eleva sobre un arrecife de coral, ¿qué puede sucederle al arrecife?
2. a. **Identificar** ¿Qué tipo de roca está formada de coral antiguo?
   b. **Inferir** Un geólogo encuentra un área donde las rocas se formaron de un arrecife de coral antiguo. ¿Qué puede inferir el geólogo acerca del ambiente antiguo donde se formaron las rocas?

Lab zone Actividad En casa

Arrecifes de coral en la Tierra Consigue un globo terráqueo o un mapa del mundo. Halla las líneas que representan el trópico de Cáncer y el trópico de Capricornio. El área que está entre estas dos líneas, llamada trópico, es donde se forma la mayoría de los arrecifes de coral en aguas cálidas del océano. Localiza la costa noreste de Australia, el mar Rojo y los grupos de islas tropicales en el mar Caribe, el océano Índico y el océano Pacífico. Señala estas características a tu familia y explica que estás son áreas donde existen arrecifes de coral en la actualidad.

Sección 5

Rocas metamórficas

Avance de la lectura

Conceptos clave

- ¿Bajo qué condiciones se forman las rocas metamórficas?
- ¿Cómo clasifican los geólogos las rocas metamórficas?
- ¿Cómo se usan las rocas metamórficas?

Término clave

- esquistocidad

Destreza clave de lectura

Examinar ayudas visuales Antes de leer, examina la Figura 17. Luego, escribe dos preguntas que tengas sobre las rocas metamórficas en un organizador gráfico como el que sigue. Mientras lees, responde a tus preguntas.

Rocas metamórficas

P. ¿Por qué los cristales en el gneis se alinean en franjas?
R.
P.

Para: Vínculos sobre rocas metamórficas, disponible en inglés
Visita: www.SciLinks.org
Código Web: scn-1055

Lab zone Actividad Descubre

¿Cómo se comparan los patrones de grano?

1. Con una lupa, observa muestras de gneis y granito. Mira con atención los granos o cristales en ambas rocas.
2. Observa cómo están ordenados los granos o cristales en ambas rocas. Haz un dibujo de ambas rocas y describe sus texturas.

Reflexiona

Inferir Dentro de la corteza, algo de granito se convierte en gneis. ¿Qué piensas que debe suceder para causar este cambio?

Toda roca metamórfica es una roca que ha cambiado su forma. De hecho, la palabra *metamórfica* viene de las palabras griegas *meta*, que significa "cambio", y *morphosis*, que significa "forma". Pero, ¿qué causa que una roca cambie a una roca metamórfica? La respuesta está en el interior de la Tierra.

El calor y la presión en las profundidades debajo de la superficie de la Tierra pueden cambiar cualquier roca en una roca metamórfica. Cuando la roca cambia en roca metamórfica, cambian su apariencia, textura, estructura cristalina y contenido mineral. La roca metamórfica puede formarse de roca ígnea, sedimentaria o de otra roca metamórfica.

Las colisiones entre placas de la Tierra pueden empujar la roca hacia abajo hasta el calor del manto. Las bolsas de magma que se elevan a través de la corteza también proporcionan calor que puede producir rocas metamórficas. Cuanto más profundo esté enterrada una roca en la corteza, tanto mayor es la presión sobre esa roca. Bajo temperatura y presión elevadas muchas veces mayores que en la superficie de la Tierra, los minerales en una roca pueden cambiar en otros minerales. La roca se ha convertido en una roca metamórfica.

Tipos de rocas metamórficas

Mientras se están formando las rocas metamórficas, las temperaturas elevadas cambian el tamaño y forma de los granos, o cristales minerales, en la roca. La presión extrema aplasta tanto la roca que los granos de mineral pueden alinearse en capas planas paralelas. **Los geólogos clasifican las rocas metamórficas de acuerdo con el arreglo de los granos que forman las rocas.**

Rocas con esquistocidad Se dice que las rocas metamórficas que tienen sus granos ordenados en capas o franjas paralelas tienen **esquistosidad.** El término *esquistosidad* describe las capas planas y delgadas que se encuentran en la mayoría de las rocas metamórficas. Las rocas con esquistosidad, incluidos la pizarra, el esquisto y el gneis, pueden separarse a lo largo de estas franjas. En la Figura 17, observa cómo los cristales en el granito se han aplanado para crear la esquistosidad del gneis.

Una roca con esquistosidad común es la pizarra. El calor y la presión cambian la roca sedimentaria esquisto en pizarra, que es una versión más densa y compacta del esquisto. Durante el cambio, se forman minerales nuevos como la mica.

Rocas sin esquistosidad Algunas rocas metamórficas no tienen esquistosidad. Los granos del mineral en estas rocas están acomodados al azar. Las rocas metamórficas que no tienen esquistosidad no se parten en capas. El mármol y la cuarzita son dos rocas metamórficas que no tienen esquistosidad. La cuarzita se forma de la piedra arenisca. Las partículas de cuarzo cementadas en forma débil en la piedra arenisca se vuelven a cristalizar para formar cuarsita, la cual es dura en extremo. Mira en la Figura 17 cómo la cuarsita parece mucho más lisa que la piedra arenisca.

¿Qué es una roca con esquistosidad?

Lab zone Actividad Inténtalo

Una roca con lentejuelas

1. Haz tres bolas de arcilla de 3 cm. Mezcla unas 25 lentejuelas en una bola.
2. Con un cordel de 30 cm, corta la bola a la mitad. ¿En qué orden están las lentejuelas?
3. Haz una bola con la arcilla de las lentejuelas. Apila las tres bolas con la bola con lentejuelas en medio. Ponlas en un bloque de madera. Con otro bloque, oprime hasta que la pila tenga unos 3 cm de alto.
4. Usa el cordel para cortar la pila a la mitad. ¿En qué orden están las lentejuelas?

Hacer modelos ¿Qué representan las lentejuelas en tu modelo de roca? ¿Esta roca tiene o no tiene esquistosidad?

FIGURA 17
Formación de rocas metamórficas
Un gran calor y presión pueden cambiar un tipo de roca en otra.
Observar *¿Cómo difiere la pizarra del esquisto?*

Granito
ígnea

Gneis
metamórfica, con esquistosidad

Piedra arenisca
sedimentaria

Cuarcita
metamórfica, sin esquistosidad

Esquisto
sedimentaria

Pizarra
metamórfica, con esquistosidad

Figura 18
El Monumento a Lincoln
La estatua de Abraham Lincoln en el Monumento a Lincoln en Washington, D.C., está hecha de mármol blanco brillante.

Usos de las rocas metamórficas

Ciertas rocas metamórficas son materiales importantes de la construcción y la escultura. El mármol y la pizarra son dos de las rocas metamórficas más útiles. El mármol por lo general se forma cuando la piedra caliza se somete a calor y presión bajo la superficie. Como el mármol tiene un grano fino uniforme, puede cortarse en losas delgadas o tallarse en muchas formas. Además, es fácil de pulir. Estas cualidades han llevado a los arquitectos y escultores a usar el mármol en edificios y estatuas. Una de las esculturas más famosas de Estados Unidos está en el Monumento a Lincoln en Washington, D.C. El escultor Daniel Chester French esculpió esta estatua de Abraham Lincoln en mármol blanco brillante.

Como el mármol, la pizarra viene en una variedad de colores, incluidos gris, negro, rojo y púrpura. Por su esquistocidad, la pizarra se divide con facilidad en piezas planas, que se pueden usar para recubrir pisos, techos, pasillos exteriores, pizarras y como cenefa para edificios de piedra.

¿Qué características de la pizarra la hacen útil?

Sección 5 Evaluación

Destreza clave de lectura Examinar ayudas visuales

Compara tus preguntas y respuestas acerca de la Figura 17 con las de un compañero.

Repasar los conceptos clave

1. a. **Explicar** ¿Qué significa *metamórfico?*
   b. **Relacionar causa y efecto** ¿Dónde y bajo qué condiciones se forman las rocas metamórficas?
2. a. **Identificar** ¿Qué características de las rocas metamórficas usan los geólogos para clasificarlas?
   b. **Explicar** ¿Cómo se forma una roca metamórfica que tiene esquistosidad?
   c. **Clasificar** ¿Cuáles de las rocas en la Figura 17 tienen esquistocidad? ¿Cómo puedes saberlo?
3. a. **Identificar** ¿Cuál es el uso principal de las rocas metamórficas?
   b. **Emitir un juicio** ¿Cuál podría ser más útil para tallar piezas de ajedrez, el mármol o la pizarra? Explica tu respuesta.

Lab zone Actividad En casa

Rocas a la vuelta de la esquina
¿Cómo se usan las rocas en tu vecindario? Da un paseo con tu familia para ver cuántos usos puedes observar. Identifica estatuas, paredes y edificios hechos con rocas. ¿Puedes identificar qué tipo de roca se usó? Busca piedra caliza, piedra arenisca, granito y mármol. Comparte una lista de las rocas que encontraste con tu clase. Para cada roca, incluye una descripción de su color y textura, dónde observaste la roca y cómo se usó.

Rocas misteriosas

Problema

¿Qué propiedades se usan para clasificar las rocas?

Destrezas aplicadas

inferir, clasificar

Materiales

- 1 "roca misteriosa"
- 2 rocas ígneas desconocidas
- 2 rocas sedimentarias desconocidas
- 2 rocas metamórficas desconocidas
- una lupa

Procedimiento 

1. Para esta actividad, se te darán seis rocas y una muestra que no es una roca. Están rotuladas de la A a la G.
2. Copia la tabla de datos en tu cuaderno.
3. Con la lupa, examina cada roca en busca de pistas que muestren que la roca está formada de material fundido. Registra el color y textura de la roca. Observa si hay algunos cristales o granos en la roca.
4. Usa la lupa para buscar pistas de que la roca está formada por partículas de otras rocas. Observa su textura en busca de granos diminutos bien redondeados.
5. Usa la lupa para buscar pistas que muestren que la roca se formó bajo calor y presión. Observa si la roca tiene una capa plana de cristales o muestra franjas de colores.
6. Anota tus observaciones en la tabla de datos.

Tabla de datos

Muestra	Color	Textura (grano fino, medio o grueso)	Con esquistosidad o con franjas	Grupo de rocas (ígneas, metamórficas, sedimentarias)
A				
B				

Analiza y concluye

1. **Inferir** Infiere a partir de tus observaciones el grupo al que pertenece cada roca.
2. **Clasificar** ¿Qué muestras podrían clasificarse como rocas ígneas? ¿Qué propiedades físicas comparten estas rocas con las otras muestras? ¿En qué son diferentes?
3. **Clasificar** ¿Qué muestras podrían clasificarse como rocas sedimentarias? ¿Cómo piensas que se formaron estas rocas? ¿Cuáles son las propiedades físicas de estas rocas?
4. **Clasificar** ¿Cuáles de las muestras podrían clasificarse como rocas metamórficas? ¿Cuáles son sus propiedades físicas?
5. **Sacar conclusiones** Decide qué muestra no es una roca. ¿Cómo determinaste que la muestra que elegiste no es una roca? ¿Qué piensas que es la "roca misteriosa"? Explica.
6. **Comunicar** ¿Qué propiedad física fue más útil para clasificar rocas? ¿Qué propiedad física fue menos útil? Explica tu respuesta.

Explora más

¿Puedes nombrar cada roca? Usa una guía de campo para rocas y minerales para encontrar el nombre específico de cada muestra de roca.

Sección 6

El ciclo de las rocas

Avance de la lectura

Conceptos clave

- ¿Qué es el ciclo de las rocas?
- ¿Cuál es la función de la tectónica de placas en el ciclo de las rocas?

Término clave

- ciclo de las rocas

Destreza clave de lectura

Ordenar en serie Mientras lees, haz un diagrama de ciclo que muestre las etapas en el ciclo de las rocas. Escribe cada etapa del ciclo de las rocas en un círculo aparte en tu diagrama.

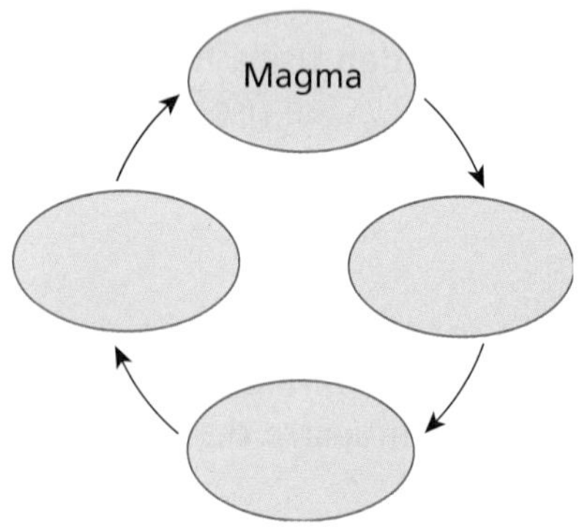

Lab zone Actividad Descubre

¿Qué roca fue primero?

1. Consulta las fotografías para hacer dibujos de la cuarcita, el granito y la piedra arenisca en tres tarjetas.
2. Observa el color y textura de cada roca. Busca semejanzas y diferencias.
3. ¿A qué grupo principal pertenece cada roca?

Reflexiona

Desarrollar hipótesis ¿Cómo se relacionan la cuarcita, el granito y la piedra arenisca? Acomoda tus tarjetas en el orden en que se formaron estas rocas. Con suficiente tiempo en la corteza terrestre, ¿qué podría sucederle a la tercera roca en tu serie?

Las rocas de la Tierra no son tan invariables como parecen. **Fuerzas en las profundidades de la Tierra y en la superficie producen un ciclo lento que forma, destruye y cambia las rocas en la corteza.** El **ciclo de las rocas** es una serie de procesos en la superficie de la Tierra y en la corteza y el manto que cambia con lentitud las rocas de una clase a otra.

Un ciclo de muchas vías

En la Figura 19 se muestra una vía posible a través del ciclo de las rocas. La roca ígnea granito se forma debajo de la superficie. Luego, las fuerzas de formación de montañas empujan poco a poco el granito hacia arriba, formando una montaña. Despacio, el agua y el viento erosionan el granito. Estas partículas de granito se vuelven arena, transportada por las corrientes de agua hasta el océano. A lo largo de millones de años, se acumulan capas de sedimento arenoso en el suelo oceánico. Poco a poco, el sedimento cambia a piedra arenisca, una roca sedimentaria. Con el tiempo, la piedra arenisca se entierra en lo profundo. El calor y la presión cambian la textura de la roca de arenosa a tersa. La piedra arenisca cambia a la roca metamórfica cuarcita. Pero la roca metamórfica no termina el ciclo de las rocas, el cual continúa por millones de años.

FIGURA 19
El ciclo de las rocas
Las rocas ígneas, sedimentarias y metamórficas cambian en forma continua a través del ciclo de las rocas. **Interpretar diagramas** *¿Qué proceso conduce a la formación de sedimento?*

Go Online active art

Para: Actividad del ciclo de las rocas, disponible en inglés
Visita: PHSchool.com
Código Web: cfp-1056

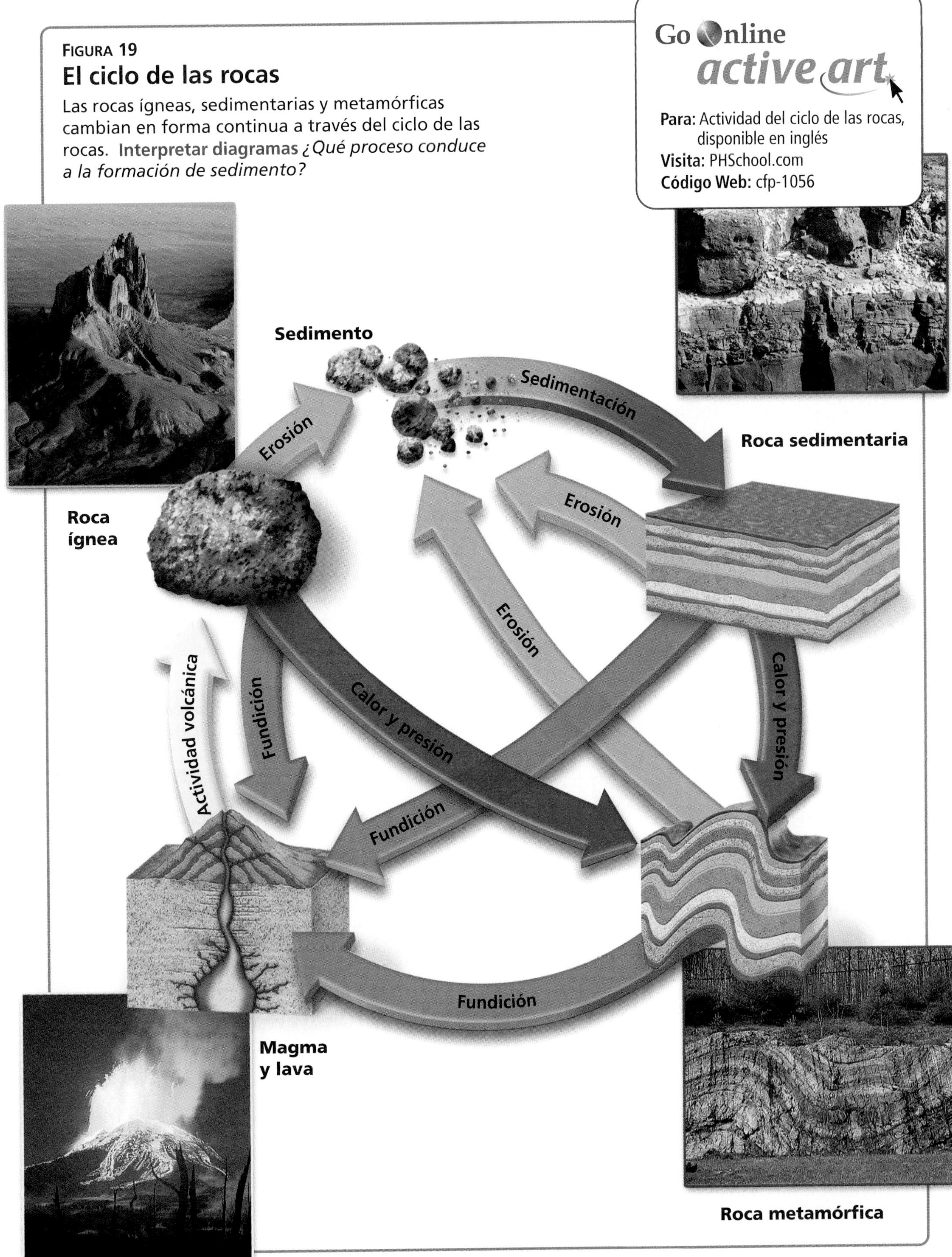

El ciclo de las rocas y la tectónica de placas

Los cambios del ciclo de las rocas tienen una relación estrecha con la tectónica de placas. **Los movimientos de las placas comienzan el ciclo de las rocas ayudando a formar magma, la fuente de rocas ígneas. Los movimientos de placas también causan fallas, plegamientos y otros movimientos de la corteza que ayudan a formar rocas sedimentarias y metamórficas.**

FIGURA 20
Subir en el mundo
Este trilobite fósil vivió en un suelo oceánico hace unos 500 millones de años. Conforme la tectónica de placas movió piezas de la corteza de la Tierra, la roca que contenía este fósil se volvió parte de una montaña.

Rocas ígneas Donde las placas oceánicas se separan, el magma formado al fundirse la roca del manto se mueve hacia arriba y llena el hueco con nueva roca ígnea. Donde hay subducción de una placa oceánica debajo de una placa continental, se forma magma y se eleva. El resultado es un volcán hecho de roca ígnea. Una colisión de placas continentales puede empujar a las rocas tan profundo que se funden y forman magma. Este magma se enfría y se endurece en forma lenta para formar roca ígnea.

Rocas sedimentarias y metamórficas La colisión de las placas continentales produce fallas, plegamientos y elevaciones. Con el tiempo, la colisión podría empujar hacia arriba una cordillera. Luego, comienza la erosión. Las montañas se erosionan, lo que conduce a la formación de roca sedimentaria.

Una colisión entre placas continentales también puede empujar rocas hacia la profundidad del manto. Ahí, el calor y la presión podrían cambiar las rocas en rocas metamórficas. Y así continúa el ciclo de las rocas, por cientos de millones de años.

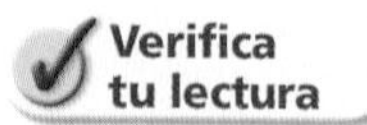

¿Cómo pueden ayudar los movimientos de las placas a formar rocas metamórficas?

Sección 6 Evaluación

Destreza clave de lectura **Ordenar en serie** Revisa tu diagrama de ciclo acerca del ciclo de las rocas con un compañero. Agrega cualquier información necesaria.

Repasar los conceptos clave

1. a. **Definir** Escribe una definición del ciclo de las rocas con tus propias palabras.
   b. **Ordenar en serie** Comienza con la roca ígnea y explica cómo podría cambiar a través de dos pasos más en el ciclo de las rocas.
2. a. **Repasar** ¿Cómo ayudan los movimientos de las placas a formar rocas ígneas?
   b. **Relacionar causa y efecto** ¿Cómo puede la colisión de las placas formar rocas sedimentarias?
   c. **Predecir** ¿Qué sería probable que le sucediera al ciclo de las rocas si el interior de la Tierra se enfriara tanto que se detuvieran los movimientos de las placas?

Escribir en ciencias

La leyenda de la roca Elige un tipo de roca y escribe una "biografía" posible de la roca conforme pasa por el ciclo de las rocas. Tu historia deberá exponer el tipo de roca, la manera en que se formó la roca y cómo podría cambiar.

Lab zone **Diseña tu laboratorio**

Revestimientos de roca

Problema

¿Qué clase de piedra de construcción es mejor para revestir pisos?

Destrezas aplicadas

diseñar experimentos, controlar variables, sacar conclusiones

Materiales sugeridos

- clavo de acero
- cepillo de alambre
- agua
- gotero de plástico
- lupa
- muestras de rocas ígneas, sedimentarias y metamórficas con superficies planas
- materiales grasosos como mantequilla y creyones
- materiales que manchan, como tinta y pinturas

Procedimiento 

1. Piensa con un compañero en las cualidades de un revestimiento para pisos. Por ejemplo, si debe ser resistente a manchas, rayones y marcas de grasa, y ser seguro para caminar sobre él cuando está mojado.
2. Predice cuál piensas que es la mejor piedra de construcción para el piso de una cocina. ¿Por qué es la mejor?
3. Escribe los pasos que planeas seguir para responder a la pregunta del problema. Al diseñar tu plan, considera los siguientes factores:
   - ¿Qué rocas ígneas, sedimentarias y metamórficas probarás? (Elige al menos una roca de cada grupo.)
   - ¿Qué materiales o equipo necesitas adquirir, y en qué cantidades?
   - ¿Qué pruebas realizarás a las muestras?
   - ¿Cómo controlarás las variables en cada prueba?
   - ¿Cómo medirás la resistencia de cada muestra a las manchas, la grasa y los rayones?
   - ¿Cómo medirás lo resbaladizo?
4. Repasa tu plan. ¿Te llevará a una respuesta para la pregunta del problema?
5. Revisa tu procedimiento y plan de seguridad con tu maestro.

6. Crea una tabla de datos que incluya una columna en la que predigas cómo actuará cada material en cada prueba.

Analiza y concluye

1. **Interpretar datos** ¿Qué material resultó mejor en cada prueba? ¿Cuál resultó peor en cada prueba?
2. **Sacar conclusiones** ¿Qué material es mejor para el piso de la cocina? ¿Qué material desearías menos usar?
3. **Sacar conclusiones** ¿Tus respuestas apoyan tu predicción inicial? ¿Por qué?
4. **Aplicar conceptos** La persona que instale el piso podría desear piedra que sea fácil de cortar al tamaño o forma correctos. ¿Qué otras cualidades consideraría el instalador de pisos?
5. **Comunicar** Basándote en tus resultados, escribe un anuncio para la piedra de construcción que resultó mejor como material para revestimiento de pisos.

Diseña un experimento

Supón que estás tratando de seleccionar material de revestimiento de pisos para un laboratorio donde se mueve con frecuencia equipo pesado por el piso. Desarrolla una hipótesis que prediga qué tipo de revestimiento de roca para pisos será más resistente. Luego, diseña un experimento para comparar qué tan bien resiste cada tipo la rotura.

Capítulo 5

Guía de estudio

1 Clasificación de las rocas

Conceptos clave

- Cuando estudian una muestra de roca, los geólogos observan la composición mineral, el color y la textura de la roca.
- Los geólogos clasifican las rocas en tres grupos principales: rocas ígneas, rocas sedimentarias y rocas metamórficas.

Términos clave

minerales formadores de rocas
granito
basalto
granos
textura
roca ígnea
roca sedimentaria
roca metamórfica

2 Rocas ígneas

Conceptos clave

- Las rocas ígneas se clasifican según su origen, textura y composición mineral.
- Las personas a lo largo de la historia han usado rocas ígneas en la elaboración de herramientas y materiales de construcción.

Términos clave

roca extrusiva
roca intrusiva

3 Rocas sedimentarias

Conceptos clave

- La mayoría de las rocas sedimentarias se forman a través de una serie de procesos: erosión, sedimentación, compactación y cementación.
- Hay tres grupos principales de rocas sedimentarias: rocas clásticas, rocas orgánicas y rocas químicas.
- Las personas han usado rocas sedimentarias a lo largo de la historia para muchos propósitos diferentes, incluidos materiales de construcción y herramientas.

Términos clave

sedimento
erosión
sedimentación
compactación
cementación
roca clástica
roca orgánica
roca química

4 Rocas de los arrecifes

Conceptos clave

- Cuando los animales de coral mueren, sus esqueletos permanecen. Más corales se acumulan encima de ellos, formando un arrecife de coral.
- Los depósitos de piedra caliza, inicialmente arrecifes de coral, revelan cómo ha cambiado la superficie de la Tierra por los movimientos de las placas. También revelan ambientes pasados.

Término clave

arrecife de coral

5 Rocas metamórficas

Conceptos clave

- El calor y la presión en las profundidades debajo de la superficie de la Tierra pueden convertir cualquier roca en una roca metamórfica.
- Los geólogos clasifican las rocas metamórficas de acuerdo con el arreglo de los granos que forman las rocas.
- Ciertas rocas metamórficas son materiales importantes para la construcción y la escultura.

Término clave

esquistosidad

6 El ciclo de las rocas

Conceptos clave

- Fuerzas en las profundidades de la Tierra y en la superficie producen un ciclo lento que forma, destruye y cambia las rocas en la corteza.
- Los movimientos de las placas comienzan el ciclo de las rocas ayudando a formar magma, la fuente de rocas ígneas. Los movimientos de placas también causan fallas, plegamientos y otros movimientos de la corteza que ayudan a formar rocas sedimentarias y metamórficas.

Término clave

ciclo de las rocas

Repaso y evaluación

Go Online PHSchool.com

Para: Una autoevaluación, disponible en inglés.
Visita: PHSchool.com
Código Web: cfa-1050

Organizar la información

Hacer un mapa de conceptos
Copia el mapa de conceptos sobre la clasificación de las rocas en una hoja de papel aparte. Luego, complétalo y ponle un título. (Para más información sobre mapas de conceptos, consulta el Manual de destrezas.)

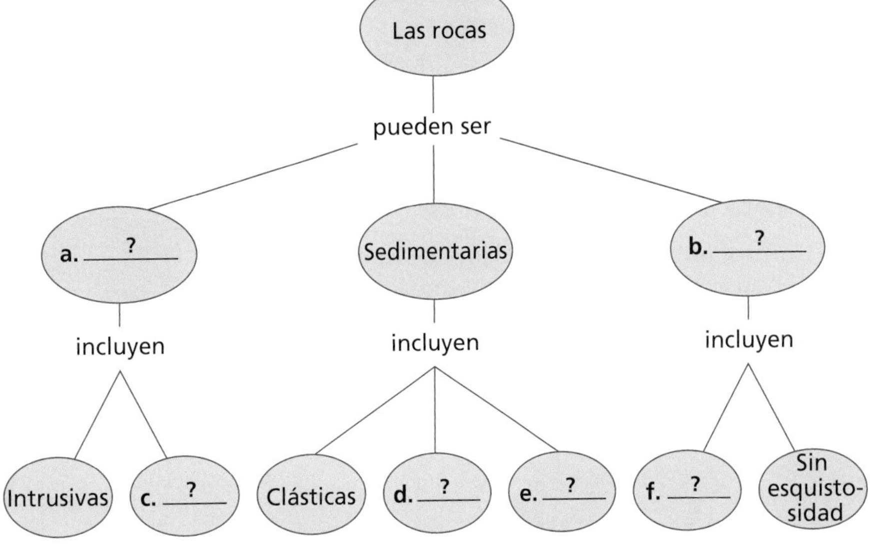

Repasar los términos clave

Elige la letra de la mejor respuesta.

1. Una roca formada por fragmentos de otras rocas es una
   a. roca metamórfica. **b.** roca extrusiva.
   c. roca sedimentaria. **d.** roca ígnea.
2. Una roca ígnea que contiene cristales grandes es más probable que sea (tenga)
   a. roca química. **b.** roca extrusiva.
   c. esquistosidad. **d.** roca intrusiva.
3. Una roca sedimentaria formada de piezas de otras rocas se llama
   a. roca orgánica. **b.** roca química.
   c. roca clástica. **d.** roca compactada.
4. Un depósito de piedra caliza orgánica en la tierra es probable que se haya formado hace millones de años como
   a. roca extrusiva. **b.** arrecife de coral.
   c. roca química. **d.** roca metamórfica.
5. Una roca metamórfica en la que los granos se alinean en franjas paralelas es (tiene)
   a. roca clástica. **b.** roca no clástica.
   c. no esquistosidad. **d.** esquistosidad.
6. En el ciclo de la roca, el proceso por el cual una roca ígnea cambia a una roca sedimentaria debe comenzar con
   a. cementación.
   b. sedimentación.
   c. erosión.
   d. compactación.

Escribir en ciencias

Guía de campo Investiga y escribe una guía de campo para geólogos y visitantes a un área como el Gran Cañón. Describe los tipos de rocas que podrías encontrar ahí, cómo se verían las rocas y cuáles son sus propiedades. Explica en forma breve las clases de fuerzas que moldearon las rocas en el área que elijas.

Rocks
Video Preview
Video Field Trip
▶ Video Assessment

Repaso y evaluación

Verificar los conceptos

7. ¿Cuál es la relación entre la textura de una roca ígnea y el lugar en que se formó?
8. ¿Por qué el agua puede pasar con facilidad a través de la piedra arenisca pero no a través del esquisto?
9. Describe cómo puede formarse una roca por evaporación. ¿Qué tipo de roca es?
10. ¿Cómo cambian las propiedades de una roca cuando se vuelve una roca metamórfica?
11. ¿Cuáles son las fuentes de calor que ayudan a formar rocas metamórficas?
12. ¿Cuáles son las dos cosas que podrían sucederle a una roca metamórfica para continuar con el ciclo de las rocas?

Pensamiento crítico

13. **Desarrollar hipótesis** Las rocas sedimentarias piedra caliza y piedra arenisca se usan como materiales de construcción. Sin embargo, se erosionan más rápido que el mármol y la cuarcita, las rocas metamórficas que se forman de ellas. ¿Por qué piensas que sucede esto?
14. **Inferir** Un geólogo halla un área donde las rocas son capas de carbón y esquisto como se muestra en el diagrama que sigue. ¿Qué clase de ambiente es probable que haya existido en esta área hace millones de años cuando se formaron estas rocas?

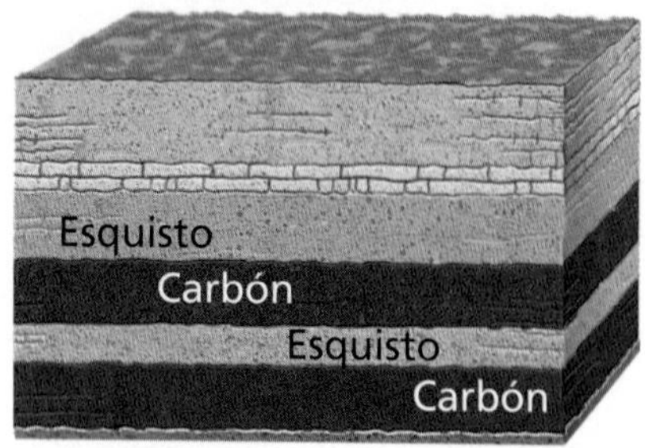

15. **Comparar y contrastar** ¿En qué se parecen las rocas clásticas y las rocas orgánicas? ¿En qué se diferencian?
16. **Predecir** ¿Sería menos probable hallar fósiles en rocas metamórficas que en rocas sedimentarias? Explica tu respuesta.

Aplicar destrezas

Usa las fotografías de las tres rocas para responder a las preguntas 17 a 20.

A

B

C

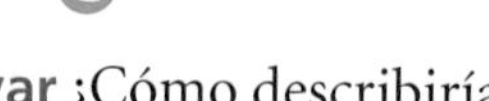

17. **Observar** ¿Cómo describirías la textura de cada roca?
18. **Clasificar** ¿Cuál de las tres rocas clasificarías como una roca metamórfica? ¿Por qué?
19. **Inferir** La textura de una roca da pistas acerca de cómo se formó la roca. ¿Qué puedes inferir sobre el proceso por el que se formó la roca B?
20. **Relacionar causa y efecto** ¿Qué condiciones llevaron a la formación de los cristales grandes en la roca C? Explica tu respuesta.

Lab zone **Proyecto** del capítulo

Evaluación del desempeño Construye un expositor simple para tus rocas. Debe mostrar tu clasificación para cada muestra de roca. En tu presentación, describe dónde las recolectaste y qué clases de rocas hallaste. ¿Algunas rocas fueron difíciles de clasificar? ¿Hallaste rocas de cada uno de los tres grupos principales? ¿Puedes pensar en cualquier razón por la que ciertos tipos de rocas no se encontrarían en tu área?

Preparación para la prueba estandarizada

Sugerencia para hacer la prueba

Buscar calificativos

Muchas preguntas de opción múltiple usan adjetivos calificativos como *más, menos, mejor* o *siempre*. Por ejemplo, podrían preguntarte cuál es la mejor conclusión que puedes sacar de los datos experimentales. Cuando respondas esta clase de preguntas, lee las opciones con mucho cuidado. Algunas respuestas pueden ser correctas de manera parcial. Busca la mejor respuesta y la más completa.

Pregunta de ejemplo

¿Qué oración describe mejor cómo se forma una roca ígnea intrusiva?

A El magma que se enfría despacio forma roca con cristales grandes.
B El magma que se enfría despacio forma venas de menas.
C El magma que se enfría despacio forma rocas con cristales pequeños.
D El magma que se enfría rápido forma rocas con cristales que tienen esquistosidad.

Respuesta

A es correcta. Se forma una roca ígnea intrusiva cuando el magma se enfría despacio, permitiendo que se formen cristales grandes. **B** y **C** son correctas sólo en parte. **D** identifica en forma incorrecta el tipo de magma implicado y el tipo de cristales que se forman.

Elige la letra de la mejor respuesta.

1. Hallas una roca en la que los granos están ordenados en franjas paralelas de cristales blancos y negros. Es probable que la roca sea una
A roca ígnea.
B roca sedimentaria.
C roca metamórfica.
D roca de arrecife.

2. Muchas rocas sedimentarias tienen capas visibles debido al proceso de
F erupción.
G sedimentación.
H intrusión.
J cristalización.

3. La sal de roca, hecha del mineral halita, es una roca sedimentaria orgánica. Es más probable que se forme un depósito de sal de roca cuando
A el magma se enfría y endurece dentro de la Tierra.
B soluciones de agua caliente forman venas de sal de roca.
C los minerales forman una solución en el magma.
D se evapora una solución de halita y agua.

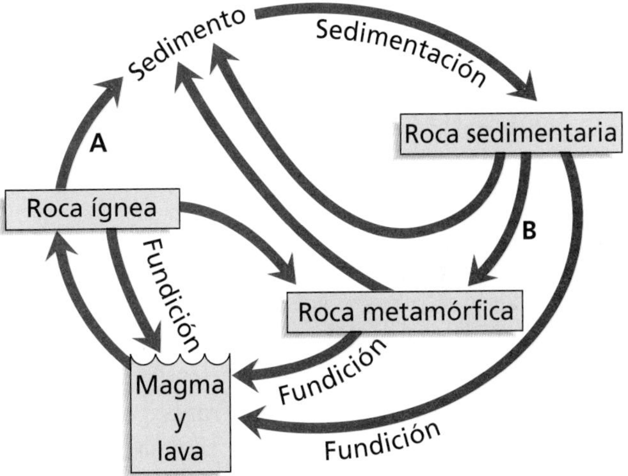

Usa el diagrama anterior para responder a las preguntas 4 y 5.

4. Si el calor y la presión en el interior de la Tierra causan que se funda una roca, el material que se forma sería
F roca metamórfica.
G magma.
H roca sedimentaria.
J roca ígnea.

5. ¿Cómo puede cambiar una roca metamórfica a una roca sedimentaria?
A erosión y sedimentación
B fundición y cristalización
C calor y presión
D todos los anteriores

Respuesta estructurada

6. Estás estudiando algunas rocas lunares. Algunas de las rocas de la Luna están formadas por piezas dentadas de otras rocas. Las piezas están cementadas por partículas finas del tamaño del polvo llamadas polvo de roca. ¿Cómo clasificarías este tipo de roca lunar? Explica cómo usaste las características de la roca para clasificarla.

Exploración interdisciplinaria

Pompeya: Bajo la sombra del Vesubio

¿Qué ciudad antigua...

- se destruyó en un día?
- quedó enterrada por siglos?
- es una ventana a la vida romana antigua?

Hace casi 2,000 años, la ciudad de Pompeya prosperó en las fértiles laderas cercanas al volcán Vesubio. Unos 100 kilómetros al norte de Pompeya estaba la ciudad de Roma, la capital de un vasto imperio que se extendía por toda Europa y alrededor del mar Mediterráneo.

Pompeya era un centro comercial pequeño pero popular y sitio de villas romanas lujosas. En 79 d.C., el Vesubio hizo erupción y los pompeyanos fueron tomados por sorpresa. Cenizas, gases calientes y rocas atraparon y conservaron a esta ciudad y sus habitantes. Hoy en día, las excavaciones en Pompeya revelan la vida diaria de una ciudad bulliciosa en el apogeo del Imperio Romano.

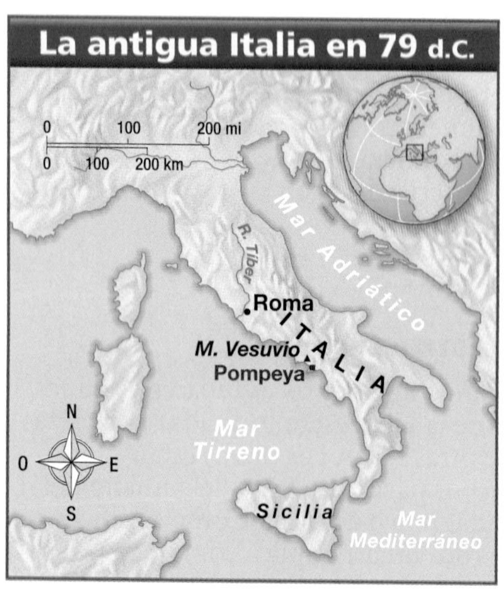

El Foro
El monte Vesubio se alza detrás de las ruinas del Foro en Pompeya.

Fresco de Pompeya
Este fresco retrata a una pareja culta. La esposa sostiene un estilo y una tablilla encerada, y el esposo un rollo.

La vida diaria en Pompeya

Las excavaciones en Pompeya empezaron a mediados del siglo XVIII y todavía continúan. Los hallazgos han sido asombrosos. La vida se detuvo en forma abrupta ese día fatídico. Miles abandonaron sus comidas o dejaron los alimentos cocinándose en el fuego. Un panadero acababa de colocar las hogazas de pan del día en el horno. Un joyero dejó su trabajo sin terminar en una mesa. Las casas y edificios públicos que permanecieron intactos revelan la vida diaria en frescos (pinturas en las paredes), esculturas, pisos de mosaico y extensos patios interiores.

En el centro de la vida diaria estaba el Foro, un espacio abierto rectangular, grande, donde los pompeyanos hacían negocios y política. Ahí se vendía carne y pescado, frutas, vegetales, uvas y aceitunas cultivadas en las fértiles laderas del Vesubio. También se vendía telas de lana, ollas de cobre, lámparas de aceite, muebles y cristalería. Gente de todas las clases se reunía en el Foro para intercambiar ideas y noticias y conversar. ¡Algunos incluso escribían grafitos en las paredes!

Panadería y pan
Este fresco, hallado en Pompeya, muestra a un hombre comprando pan. Abajo, una hogaza de pan carbonizada indica cómo el pan se cortaba en porciones.

Actividad Estudios sociales

El Foro era central para la vida en Pompeya. Escribe un informe breve que describa su estructura y función. Explica la importancia de los edificios para la sociedad romana. Los temas posibles incluyen

- anfiteatro
- murallas
- templos
- basílica
- baños públicos
- sistema de agua

¡El Vesubio hace erupción!

La mayoría de los volcanes y terremotos ocurren a lo largo de los bordes de placas donde la corteza de la Tierra está fracturada y es débil. Sin saberlo los habitantes de Pompeya, su ciudad descansaba directamente sobre una zona de subducción donde las placas Eurasiática y Africana se encuentran. El Vesubio había permanecido atenuado por cientos de años.

Al mediodía del 24 de agosto del año 79 d. C., el volcán explotó de pronto. Ceniza volcánica y gases salieron disparados 27 kilómetros en el aire. Ese día, 3 metros de ceniza cubrieron la ciudad. Pero la destrucción no había terminado. A la medianoche, un flujo piroclástico mortal corrió por el área, atrapando a unos 2,000 pompeyanos. Tres metros adicionales de escombros volcánicos llovieron sobre Pompeya, sellando la ciudad y conservándola casi intacta por siglos.

La gran erupción del monte Vesubio
Esta pintura del siglo XVIII es de Louis-Jean Desprez.

1 El magma explota en la boca del Vesubio. Se eleva una columna de piedra pómez y ceniza.

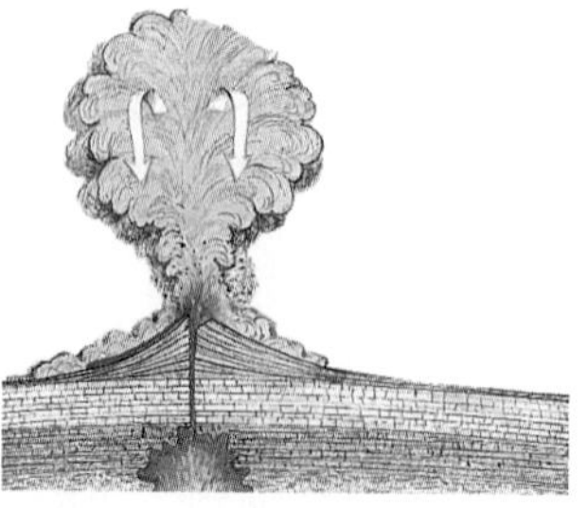

2 La piedra pómez y la ceniza vuelan hacia el sudeste y caen sobre Pompeya.

3 La columna de ceniza se derrumba y flujos piroclásticos cubren la región.

Actividad Ciencias

Diferentes tipos de lava varían en contenido de sílice y temperatura, por lo que se extienden a diferentes velocidades. Usa melaza para modelar las velocidades de las coladas de lava.

1. Vierte lentamente una cucharada de melaza en un plato de plástico. Toma el tiempo y registra cuánto tarda en dejar de extenderse.
2. Agrega una cucharada de arena a una cucharada de melaza. Revuelve bien la mezcla. Vuelve a verter y tomar el tiempo como en el paso 1. ¿Cómo afecta la arena a la viscosidad de la melaza? ¿Qué representa la arena? ¿Cómo es probable que haga erupción un volcán con este tipo de lava?
3. Calienta una cucharada de melaza sobre un hornillo. Repite el paso 1. ¿Cómo se compara la viscosidad de la melaza calentada con la viscosidad de la melaza en el paso 1? ¿Qué puedes concluir sobre el efecto de la temperatura en la velocidad de flujo de lava?

Relato testimonial

Plinio el Joven (cerca de 62 a 113 d. C.) era sobrino del sabio e historiador Plinio el Viejo. Alrededor de los 17 años de edad, presenció la erupción del monte Vesubio mientras visitaba una ciudad al otro lado de la bahía de Pompeya. Unos 25 años después, Plinio el Joven describió la aterradora escena en una carta al historiador Tácito.

▲ Plinio el Joven

Extracto de la carta de Plinio el Joven a Tácito, cerca de 104 d. C.

"Veo hacia atrás: una nube densa surge detrás de nosotros, siguiéndonos como una inundación que cubre la tierra... Llegó una oscuridad que no era como una noche sin luna o nublada, sino como la de cuartos cerrados sin iluminación. Podías escuchar a las mujeres lamentándose, a los niños llorando, a los hombres gritando. Algunos llamaban a sus padres, otros a sus hijos o cónyuges... Algunos temían tanto a la muerte que oraban por ella... Aclaraba, pero no parecía un retorno del día, sino una señal de que el fuego se aproximaba. El fuego en sí se detuvo a cierta distancia, pero la oscuridad y las cenizas llegaron de nuevo, un gran peso de ellas. Nos levantamos y nos sacudíamos la ceniza una y otra vez, para que no nos cubriera y aplastara con su peso...

"Al fin la nube se redujo a no más que humo o niebla. Pronto hubo luz de día real. El sol brillaba aún, pero con el brillo lívido que tiene después de un eclipse. Nuestros ojos, aún aterrados, vieron un mundo cambiado, enterrado en cenizas como nieve."

Actividad Artes del lenguaje

El relato testimonial es una narración de primera mano basada en hechos reales de un suceso o experiencia. Plinio el Joven llenó su carta con detalles sensoriales realistas, que ayudan al lector a ver, sentir, oler, gustar y oír, a fin de transmitir cómo fue la erupción del Vesubio.

Elige un suceso interesante que hayas presenciado y relátalo. Ofrece hechos clave, como el momento y lugar del suceso, junto con detalles interesantes y realistas.

Perro en Pompeya
Éste es un vaciado en yeso de un perro al que dejaron encadenado a un poste durante la erupción del Vesubio.

Matemáticas

Calculadoras romanas

Para calcular las operaciones comerciales en el Foro y en otras partes, los pompeyanos usaban un ábaco. Un ábaco es una caja de metal o madera, con contadores que se deslizan a lo largo de ranuras o alambres. Los romanos hacían ábacos portátiles, como las calculadoras de bolsillo actuales.

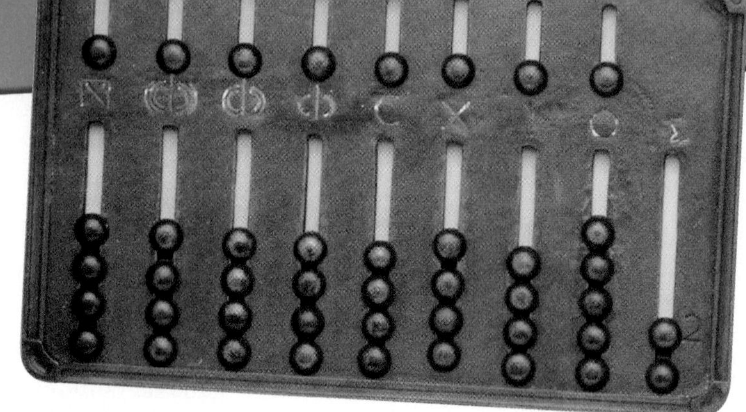

Ábaco romano
Este ábaco romano podía calcular números hasta millones. La ranura a la derecha se

Leer el ábaco romano

Un ábaco romano típico podía calcular números hasta 9,999. Los antiguos romanos usaban letras para representar los numerales, cuyos valores se muestran en la tabla que sigue.

Numerales romanos

M	C	X	I
1,000	**100**	**10**	**1**

Los numerales romanos dividen el ábaco en una parte superior y una inferior. Cada abalorio o contador en la parte superior representa cinco. Cada abalorio en la parte inferior representa uno.

Con una calculadora moderna, empezarías con 0. Para poner el ábaco romano en 0, mueve todos los contadores lejos de las letras de en medio como se muestra.

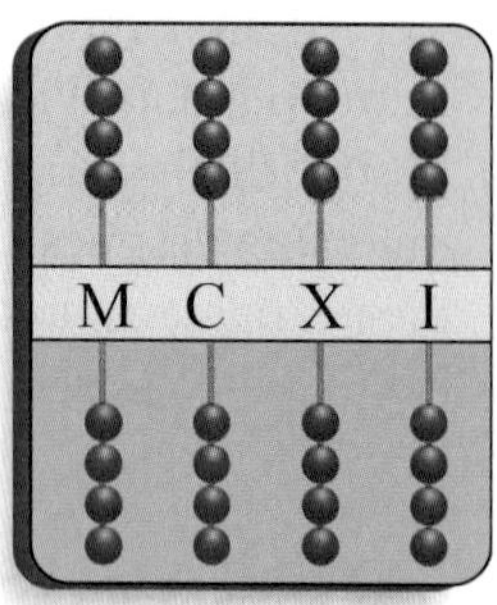

Este ábaco se lee 0.

Para leer un número, cuenta los abalorios que estén más cerca de las letras de en medio.

3 centenas (C) + 5 decenas (X) + 1 decena (X) + 2 unidades (I) = 362

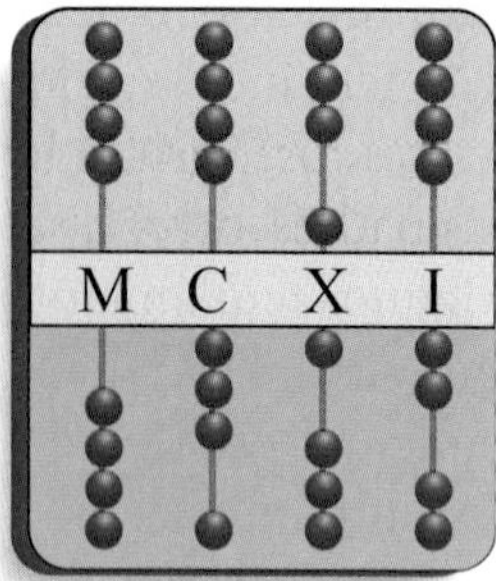

Contadores de cincos

Contadores de unidades

Este ábaco se lee como 362.

Usar el ábaco romano

Sumar Pon el ábaco en cero. Suma 25 + 362 en el ábaco. Coloca los contadores para mostrar 362. Luego suma 25 moviendo los contadores hasta la mitad.

1. Ve a la columna X (decenas). Mueve dos contadores de decenas hacia arriba, de modo que la columna de las decenas muestre 2 decenas + 6 decenas = 8 decenas.
2. Ve a la columna I (unidades). Recuerda que los contadores superiores son múltiplos de cinco. Mueve el contador de 5 unidades hacia abajo hasta la mitad, para que la columna de unidades muestre 5 unidades + 2 unidades = 7 unidades.
3. El resultado es 387, como se muestra.

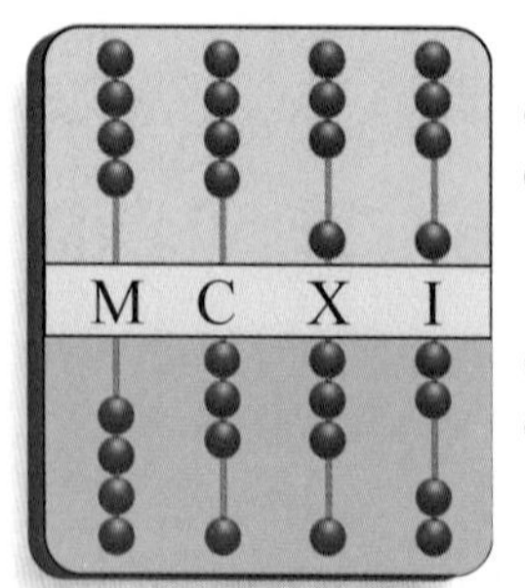

Contadores de cincos

Contadores de unidades

Restar Se usan los mismos pasos para restar. Coloca el ábaco en 0. Para calcular 387 – 180, primero coloca el ábaco para que muestre 387. Resta moviendo los contadores lejos del centro.

1. Ve a la columna C (centenas). Resta moviendo un contador de centenas hacia abajo.
2. Ve a la columna X (decenas). Resta moviendo el contador de 5 decenas hacia arriba y los contadores de 3 decenas hacia abajo.

Después de hacer el cálculo, obtén el número que se muestra abajo. ¿Qué número es?

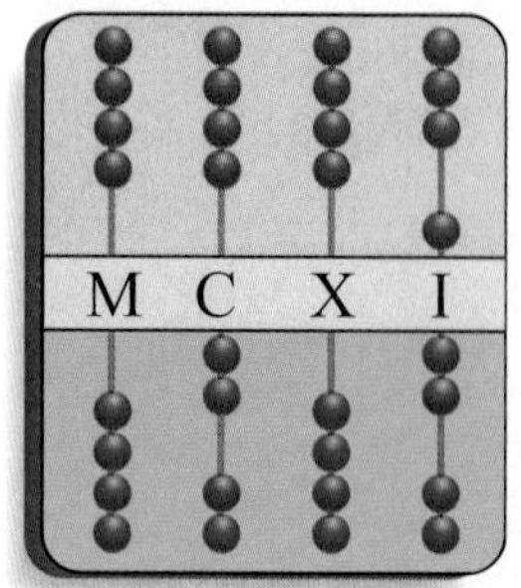

Contadores de cincos

Contadores de unidades

Actividad Matemáticas

Crea tu propio ábaco trazando líneas gruesas con un marcador o creyón en una hoja de papel. Rotula cada línea a la mitad, como se muestra en los ábacos de estas páginas. Usa frijoles, monedas u objetos pequeños como abalorios. Coloca tu ábaco en 0. Realiza los siguientes cálculos.

801 + 143	**2,788 – 1,517**
8,754 + 241	**6,487 – 2,382**

Revisa tu trabajo usando numerales arábigos. Crea problemas para que los resuelva un compañero.

Productos de Pompeya
Cristalería colorida y joyería fina estaban entre los artículos lujosos que se comerciaban en la antigua Pompeya.

Relaciónalo

Comunicado de prensa

Es el año 80 d. C. Tu clase es un grupo de pompeyanos que escaparon de la erupción y viven seguros al sur del Vesubio. Para anunciar los negocios en tu nueva localidad, escribe un "comunicado de prensa" para distribuirlo en el Imperio Romano. Debes incluir

- un mapa que muestre tu nueva ubicación con respecto al Vesubio
- una descripción de tu oficio: panadero, alfarero, barbero, fabricante de ropa, restaurantero, cantero o joyero
- los productos o servicios que vendes: lana, joyería de oro y plata, lámparas de aceite, cristalería, mosaicos
- dibujos y fotografías

Investiga la antigua Pompeya en la biblioteca o la Internet.

MANUAL de destrezas

Piensa como científico

Los científicos tienen una manera particular de mirar el mundo, es decir, tienen hábitos científicos de pensamiento. Cada vez que te haces una pregunta y examinas las respuestas posibles, aplicas muchas de las mismas destrezas que usan los científicos. Algunas de esas destrezas se describen en esta página.

Observar

Observas cada vez que reúnes información sobre el mundo con ayuda de uno o más de tus cinco sentidos. Oír que ladra un perro, contar doce semillas verdes y oler el humo son observaciones. Para aumentar el alcance de los sentidos, los científicos usan microscopios, telescopios y otros instrumentos que los ayudan a hacer observaciones más detalladas.

Una observación debe ser un informe preciso de lo que detectan tus sentidos. Es importante llevar un registro cuidadoso de tus observaciones en la clase de ciencias; para ello puedes escribir o hacer dibujos en un cuaderno. La información recopilada mediante las observaciones se llama evidencia o dato.

Inferir

Cuando interpretas una observación, **infieres,** es decir, haces una inferencia. Por ejemplo, si oyes que tu perro ladra, infieres que hay alguien en la puerta. Para hacer esta inferencia, combinas la evidencia (tu perro ladra) con tu experiencia o conocimientos (sabes que el perro ladra cuando se acerca un desconocido) y llegas a una conclusión lógica.

Ten en cuenta que una inferencia no es un hecho, sino sólo una de muchas interpretaciones posibles de una observación. Por ejemplo, quizá tu perro ladra porque quiere ir de paseo. Una inferencia puede ser incorrecta aun cuando esté basada en observaciones precisas y en un razonamiento lógico. La única manera de saber si una inferencia es correcta consiste en investigarla más a fondo.

Predecir

Cuando escuchas el pronóstico del tiempo, oyes muchas predicciones sobre el tiempo meteorológico del día siguiente: cuál será la temperatura, si lloverá o no y si habrá mucho viento. Los pronosticadores del tiempo usan sus observaciones y conocimientos de patrones climáticos para predecir el tiempo meteorológico. La destreza de **predecir** consiste en hacer una inferencia sobre un acontecimiento futuro, basada en pruebas actuales o en la experiencia.

Ya que una predicción es una inferencia, a veces resulta falsa. En la clase de ciencias, puedes hacer experimentos para probar tus predicciones. Por ejemplo, supón que predices que los aviones de papel más grandes vuelan más lejos que los pequeños. ¿Cómo probarías tu predicción?

Actividad

Usa la fotografía para responder a las preguntas que siguen.

Observar Mira con atención la fotografía. Anota por lo menos tres observaciones.

Inferir Usa tus observaciones para hacer una inferencia de lo que sucedió. ¿Qué experiencias o conocimientos utilizaste para hacer tu inferencia?

Predecir Predice lo que va a suceder. ¿En qué evidencia o experiencia basas tu predicción?

Clasificar

¿Te imaginas cómo sería buscar un libro en la biblioteca si los libros estuvieran acomodados sin ningún orden particular? Tu visita a la biblioteca sería cosa de todo un día. Por fortuna, los bibliotecarios agrupan los libros por tema o por autor. Agrupar los elementos que comparten algún parecido se llama **clasificar.** Puedes clasificar las cosas de muchas maneras: por tamaño, por forma, por uso y por otras características importantes.

Igual que los bibliotecarios, los científicos usan la destreza de clasificar para organizar información y objetos. Cuando las cosas están ordenadas en grupos, es más fácil comprender sus relaciones.

Actividad

Clasifica los objetos de la fotografía en dos grupos basándote en una característica que elijas. Luego, usa otra característica para clasificarlos en tres grupos.

Actividad

Esta estudiante usa un modelo para mostrar qué causa el día y la noche en la Tierra. ¿Qué representan la lámpara y la pelota de tenis en el modelo?

Hacer modelos

¿Alguna vez has hecho un dibujo para que alguien comprenda mejor lo que dices? Ese dibujo es un tipo de modelo. Un modelo es un dibujo, diagrama, imagen de computadora o cualquier otra representación de un objeto o proceso complejo. **Hacer modelos** nos ayuda a comprender las cosas que no vemos directamente.

A menudo, los científicos usan modelos para representar las cosas muy grandes o muy pequeñas, como los planetas del sistema solar o las partes de las células. En esos casos se trata de modelos físicos, o sea, dibujos o estructuras tridimensionales que se parecen a los objetos reales. En otros casos son modelos mentales: ecuaciones matemáticas o palabras que describen el funcionamiento de algo.

Comunicar

Cuando hablas por teléfono, escribes un informe o escuchas a tu maestro en la escuela, te estás comunicando. **Comunicar** es el proceso de compartir ideas e información con los demás. La comunicación eficaz requiere de muchas destrezas, como escribir, leer, hablar, escuchar y hacer modelos.

Los científicos se comunican para compartir resultados, información y opiniones. Suelen comunicar su trabajo en publicaciones, por teléfono, en cartas y en la Internet. También asisten a conferencias científicas donde comparten sus ideas en persona.

Actividad

En una hoja aparte, escribe instrucciones detalladas para amarrarse los cordones. Intercámbialas con un compañero. Sigue sus instrucciones. ¿Pudiste amarrarte fácilmente los cordones? ¿Cómo podría haberse comunicado mejor tu compañero?

Hacer mediciones

Al hacer mediciones, los científicos pueden expresar sus observaciones con mayor exactitud y comunicar más información sobre lo que observan.

Medir en SI

El sistema estándar de medición que usan los científicos de todo el mundo es el *Sistema Internacional de Unidades,* que se abrevia como SI (**Système International d'Unités**, en francés). Estas unidades son fáciles de usar porque se basan en múltiplos de 10. Cada unidad es diez veces mayor que la inmediata anterior y un décimo del tamaño de la siguiente. En la tabla están los prefijos que se usan para nombrar las unidades más comunes del SI.

Prefijos Comunes del SI		
Prefijo	**Símbolo**	**Significa**
kilo-	k	1,000
hecto-	h	100
deca-	da	10
deci-	d	0.1 (un décimo)
centi-	c	0.01 (un centésimo)
mili-	m	0.001 (un milésimo)

Longitud Para medir la longitud, es decir, la distancia entre dos puntos, la unidad de medida es el **metro (m)**. Un metro es aproximadamente la distancia que hay del suelo al pomo de una puerta. Las distancias más grandes, como la que hay entre dos ciudades, se miden en kilómetros (km). Las longitudes más pequeñas se miden en centímetros (cm) o milímetros (mm). Para medir la longitud, los científicos usan reglas y varas métricas.

Conversiones comunes		
1 km	=	1,000 m
1 m	=	100 cm
1 m	=	1,000 mm
1 cm	=	10 mm

Actividad

En la regla métrica de la ilustración, las líneas largas son divisiones en centímetros, mientras las cortas, que no están numeradas, son divisiones en milímetros. ¿Cuántos centímetros de largo tiene este caracol? ¿A cuántos milímetros equivale?

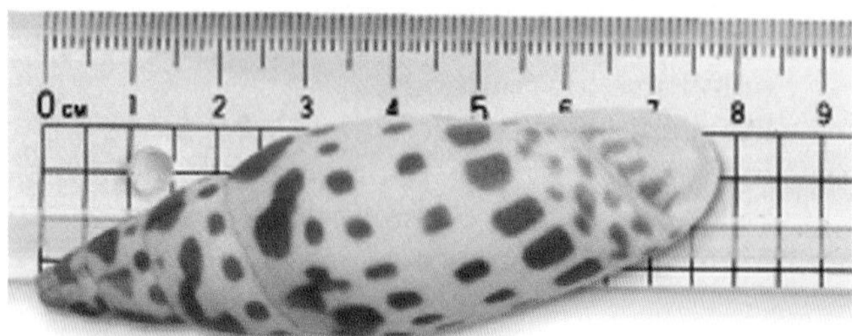

Volumen líquido Para medir el volumen de un líquido, es decir, la cantidad de espacio que ocupa, se usa una unidad de medida llamada **litro (L)**. Un litro es aproximadamente el volumen de un cartón de leche de tamaño mediano. Los volúmenes más pequeños se miden en mililitros (mL). Los científicos usan cilindros graduados para medir el volumen líquido.

Actividad

El cilindro graduado de la ilustración está marcado con divisiones en milímetros. Observa que la superficie del agua del cilindro es curva. Esta curvatura se llama *menisco.* Para medir el volumen, tienes que leer el nivel en el punto más bajo del menisco. ¿Cuál es el volumen del agua en este cilindro graduado?

Conversión común		
1 L	=	1,000 mL

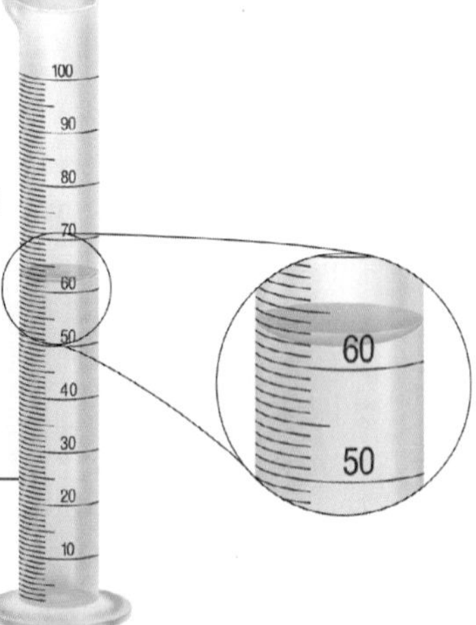

Masa Para medir la masa, es decir, la cantidad de materia de un objeto, se usa una unidad de medida llamada **gramo (g).** Un gramo es aproximadamente la masa de un sujetapapeles. Las masas más grandes se miden en kilogramos (kg). Los científicos usan balanzas para medir la masa.

Conversión común
1 kg = 1,000 g

Actividad

La masa de la papa de la ilustración se mide en kilogramos. ¿Cuál es la masa de la papa? Supón que una receta para ensalada de papa requiere un kilogramo de papas. ¿Como cuántas papas necesitarías?

Temperatura Para medir la temperatura de una sustancia, se usa la **escala Celsius.** La temperatura se mide con un termómetro en grados Celsius (°C). El agua se congela a 0 °C y hierve a 100 °C.

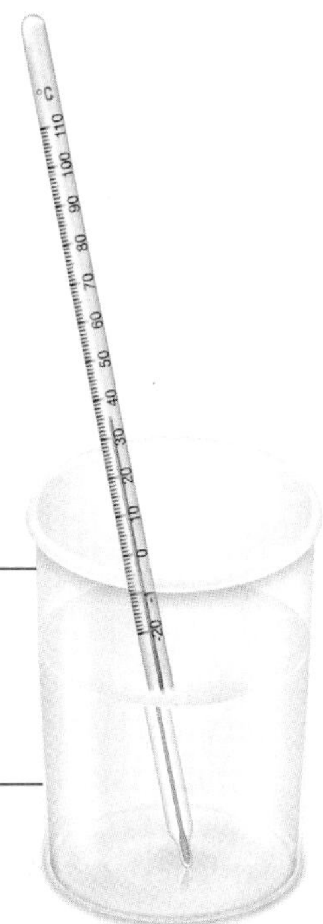

Tiempo La unidad que los científicos usan para medir el tiempo es el **segundo** (s).

Actividad

¿Cuál es la temperatura del líquido en grados Celsius?

Conversión de unidades SI

Para trabajar con el sistema SI, debes saber cómo convertir de unas unidades a otras. La conversión de unidades requiere la destreza de **calcular,** es decir, realizar operaciones matemáticas. Convertir unidades SI es igual que convertir dólares y monedas de 10 centavos porque los dos sistemas se basan en múltiplos de diez.

Supón que quieres convertir una longitud de 80 centímetros a metros. Sigue estos pasos para convertir las unidades.

1. Primero escribe la medida que quieres convertir; en este ejemplo, 80 centímetros.

2. Escribe un factor de conversión que represente la relación entre las dos unidades. En este ejemplo, la relación es 1 metro = 100 centímetros. Escribe este factor de conversión como fracción. Asegúrate de poner en el denominador las unidades de las que conviertes (en este ejemplo, centímetros).

3. Multiplica la medición que quieres convertir por la fracción. Al hacer esto, las unidades de esta primera medición se cancelarán con las unidades del denominador. Tu respuesta estará en las unidades a las que conviertes (en este ejemplo, metros).

Ejemplo

80 centímetros = ■ metros

$$80 \text{ centímetros} \times \frac{1 \text{ metro}}{100 \text{ centímetros}} = \frac{80 \text{ metros}}{100}$$

$$= 0.8 \text{ metros}$$

Actividad

Convierte las siguientes unidades.

1. 600 milímetros = ■ metros

2. 0.35 litros = ■ mililitros

3. 1,050 gramos = ■ kilogramos

Realizar una investigación científica

En cierta forma, los científicos son como detectives que unen claves para comprender un proceso o acontecimiento. Una manera en que los científicos reúnen claves es realizar experimentos. Los experimentos prueban las ideas en forma cuidadosa y ordenada. Aunque no todos los experimentos siguen los mismos pasos en el mismo orden, muchos tienen un esquema parecido al que se describe aquí.

Plantear preguntas

Los experimentos comienzan planteando una pregunta científica. Una pregunta científica es aquella que se puede responder reuniendo evidencias. Por ejemplo, la pregunta "¿Qué se congela más rápido, el agua dulce o el agua salada?" es una pregunta científica, porque puedes realizar una investigación y reunir información para responderla.

Desarrollar una hipótesis

El siguiente paso es formular una hipótesis. Una **hipótesis** es una explicación posible para un conjunto de observaciones, o la respuesta a una pregunta científica. En ciencias, una hipótesis debe ser algo que se pueda poner a prueba. Una hipótesis se puede formular como un enunciado *Si... entonces...* Por ejemplo, una hipótesis sería "*Si añado sal al agua dulce, entonces tardará más en congelarse*". Las hipótesis enunciadas de esta manera son un esquema a grandes rasgos del experimento que debes realizar.

Diseñar un experimento

Luego, tienes que hacer un plan para poner a prueba tu hipótesis. Escribe tu plan en forma de pasos y describe las observaciones o mediciones que harás.

Dos pasos importantes en el diseño de un experimento son controlar las variables y formular definiciones operativas.

Controlar variables En un experimento bien diseñado, tienes que conservar igual todas las variables excepto una. Una **variable** es cualquier factor que puede cambiar en un experimento. El factor que modificas se llama **variable manipulada.** En nuestro experimento, la variable manipulada es la cantidad de sal que se añade al agua. Los demás factores, como la cantidad de agua o la temperatura inicial, son constantes.

El factor que cambia como resultado de la variable manipulada se llama **variable respuesta.** La variable respuesta es lo que mides u observas para obtener tus resultados. En este experimento, la variable respuesta es cuánto tarda el agua en congelarse.

Un experimento donde se mantienen constante todos los factores excepto uno, se llama **experimento controlado.** Estos experimentos incluyen una prueba llamada de control. En este experimento, el recipiente 3 es el de control. Como no se le añade sal, puedes comparar con él los resultados de los otros experimentos. Cualquier diferencia en los resultados debe obedecer tan sólo a la adición de sal.

Formular definiciones operativas Otro elemento importante de los experimentos bien diseñados es tener definiciones operativas claras. Una **definición operativa** es un enunciado que describe cómo se va a medir cierta variable o cómo se va a definir. Por ejemplo, en este experimento, ¿cómo determinarás si el agua se congeló? Quizá decidas meter un palito en cada recipiente al inicio del experimento. Tu definición operativa de "congelada" sería el momento en que el palito dejara de moverse.

Procedimiento experimental	
1.	Llena 3 recipientes con 300 mililitros de agua fría de la llave.
2.	Añade 10 gramos de sal al recipiente 1 y agita. Añade 20 gramos de sal al recipiente 2 y agita. No añadas sal al recipiente 3.
3.	Coloca los tres recipientes en el congelador.
4.	Revisa los recipientes cada 15 minutos. Anota tus observaciones.

Interpretar datos

Las observaciones y mediciones que haces en los experimentos se llaman **datos.** Debes analizarlos al final de los experimentos para buscar patrones o tendencias. Muchas veces, los patrones se hacen evidentes si organizas tus datos en una tabla o una gráfica. Luego, reflexiona en lo que muestran los datos. ¿Apoyan tu hipótesis? ¿Señalan una falla en el experimento? ¿Necesitas reunir más datos?

Sacar conclusiones

Una **conclusión** es un enunciado que resume lo que aprendiste del experimento. Cuando sacas una conclusión, necesitas decidir si los datos que reuniste apoyan tu hipótesis o no. Tal vez debas repetir el experimento varias veces para poder sacar alguna conclusión. A menudo, las conclusiones te llevan a plantear preguntas nuevas y a planificar experimentos nuevos para responderlas.

Actividad

¿Influye en el rebote de una pelota la altura de la que la dejas caer? Usa los pasos que se describieron para planificar un experimento controlado e investigar el problema.

Destrezas de diseño tecnológico

Los ingenieros son personas que usan el conocimiento científico y tecnológico para resolver problemas prácticos. Para diseñar productos nuevos, los ingenieros a menudo siguen el proceso descrito aquí antes, aunque no siempre siguen los pasos en el mismo orden. Mientras lees estos pasos, piensa cómo podrías aplicarlos en los laboratorios de tecnología.

Identificar una necesidad

Antes de empezar a diseñar un producto nuevo, los ingenieros deben identificar la necesidad que intentan satisfacer. Por ejemplo, supón que perteneces al equipo de diseño de una empresa fabricante de juguetes. Tu equipo ha identificado una necesidad: un barco de juguete que no sea caro y sea fácil de armar.

Analizar el problema

Lo primero que hacen los diseñadores es reunir información que los ayude con el diseño nuevo. Esta investigación incluye buscar artículos en libros, revistas o en la Internet. A veces también incluye conversar con otros ingenieros que hayan resuelto problemas similares. A menudo, los ingenieros realizan experimentos relacionados con el producto que quieren diseñar.

Para tu barco de juguete podrías revisar juguetes parecidos al que quieres diseñar. Podrías hacer una búsqueda en la Internet. También podrías probar algunos materiales para ver si funcionan bien con el barco de juguete.

Dibujo para el diseño de un barco ▼

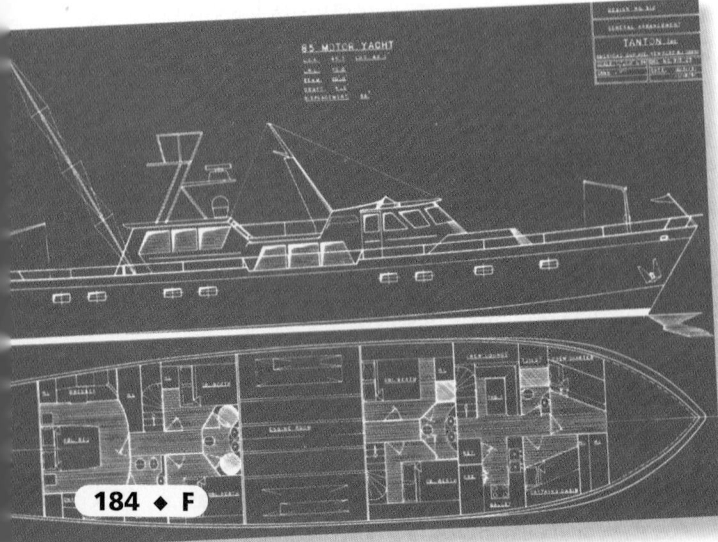

Diseñar una solución

La investigación provee a los ingenieros información útil para diseñar un producto. Los ingenieros trabajan en equipos cuando diseñan productos nuevos.

Generar ideas Por lo común, los equipos de diseño generan lluvias de ideas en las que cualquier integrante del equipo puede aportar algo. Una **lluvia de ideas** es un proceso creativo en el que las sugerencias de los integrantes del equipo dan ideas a los demás integrantes. Una lluvia de ideas puede proporcionar un nuevo enfoque para resolver un problema de diseño.

Evaluar restricciones Durante una lluvia de ideas, un equipo de diseño puede pensar en varios diseños posibles y evaluar cada uno.

Como parte de su evaluación, los ingenieros consideran las restricciones. Las **restricciones** son factores que limitan el diseño de un producto. Las características físicas, como las propiedades del material que usarás para hacer tu barco de juguete, son restricciones, así como el dinero y el tiempo. Si los materiales de un producto son muy caros o si se necesita mucho tiempo para fabricarlo, el diseño puede ser poco funcional.

Hacer intercambios Los equipos de diseño suelen hacer intercambios. En un **intercambio,** los ingenieros renuncian a un beneficio de un diseño propuesto para obtener otro. Al diseñar tu barco de juguete, tendrás que hacer intercambios. Por ejemplo, supón que un material es durable pero no es completamente a prueba de agua. Otro material resiste mejor al agua pero es frágil. Podrías decidir renunciar al beneficio de durabilidad para tener el beneficio de que sea a prueba de agua.

Construir y evaluar un prototipo

Una vez que el equipo ha elegido un plan de diseño, los ingenieros construyen un prototipo del producto. Un **prototipo** es un modelo de trabajo que se usa para probar un diseño. Los ingenieros evalúan el prototipo para ver si funciona bien, si es fácil y seguro de usar, y si soporta un uso repetido.

Piensa en tu barco de juguete. ¿Cómo sería el prototipo? ¿Qué materiales usarías para hacerlo? ¿Cómo lo pondrías a prueba?

Solucionar dificultades y rediseñar

Pocos prototipos funcionan a la perfección, por eso se tienen que probar. Luego de probar un prototipo, los integrantes del equipo de diseño analizan los resultados e identifican cualquier problema. El equipo trata de **solucionar las dificultades,** o sea arreglar los problemas del diseño. Por ejemplo, si tu barco de juguete tiene grietas o se tambalea, tendrás que rediseñar el barco para eliminar estos problemas.

Comunicar la solución

Un equipo de diseño debe comunicar el diseño final a la gente que va a fabricar el producto y a la que va a usarlo. Para hacerlo, el equipo podría usar diagramas, dibujos detallados, simulaciones de computadora y descripciones por escrito.

Actividad

Puedes usar el proceso de diseño tecnológico para diseñar y construir un barco de juguete.

Analizar e investigar

1. Ve a la biblioteca o haz una búsqueda en línea de barcos de juguete.
2. Investiga cómo se puede impulsar un barco de juguete, incluyendo viento, ligas elásticas o carbonato de sodio con vinagre.
3. Haz una lluvia de ideas para elegir los materiales, la forma y el modo de dirección de tu barco.

Diseñar y construir

4. Diseña un barco de juguete que
   - esté hecho de materiales disponibles
   - no mida más de 15 cm de largo y 10 de ancho
   - incluya un sistema de propulsión, un timón y un área de carga
   - avance 2 metros en línea recta llevando una carga de 20 monedas de 1 centavo
5. Haz tu diseño y escribe un plan paso por paso para construir tu barco. Después de que tu maestro apruebe tu plan, construye tu barco.

Evaluar y rediseñar

6. Prueba tu barco, evalúa los resultados y soluciona cualquier problema.
7. Basándote en tu evaluación, rediseña tu barco de juguete para que funcione mejor.

Crear tablas de datos y gráficas

¿Cómo se comprende el significado de los datos de los experimentos científicos? El primer paso es organizarlos para comprenderlos. Para ello, son útiles las tablas de datos y las gráficas.

Tablas de datos

Ya reuniste los materiales y preparaste el experimento. Pero antes de comenzar, necesitas planificar una forma de anotar lo que sucede durante el experimento. En una tabla de datos puedes escribir tus observaciones y mediciones de manera ordenada.

Por ejemplo, supón que un científico realizó un experimento para saber cuántas calorías queman personas con diversas masas corporales al realizar varias actividades. La tabla de datos muestra los resultados.

Observa en la tabla que la variable manipulada (la masa corporal) es el encabezado de una columna. La variable respuesta (en el experimento 1, las Calorías quemadas al montar en bicicleta) encabeza la siguiente columna. Las columnas siguientes se refieren a experimentos relacionados.

Calorías quemadas en 30 minutos

Masa corporal	Experimento 1: Ciclismo	Experimento 2: Baloncesto	Experimento 3: Ver televisión
30 kg	60 Calorías	120 Calorías	21 Calorías
40 kg	77 Calorías	164 Calorías	27 Calorías
50 kg	95 Calorías	206 Calorías	33 Calorías
60 kg	114 Calorías	248 Calorías	38 Calorías

Gráfica de barras

Para comparar cuántas Calorías quema una persona al realizar varias actividades, puedes crear una gráfica de barras. Una gráfica de barras muestra los datos en varias categorías distintas. En este ejemplo, el ciclismo, el baloncesto y ver televisión son las tres categorías.

Para crear una gráfica de barras, sigue estos pasos.

1. En papel cuadriculado, dibuja un eje horizontal, o eje *x*, y uno vertical, o eje *y*.
2. En el eje horizontal, escribe las categorías que vas a representar gráficamente. También escribe un nombre para todo el eje.
3. En el eje vertical anota el nombre de la variable respuesta. Incluye las unidades de medida. Para crear una escala, marca números con espacios equilaventes que cubran el intervalo de los datos que recopilaste.
4. Dibuja una barra por cada categoría, usando el eje vertical para determinar la altura. Haz todas las barras del mismo ancho.
5. Agrega un título que describa la gráfica.

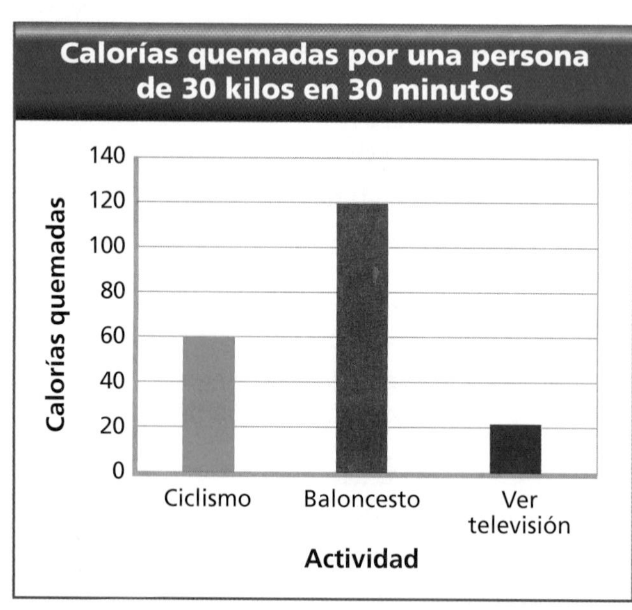

Gráficas lineales

Puedes trazar una gráfica lineal para saber si hay una relación entre la masa corporal y la cantidad de calorías quemadas al montar en bicicleta. En una gráfica lineal, los datos muestran los cambios de una variable (la respuesta) como resultado de los cambios de la otra variable (la manipulada). Conviene trazar una gráfica lineal cuando la variable manipulada es **continua,** es decir, cuando hay otros puntos entre los que estás poniendo a prueba. En este ejemplo, la masa corporal es una variable continua porque hay otros pesos entre los 30 y los 40 kilos (por ejemplo, 31 kilos). El tiempo es otro ejemplo de variable continua.

Las gráficas lineales son herramientas poderosas, pues con ellas calculas los valores de condiciones que no probaste en el experimento. Por ejemplo, con tu gráfica puedes estimar que una persona de 35 kilos quemaría 68 calorías al montar en bicicleta.

Para crear una gráfica lineal, sigue estos pasos.

1. En papel cuadriculado, dibuja un eje horizontal, o eje *x,* y uno vertical, o eje *y.*
2. En el eje horizontal, escribe el nombre de la variable manipulada. En el eje vertical, anota el nombre de la variable respuesta. Incluye las unidades de medida.
3. Para crear una escala, marca números con espacios equivalentes que cubran el intervalo de los datos que recopilaste.
4. Traza un punto en la gráfica por cada dato. En la gráfica de esta página, las líneas punteadas muestran cómo marcar el punto del primer dato (30 kilogramos y 60 calorías). En el eje horizontal, sobre la marca de los 30 kilos, traza una línea vertical imaginaria hacia arriba. Luego, sigue una línea horizontal imaginaria que se proyecte del eje vertical en la marca de las 60 calorías. Haz el punto en donde se cruzan las líneas.

Efecto de la masa corporal en las calorías quemadas al practicar ciclismo

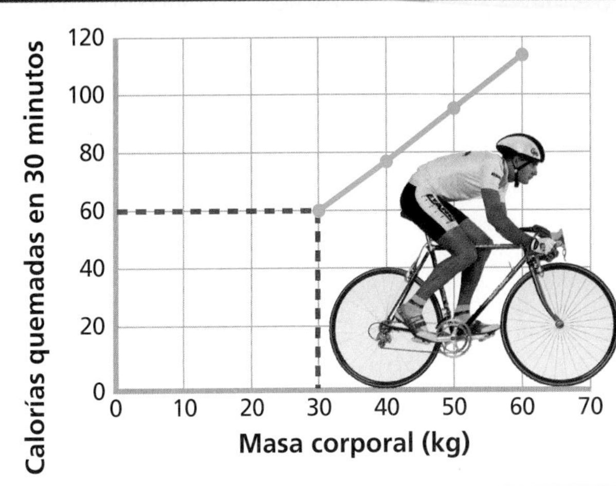

5. Une los puntos con una línea continua. (En algunos casos, tal vez sea mejor trazar una línea que muestre la tendencia general de los puntos graficados. En tales casos, algunos de los puntos quedarán arriba o abajo de la línea. No todas las gráficas son lineales. En algunos casos, puede ser más apropiado dibujar una curva para unir los puntos.)
6. Escribe un título que identifique las variables o su relación en la gráfica.

Actividad

Crea gráficas lineales con los datos de la tabla de los experimentos 2 y 3.

Actividad

Acabas de leer en el periódico que en la zona donde vives cayeron 4 centímetros de lluvia en junio, 2.5 centímetros en julio y 1.5 centímetros en agosto. ¿Qué gráfica usarías para mostrar estos datos? Dibuja tu gráfica en papel cuadriculado.

Gráficas circulares

Al igual que las gráficas de barras, las gráficas circulares sirven para mostrar los datos en varias categorías. Sin embargo, a diferencia de las gráficas de barras, las gráficas circulares sólo se usan cuando tienes datos para *todas* las categorías que componen un tema. Las gráficas circulares a veces se llaman gráficas de pastel. El pastel representa todo el tema y las rebanadas son las categorías. El tamaño de cada rebanada indica qué porcentaje del total tiene cada categoría.

La siguiente tabla de datos muestra los resultados de una encuesta en la que se les preguntó a 24 adolescentes cuál era su deporte favorito. Con esos datos, se creó la gráfica circular de la derecha.

Deportes preferidos por los adolescentes	
Deporte	Estudiantes
Fútbol	8
Baloncesto	6
Ciclismo	6
Natación	4

Para crear una gráfica circular, sigue estos pasos.

1. Dibuja un círculo con un compás. Marca el centro con un punto. Luego, traza una línea del centro a la parte de arriba del círculo.
2. Para determinar el tamaño de cada "rebanada", establece una proporción en la que *x* sea igual al número de grados de la rebanada. (*Nota*: Un círculo tiene 360 grados.) Por ejemplo, para calcular el número de grados de la rebanada del "fútbol", plantea la siguiente proporción:

$$\frac{\text{Estudiantes que prefieren el fútbol}}{\text{Número total de estudiantes}} = \frac{x}{\text{Número total de grados del círculo}}$$

$$\frac{8}{24} = \frac{x}{360}$$

Multiplica cruzado y halla *x*.

24x = 8 3 360

x = 120

La rebanada de "fútbol" tendría 120 grados.

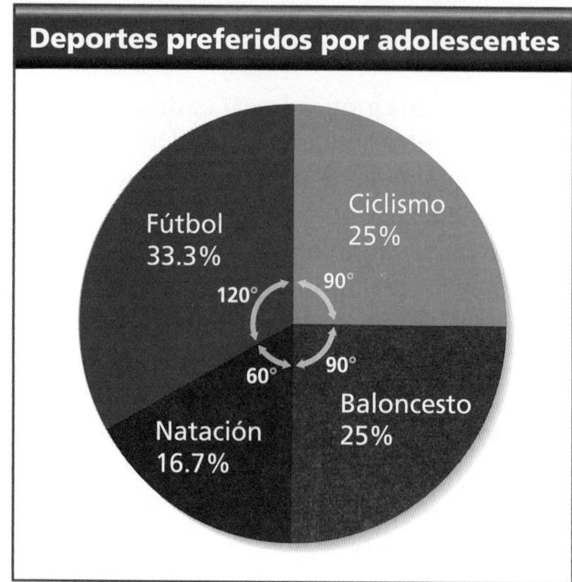

3. Mide con un transportador el ángulo de la primera rebanada. La línea de 0° es la que trazaste hasta la parte de arriba del círculo. Dibuja una línea que vaya del centro del círculo al extremo del ángulo que mediste.
4. Continúa alrededor del círculo, midiendo cada rebanada con el transportador. Comienza en el borde de la rebanada anterior para que no se traslapen. Cuando termines, el círculo debe estar completo.
5. Determina el porcentaje del círculo que representa cada rebanada. Para ello, divide el número de grados de cada rebanada entre los grados del círculo (360) y multiplica por 100%. En el caso de la rebanada de "fútbol", calcula el porcentaje como sigue:

$$\frac{120}{360} \times 100\% = 33.3\%$$

6. Colorea cada rebanada de un color diferente. Escribe el nombre de la categoría y el porcentaje que representa.
7. Escribe el título de la gráfica circular.

Actividad

En un salón de 28 estudiantes, 12 van a la escuela en autobús, 10 caminan y 6 van en bicicleta. Dibuja una gráfica circular para mostrar los datos.

Repaso de matemáticas

Los científicos usan las matemáticas para organizar, analizar y presentar datos. Este apéndice te ayudará a repasar algunas destrezas básicas de matemáticas.

Media, mediana y moda

La **media** es el promedio de los datos, o su suma dividida por el número de datos. El número intermedio de un conjunto ordenado de datos se llama **mediana.** La **moda** es el número que más aparece en un conjunto de datos.

Ejemplo

Un científico contó el número de cantos distintos de siete pájaros macho y reunió estos datos.

Cantos de pájaros machos							
Pájaro	A	B	C	D	E	F	G
Número de cantos	36	29	40	35	28	36	27

Para hallar el número medio de cantos, suma el total de cantos y divide por el número de datos: en este caso, el número de pájaros macho.

$$\text{Media} = \frac{231}{7} = 33 \text{ cantos}$$

Para hallar la mediana del número de cantos, acomoda los datos en orden numérico y halla el número intermedio.

27 28 29 35 36 36 40

El número intermedio es 35, así que la mediana del número de cantos es 35.

La moda es el valor que más aparece. En estos datos, 36 aparece dos veces, y los demás valores sólo una vez, así que la moda es 36 cantos.

Práctica

Averigua cuántos minutos tarda cada estudiante de tu clase en llegar a la escuela. Luego, halla la media, la mediana y la moda de los datos.

Probabilidad

La **probabilidad** es la posibilidad de que ocurra un suceso. Se puede expresar como una razón, una fracción o un porcentaje. Por ejemplo, si lanzas al aire una moneda, la probabilidad de obtener cara es de 1 en 2, $\frac{1}{2}$ ó 50 por ciento.

La probabilidad de que ocurra un suceso puede expresarse con esta fórmula:

$$P(\text{suceso}) = \frac{\text{Número de veces que puede ocurrir el suceso}}{\text{Número total de sucesos posibles}}$$

Ejemplo

En una bolsa hay 25 canicas azules, 5 verdes, 5 anaranjadas y 15 amarillas. Si cierras los ojos y sacas una canica de la bolsa, ¿cuál es la probabilidad de que sea amarilla?

$$P(\text{canicas amarillas}) = \frac{15 \text{ canicas amarillas}}{50 \text{ canicas totales}}$$

$$P = \frac{15}{50}, \text{ o sea } \frac{3}{10}, \text{ o sea } 30\%$$

Práctica

Cada cara de un dado tiene una letra. Dos caras tienen *A*, tres caras tienen *B* y una cara tiene *C*. Si lanzas el dado, ¿cuál es la probabilidad de que una *A* quede arriba?

Área

El **área** de una superficie es el número de unidades cuadradas que la cubren. La portada de tu libro de texto tiene un área aproximada de 600 cm^2.

Área de un rectángulo y un cuadrado

Para hallar el área de un rectángulo, multiplica su longitud por su anchura. La fórmula del área de un rectángulo es

$$A = \ell \times a, \text{ o sea } A = \ell a$$

Como los cuatro lados de un cuadrado tienen la misma longitud, el área de un cuadrado es la longitud de un lado multiplicada por sí misma, o sea, al cuadrado.

$$A = l \times l, \text{ o sea } A = l^2$$

Ejemplo

Un científico estudia las plantas de un campo que mide 75 m × 45 m. ¿Qué área tiene el campo?

$$A = \ell \times a$$
$$A = 75 \text{ m} \times 45 \text{ m}$$
$$A = 3{,}375 \text{ m}^2$$

Área de un círculo La fórmula del área de un círculo es

$$A = \pi \times r \times r, \text{ o sea } A = \pi r^2$$

La longitud del radio se representa con *r*, y el valor aproximado de π es $\frac{22}{7}$.

Ejemplo

Halla el área de un círculo con radio de 14 cm.

$$A = \pi r^2$$
$$A = 14 \times 14 \times \frac{22}{7}$$
$$A = 616 \text{ cm}^2$$

Práctica

Halla el área de un círculo cuyo radio mide 21 m.

Circunferencia

La distancia alrededor de un círculo se llama circunferencia. La fórmula para hallar la circunferencia de un círculo es

$$C = 2 \times \pi \times r, \text{ o sea } C = 2\pi r$$

Ejemplo

El radio de un círculo es de 35 cm. ¿Qué circunferencia tiene el círculo?

$$C = 2\pi r$$
$$C = 2 \times 35 \times \frac{22}{7}$$
$$C = 220 \text{ cm}$$

Práctica

¿Qué circunferencia tiene un círculo de 28 m de radio?

Volumen

El volumen de un objeto es el número de unidades cúbicas que contiene. El volumen de una papelera, por ejemplo, podría ser de unos 26,000 cm^3.

Volumen de un objeto rectangular Para hallar el volumen de un objeto rectangular, multiplica la longitud del objeto por su anchura y por su altura.

$$V = \ell \times a \times h, \text{ o sea } V = \ell ah$$

Ejemplo

Halla el volumen de una caja con longitud de 24 cm, anchura de 12 cm y altura de 9 cm

$$V = \ell ah$$
$$V = 24 \text{ cm} \times 12 \text{ cm} \times 9 \text{ cm}$$
$$V = 2{,}592 \text{ cm}^3$$

Práctica

¿Qué volumen tiene un objeto rectangular con longitud de 17 cm, anchura de 11 cm y altura de 6 cm?

Fracciones

Una **fracción** es una forma de expresar una parte de un todo. En la fracción $\frac{4}{7}$, 4 es el numerador y 7 es el denominador.

Suma y resta de fracciones Para sumar o restar dos o más fracciones con el mismo denominador, primero suma o resta los numeradores. Luego, escribe la suma o diferencia arriba del denominador común.

Para sumar o restar fracciones con distintos denominadores, primero halla el mínimo común múltiplo de los denominadores, que se llama mínimo común denominador. Luego, convierte cada fracción a fracciones equivalentes que tengan el mínimo común denominador. Suma o resta los numeradores y escribe la suma o diferencia arriba del denominador común.

Ejemplo

$$\frac{5}{6} - \frac{3}{4} = \frac{10}{12} - \frac{9}{12} = 10 - \frac{9}{12} = \frac{1}{12}$$

Multiplicación de fracciones Para multiplicar dos fracciones, primero multiplica los numeradores y luego los denominadores.

Ejemplo

$$\frac{5}{6} \times \frac{2}{3} = \frac{5 \times 2}{6 \times 3} = \frac{10}{18} = \frac{5}{9}$$

División de fracciones Dividir por una fracción es lo mismo que multiplicar por el recíproco de la fracción. Un recíproco es un número cuyo numerador y denominador se han intercambiado. Para dividir una fracción por otra, primero invierte la fracción por la que vas a dividir. Luego, multiplica las dos fracciones.

Ejemplo

$$\frac{2}{5} \div \frac{7}{8} = \frac{2}{5} \times \frac{8}{7} = \frac{2 \times 8}{5 \times 7} = \frac{16}{35}$$

Práctica

Resuelve esto: $\frac{3}{7} \div \frac{4}{5}$

Decimales

Las fracciones cuyo denominador es 10, 100 u otra potencia de 10 suelen expresarse como decimales. Por ejemplo, la fracción $\frac{9}{10}$ puede expresarse como el decimal 0.9; la fracción $\frac{7}{100}$ puede escribirse como 0.07.

Suma y resta de decimales Para sumar o restar decimales, alinea los puntos decimales antes de hacer la operación.

Ejemplo

$$\begin{array}{r} 27.4 \\ +\ 6.19 \\ \hline 33.59 \end{array} \qquad \begin{array}{r} 278.635 \\ -\ 191.4 \\ \hline 87.235 \end{array}$$

Multiplicación de decimales Al multiplicar dos números con decimales, el número de lugares decimales del producto es igual al total de lugares decimales de los números que se multiplican.

Ejemplo

46.2	(un lugar decimal)
× 2.37	(dos lugares decimales)
109.494	(tres lugares decimales)

División de decimales Para dividir un decimal por un entero positivo, pon el punto decimal del cociente sobre el punto decimal del dividendo.

Ejemplo

$$15.5 \div 5$$

$$\begin{array}{r} 3.1 \\ 5\overline{)5.5} \end{array}$$

Para dividir un decimal por un decimal, tienes que reescribir el divisor como entero positivo. Hazlo multiplicando el divisor y el dividendo por el mismo múltiplo de 10.

Ejemplo

$$1.68 \div 4.2 = 16.8 \div 42$$

$$\begin{array}{r} 0.4 \\ 42\overline{)16.8} \end{array}$$

Práctica

Multiplica 6.21 por 8.5.

Razones y proporciones

Una **razón** es la comparación de dos números mediante una división. Por ejemplo, supón que un científico cuenta 800 lobos y 1,200 alces en una isla. La razón de lobos a alces puede escribirse como fracción, $\frac{800}{1{,}200}$, que se reduce a $\frac{2}{3}$. La misma razón puede expresarse como 2 a 3, ó 2 : 3.

Una **proporción** es un enunciado matemático que dice que dos razones son equivalentes. Por ejemplo, una proporción podría decir que $\frac{800 \text{ lobos}}{1{,}200 \text{ alces}} = \frac{2 \text{ lobos}}{3 \text{ alces}}$. A veces, podrás plantear una proporción para hallar o estimar una cantidad desconocida. Supón que un científico cuenta 25 escarabajos en un área de 10 m^2. El científico quiere estimar el número de escarabajos que hay en 100 m^2.

Ejemplo

1. Expresa la relación entre escarabajos y área como una razón: $\frac{25}{10}$, ó sea, $\frac{5}{2}$.
2. Escribe una proporción, donde x sea el número de escarabajos: $\frac{5}{2} = \frac{x}{100}$.
3. Multiplica cruzado; es decir, multiplica el numerador de cada fracción por el denominador de la otra fracción.

   $5 \times 100 = 2 \times x$, o sea, $500 = 2x$
4. Para hallar el valor de x, divide ambos lados por 2. El resultado es 250, o sea que hay 250 escarabajos en 100 m^2.

Práctica

Halla el valor de x en esta proporción: $\frac{6}{7} = \frac{x}{39}$.

Porcentaje

Un **porcentaje** es una razón que compara un número con 100. Por ejemplo, hay 37 rocas de granito en una colección de 100 rocas. La razón $\frac{37}{100}$ puede escribirse 37%. Las rocas de granito son el 37% de la colección.

Puedes calcular porcentajes de números distintos de 100 escribiendo una proporción.

Ejemplo

En junio, llueve en 9 de 30 días. ¿Qué porcentaje de días con lluvia hubo en junio?

$$\frac{9 \text{ días}}{30 \text{ días}} = \frac{d\%}{100\%}$$

Para hallar el valor de d, multiplica cruzado, como en cualquier proporción:

$$9 \times 100 = 30 \times d \qquad d = \frac{100}{30} \qquad d = 30$$

Práctica

Hay 300 canicas en un frasco, y 42 de ellas son azules. ¿Qué porcentaje de las canicas es azul?

Cifras significativas

La **precisión** de una medición depende del instrumento que usas para medir. Por ejemplo, si la unidad más pequeña de una regla es milímetros, la medición más precisa que podrás hacer será en milímetros.

La suma o diferencia de mediciones no puede ser más precisa que la medición menos precisa que se suma o resta. Redondea tu respuesta al mismo número de lugares decimales que tiene la medición menos precisa. Redondea hacia arriba si el último dígito es 5 ó más, y hacia abajo si el último dígito es 4 ó menos.

Ejemplo

Resta una temperatura de 5.2 °C a la temperatura de 75.46 °C.

$$75.46 - 5.2 = 70.26$$

5.2 tiene menos lugares decimales, así que es la medición menos precisa. Dado que el último dígito de la respuesta es 6, se redondea hacia arriba, a 3. La diferencia más precisa entre las mediciones es 70.3 °C.

Práctica

Suma 26.4 m a 8.37 m. Redondea tu respuesta según la precisión de las mediciones.

Las **cifras significativas** son el número de dígitos distintos de cero en una medición. Los ceros entre dígitos distintos de cero también son significativos. Por ejemplo, las mediciones 12,500 L, 0.125 cm y 2.05 kg tienen tres cifras significativas. Al multiplicar y dividir mediciones, la que tiene menos cifras significativas determina el número de cifras significativas en la respuesta.

Ejemplo

Multiplica 110 g por 5.75 g.

$$110 \times 5.75 = 632.5$$

Como 110 sólo tiene dos cifras significativas, se redondea la respuesta a 630 g.

Notación científica

Un **factor** es un número por el que otro número puede dividirse sin dejar residuo. En el ejemplo, el número 3 se usa como factor cuatro veces.

Un **exponente** indica cuántas veces se usa un número como factor. Por ejemplo, $3 \times 3 \times 3 \times 3$ puede escribirse como 3^4. El exponente ^{4} indica que el número 3 se usa como factor cuatro veces. Otra forma de expresar esto es decir que 81 es igual a 3 a la cuarta potencia.

Ejemplo

$$3^4 = 3 \times 3 \times 3 \times 3 = 81$$

La **notación científica** usa exponentes y potencias de 10 para escribir números muy grandes o muy pequeños en forma abreviada. Al escribir un número en notación científica, lo escribes usando dos factores. El primero es cualquier número entre 1 y 10; el segundo es una potencia de 10, como 10^3 ó 10^6.

Ejemplo

La distancia media entre el planeta Mercurio y el Sol es de 58,000,000 km. Para escribir el primer factor de la notación científica, agrega un punto decimal al número original de modo que tengas un número entre 1 y 10. En el caso de 58,000,000 el número es 5.8.

Para determinar la potencia de 10, cuenta los lugares que se movió el punto decimal. En este caso, se movió 7 lugares.

$$58{,}000{,}000 \text{ km} = 5.8 \times 10^7 \text{ km}$$

Práctica

Expresa 6,590,000 en notación científica.

Destrezas de comprensión de lectura

Tu libro de texto es una importante fuente de información científica. A medida que lees tu libro de ciencias, verás que fue escrito para ayudarte a comprender los conceptos de ciencias.

Cómo aprender con los textos de ciencias

Al estudiar ciencias en la escuela, aprenderás los conceptos científicos de diversas maneras. A veces realizarás actividades y experimentos interesantes para explorar ideas científicas. Para comprender plenamente lo que observas en los experimentos y actividades, necesitarás leer tu libro de texto. Para ayudarte en la lectura, se han resaltado las ideas importantes de modo que puedas reconocerlas. Además, una destreza clave de lectura en cada sección te ayudará a comprender lo que lees.

Usando las destrezas clave de lectura, mejorarás tu comprensión de la lectura; es decir, aumentarás tu capacidad para comprender lo que lees. A medida que aprendes ciencias, acumularás conocimientos que te ayudarán a comprender aún más lo que lees. Esos conocimientos te permiti-rán aprender todos los temas que se abordan en el libro.

Y, ¿sabes qué?, estas destrezas de lectura te serán útiles siempre que leas. Leer para aprender es muy importante en la vida, y ahora tienes la oportunidad de iniciar ese proceso.

A continuación se describen las destrezas clave de lectura que mejorarán tu comprensión de lo que lees.

Desarrollar el vocabulario

Para comprender los conceptos científicos de este libro, debes recordar el significado de los términos clave. Una estrategia consiste en escribir las definiciones de esos términos con tus propias palabras. También puedes practicar usando los términos en oraciones y haciendo listas de palabras o frases que asocias con cada término.

Usar el conocimiento previo

Tu conocimiento previo es lo que ya sabías antes de comenzar a leer acerca de un tema. Si te apoyas en eso, tendrás ventaja al aprender información nueva. Antes de iniciar una tarea, piensa en lo que ya sabes. Podrías hojear tu tarea de lectura, viendo los encabezados y las ilustraciones para estimular tu memoria. Anota lo que sabes en el organizador gráfico que viene al principio de la sección. Luego, a medida que leas, considera preguntas como las que siguen para relacionar lo aprendido con lo que ya sabías.

- ¿Qué relación hay entre lo que estás aprendiendo y lo que ya sabes?
- ¿Cómo te ayudó algo que ya sabes a aprender algo nuevo?
- ¿Tus ideas originales coinciden con lo que acabas de aprender? Si no, ¿cómo modificarías tus ideas originales?

Formular preguntas

Hacerte preguntas es una forma excelente de concentrarte en la información nueva de tu libro y recordarla. Debes aprender a hacer buenas preguntas.

Una técnica es convertir en preguntas los encabezados del libro. Entonces, tus preguntas te guiarán para identificar y recordar la información importante mientras lees. Ve estos ejemplos:

Encabezado: Uso de datos sismográficos

Pregunta: ¿Cómo se usan los datos sismográficos?

Encabezado: Tipos de fallas

Pregunta: ¿Qué tipos de fallas hay?

No tienes que limitar tus preguntas a los encabezados del libro. Haz preguntas acerca de todo lo que necesites aclarar o que te ayude a comprender el contenido. Las preguntas más comunes comienzan con *qué* y *cómo*, pero también puedes preguntar *por qué, quién, cuándo* o *dónde.* Aquí hay un ejemplo:

Propiedades de las ondas

Pregunta	Respuesta
¿Qué es la amplitud?	La amplitud es . . .

Examinar ayudas visuales

Las ayudas visuales son fotografías, gráficas, tablas, diagramas e ilustraciones. Las ayudas, como este diagrama de una falla normal, contienen información importante. Examina las ayudas y sus leyendas antes de leer. Ello te ayudará a prepararte para la lectura.

A menudo te preguntarán qué quieres aprender acerca de una ayuda visual. Por ejemplo, después de ver el diagrama de la falla, podrías preguntar: ¿qué movimiento hay a lo largo de una falla normal? Estas preguntas crean un propósito de la lectura: respondera tus preguntas. Examinar las ayudas visuales también es útil para recordar lo que ya sabes.

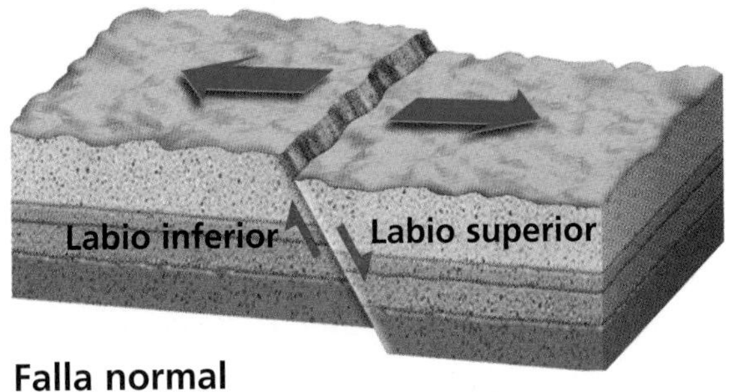

Falla normal

Hacer un esquema

Un esquema muestra la relación entre las ideas principales y las de apoyo, y tiene una estructura formal. Las ideas principales (temas) se escriben con números romanos. Las ideas de apoyo (subtemas) se escriben debajo de las principales y se rotulan A, B, C, etcétera. Un esquema se ve así:

Tecnología y sociedad
I. Tecnología a través de la historia II. El efecto de la tecnología en la sociedad A. B.

Con un esquema así, podrás captar de un vistazo la estructura de la sección. El esquema te ayudará a estudiar.

Identificar ideas principales

Mientras lees, es importante tratar de comprender las ideas y los conceptos de cada párrafo. Verás que cada párrafo del material de ciencias contiene mucha información y detalles. Un buen lector trata de identificar la idea más importante o amplia de cada párrafo o sección. Esa es la idea principal. El resto de la información del párrafo apoya o explica la idea principal.

A veces, las ideas principales se plantean directamente. En este libro, algunas ideas principales ya vienen identificadas como conceptos clave en negritas. No obstante, tú debes identificar las demás ideas principales. Para ello, hay que identificar todas las ideas de un párrafo o sección y preguntarse cuál de ellas es lo bastante amplia como para incluir a todas las demás.

Comparar y contrastar

Cuando comparas y contrastas, examinas las diferencias y semejanzas entre las cosas. Puedes usar un diagrama de Venn o una tabla para comparar y contrastar. El diagrama o la tabla, ya terminados, muestran en qué se parecen y en qué se diferencian las cosas.

Diagrama de Venn Un diagrama de Venn consiste en dos círculos traslapados. En el lugar donde los dos círculos se traslapan, escribe las características comunes de los datos que estás comparando. En uno de los círculos fuera del área común, escribe los diferentes rasgos o características de uno de los datos. En el otro círculo fuera del área común, escribe las características diferentes del otro dato.

Tabla En una tabla de comparar/contrastar, escribe los datos que vas a comparar en la fila de arriba de la tabla. Luego, escribe los rasgos o características que vas a comparar en la columna de la izquierda. Completa la tabla escribiendo la información sobre cada característica o rasgo.

Vaso sanguíneo	Función	Estructura de la pared
Arteria	Lleva la sangre fuera del corazón	
Capilar		
Vena		

Ordenar en serie

Una serie es el orden en que se da un grupo de sucesos. Reconocer y recordar la serie de los sucesos es importante para comprender muchos procesos en ciencias. Algunas veces, en el texto se usan palabras como *primero, luego, durante* y *después* para señalar una serie. Un diagrama de flujo o un diagrama de ciclos te puede ayudar a visualizar una serie.

Diagrama de flujo Para hacer un diagrama de flujo, escribe una descripción breve de cada paso o suceso en un cuadro. Coloca los cuadros en orden, con el primer suceso al principio de la página. Luego, dibuja una flecha para conectar cada paso o suceso con el siguiente.

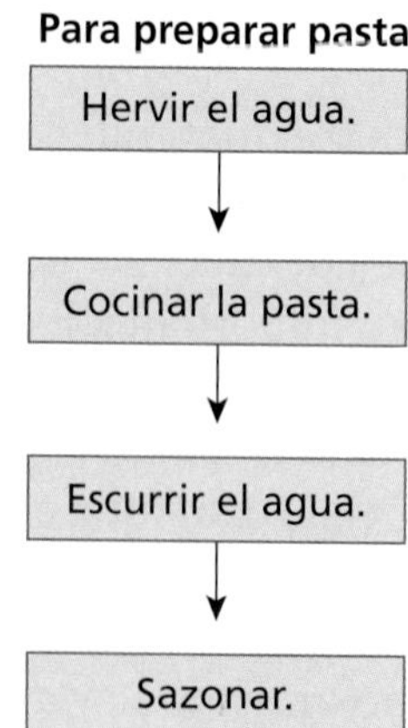

Diagrama de ciclos Un diagrama de ciclos muestra una serie continua o cíclica. Una serie continua no tiene final porque donde termina el último suceso, empieza el primero. Para crear un diagrama de ciclos, escribe el suceso inicial en un cuadro dibujado arriba y al centro de una página. Después, siguiendo un círculo imaginario en el sentido de las manecillas del reloj, escribe cada suceso en un cuadro siguiendo su propia serie. Dibuja flechas para conectar cada suceso con el que le sigue, para formar un círculo continuo.

Identificar evidencia de apoyo

Una hipótesis es una explicación posible a una observación hecha por un científico o una respuesta a una pregunta científica. Una hipótesis se pone a prueba varias veces. Las pruebas pueden producir evidencia que apoye la hipótesis. Cuando se tiene suficiente evidencia de apoyo, una hipótesis se puede convertir en una teoría.

Identificar la evidencia de apoyo para una hipótesis o teoría te puede ayudar a comprender mejor esa hipótesis o teoría. La evidencia consiste en hechos, o sea, información cuya exactitud se puede confirmar mediante pruebas u observaciones.

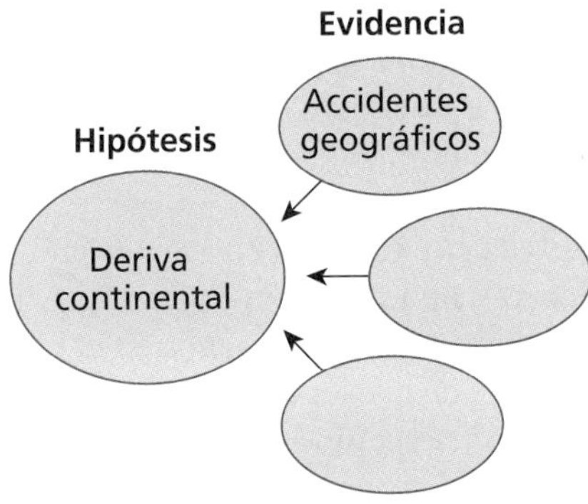

Relacionar causa y efecto

Identificar causas y efectos te ayuda a comprender las relaciones entre los sucesos. Una causa hace que algo suceda. Un efecto es lo que sucede. Cuando reconoces qué suceso provoca otro, estás relacionando causa y efecto. Palabras como *causa*, *porque*, *efecto*, *afecta* y *resulta* a menudo indican una causa o un efecto.

Algunas veces, un efecto puede tener más de una causa, o una causa puede producir varios efectos. Por ejemplo, las emisiones contaminantes de los autos y el humo de las plantas industriales son dos causas de la contaminación del aire. Algunos efectos de esta contaminación son la dificultad para respirar que tienen algunas personas, la muerte de las plantas a lo largo de la carretera y daños a las fachadas de los edificios.

En ciencias, hay muchas relaciones causa y efecto. Observar y comprender estas relaciones te ayuda a entender los procesos científicos.

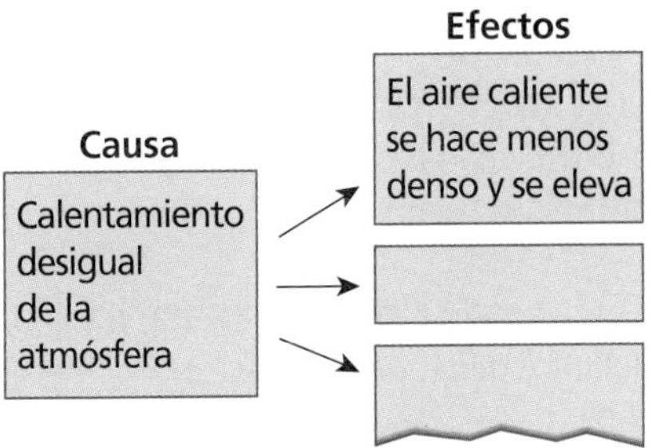

Hacer un mapa de conceptos

Los mapas de conceptos son útiles para organizar información sobre cualquier tema. Un mapa de conceptos se inicia con una idea principal o un concepto central y muestra cómo se puede subdividir la idea en subconceptos relacionados o ideas menores. De este modo, las relaciones entre los conceptos se hacen más claras y fáciles de comprender.

Construye un mapa de conceptos escribiendo conceptos (a menudo una sola palabra) dentro de óvalos que se conectan con palabras relacionadas. El concepto o idea principal se coloca en un óvalo en la parte superior del mapa. Los conceptos relacionados se acomodan en óvalos debajo de la idea principal. Las palabras relacionadas suelen ser verbos y frases verbales que se escriben entre las líneas que conectan los óvalos.

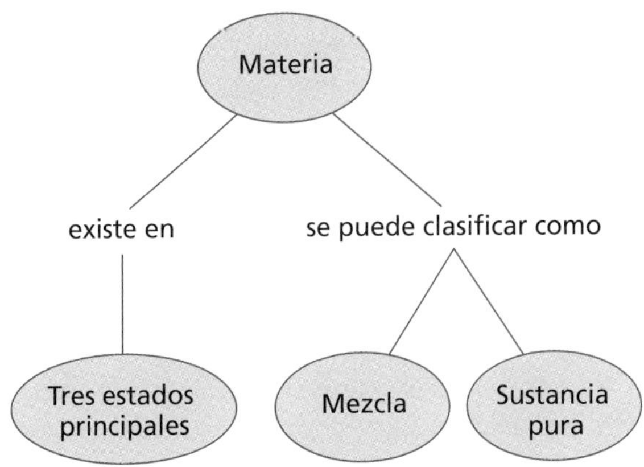

Símbolos de seguridad

Estos símbolos te advierten de posibles peligros en el laboratorio y te recuerdan trabajar con cuidado.

Gafas de protección Usa estas gafas para protegerte los ojos en actividades con sustancias químicas, fuego o calor, u objetos de cristal.

Delantal de laboratorio Usa un delantal de laboratorio para proteger tu piel y tu ropa de cualquier daño.

Rotura de objetos Maneja con cuidado los materiales que pueden romperse, como termómetros y objetos de cristal. No toques cristales rotos.

Guantes resistentes al calor Usa un guante para hornos u otra protección al manejar materiales calientes, como hornillos u objetos de cristal calientes.

Guantes de hule Usa guantes de hule desechables para protegerte del contacto con sustancias químicas u organismos que pudieran ser dañinos. Mantén las manos alejadas de tu rostro, y desecha los guantes según las indicaciones de tu maestro.

Calor Usa pinzas o tenazas para sujetar objetos calientes. No toques los objetos calientes con las manos descubiertas.

Fuego Sujétate el cabello y la ropa que te quede floja antes de trabajar con fuego. Sigue las instrucciones de tu maestro sobre cómo encender y apagar fuego.

Trabajar sin fuego Cuando uses materiales inflamables, asegúrate que no haya llamas, chispas o fuentes de calor expuestas.

Sustancia química corrosiva Evita el contacto del ácido u otras sustancias corrosivas con tu piel, ropa u ojos. No inhales los vapores. Lávate las manos al terminar la actividad.

Veneno No permitas que ninguna sustancia química te caiga en la piel ni inhales su vapor. Lávate las manos al terminar la actividad.

Vapores Al trabajar con vapores venenosos, hazlo en un área ventilada. Evita inhalar el vapor directamente. Huélelo sólo cuando tu maestro te lo indique abanicando el vapor hacia tu nariz.

Objetos afilados Tijeras, bisturís, navajas, agujas, alfileres y tachuelas pueden cortar tu piel. Dirige los bordes afilados en dirección contraria de donde estás tú o los demás.

Seguridad de los animales Trata a los animales vivos o conservados o a las partes de animales cuidadosamente para no lastimarlos o lastimarte. Lávate las manos al terminar la actividad.

Seguridad de las plantas Maneja las plantas sólo como tu maestro te indique. Avísale si eres alérgico a ciertas plantas; no realices una actividad donde se usen esas plantas. No toques las plantas nocivas, como la hiedra. Lávate las manos al terminar la actividad.

Descarga eléctrica Para evitar descargas eléctricas, nunca uses un equipo eléctrico cerca del agua ni cuando tus manos estén húmedas. Asegúrate de que los cables no estorben el paso. Desconecta el equipo cuando no lo uses.

Seguridad física Cuando un experimento requiera actividad física, evita lastimarte o lesionar a los demás. Avisa a tu maestro si algo te impide participar en la actividad.

Desechos Las sustancias químicas y otros materiales utilizados en la actividad deben eliminarse de manera segura. Sigue las instrucciones de tu maestro.

Lavarse las manos Lávate bien las manos al terminar la actividad. Usa jabón antibacteriano y agua caliente. Enjuágate bien.

Advertencia de seguridad general Sigue las instrucciones indicadas cuando veas este símbolo. Cuando se te pida que diseñes tu propio experimento de laboratorio, pide a tu maestro que apruebe tu plan antes de proseguir.

Reglas de seguridad en ciencias

Precauciones generales

Sigue todas las instrucciones. Nunca realices actividades sin la aprobación y supervisión de tu maestro. No tomes la actividad como un juego. Nunca ingieras alimentos o bebidas. Mantén el área de trabajo limpia y en orden.

Normas de vestimenta

Usa gafas de protección siempre que trabajes con sustancias químicas, objetos de cristal, fuentes de calor, o cualquier sustancia que pudiera entrar en tus ojos. Si usas lentes de contacto, avísale a tu maestro.

Usa un delantal o una bata siempre que trabajes con sustancias corrosivas o que manchen. Usa guantes de hule desechables cuando trabajes con organismos o químicos dañinos. Si tienes el cabello largo, sujétalo. Quítate o anúdate por la espalda cualquier prenda o adorno que cuelgue y que pueda entrar en contacto con sustancias químicas, llamas o equipo. Súbete las mangas largas. Nunca uses sandalias.

Primeros auxilios

Informa de todos los accidentes, lesiones o fuego a tu maestro, por insignificantes que sean. Averigua dónde está el botiquín de primeros auxilios, el equipo de emergencia y el teléfono más cercano. Identifica a quién llamar en caso de emergencia.

Seguridad con fuego y calor

Mantén los materiales combustibles lejos del fuego. Al calentar una sustancia en un tubo de ensayo, fíjate que la boca del tubo no apunte hacia ti o hacia los demás. Nunca calientes líquidos en recipientes cerrados. Usa un guante para hornos para levantar un recipiente caliente.

Seguridad con sustancias químicas

Nunca acerques la cara a la boca de un recipiente que contiene sustancias químicas. No toques, pruebes ni inhales una sustancia a menos que lo indique el maestro.

Usa sólo las sustancias químicas requeridas en la actividad. Cuando no uses las sustancias, mantén cerrados los recipientes que las contienen. Vierte las sustancias sobre el fregadero o un recipiente, nunca sobre tu área de trabajo. Desecha las sustancias químicas según las instrucciones de tu maestro.

Presta atención especial cuando trabajes con ácidos o bases. Cuando mezcles un ácido con agua, vacía primero el agua al recipiente y luego agrega el ácido. Nunca pongas agua en un ácido. Limpia inmediatamente todos los derrames y salpicaduras con mucha agua.

Uso seguro de objetos de cristal

Si algún utensilio de cristal se rompe o astilla, notifícalo de inmediato a tu maestro. Nunca tomes con las manos descubiertas ningún cristal roto o astillado.

Nunca fuerces tubos ni termómetros de cristal en topes de hule y tapones de corcho. Pide ayuda a tu maestro para hacer esto, si la actividad lo requiere.

Uso de instrumentos afilados

Maneja con cuidado los instrumentos afilados. Nunca cortes el material hacia ti, sino en dirección opuesta.

Seguridad con animales y plantas

Nunca realices experimentos que causen dolor, incomodidad o daño a los animales. Toma animales sólo si es indispensable. Si eres alérgico a ciertas plantas, mohos o animales, díselo a tu maestro antes de iniciar una actividad que implique su uso. Lávate bien las manos después de trabajar con animales, partes de animales, plantas, partes de plantas o tierra.

Durante el trabajo de campo, usa pantalones largos, mangas largas, calcetines y zapatos cerrados. Evita el contacto con plantas y hongos venenosos, así como las plantas con espinas.

Reglas al terminar experimentos

Desconecta el equipo eléctrico. Limpia tu área de trabajo. Elimina materiales de desecho según las indicaciones de tu maestro. Lávate las manos después de cualquier experimento.

Grupo 1: Brillo metálico, principalmente de color oscuro						
Mineral/ Fórmula	**Dureza**	**Densidad (g/cm^3)**	**Brillo**	**Raya**	**Color**	**Otras propiedades/Comentarios**
Pirita FeS_2	6–6.5	5.0	Metálico	Verdosa, negra pardusca	Amarillo claro	Llamada "el oro de los tontos", pero más dura que el oro y muy quebradiza
Magnetita Fe_3O_4	6	5.2	Metálico	Negra	Negro ferroso	Muy magnética; mena de hierro importante; algunas variedades conocidas como "piedra imán"
Hematita Fe_2O_3	5.5–6.5	4.9–5.3	Metálico o terroso	Roja o café rojiza	De café rojizo a negro	La mena más importante de hierro; usada como pigmento rojo en pinturas
Pirrotita FeS	4	4.6	Metálico	Negra grisácea	Bronce pardusco	Menos dura que la pirita; ligeramente magnética
Esfalerita ZnS	3.5–4	3.9–4.1	Resinoso	De café a amarilla clara	De café a amarillo	La mena de cinc más importante
Calcopirita $CuFeS_2$	3.5–4	4.1–4.3	Metálico	Negra verdosa	Amarillo dorado, con frecuencia deslustrado	La mena de cobre más importante; más suave que la pirita y más amarilla
Cobre Cu	2.5–3	8.9	Metálico	Roja cobriza	De rojo cobrizo a negro	Se usa para hacer cables eléctricos, monedas, tubos
Oro Au	2.5–3	19.3	Metálico	Amarilla	Amarillo vivo	Densidad alta; no se deslustra; se usa en joyería, monedas, empastes dentales
Plata Ag	2.5–3	10.0–11.0	Metálico	Plateada a gris claro	Blanco plateado (se deslustra)	Usada en joyería, monedas, cables eléctricos, fotografía
Galena PbS	2.5	7.4–7.6	Metálico	Gris plomo	Gris plomo	Principal mena de plomo; usado en protectores contra radiación
Grafito C	1–2	2.3	Metálico a opaco	Negra	Negro	Grasoso; muy suave; usado como "minas" de lápices y lubricante
Grupo 2: Brillo no metálico, principalmente de color oscuro						
Corindón Al_2O_3	9	3.9–4.1	De brillante a vítreo	Blanca	Por lo general café	Muy duro; usado como abrasivo; los cristales transparentes se usan como las gemas "rubí" (roja) y "zafiro" (azul)
Granate $(Ca,Mg,Fe)_3(Al,Fe,Cr)_2(SiO_4)_3$	7–7.5	3.5–4.3	De vítreo a resinoso	Blanca, café clara	Rojo, café, negro, verde	Un grupo de minerales usados en joyería, como piedra preciosa y como abrasivo
Olivina $(Mg,Fe)_2SiO_4$	6.5–7	3.3–3.4	Vítreo	Blanca o gris	Verde olivo	Encontrada en las rocas ígneas; en ocasiones usada como gema
Augita $Ca(Mg,Fe,Al)(Al,Si)_2O_6$	5–6	3.2–3.4	Vítreo	Gris verdosa	De verde oscuro a negro	Encontrada en rocas ígneas
Hornablenda $NaCa_2(Mg,Fe,Al)_5(Si,Al)_8O_{22}(OH)_2$	5–6	3.0–3.4	Vítreo, sedoso	De blanca a gris	Verde oscuro, café, negro	Encontrada en rocas ígneas y metamórficas

Grupo 2: Brillo no metálico, principalmente de color oscuro						
Mineral/ Fórmula	**Dureza**	**Densidad (g/cm^3)**	**Brillo**	**Raya**	**Color**	**Otras propiedades/Comentarios**
Apatita $Ca_5(PO_4)_3F$	5	3.1–3.2	Vítreo	Blanca	Verde, café, rojo, azul	En ocasiones usada como gema; fuente del fósforo que necesitan las plantas
Azurita $Cu_3(CO_3)_2(OH)_2$	3.5–4	3.8	De vítreo a opaco	Azul pálida	Azul intenso	Mena de cobre; usada como gema
Biotita $K(Mg,Fe)_3$ $AlSiO_{10}(OH)_2$	2.5–3	2.8–3.4	Vítreo o perlado	De blanca a gris	Verde oscuro, café o negro	Un tipo de mica; en ocasiones usada como lubricante
Serpentina $Mg_6Si_4O_{10}(OH)_8$	2–5	2.2–2.6	Grasoso, ceroso, sedoso	Blanca	Por lo general verde	Se usó como aislante; se halló que causaba cáncer; usado en hacer incombustible; puede ser en forma de asbesto
Bauxita óxidos de aluminio	1–3	2.0–2.5	De opaco a terroso	De incolora a gris	Café, amarillo, gris, blanco	Mena de aluminio, huele como arcilla cuando está húmeda; no es estrictamente un mineral
Grupo 3: Brillo no metálico, principalmente de color claro						
Diamante C	10	3.5	Brillante	Blanca	Incoloro y variado	Sustancia más dura; usada en joyería, abrasivos, herramientas de corte
Topacio $Al_2SiO_4(F,OH)_2$	8	3.5–3.6	Vítreo	Blanca	Amarillo paja, rosa, azuloso	Gema valiosa
Cuarzo SiO_2	7	2.6	Vítreo, grasoso	Blanca	Incoloro, blanco; cualquier color cuando no es puro	El segundo mineral más abundante; muchas variedades son gemas (amatista, jaspe); usado para hacer vidrio
Feldespato (K,Na,Ca) $(AlSi_3O_8)$	6	2.6	Vítreo	Incolora, blanca	Incoloro, blanco; varios colores	Como familia, el más abundante de todos los minerales; los feldespatos forman más de 60% de la corteza de la Tierra
Fluorita CaF_2	4	3.0–3.3	Vítreo	Incolora	Púrpura, verde claro, amarillo; verde azuloso	Algunos tipos son fluorescentes (brillan bajo luz ultravioleta); usada para hacer acero
Calcita $CaCO_3$	3	2.7	Vítreo	De blanca a grisácea	Incoloro, blanco	Se rasca con facilidad; burbujea al diluirse en ácido clorhídrico; con frecuencia es fluorescente
Halita NaCl	2.5	2.1–2.6	Vítreo	Blanca	Incoloro	Cristales cúbicos perfectos; tiene sabor salado
Yeso $CaSO_4 \cdot 2H_20$	2	2.3	Vítreo, perlado	Blanca	Incoloro, blanco	Muy suave; usado en el yeso blanco; la forma conocida como alabastro se usa para estatuas
Azufre S	2	2.0–2.1	De resinoso a grasoso	Blanca	De amarillo a café	Usado en medicinas, en la producción de ácido sulfúrico y para vulcanizar hule
Talco $Mg_3Si_4O_{10}(OH)_2$	1	2.7–2.8	De perlado a grasoso	Blanca	Gris, blanco, verdoso	Muy suave; usado en el talco; otro nombre: "jabón de sastre"

Glosario

actividad geotérmica Calentamiento del agua subterránea por el magma. (pág. 104)

aleación Mezcla sólida de dos o más elementos, de los cuales por lo menos uno es un metal. (pág. 135)

anticlinal Pliegue de la roca hacia arriba ocasionado por compresión de la corteza terrestre. (pág. 48)

arrecife de coral Estructura de esqueletos calcáreos formada por corales en aguas oceánicas templadas y poco profundas. (pág. 158)

arco de islas Cadena de islas formadas por los volcanes que se encuentran a lo largo de una fosa oceánica profunda. (pág. 84)

astenosfera Capa suave del manto en la que flota la litosfera. (pág. 11)

atenuado Volcán que en la actualidad no está activo, pero que puede volver a ser activo en el futuro. (pág. 97)

basalto Roca ígnea, oscura y densa, de textura fina, que se encuentra en la corteza oceánica. (pág. 10)

batolito Masa de roca formada cuando una gran masa de magma se enfría dentro de la corteza. (pág. 104)

boca Abertura através de la que la roca en fusión y los gases salen de un volcán. (pág. 92)

borde convergente Borde de placa donde dos placas se deslizan una hacia la otra. (pág. 35)

borde de transformación Borde de placa donde dos placas se deslizan una respecto a la otra, pero en sentidos opuestos. (pág. 35)

borde divergente Borde de placa donde dos placas se separan. (pág. 34)

brillo La manera en la que un mineral refleja la luz en su superficie. (pág. 117)

caldera Gran agujero en la parte superior de un volcán que se forma cuando la tapa de la cámara magmática del volcán se desploma. (pág. 102)

cámara magmática Bolsa debajo de un volcán en la que se acumula el magma. (pág. 92)

cementación Proceso mediante el cual minerales disueltos se cristalizan y adhieren partículas de sedimento para formar una masa. (pág. 153)

chimenea Largo tubo por el que el magma sube desde la cámara magmática hasta la superficie de la Tierra. (pág. 92)

ciclo de las rocas Serie de procesos en la superficie y dentro de la Tierra que lentamente transforman las rocas de un tipo de roca a otro. (pág. 164)

Cinturón de Fuego Gran cadena de volcanes que rodea el océano Pacífico. (pág. 83)

cizallamiento Esfuerzo que presiona masas de roca en sentidos opuestos. (pág. 45)

colada de lava Área cubierta de lava a medida que ésta sale por la boca del volcán. (pág. 92)

compactación Proceso mediante el cual los sedimentos se unen por la presión de su propio peso. (pág. 153)

compresión Esfuerzo que oprime una roca hasta que se pliega o rompe. (pág. 45)

compuesto Sustancia en la que dos o más elementos están unidos químicamente. (pág. 87)

conducción Transferencia de calor dentro de un material o entre materiales que están en contacto. (pág. 15)

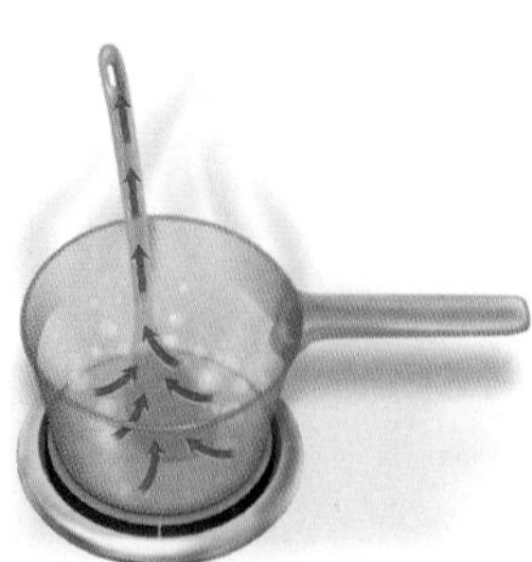

cono de escoria Colina o pequeña montaña escarpada en forma de cono que se forma cuando ceniza volcánica, escoria y bombas se acumulan alrededor de la boca de un volcán. (pág. 100)

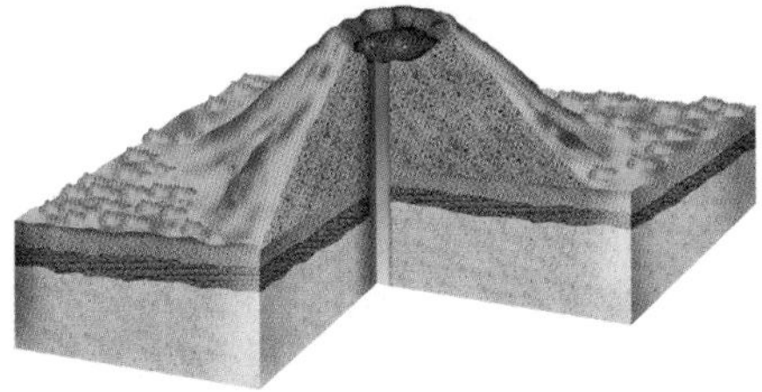

convección Transferencia de calor mediante el movimiento de un líquido. (pág. 16)

cordada Tipo de lava caliente de movimiento muy veloz que al endurecerse forma espirales lisas en forma de cuerda. (pág. 90)

corriente de convección Movimiento de un líquido ocasionado por diferencias en la temperatura, que transfiere calor de un punto del líquido a otro. (pág. 16)

corteza Capa de rocas que forma la superficie externa de la Tierra. (pág. 10)

cráter Área en forma de tazón que se forma alrededor de la abertura central de un volcán. (pág. 92)

cristal Sólido en el que los átomos están dispuestos en un patrón que se repite una y otra vez. (pág. 115)

cristalización Proceso mediante el cual los átomos se organizan para formar materiales con estructura cristalina. (pág. 124)

cuello volcánico Depósito de magma solidificado en la chimenea de un volcán. (pág. 103)

D

densidad Cantidad de masa en un espacio dado; masa por unidad de volumen. (pág. 16)

deriva continental Hipótesis según la cual los continentes se desplazan lentamente en la superficie de la Tierra. (pág. 19)

dique concordante Placa de roca volcánica formada cuando el magma se mete entre las capas de roca. (pág. 103)

dique discordante Placa de roca volcánica formada cuando el magma se abre paso a través de las capas de roca. (pág. 103)

dorsal oceánica Cadena montañosa submarina donde se produce el nuevo suelo oceánico; borde de placa divergente. (pág. 24)

E

edificio de base aislada Edificio montado sobre soportes diseñados para absorber la energía liberada por los terremotos. (pág. 73)

elemento Sustancia que no puede descomponerse en otras sustancias. (pág. 87)

epicentro Punto en la superficie de la Tierra directamente sobre el foco de un terremoto. (pág. 51)

erosión Proceso destructivo en el que el agua o el viento desprenden fragmentos de roca y los transportan. (pág. 153)

escala de dureza de Mohs Escala en la que se clasifican diez minerales del más blando al más duro; se usa para probar la dureza de los minerales. (pág. 118)

escala de magnitud del momento Escala con la que se miden los sismos estimando la cantidad total de energía liberada por un terremoto. (pág. 55)

escala de Mercalli Escala con la que se miden los sismos basándose en la intensidad y el daño que ocasionan. (pág. 54)

escala de Richter Escala con la que se mide la magnitud de un terremoto basándose en el tamaño de sus ondas sísmicas. (pág. 54)

esfuerzo Fuerza que al actuar sobre una roca cambia su forma o volumen. (pág. 44)

esquistosidad Término usado para describir las rocas metamórficas que tienen granos dispuestos en capas paralelas o bandas. (pág. 161)

exfoliación La facilidad con la que un mineral se divide en capas planas. (pág. 120)

expansión del suelo oceánico Proceso mediante el cual la materia fundida añade nueva corteza oceánica al suelo oceánico. (pág. 25)

extinto Describe un volcán que ya no es activo y es poco probable que haga erupción otra vez. (pág. 97)

F

falla Fractura en la corteza de la Tierra que ocurre cuando grandes placas de roca se deslizan una con respecto a la otra. (pág. 34)

falla inversa Tipo de falla en la cual el labio superior se desliza hacia arriba como resultado de compresión en la corteza. (pág. 47)

falla normal Tipo de falla en la cual el labio superior se desliza hacia abajo como resultado de la tensión en la corteza. (pág. 46)

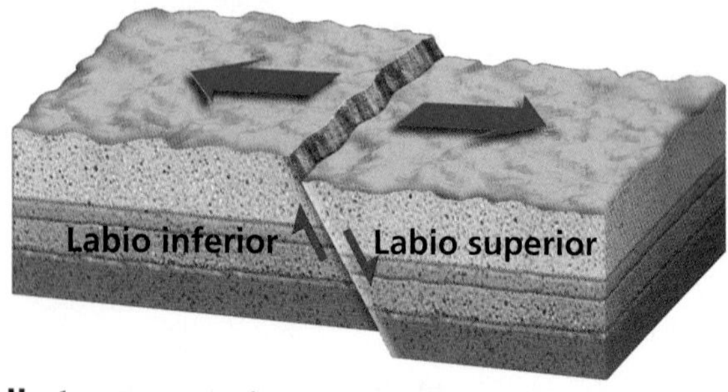

falla transcurrente Tipo de falla en la cual las rocas a ambos lados se deslizan horizontalmente en sentidos opuestos, con poco desplazamiento hacia arriba o abajo. (pág. 47)

flujo piroclástico Emisión de ceniza, escoria, bombas y gases durante una erupción volcánica explosiva. (pág. 95)

foco Punto debajo de la superficie de la Tierra en el que la roca se rompe a raíz del esfuerzo, y causa un terremoto. (pág. 51)

fosa oceánica profunda Valle profundo a lo largo del suelo oceánico debajo del cual la corteza oceánica se hunde lentamente hacia el manto. (pág. 28)

fósil Vestigio de un organismo de la antigüedad que se ha preservado en la roca. (pág. 20)

fractura Apariencia de un mineral cuando se rompe irregularmente. (pág. 121)

fricción Fuerza que se opone al movimiento de una superficie a medida que se mueve a través de otra superficie. (pág. 64)

fundición Proceso mediante el que una mena se funde para separar el mineral útil de otros elementos. (pág. 134)

G

géiser Fuente de agua y vapor que acumula presión subterránea y hace erupción a intervalos regulares. (pág. 105)

gema Mineral duro y colorido, con lustre brillante o vidrioso. (pág. 131)

geoda Roca hueca dentro de la que se forman cristales minerales. (pág. 124)

granito Roca usualmente de color claro que se encuentra en la corteza continental. (págs. 10, 145)

granos Partículas de minerales o de otras rocas que dan la textura a una roca. (pág. 146)

I

inorgánico Que no está formado de seres vivos o de los restos de seres vivos. (pág. 115)

labio inferior Bloque de roca que constituye la mitad inferior de una falla. (pág. 46)

labio superior Bloque de roca que constituye la mitad superior de una falla. (pág. 46)

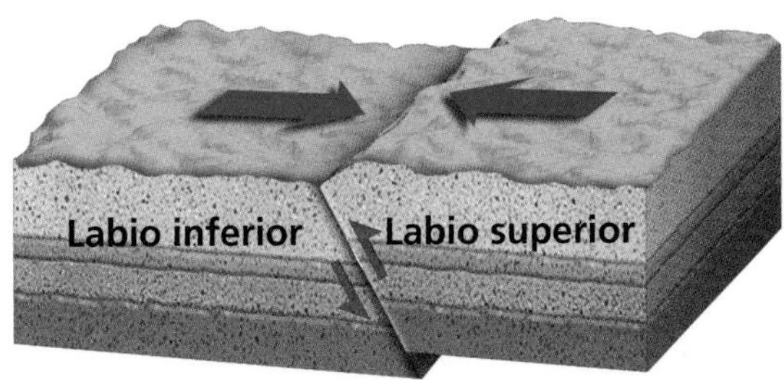

lava Magma líquida que sale a la superficie; también, la roca que se forma cuando la lava líquida se solidifica. (pág. 82)

licuefacción Proceso mediante el que las violentas sacudidas de un terremoto de pronto convierten la tierra suelta en lodo líquido. (pág. 70)

litosfera Capa rígida constituida por la parte superior del manto y la corteza. (pág. 11)

magma Mezcla fundida de las sustancias que forman las rocas, gases y agua, proveniente del manto. (pág. 82)

magnitud Medida de la fuerza de un sismo basada en las ondas sísmicas y en el movimiento que ocurre a lo largo de las fallas. (pág. 54)

malpaís Tipo de lava de movimiento lento que al endurecerse forma aglutinaciones ásperas; es más fría que la lava cordada. (pág. 90)

manto Capa de material caliente y sólido entre la corteza terrestre y el núcleo. (pág. 11)

mena Roca que contiene un metal u otro mineral de importancia económica. (pág. 132)

meseta Zona extensa de tierra plana elevada por encima del nivel del mar. (pág. 50)

mineral Sólido inorgánico que ocurre en la naturaleza, de estructura cristalina y composición química definida. (pág. 114)

minerales formadores de rocas Uno de los minerales comunes de los que están compuestas la mayoría de las rocas de la corteza de la Tierra (pág. 145).

núcleo externo Capa de hierro y níquel fundidos que rodea el núcleo interno de la Tierra. (pág. 12)

núcleo interno Densa esfera de hierro y níquel situada en el centro de la Tierra. (pág. 12)

onda P Tipo de onda sísmica que comprime y expande el suelo. (pág. 53)

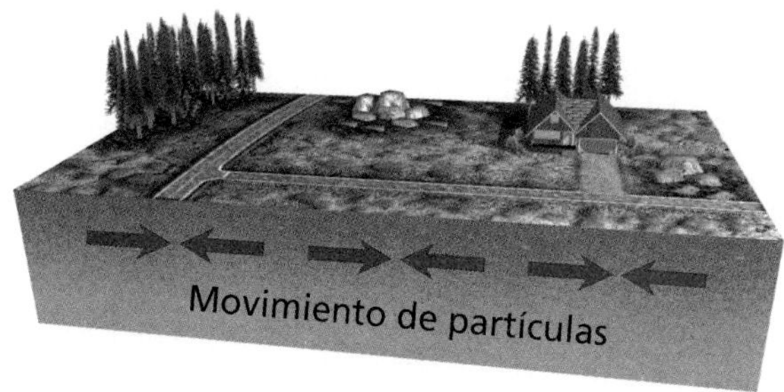

onda S Tipo de onda sísmica que hace que el suelo se mueva de arriba abajo o de lado a lado. (pág. 53)

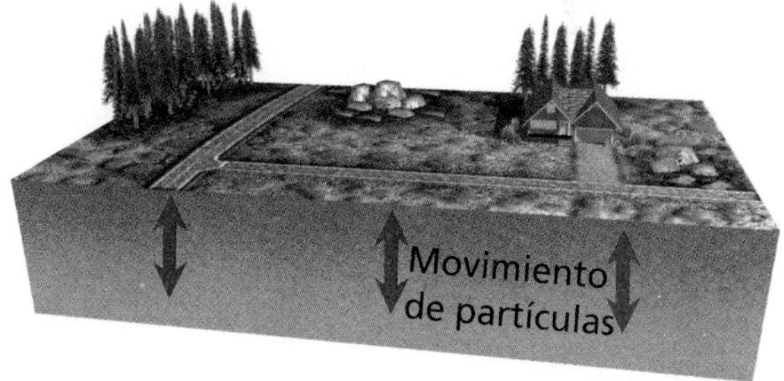

onda superficial Tipo de onda sísmica que se forma cuando las ondas P y las ondas S llegan a la superficie de la Tierra. (pág. 53)

ondas sísmicas Vibraciones que se desplazan por la Tierra, llevando la energía liberada durante un terremoto. (pág. 8)

Glosario

Pangea Nombre de la masa terrestre única que se dividió hace 200 millones de años, dando origen a los continentes actuales. (pág. 19)

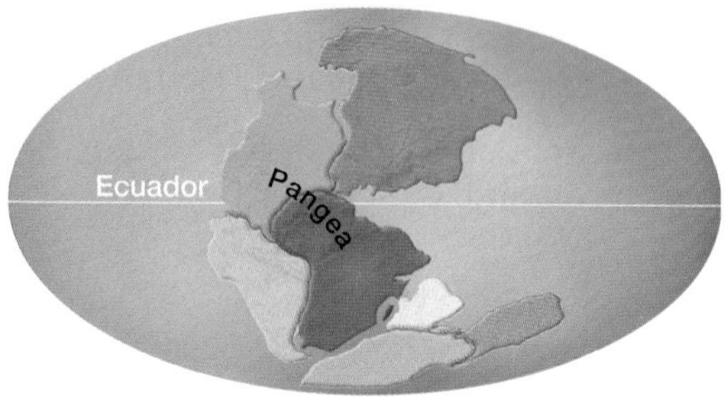

placa Sección de la litosfera que se desplaza lentamente sobre la astenosfera, llevando consigo trozos de la corteza continental y de la oceánica. (pág. 32)

presión Fuerza que actúa sobre una superficie, dividida por el área sobre la que la fuerza actúa. (pág. 9)

propiedad física Cualquier característica de una sustancia que se puede observar o medir sin que cambie la composición de la misma. (pág. 88)

propiedad química Cualquier propiedad de una sustancia que produce cambios en la composición de la materia. (pág. 88)

punto caliente Área por donde el magma de las profundidades del manto atraviesa la corteza. (pág. 85)

radiación Transferencia de energía a través del espacio. (pág. 15)

raya El color del polvo de un mineral. (pág. 117)

réplica Sismo que ocurre después de un terremoto mayor en la misma área. (pág. 70)

roca Mezcla sólida de minerales y otros materiales. (pág. 145)

roca clástica Roca sedimentaria que se forma cuando fragmentos de roca se unen bajo una gran presión. (pág. 154)

roca extrusiva Roca ígnea que se forma de la lava en la superficie de la Tierra. (pág. 148)

roca ígnea Tipo de roca que se forma cuando se enfrían las rocas fundidas en la superficie o debajo de la superficie. (pág. 147)

roca intrusiva Roca ígnea que se forma cuando el magma se endurece bajo la superficie de la Tierra. (pág. 149)

roca metamórfica Tipo de roca que se forma cuando una roca es transformada por el calor, presión o reacciones químicas. (pág. 147)

roca orgánica Roca sedimentaria que se forma cuando los restos de organismos se depositan en capas gruesas. (pág. 154)

roca química Roca sedimentaria que se forma cuando los minerales en una solución se cristalizan. (pág. 155)

roca sedimentaria Tipo de roca que se forma cuando las partículas de otras rocas o los restos de plantas y animales son presionados y cementados. (pág. 147)

sedimentación Proceso mediante el cual el sedimento es depositado por el agua o el viento que lo transporta. (pág. 153)

sedimento Partículas sólidas de materiales que provienen de rocas u organismos. (pág. 152)

sílice Material presente en el magma, compuesto por los elementos oxígeno y silicio. (pág. 89)

sinclinal Pliegue de la roca hacia abajo ocasionado por la compresión de la corteza terrestre. (pág. 48)

sismógrafo Aparato con el que se registran los movimientos del suelo ocasionados por las ondas sísmicas a medida que éstas se desplazan por la Tierra. (pág. 54)

sismograma Registro producido por un sismógrafo de las ondas sísmicas de un terremoto. (pág. 61)

solución Mezcla en la que una sustancia se halla disuelta en otra. (pág. 125)

sonar Aparato con el cual se determina la distancia de un objeto sumergido en el agua mediante el registro del eco de las ondas sonoras. (pág. 24)

subducción Proceso mediante el cual la corteza oceánica se hunde debajo de una fosa oceánica profunda y vuelve al manto por el borde de una placa convergente. (pág. 28)

T

tectónica de placas Teoría según la cual las partes de la litosfera de la Tierra están en continuo movimiento, impulsadas por las corrientes de convección del manto. (pág. 33)

tensión Esfuerzo que estira una roca, haciéndola más delgada en el centro. (pág. 45)

teoría científica Concepto bien comprobado que explica una amplia gama de observaciones. (pág. 32)

terremoto Temblor que resulta del movimiento de la roca debajo de la superficie de la Tierra. (pág. 51)

textura Apariencia y sensación producida por la superficie de una roca, determinadas por el tamaño, forma y patrón de los granos de la roca. (pág. 146)

tsunami Gran ola producida cuando un terremoto sacude el suelo oceánico. (pág. 71)

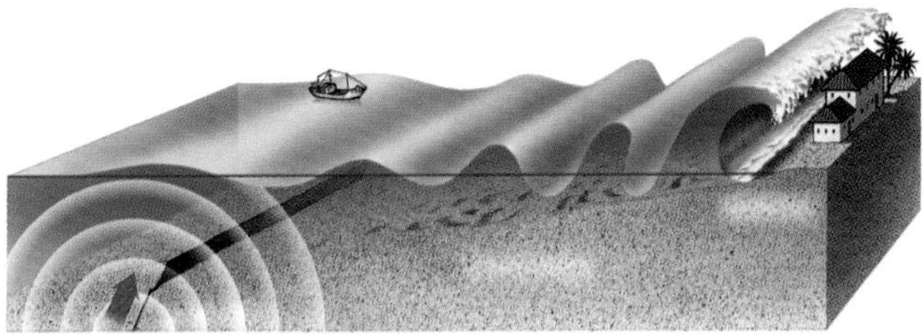

V

valle de fisura Valle profundo que se forma cuando dos placas se separan. (pág. 34)

vena Acumulación delgada de un mineral que es marcadamente distinta de la roca que la rodea. (pág. 126)

viscosidad La resistencia que presenta un líquido al fluir. (pág. 88)

volcán Punto débil en la corteza por donde el magma escapa hacia la superficie. (pág. 82)

volcán compuesto Montaña alta con forma de cono en la que las capas de lava se alternan con capas de ceniza y otros materiales volcánicos. (pág. 101)

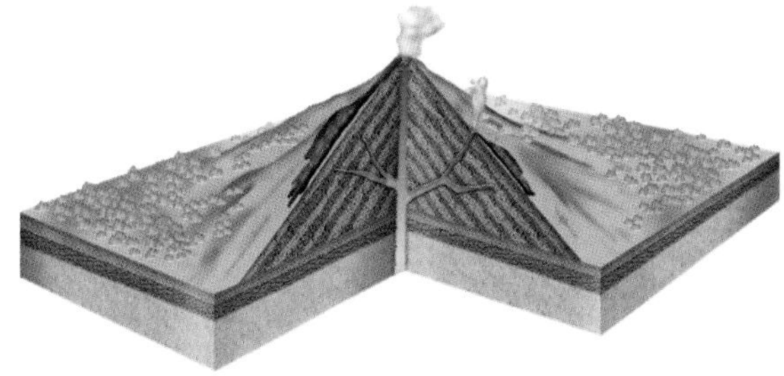

volcán en escudo Montaña ancha de pendientes suaves, compuesta por capas de lava y formada durante erupciones no violentas. (pág. 100)

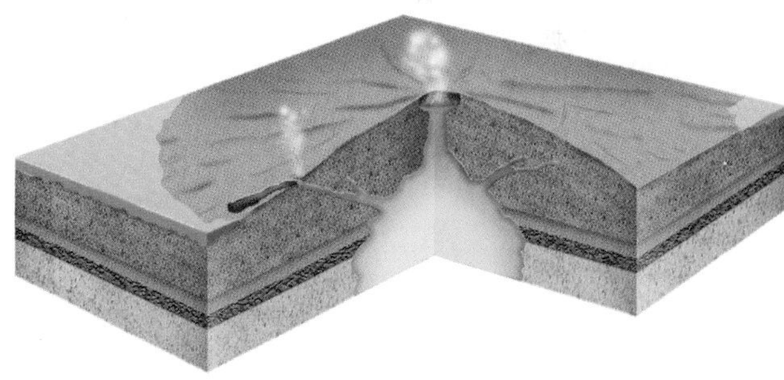

Índice

Los números de página correspondientes a los términos clave se muestran en **negrita.**
Los números de página correspondientes a ilustraciones, mapas y tablas se muestran en *cursiva.*

Los números de página correspondientes a los términos clave se muestran en **negrita**.
Los números de página correspondientes a ilustraciones, mapas y tablas se muestran en *cursiva*.

Reconocimientos

"Volcanes de gelatina" de R. Fisk y D. Jackson de *Exploring Planets in the Classroom.* Copyright by Hawaii Space Grant Consortium, based on experiments done by R. Fisk and D. Jackson, U.S. Geological Survey.

"Extracto de la carta de Plinio" by Pliny the Younger from **www.amherst.edu** *(classics/class36/ sylcl36.html).* Copyright © 2003 by Dr. Cynthia Damon, Associate Professor at Amherst College. Reprinted with permission.

Créditos del personal

Diane Alimena, Michele Angelucci, Scott Andrews, Jennifer Angel, Laura Baselice, Carolyn Belanger, Barbara A. Bertell, Suzanne Biron, Peggy Bliss, Stephanie Bradley, James Brady, Anne M. Bray, Sarah M. Carroll, Kerry Cashman, Jonathan Cheney, Joshua D. Clapper, Lisa J. Clark, Bob Craton, Patricia Cully, Patricia M. Dambry, Kathy Dempsey, Leanne Esterly, Emily Ellen, Thomas Ferreira, Jonathan Fisher, Patricia Fromkin, Paul Gagnon, Kathy Gavilanes, Holly Gordon, Robert Graham, Ellen Granter, Diane Grossman, Barbara Hollingdale, Linda Johnson, Anne Jones, John Judge, Kevin Keane, Kelly Kelliher, Toby Klang, Sue Langan, Russ Lappa, Carolyn Lock, Rebecca Loveys, Constance J. McCarty, Carolyn B. McGuire, Ranida Touranont McKneally, Anne McLaughlin, Eve Melnechuk, Natania Mlawer, Janet Morris, Karyl Murray, Francine Neumann, Baljit Nijjar, Marie Opera, Jill Ort, Kim Ortell, Joan Paley, Dorothy Preston, Maureen Raymond, Laura Ross, Rashid Ross, Siri Schwartzman, Melissa Shustyk, Laurel Smith, Emily Soltanoff, Jennifer A. Teece, Elizabeth Torjussen, Amanda M. Watters, Merce Wilczek, Amy Winchester, Char Lyn Yeakley. **Créditos adicionales:** Tara Alamilla, Louise Gachet, Allen Gold, Andrea Golden, Terence Hegarty, Etta Jacobs, Meg Montgomery, Stephanie Rogers, Kim Schmidt, Adam Teller, Joan Tobin.

Ilustración

Gráficos articulados: 120, 121; **Carol Barber:** 15, 16; **Morgan Cain & Associates:** 8, 11r, 13r, 17, 25, 26, 40, 45, 46, 47, 48, 61, 63, 79r, 84, 100, 101, 103, 110l, 111, 147, 149, 153, 165, 170; **Kerry Cashman:** 18, 19, 36, 64, 115, 141; **Dorling Kindersley:** 10, 11l, 55, 93; **John Edwards:** 74; **Forge FX:** 52, 53; **Chris Forsey:** 28, 34, 35, 85; **Dale Gustafson:** 74, 75; **Robert Hynes:** 126, 127, 138; **Kevin Jones Associates:** 128, 129; **Martucci Design:** 110r; **Steve McEntee:** 102; **Matthew Pippin:** 75, 134; **Brucie Rosch:** 29; **J/B Woolsey Associates:** 49, 78, 79l; **XNR Productions:** 20, 21, 24, 33, 57, 59, 69, 83, 104. **Todos los diagramas y las gráficas por Matt Mayerchak.**

Fotografía

Investigación fotográfica John Judge **Imagen superior de portada,** David Trood/Getty Images; **inferior,** Roger Ressmeyer/Corbis.

Página vi, G. Brad Lewis/Getty Images, Inc.; **vii,** Richard Haynes; **viii,** Richard Haynes, **x,** Douglas Peebles/Corbis; **1,** Ben Hankins/USGS; **2,** Kaj R. Svensson/ SPL/Photo Researchers, Inc.; **2–3,** C. Heliker/USGS.

Capítulo 1 Páginas 4–5, Mats Wibe Lund; **5 detalle,** Richard Haynes; **6–7,** David Briscoe/AP/Wide World Photos; **7l,** Jeff Greenberg/PhotoEdit; **7r,** Michael Nichols/Magnum; Tracy Frankel/Getty Images, Inc.; **10,** Dorling Kindersley; **11,** Getty Images, Inc.; **13,** Runk/Schoenberger/Grant Heilman Photography, Inc.; **14,** Richard Haynes; **15,** Richard Haynes; **16,** Randy Faris/Corbis; **18,** Dorling Kindersley/Stephen Oliver; **21,** Ken Lucas/Visuals Unlimited; **22,** Bettmann/Corbis; **23,** Jeffrey L. Rotman/Corbis; **26–27,** SIO Archives/UCSD; **30 todas,** Richard Haynes; **31,** Richard Haynes; **32,** Russ Lappa; **37,** Russ Lappa.

Capítulo 2 Páginas 42–43, AP/Wide World Photos; **43 detalle,** Richard Haynes; **44b,** Wang Yuan-Mao/AP/Wide World Photos; **44t,** Russ Lappa; **46,** Tom & Susan Bean Inc.; **47l,** Martin Miller/Visuals Unlimited; **47r,** W. Kenneth Hamblin; **48,** E.R. Degginger/Animals Animals/Earth Scenes; **49,** Jim Wark/Airphoto; **50,** Tom Bean; **51,** Richard Haynes; **52l,** Wesley K. Wallace/Geophysical Institute, University of Alaska Fairbanks; **52r**, Kevin Fleming/Corbis; **54b,** AP/Wide World Photos; **54m,** Tim Crosby/Getty Images, Inc.; **54t,** Lauren McFalls/AP/Wide World Photos; **55,** Dorling Kindersley/Peter Griffiths; **56,** Roger Ressmeyer/Corbis; **58b,** Richard Haynes; **58t,** Russ Lappa; **60b,** Michael Holford; **60t,** Russ Lappa; **65,** Reuters NewMedia Inc./Corbis; **66,** Richard Haynes; **67,** Richard Haynes; **68b,** Tom Szlukovenyi/Reuters/Corbis; **68t,** Richard Haynes; **70,** Roger Ressmeyer/Corbis; **75,** IFA/eStock Photography/PictureQuest; **76,** AP/Wide World Photos.

Capítulo 3 Páginas 80–81, Richard A. Cooke/Corbis; **81 detalle,** Richard Haynes; **82,** Bettmann/Corbis; **87,** Richard Haynes; **88,** Russ Lappa; **89,** Roger Ressmeyer/Corbis; **90b,** Tui De Roy/Minden Pictures; **90t,** Dave B. Fleetham/Tom Stack & Associates, Inc.; **91b,** Dorling Kindersley; **91m,** E.R. Degginger/Color Pic, Inc.; **91t,** Breck P. Kent; **92,** G. Brad Lewis/Getty Images, Inc.; **93,** Dorling Kindersley; **94 detalle r,** P. Lipman/U.S. Geological Survey/Geologic Inquiries Group; **94–95,** Richard Thom/Visuals Unlimited; **96l,** North Wind Picture Archives; **96m,** Robert Fried Photography; **96r,** Kim Heacox/Peter Arnold, Inc.; **97bl,** Alberto Garcia/Saba Press; **97m,** Alberto Garcia/Saba Press; **97ml,** Alberto Garcia/Saba Press; **97r,** Fabrizio Villa/AP/Wide World Photos; **97 las demás,** Alberto Garcia/Saba Press; **98,** Hawaiian Volcano Observatory/USGS; **99b,** Helga Lade/Peter Arnold, Inc.; **99t,** Richard Haynes; **100–101,** AFP/Corbis; **101b,** Manfred Gottschalk/Tom Stack & Associates, Inc.; **101t,** Earth Observatory/NASA; **102t,** Greg Vaughn/Tom Stack & Associates, Inc.; **102–103,** Danny Lehman/Corbis; **103 detalle,** David Hosking/Photo Researchers, Inc.; **104,** David J. Boyle/Animals Animals/Earth Scenes; **105,** Linda Bailey/Animals Animals/Earth Scenes; **106,** Richard Haynes; **107,** Breck P. Kent; **108,** Alberto Garcia/Saba Press.

Capítulo 4 Páginas 112–113, Kevin Downey; **113 detalle,** Richard Haynes; **114,** Richard Haynes; **114–115,** Anthony Bannister/Gallo Images/Corbis; **115t,** Tim Wright/Corbis; **115b,** Dorling Kindersley; **116tl,** Dorling Kindersley/Colin Keates; **116tm,** Breck P. Kent; **116tr,** Breck P. Kent; **116b,** AFP/Corbis; **117t,** Russ Lappa; **117ml,** Breck P. Kent; **117m,** Charles D. Winters/Photo Researchers, Inc.; **117mr,** Charles D. Winters/Photo Researchers, Inc.; **117bl,** Ken Lucas/Visuals Unlimited; **117bm,** Breck P. Kent; **117br,** Barry Runk/Grant Heilman Photography, Inc.; **118 todas,** Dorling Kindersley; **119 todas excepto el topacio,** Dorling Kindersley; **119 topacio,** Charles D. Winters/Photo Researchers, Inc.; **120 todas,** Breck P. Kent; **121tl,** Chip Clark; **121tr,** E.R. Degginger/Color Pic. Inc.; **121m,** Breck P. Kent **121bl,** Breck P. Kent; **121br,** Charles D. Winters/Photo Researchers, Inc.; **122t ambas,** E.R. Degginger/Color Pic, Inc.; **122br,** Ken Lucas/Visuals Unlimited; **122bm,** Dorling Kindersley/Colin Keates; **122bl,** Breck P. Kent/Animals Animals/Earth Scenes; **124t,** Richard Haynes; **124b,** Breck P. Kent/Animals Animals/Earth Scenes; **125,** Kevin Downey; **126,** Jane Burton/Bruce Coleman, Inc.; **127t,** Ken Lucas/Visuals Unlimited; **127b,** Dorling Kindersley/Colin Keates; **128–129t,** Dan Fornari/WHOI; **128b,** Cary S. Wolinsky/IPN/Aurora Photos; **129bl,** Peter Ryan/Science Photo Library/Photo Researchers, Inc.; **129br,** Dudley Foster/WHOI; **130,** © 1986 The Field Museum/Ron Testa; **131,** Art Resource, NY; **132l,** C. M. Dixon; **132m,** Scala/Art Resource, NY; **132r,** C. M. Dixon; **133t,** The Granger Collection, NY; **133b,** Mark Mainz/Getty Images, Inc.; **135,** Bettmann/Corbis; **137b,** Richard Haynes; **137t,** Getty Images, Inc.; **138,** Russ Lappa; **140,** Breck P. Kent.

Capítulo 5 Páginas 142–143, Corbis; **143 detalle,** Richard Haynes; **144t ambas,** Breck P. Kent; **144b,** Jonathan Blair/Corbis; **145tl,** E.R. Degginger/Color Pic, Inc.; **145tm,** Breck P. Kent; **145tr,** Barry Runk/Grant Heilman Photography, Inc.; **145ml,** Breck P. Kent; **145mr,** E.R. Degginger/Color Pic, Inc.; **145b,** David Reed/Corbis; **146tl,** E.R. Degginger/Color Pic, Inc.; **146tm,** Breck P. Kent; **146tr,** Breck P. Kent; **146ml,** Breck P. Kent; **146mr,** Breck P. Kent; **146bl,** Jeff Scovil; **146br,** Breck P. Kent; **148t,** Doug Martin/Photo Researchers, Inc.; **148b,** Barry Runk/Grant Heilman Photography, Inc.; **149 todas,** Breck P. Kent; **150,** Jan Hinsch/SPL/Photo Researchers, Inc.; **151,** Michele & Tom Grimm/Getty Images, Inc.; **152,** Tom Lazar/Animals Animals/Earth Scenes; **154l,** Runk/Schoenberger/Grant Heilman Photography, Inc.; **154m,** Jeff Scovil; **154r,** North Museum/Franklin and Marshall College/Grant Heilman Photography, Inc.; **155b,** Mark Newman/Photo Researchers,Inc.; **155tl,** Charles R. Belinky/Photo Researchers, Inc.; **155 tm,** E.R. Degginger/Color Pic, Inc.; **155tr,** Breck P. Kent; **156,** Jeff Greenberg/Photo Agora; **157t,** Ted Clutter/Photo Researchers, Inc.; **157b,** Dave Fleetham/Tom Stack & Associates; **158t,** Stuart Westmorland/Corbis; **158b,** Jean-Marc Trucher/Stone/Getty Images, Inc.; **159,** Richard Thom/Visuals Unlimited; **161tl,** Barry Runk/Grant Heilman Photography, Inc.; **161tm,** Jeff Scovil; **161tr,** Runk/Schoenberger/Grant Heilman Photography, Inc.; **161bl,** Andrew J. Martinez/Photo Researchers, Inc.; **161bm,** Barry Runk/Grant Heilman Photography, Inc.; **161br,** Breck P. Kent; **162,** Catherine Karnow/Corbis; **163,** Richard Haynes; **164l,** Jeff Scovil; **164m,** Jeff Scovil; **164r,** Breck P. Kent; **165tl,** Francois Gohier/Photo Researchers, Inc.; **165tr,** David J. Wrobel/Visuals Unlimited; **165bl,** Breck P. Kent; **165br,** N.R. Rowan/Stock Boston; **166,** Breck P. Kent; **167 todas,** Russ Lappa; **168,** Richard Haynes; **170tl,** Andrew J. Martinez/Photo Researchers, Inc.; **170tr,** Breck P. Kent; **170b,** E.R. Degginger/Color Pic, Inc.
Páginas 172–173, Roger Ressmeyer/Corbis; **173b,** Erich Lessing/Art Resource, NY; **173m,** Scala/Art Resource, NY; **173t,** Museo Archeologico Nazionale, Naples, Italy/Scala/Art Resource, NY; **174b,** Dorling Kindersley; **174t,** Private Collection/ Bridgeman Art Library; **175b,** Sean Sexton Collection/Corbis; **175t,** Dorling Kindersley; **176,** Dorling Kindersley/Dave King; **177b,** Corbis; **177t,** Richard Haynes; **178,** Tony Freeman/PhotoEdit; **179b,** Russ Lappa; **179m,** Richard Haynes; **179t,** Russ Lappa; **180,** Richard Haynes; **182,** Richard Haynes; **184,** Morton Beebe/Corbis; **185,** Catherine Karnow/Corbis; **187b,** Richard Haynes; **187t,** Dorling Kindersley; **202,** David J. Boyle/Animals Animals/Earth Scenes; **204,** Breck P. Kent/Animals Animals/Earth Scenes; **205,** Breck P. Kent; **206,** Dave B. Fleetham/Tom Stack & Associates, Inc.

Manual de destrezas
Página 178, Tony Freeman/PhotoEdit; **179b,** Russ Lappa; **179m,** Richard Haynes; **179t,** Russ Lappa; **180,** Richard Haynes; **182,** Richard Haynes; **184,** Tanton Yachts; **185,** Richard Haynes; **187b,** Richard Haynes; **187t,** Dorling Kindersley; **189,** Image Stop/Phototake; **192,** Richard Haynes; **199,** Richard Haynes.

Glosario
Página 202, David J. Boyle/Animals Animals/Earth Scenes; **204,** Breck P. Kent/Animals Animals/Earth Scenes; **205,** Breck P. Kent; **206,** Dave B. Fleetham/ Tom Stack & Associates, Inc.